我
思

敢于运用你的理智

W. T. 斯退士（Walter Terence Stace, 1886—1967），公共哲学家、教育家、认识论专家。出生于英国，1908年毕业于都柏林三一学院，后长期任职于英国公务员系统，业余研究哲学。1932年正式开始学术生涯，执教于普林斯顿大学哲学系，直至1955年退休。《纽约时报》曾称其为"英语世界杰出的哲学家之一"。主要著作有《批评的希腊哲学史》(1920)、《黑格尔哲学》(1924)、《知识与存在理论》(1932)、《道德概念》(1937)、《时间与永恒》(1952)和《神秘主义与哲学》(1960)等。

鲍训吾(1926—2006)，安徽歙县人，1946年考入国立中央大学，南京解放后任南京大学团委副书记，后入中央团校学习、任教，曾参加抗美援朝；后任教于黑龙江大学哲学系，任马列经典著作教研室主任；后任河北大学哲学系主任、教授，河北省哲学学会副会长。一生潜心于马克思主义哲学的研究与创新。

黑格尔哲学

〔英〕W. T. 斯退士 ■著

鲍训吾 ■译

长江出版传媒

崇文书局

图书在版编目（CIP）数据

黑格尔哲学 / （英）W. T. 斯退士著；鲍训吾译. --
武汉：崇文书局，2023.9（2025.7 重印）
（崇文学术译丛·西方哲学）
ISBN 978-7-5403-7404-4

Ⅰ. ①黑… Ⅱ. ①W… ②鲍… Ⅲ. ①黑格尔（Hegel,
Georg Wehelm 1770-1831）－哲学思想－思想评论 Ⅳ.
① B516.35

中国国家版本馆 CIP 数据核字（2023）第 133124 号

本书英文版首次由麦克米伦出版公司（Macmillan and Co., Limited）
于 1924 年出版，此译本据该版本译出。

黑格尔哲学
HEIGEER ZHEXUE

出 版 人 韩 敏
出　 品 崇文书局人文学术编辑部 · 我思
策 划 人 梅文辉(mwh902@163.com)
责任编辑 黄显深(bithxs@qq.com)
装帧设计 书与设计工作室
责任印制 李佳超
出版发行 长江出版传媒｜崇文书局
地　 址 武汉市雄楚大街 268 号 C 座 11 层
电　 话 （027）87677133　 邮政编码　430070
印　 刷 武汉中科兴业印务有限公司
开　 本 880mm×1230mm　1/32
印　 张 18
字　 数 397 千
版　 次 2023 年 9 月第 1 版
印　 次 2025 年 7 月第 3 次印刷
定　 价 78.00 元
（读者服务电话：027—87679738）

译者前言

随着马克思主义哲学的日益普及和研究的日趋深入，人们对黑格尔哲学的兴趣也日益增进。集德国古典哲学之大成的黑格尔哲学，是马克思主义哲学的重要思想来源之一。它以唯心主义的、颠倒了的形式，提供了系统、丰富而深刻的辩证法思想。批判地继承、研究这一宝贵的文化遗产，对于深入理解马克思主义哲学，对于建设社会主义精神文明，都有重要的意义。

但是，对于广大读者尤其是初学者来说，研读黑格尔哲学是比较困难的。产生这种情况的原因很多，究其要者，一是不太了解黑格尔哲学产生的历史思想渊源；二是不大熟悉黑格尔的思路，他所惯用的名词、术语和表达方式；三是他的语言十分抽象晦涩。为帮助读者克服这诸多困难，通俗地介绍黑格尔哲学，中外学者作了不少努力，出现了一些颇有分量的著述。其中，英国学者 W. T. 斯退士（新黑格尔主义者，哲学教授）所著《黑格尔哲学》一书，就是一本影响较大、流传较广而又独具特色的著作。

《黑格尔哲学》一书的优点是以较短的篇幅，简明扼要地阐述了黑格尔哲学的思想渊源和它的一些基本概念，并力图按照黑格尔《哲学全书》的体系，用明白晓畅的语言，向读者原原本本地介绍黑格尔哲学的全系统。对于庞大、艰深的黑格尔哲学体系来说，能在介绍和解说工作上做到如此地步，是难能可贵的。这也正是本书受到学界赞誉并在西方拥有广泛读者的主要原因。新中国成立前，一些大学的哲学系也曾把它列为必读参考书。

斯退士是个唯心主义者，他是站在唯心主义立场上解释和评论黑格尔的；他在书中所侧重的也是黑格尔体系中范畴的推移转换，而不是它的方法；他的诠释也有一些主观的地方。这是该书明显的缺陷和错误，这也是我们在阅读时应当特别注意的。

纵观全书，《黑格尔哲学》中虽有上述明显的缺陷和错误，却仍不失为一本有益的读物。它用自己的语言对黑格尔哲学所作的通俗晓畅、简明扼要的介绍，有助于初学者理解黑格尔哲学，从而获得对黑格尔哲学的体系和方法的整体认识。同时，他对黑格尔哲学的理解也不失为一家之言，这对于启迪专业研究人员的思路，也是有积极意义的。有鉴于此，我不揣冒昧，将它翻译出来，奉献给哲学爱好者，以资参考。

当然，作者从唯心主义立场上对黑格尔哲学所作的介绍，又不可避免地会给初学者造成新的困难。好在时代的发展已经给我们提供了十分优越的条件，马克思主义经典作家早已对黑格尔哲学作了全面的科学评价，从而为今人学习和研究黑格尔哲学提供了明确的指南。许多马克思主义学者又以马克思主义哲学为指导，对其进行了多方面的分析、介绍、评判和研究。

所以，只要我们在阅读该书时留意它的缺陷和错误，就可以克服这一困难,透过它的唯心主义叙述，了解黑格尔哲学的全体系，奠定用马克思主义观点研究黑格尔哲学的基础。

对于名词术语的翻译，大都采用目前通行的译法。但在行文中，为了适应中文的习惯，有些名词在有些地方采用了不同的译法。如 Being 一词，在大多数情况下译为"有"，有的地方则译为"存在"；Existence 一词一般译为"实存"，有的地方则亦译为"存在"。希望读者联系上下文来理解。此外，为了区分"形而上学"一词的两种含义，这里把作为本体论意义的"形而上学"译为"形上学"，"形而上学"一词则只在与辩证法相对立的意义上使用。

由于译者水平有限，误译之处在所难免，尚祈读者批评指正。

1985 年 5 月 15 日

前　言

这本书的主要目的，是以一册的篇幅给学哲学的学生提供一个对黑格尔体系的完全的、系统的解释。据我所知，还没有一本抱有同样目的的英文著作问世。目前已经有的是：几本或详或简地阐述他的逻辑学的著作；几本讨论他的学说的某些特殊方面如伦理学、美学等的著作；若干论述他的哲学的一般原则而不是着眼于详细推演过程与结论的著作和许多评论性的著作。英语读者，即使研究了所有这些阐述性的或评论性的著作，仍然不能对黑格尔体系有一个完整而连贯的观念。如果他避开这些阐述者和注释者，转向研究黑格尔的原著，那么，在他得到对于整个学说的一个充分的观念之前，他必须掌握至少十至十二本特别难懂的巨著（当然，即使如此，他还远未读完黑格尔的全部著作）。本书的第一部分是一般原则的阐述，在以后的几部分中将对全体系的详细内容进行探讨；只有自然哲学例外，对这一部分只作一般的、简短的叙述，其理由将在适当的地方加以说明。总的来说，他的自然哲学已经过时，没有什么价值，所以一般的学生不需要关于这方面的知识。

　　我对于黑格尔研究在我们的大学中的地位很不满意。一个具有学位的哲学学生通常对康德的著作有认真的研究因而有相当可观的知识。但是他对黑格尔的知识却很少超过课堂讲授的范围。这没有什么可奇怪的。因为大学的学习时间较短，不可能读完黑格尔的大部分著作，而且也没有一本充分而又范围适当地阐述黑格尔体系的参考书。如果这本书能够弥补这个缺陷，那么这就至少证明了它的存在价值。

　　因此，这部著作首先是阐述性的。但它也是评论性的，它在叙述中包含着阐发，而阐发又是和评论结合在一起的。为此，我在许多地方对黑格尔的推演和结论加上评论性的意见，我没有如已有的一些著作那样对黑格尔哲学作系统的评论（例如，麦克太戈博士的《黑格尔逻辑学评论》就是对黑格尔逻辑学的系统评论）。因为这样做，对于一本阐述整个体系的著作来说，必然会导致篇幅太长，并且完全改变它的性质。我的指导原则是：只是在为了使学生对黑格尔的观点有明确的理解所必需的地方加上自己的评论性意见，所以，在我仅只阐述黑格尔的观点而不加评论的地方，并不意味着我认为这些观点没有可批评之处。本书的第三部分，即关于自然哲学的那部分，无疑地比起其他部分来是评论多于阐释。这是不可避免的。黑格尔从逻辑到自然的过渡的性质一直都晦涩难懂，这也是对黑格尔最坚决的责难所针对的要点。我不能满足于从谢林到普林高·柏梯逊教授所已发表的许多批评性意见，这些已成为众所周知的了。我必须作出自己的解决。

　　黑格尔的著作之难懂是众所周知的。所以我将特别致力于把它解释得清晰明白。我希望，那些还不能阅读黑格尔原著的学生能够发现，本书对黑格尔的基本思想已作了尽可能浅显简明的阐述。而且，我相信，那些认真尝试把本书与黑格尔的原著合读的学生，将会发现许多难点已被廓清。但是，把艰深的思想加以简明化可以采取两种办法。一是对它作彻底的深思，然后用明快的语言把它表达出来，一是躲开艰深的概念，或在使它们变得易懂的借口下把它们的深刻性剥去而加以肤浅化。我将把第一种方法作为我的努力方向，而避免第二种方法。当然，是否做得成功，则非我自己所可评断。

现代的作家研究和叙述得最多的是黑格尔逻辑学的认识论方面，而趋向于将其本体论方面降到不显著的地位。我在这本书中重新强调了《逻辑学》的本体论方面。这是基于两个理由：首先，我认为，《逻辑学》的本体论方面在黑格尔自己心中占有重要的地位，而我认为我的责任就是按照黑格尔自己的看法去看待和复现他的哲学，这是起码的忠于历史的态度。其次，纵令现时对本体论的探究多少受到轻视，但是这种状况不会持续很久。要求透过现象去把握事物的真实，是人类精神的持久的特性和根深蒂固的需要。

关于我对前黑格尔的尤其是古希腊的哲学家们的处理，需要解释一下。我在一切地方所集中注意的不是这些早期哲学家他们自己，而是他们影响黑格尔的方式和黑格尔发现可以吸收过来作为他的体系的材料的东西。因此，我们所必需陈述的是从黑格尔学派的观点出发对他们的看法。至于这种看法是否符合历史真相则是另一个问题。现代对于古希腊的学术研究已经对传统的老观念提出一些挑战。而且，对于康德和他的有名的物自体（我在这里还不能涉及它）提出其他的解释和估计，也是完全可能的。

把一个伟大导师的思想压缩在一个小小的范围之内，必然会包含一些对他不公正的评估。在这本书中，涉及黑格尔的艺术哲学和宗教哲学的领域时，我特别意识到这个问题。在这些领域中，黑格尔留下了如此丰硕的内容，我想，在不得不对它们进行概略叙述的简短的篇章中，纵令包含了它的主要原则，但对于黑格尔所涉及的广大领域，他对这些研究所带来的巨大教益，他的视野的深度与广度，只能提供很少一点点知识。

他对范畴的排列在《大逻辑》与《小逻辑》中有很大的不同。我将以《小逻辑》为准。

出现在正文中括弧内的数字如（第247节），是请读者参考本书的编号段落。

对于逻辑学中的各范畴和精神哲学中的各概念的名字，当它们第一次作为完成了的范畴和概念明确地引入推演过程时，也就是说，当它们作为一个推论过程已经完成的时候，我们使用**黑色粗体字**。在别处这些名字采用普通印刷体。这将有助于读者明确区分范畴与推演过程和必要的进一步的解释、辅助性的议论、注释等。

我直接或间接地受益于许多黑格尔的诠释者，但特别是受益于我的老师，都柏林三一学院的马克兰教授。在我的学生时代，他的教诲给了我极大的启示。

W. T. 斯退士

伦敦，1923年9月19

目　录

第一编

基本原则

第一章　古希腊唯心论和黑格尔

1. 黑格尔声称，所有以前的哲学的实质都已被包含、吸收、保存在他的体系之中。但是，有两种哲学对他的影响在重要性上远远超过其他哲学。这就是古希腊的唯心论和康德的批判哲学。它们的基本原则也是黑格尔的基本原则。这一章和下一章的目的就是从黑格尔以前的这些思想家们那里把这些原则抽引出来。我们假定他们的教诲的基本要点已为读者所熟知。

我们的意图不是去详述柏拉图、亚里士多德或康德的学说，不是去阐述那些已为他们所明确地陈述了的东西，而是那些他们还没有明确地意识到，而被黑格尔发现是他们的学说的深刻实质的东西。我们将力求避免重复那些在任何哲学通史中都可以找到的东西，也没有作历史考察的学术兴趣，而只是想表明黑格尔哲学的基础和整个哲学历史的基础是同一的。我们试图尽可能少地把那些历史上的无用知识和教授课堂的老生常谈塞给读者。

华莱士说道："黑格尔打算提供的，不是什么新奇的、特殊的学理，而是那普遍的哲学；这个哲学虽经过许多世纪时窄时

3

宽的变迁，但在本质上仍然保持同一。这个哲学自觉到它是柏拉图和亚里士多德的教诲的继续，并以这种同一性而自豪。"①那么，这统一的、普遍的哲学是什么呢？显然地，它不单纯是柏拉图的哲学，也不单纯是亚里士多德的哲学。这些人的体系只是那统一的普遍哲学的特殊表现，只是普遍哲学在他们的特定的时代和环境中的具体形式。这普遍的哲学是他们的思想中有待于发现的本质，是他们所共同持有，但又加上了他们各自的特殊观点的本质。这种内在的实质也是黑格尔哲学的实质。

2. 不过，我们将不从柏拉图和亚里士多德开始，而是从爱利亚学派开始。因为在巴门尼德和芝诺的朦胧的探索中，我们可以发现那统一的普遍哲学的一些重要规定。

A. 爱利亚主义和黑格尔

众所周知，爱利亚学派的哲学家们否认生成或变化和多样性的真实性。他们说，唯一的真实是"有"。唯"有"在，而"生成"是虚无，是一种幻觉。"有"是"一"，而唯"一"在；"多"是虚无，它也是一种幻觉。生成和多样性的幻觉的世界是感性的世界。它是通过我们的眼、耳、手——一般地说，通过我们的感觉——而为我们所感知的通常的世界。真实的"存在"只能被理性的眼睛所把握，它是不能被感官所知晓的，是不能被看见、摸到或感触到的。它既不在这里又不在那里，既无过去又无现在。只有通过思想、理性，我们才能达到它。诚然，巴门尼德曾自相矛盾地说过，"有"是球形的并且占有空间。这样，就意

---

① 见黑格尔：《精神哲学》英文版第9页。

味着承认"有"是物质的并应当被感觉所认知。然而，这只是一种人类早期思想所不可避免的不成熟状态。巴门尼德情不自禁地试图去想象"有"的图景，而任何图像必然被设想为有形状的，所以他就陷入了自相矛盾。但是，与此相反的思想，即："有"没有空间性和时间性，所以它不是感觉的对象，这才是爱利亚学派的真正的核心观念。[①]

这种感性与理性有明显差别，只有后者才能认识真实，而前者则不能的主张，是所有希腊型的唯心论的一个特点。它是普遍的哲学的一个环节，无论对黑格尔主义者或爱利亚派都是如此。当然，黑格尔是否认真实与虚妄、理性与感性这种绝对分离的；对他来说，即使感性世界也有其自己的真实性。不过我们现在还不准备涉及他对普遍哲学的这种修正。

3. 对于爱利亚学派关于感性世界的事物是不真实的论断，我们赋予它什么意义呢？我们的问题不是爱利亚学派哲学家们自己对这一论断的理解，而是我们对它的真正涵义的解释。在他们这些初步的探索中，爱利亚派哲学家们自己，很可能对这些朦胧的观念的含义理解得很少。但正是这种内在的含义，这些潜在的、暗含的、没有为他们所见出的思想才是对我们有价值的。

这样，感性世界和它的主要特征即多样性和运动都是不真实的。这意味着什么呢？它是不是意味着感性世界、多样性和

---

① 在我的《古希腊哲学批评史》第46—52页中，我不同意柏奈特教授认为巴门尼德实质上是个唯物主义者的观点，并提出了我的全部理由，此处毋庸赘述。

运动并不在那里，是不存在的呢？如果运动是幻觉，那么是不是说一列从伦敦开往布里斯托尔的快车并没有动，它在到达终点时仍然停留在伦敦呢？如果多样性是不真实的，如果"有"是绝对的"一"，那么这是不是说我们衣袋里的二十块金币只是我们的主观设想，而实际上我们只有一块金币呢？显然这是一派胡言。在这个意义上，说感性世界不存在是毫无意义的。没有一个理智健全的人会否认事物，这张桌子、那顶帽子等的存在。贝克莱是被公认为提出事物不存在的荒唐主张的。约翰逊博士用脚踢石头来反驳这一主张；他于是被加上不懂哲学的愚蠢的门外汉的称号。但事实上，如果贝克莱真的提出了强加于他的那种荒谬主张，那么约翰逊博士的反驳就是正确的、不可辩驳的。贝克莱的真正观点——这是仅仅以脚踢东西所驳不倒的——是说：事物只存在于我们及上帝的心中并为它而存在；它们的存在只在于它们被感知；在它们的可见的、可触的显现后面再没有什么不可知的东西。据我所知，没有一个理智健全的人敢于大胆地断言物质的世界是不存在的[①]。显然地，正如约翰逊博士所证实的那样，物质世界是存在在那里的。如果你愿意的话，你可以称它为一个梦、一个幻觉或一个显现；但这个梦、这个幻觉、这个显现，还是存在在那里，它千真万确地存在着。

　　爱利亚派的哲学并不否认外部世界的存在，而否认它是真实存在，否认它的真实性。因此，很清楚，这个哲学中暗含着"实"与"在"的区别问题。不管什么存在，大象、彗星、多样性、运动等，都只是显现。唯独"有"才是真实。但"有"却不存在。

----

　　① 除非是高尔吉亚主义者！而高尔吉亚派也许在某种程度上是些小丑。

因为它不占有空间和时间。一切存在，即使不存在于某个地方，至少也存在于一定的时间之中。综上所述，可以得出两个命题：第一，在者不实；第二，实者不在。应该指出，这些命题是暗含在爱利亚派学说之中的，他们自己当然不愿，也不能使用这样的语言。

这个结论看起来是荒谬的。"在者不实"，这一点是有佐证的。众所周知，据印度教徒看来，现存世界是幻境、是错觉，这是与上述命题相类似的。但"实者不在"这个命题是难以接受的。我们不禁会怀疑我们是受了语言的愚弄，怀疑这是玄学家们的永久诡辩之一。但是，我们现在必须暂时离开这个题目；这些困难不久就会得到澄清。我们现在需要注意的是，我们上面所得出的结论，尽管它仍有待于进一步的解释，却是理解柏拉图、亚里士多德和黑格尔的关键一环①。它是那统一的普遍的哲学的一个要素。之所以理解不了黑格尔哲学，大部分都是由于不懂得这一点。

B. 柏拉图和黑格尔

4. 现在，对什么是柏拉图哲学的正确阐述，甚至对长期公认为的柏拉图哲学是否是苏格拉底的创作，都有不少争论。我们拿来作为讨论的基础是公认为柏拉图观点的传统看法。这种看法，可能符合历史的真相，也可能不符合。但这个问题却与我们无关，因为我们要了解的不是柏拉图，而是黑格尔，而

---

① 黑格尔对真实的看法是经过修改的。在黑格尔那里，"现实"是我们这里所说的真实与存在的综合。这一点将在适当的地方加以说明。

正是这种传统的柏拉图的观点影响了黑格尔。即使我们在这里将要阐述的柏拉图哲学被证明是完全臆想的，那么，它仍然同样是黑格尔思想的一块基石。

5. 爱利亚派哲学家们把显现与真实、感性与理性作了区别。这些区别一直延续到普罗塔哥拉时代。普罗塔哥拉说，什么东西我看来是真的，对我就是真的；什么东西你看来是真的，对你就是真的。这里包含的意思是说，外观或显现就是真实，至少此外再没有什么真实。这样，真实和显现就是一回事；而且，显现就是感觉所呈现给我们的那样，因此，感觉所给予我们的就是真实、真理。由于外观就是真实，所以一切外观都具有同等价值；单纯由感官所把握的真实和加上我对这些感觉材料的理解所把握的真实，二者都包含同样的真理。因此，理性对我们关于真实的知识就没有增加什么；真实是通过感觉而给予的。知识是感觉—感知。于是，感性和理性的区别消失了，或者至少可以说，随着显现与真实的区别的消失，感性与理性的区别是毫无价值、毫无意义的了。

6. 为了驳斥这种实际上否定一切价值的理论，柏拉图对感觉进行了分析。他指出，单纯的感觉远不能给我们带来知识；它几乎不能给我们带来任何形式的意识；即使是对我自己感觉的认识，比如我说"我很暖和"，也暗含着完全不同于肉体感觉的知识结构。

假如我知道我的身体感到温暖；我只能用"我的身体是暖和的"这种形式来表达它，也就是说，以命题的形式来表达。即使我不说出来，而只是去想它，它仍然要采取命题的形式。那么，我如何能知道感到温暖的是一个身体呢？我又如何能知道身体所感受到的是温暖呢？我之所以知道我的身体是一个身体，只是由于我以前曾见到许多身体，把我的身体与之比较，发现它们是相似的，而与其他东西如房子、树、三角形等不同。同样地，我之所以知道我感到的是温暖，也只是由于我把它与以前类似的感觉相比较并与其他感觉如红、硬、甜、冷等相对照。

这里就包含了种类的意思在里面："身体"一词代表一类事物，而"温暖"一词则代表一类感觉。这些种类的观念，或者说概念，甚至包含在最感性的知识中。每一种语言中的每一个词——也许专有名词除外，一般认为，它是没有内涵的——都包含一个概念。不仅有关于实体性事物的概念，还有关于性质、动作、关系的概念。"给予"是一个概念，因为它描述的是整整一类动作。"这个"也是一个概念，因为它所指的不仅是某一个单个事物，而是一切的事物；每一个事物都是"这个"。"是"也是一个概念，因为一切事物都"是"(某种东西。——译者注)。"在……中"是一个概念，因为它表示一整类的关系。在任何语言中都没有一个词不是代表一定的概念的。这样，不是某些知识，而是所有的知识，都是概念式的。这样看来，从纯粹的感觉不会产生任何知识。概念是不能被感官所发现的，而是心灵对感觉所给予它的东西加以比较、对照、分类的活动。

对于任何一类事物，除了适用于它的概念以外，我们什么也不知道。不论我们对于一个事物说的是什么，我们所说的无非是断言这样或那样的概念是适用于它的。因为不论我们所说的是什么，它总是一个词，而每 个词都是表示一个概念。我说在我面前的这个东西是一个白色的、长方形的、柔软的、物质的、固体的、有用的东西，它叫作纸。所有这些谓词都是概念。但是，如果这些是我对于纸的知识的性质，那么纸本身是什么呢？一个概念不是一个特定的事物；它是一个普遍的类，是一个共相。对于纸我们所知道的是这样或那样的适合于它的共相或概念，或者，换句话说，它属于这样或那样的普遍的类。它是白的、长方形的、柔软的；就是说，它属于这些类。那么，什么是"它"呢？"它"属于一切的类。不过，在这里，人们会想到，总得有某种东西，它是属于这些类的，就好像在谈到运动的时候，人们总要想到有某种东西在运动一样。那么，除去它所从属的类以外，这个"它"是什么呢？显然，如果有这么一个"它"，我们是无法知道的。它永远不为我们所知。因为我们所有的知识都是概念式的，即一种关于类的知识。所以任何在类之外的东西，比如这里的"它"，是不可能知道的。但是，去假定一个我们对它没有或不能有任何知识的东西的存在是完全不合理的。因为，我们不能够知道它是否存在。因此，肯定它的存在就是去肯定一个我们对它毫无所知的东西，因而也就是去肯定一个我们没有根据去肯定的东西。因此，看来好像"它"是不存在的，甚至于关于"它"的思想都是不可思议的、自相矛盾的；因为，每一个思想都是概念式的，都是关于一个类的思想。可是，它自身就其含义来说就不能是思想，严格地说，是不可思想的。这样，就没有"它"。这张纸的全部性质就在于它属于一切的类。只有类才是真实的。纸不过是许多概念或共相的聚集，其中再无他物。因此，如果我们承认这张纸不是我们想象的臆造物，它存在于我的心灵之外，那么，我们也必须承认概念或共相是客观地，独立于我或任何人的心灵而存在的。这种客观共相，柏拉图就称之为理念。

这样说来，好像只有共相是真实的，此外别无真实。诚然，柏拉图由于承认他所谓的"物质"——一种无形式的，不确定的质料，而损害了这个理论的彻底性。这种物质就是那不可知的"它"。他没有看到"物质"自身也是一个共相。他承认了"它"的存在。不过，我们在这里暂不涉及他的学说的这一方面。

7. 现时，有一派哲学家们，即新实在论者，他们承认共相的真实性或实体性，但他们坚持它们不是精神的。按照这种观点，如果把这些共相称为客观概念就是错误的了。在这些哲学家看来，甚至传统的柏拉图派的"观念"，也不过是"形式"。这使人不禁怀疑这个分歧不过是名词之争。说共相不是"精神性"的，这好像是意味着说它们不是任何个别心灵——你的、我的或上帝的心灵——的思想，它们是独立于任何心灵而存在的。当然，这正是柏拉图、亚里士多德、黑格尔和所有唯心主义者所承认的。不管我们用唯心主义的语言说，共相是客观思想而非主观思想；或者我们用新实在论的术语说，共相不是精神的，即不是主观的，都无碍于事情的实质[①]。

8. 不管怎样，在柏拉图看来，共相是真实、客观的。并非仅仅是"我"对事物进行分类。"类"的自身是独立于我的心灵而存在的。感性事物的真实就是共相。但是，我们获得关于共相的知识的源泉却不是感觉，而是理性。因为感觉不能给我们以概念。概念是抽象活动和推理活动所形成的。所以，理性是真理的源泉，而感觉则是错误的源泉。感觉给我们以感性世界、特殊事物的世界，但这是虚假的世界。唯一真正的实在是共相，

---

① 参见本书第 33、34 节。

而我们是通过理性才知道它的。感觉给我们以显现，理性给我们以真实。

9. 这样，就不仅仅坚持了那统一哲学的不同部分即感性和理性、显现和真实之间的区别，而且使我们达到了一个更进一步的观点。这就是那统一哲学的根本观点，即共相才是真实。这就是所有的唯心论①——无论是柏拉图的，亚里士多德的，或黑格尔的唯心论——中心的、与别的学说不同的学理。

10. 这个结论给爱利亚主义所谓"实者不在"这个似乎是谬论的说法带来了光明。因为真实是共相，而共相则不能是直接的存在。白的东西存在着，但存在的并非"白"本身。存在着栗色的马、白色的马、黑色的马、跑马与挽马；可是哪里有普遍的"马"、一般的"马"呢？存在意味着存在于某时或某地。但是，即使搜寻了整个空间的一切部分，我们也不会发现白本身。同样地，在任何时间中我们也不会发现那种既非栗马，亦非白马或黑马，既非跑马、亦非挽马的一般的马或马本身。因此，共相既不在空间中也不在时间中。它是超时空的。可是说一个东西是超时空的，也就是说它是不存在的。我们可以换一个说法：存在就意味着一个个别的存在物。凡存在的都是个别的。而共相却恰恰是非个别性的，因此，共相是不存在的。当然，人们可以说共相以人类理智之流中的概念的形式而存在于时间中，但这种说法显然是文不对题。因为我们在这里谈的并不是概念、主观的共相，而是那些独立于我们的心灵之外的，作为

---

① 当然，我在这里没有把贝克莱的主观唯心论包括在内。贝克莱所说的唯心论这个词有完全不同的含义。

真实的本质的客观共相。

11. 现在，我们对爱利亚派的立场看得稍微深入一些了。"有"是真实的，但它是超时空的，所以它不存在。这所以可能是因为"有"是一个共相。它是一切的东西所共同具有的。因为一切的东西都"是"。"有"是"是"本身，是一切东西所共具的。白本身既不在这里又不在那里，既无过去也无现在，不是一个个别的东西，所以它不存在。对于"有"来说也是如此。因为它不是任何特定的存在，如这匹马或那棵树。它是一般的存在——一个共相。当然，不应认为爱利亚派已经懂得这一点，尽管他们是在摸索这个道理。甚至柏拉图也没有达到确定地声称共相、理念不存在的程度。但是他说过理念不在时空之中；这等于是说共相、理念是不存在的。

12. 这样，我们看到，那统一的普遍的哲学坚执着这样的主张：普遍的东西是真实的，但它却不存在。这一点现在在某种程度上是搞明白了，但还没有完全清楚。尚待搞清的是关于真实和实存这两个词的清楚明白的规定。我们将从搞清真实与显现的区别来开始。一些人可能会说，作这种区别一望而知是荒谬可笑的。因为，一个外观也是真实的。一个梦确定地存在于心中，犹如大象确定地存在于这个世界上一样；所以它是一个真实的事情。确实如此；不过，我们从这一个例子将立即可以见到，即便完全抛开形上学，仅从普通的语言来说，真实与显现也是有区别的，而且这种区别显然必须有某种基础，某种含义。我们说，一个梦，一个幻想，是不真实的；这里的含义是十分容易看出来的。一座真实的山是不依赖于我们而独立存在的，而一座梦中的山却不能不依赖于做梦的人而独立存在，所以它被称作不真实的。它是以某种形式从做梦者的大脑中产生的。同样地，我们说一个影子也是不真实的。一个影子真实地存在着，但普通人的思想都相信那个投影的事物是独立自存的，而影子的存在却是依存于那个投射这个影子的事物的。所以我们说事物是真实的，影子是不真实的。

这些一般的区别只是模模糊糊地被意识到，但它却包含了哲学上对于真实与显现所作的区别的萌芽。哲学思想不过是普通思想的明确而一贯的发展。哲学上所说的真实，就是一种完全独立的存在，自在的存在，一种依靠自己而非由于他物的存在[①]。它的存在是由真实即一个独立存在所造成的。请注意，我们在这里谈的不是独立的和依存的"实存"；我们在这里用的是"存在"这个词，而不是"实存"这个词。这仅仅是因为我们已经给"实存"这个词以另外的含义。我们已经看到：真实没有实存。因此，我们不能把它规定为有其独立不依的实存。这就引起了一个新的问题，即"实存"与"存在"的区别的实质是什么。这个问题也就是：普遍的东西如果没有"实存"，那么它们有一种什么种类的"存在"呢？我们将简单地回答这个问题。

13. 现在我们来谈另一个论点。显现是依存于真实的；它的存在是从真实中升起的，是以某种方式由真实所产生的。因此，如果我们说普遍是真实的，而感觉的世界是显现，那么我们就

---

① 这些观念是大多数观念论的哲学学说所共有的。黑格尔主义关于显现的特殊学说包含了这些观念，但又进一步超出这些观念并对"显现"这一概念作了更完全的分析。黑格尔对显现的规定见下面第271—273节。

有责任去证明共相产生感觉世界。这显然就是为什么柏拉图要尝试着证明理念是真正产生出世界的东西，它们是一切事物的始初的基础和原因。"真实"的概念必定要包含这一点。如果在宇宙中某种东西是真实的，而其他的全是显现，那么这就意味着那个"真实"产生了这个显现。对于那统一的普遍的哲学来说，共相是真实。因此，我们现在得到这个普遍的哲学的一个更进一步的规定，即：共相是那种绝对的、最终的存在，它是一切事物的基础，从它自身产生出整个世界。必须记住，根据这个普遍的哲学，不仅实者不在，而且更进一步：在者不实。因此，所有实存着的，即整个宇宙，都是显现，是从共相中浮现出来的。

14. 我们现在已经有了对于"真实"和"显现"的清晰的观念，剩下的就是要得到对于"实存"的同样清晰的观念。这样一种观念已经暗含在上面的论述之中。只有单个的，特殊的事物是实存的。抽象的"白"不是实存的，因为它不是一个个别的事物。但我的白色的帽子是实存的，因为它是一个个别的事物。这就意味着：实存只属于在时间或空间中或在二者中的东西。因为一个个别的事物必须至少存在于某一特定的时间之内，如果它是一个物质的东西，它还必须存在于某一特定的地点。对这一思想的另一个说法是：只有那直接呈现在意识面前或能够如此的东西才是实存的。只有存在于一定的地点或时间中的东西才存在于那里，才呈现于意识之前。当然，这些特征对于精神的和物质的存在都同样适用。一个梦，一个感觉，一个思想，也存在在那里。它们也在一定的时间内存在于一个意识状态之流中。而且它们还是个别的东西；它们是这一特殊的感觉，这一个思想，这一个梦。

15. 在那普遍的哲学看来，一切实存都是外观、显现，实存和显现这两个术语的定义，即内涵，是不同的。显现是一种只有依存性的存在。实存则是一种个别而非普遍的存在，是直接呈现于或可能呈现于意识之前的存在，而且是呈现于特定的时间或空间或二者之中的存在。但是这两个名词的意义是一样的。就是说，凡是一个直接呈现的个别东西都是一个依存性的存在。这是从认唯一"真实"（独立自存的存在）的是共相的见解得出的必然结果。

16. 无疑地，在这里不仅包含着物质的东西是显现的意思，而且包含着精神的东西如特殊的思想、感觉、意志等，也是"显现"的意思。因为所有这些都是个别的实存。这一点似乎并不总是被认识到，并且柏拉图自己是否直率地承认这一点也是一个疑问。如果人们问我们：照这样解释，一些存在如"心灵"，是否也失去了它的真实性？我们只能回答说：在大多数唯心主义哲学家看来，"心灵"和它的种种特殊状态如感觉、观念等是不同的，它不是一个个别的东西，而是一个共相．所以它是真实的。不过，现在不是讨论这一点的时候，因为这样就超出了这一章的直接目的。

17. 说整个存在着的世界不过是"显现"，初看起来似乎是一种和人类常识根本不相容的结论。因此，我们在这里声明：哲学与人们通常的信念并不是相互脱离的。因为正是这种学说在宗教意识中得到普遍的表现。基督教告诉我们，上帝创造了世界，但上帝自己却不是被创造出来的，从而是原初的。这意味着上帝是由于它自己而存在，并非由于他物，因此是真实的；上帝是世界的源泉，世界由它而存在，所以世界只是一种显现或外观。但通常人们的思想往往被一种含混不清的观念所影响，认为上帝一下子就把世界创造出来并把它投入空间中运转，使它从此以后就成了一种独立自足的存在；它从此靠自己的力量继续存在下去，再不需要什么支持。这种看法或许是违反基督教教义的，但却是对普通意识的支持，虽然是模糊不清的。它可以解释普通意识对世界不过是一显现或外观的原理的反感。这个世界这样地被设想为据有一种半独立的存在，它就被当作一种真实的东西。但东方的精神却有另外的想法。印度教的信徒不认为上帝一劳永逸地把世界创造出来然后就让它独立存在；他们认为世界不是上帝的创造物，而是上帝的"宣示"。这种看法提出了这样一个观念，即世界在它存在的每一时刻中，是如此紧密地依赖于上帝，所以如果没有上帝，它就会毁灭。因此，对于印度教徒的心灵来说，把世界看成一种显现，一种空幻境界，是十分自然的。最后，我们可以再次重申，哲学家们提出上述的理论并不像一些解释硬归之于他们的那样荒谬愚蠢。他们并不是说世界不存在在那里；或者说世界不存在。正如我们已经指出过的，世界的存在是无可争辩的事实，没有一个有健全理性的人会否认这一点。认这个世界为显现，不过意味着它的存在是依赖于一个在它的彼岸的存在而已。

18. 由于哲学承认作为"真实"的共相是世界的绝对基础，所以它就必然给自己提出了一个任务，即说明这个世界为什么和如何从那个绝对存在中产生出来。柏拉图清楚地意识到这种责任并且试图去履行它。然而，他的哲学在这里却变得含混不清，松散无力。他不能作出一个合理的解释，只好乞灵于一些神话和隐喻。我们无须去关心他解决这个问题的企图的细节，因为这只属于他个人的看法而不属于那普遍哲学的一部分。这里只概述其大意如下：世界中的事物是共相或理念的复制品（拷贝）。个别的马是马的理念的复制品。这些复制品是根据上帝铭刻于质料之上的理念的印象制造出来的。这里的"质料"不是我们通常所理解的那样；它不是铁、氢、黄铜等。这些东西有确定的形式，它们已经是"事物"而且完全是理念的完成了的复制品。柏拉图所谓的"质料"是无形式、无特点、无规定的；它是虚空，是事物的无形式的基质。事实上，它是那样一个"它"或某种东西，属于一切种类，自己却不是一个种类。我们在上面第 6 节中已经看到，它是一个自相矛盾的、不可思议的思想。我们看到，一个物体，如这张纸，是共相的集合；这些共相是这张纸所属的各个种类。但是当我们问，离开了一切共相的"它"是什么，我们就会发现"它"是"无"。然而，柏拉图却认为这个"它"，这个诸共相的基质是一种真实存在的东西并称之为"质料"。然而，他又承认离开了一切规定的"它"是非实存，从而宣称"质料"是"非存在"，这使他陷入矛盾。质料是无，是非存在；然而，他却认为它必须是永恒地存在着以便理念把自己的影像打印上去。它不是从理念中产生出来的东西。而是与理念同样原初的、非派生的、独立不依的，因此，这样看来，它非但不是绝对的非有，毋宁说是一个绝对的有，绝对的真实。因为凡是独立存在而非从他物派生出来的东西就是真实。柏拉图没有认识到这一点。如果他看到这一点，那他就会发现他的"质料"的观念是如何地不可能和自相矛盾。

19. 另一点值得我们重视的是柏拉图明显地相信理念、共相有其自己的超时空的、与此岸世界分离的、彼岸的独立存在。

善良的灵魂在死后会回到这个位所并真的在那里"看到"这些理念。这样,这张纸所由组成的诸共相不仅在这张纸中并构成它,而且在这张纸之外,在它们自己的世界中有其自在的存在。这种看法在多大程度上可以照字义来理解或仅看作是一种诗意的语言,是很难确定的。但是,无论如何,亚里士多德认为,柏拉图的意见就是如字义所表明的那样。我们必须注意到,如果对柏拉图这个说法照字义来理解,那么它就包含一种与普遍哲学相乖离甚至相抵触的地方。因为这种说法承认理念是"实存"的,是存在于它们自己的世界中的。可是对于那普遍的哲学来说,共相是真实的,但却非实存;这是普遍哲学一个根本的观点。共相就是非个别的。但柏拉图在他的哲学的这一部分中好像把理念设想成在超空间的世界中的个别存在物。当然,这是自相矛盾。这同时说明柏拉图对真实与实存的区别是含混不清的。他是从"实"与"在"的明确区别开始的,当然不是在上面那些话里。因为他说过,感觉的世界即实存是不真实的;而真实的共相不在时空中,这就是说,不是实存的。可是,他好像不能抵制那种凡真实的必须在某种程度上实存的肤浅思想,因而就发明了那个超现世的世界作为理念的栖止之所。或许他后面这种观念只是一种诗意的说法;但即使如此,也是非常容易引起误会的。

C. 亚里士多德和黑格尔

20. 在亚里士多德看来,"事物"是由质料与形式复合而成。亚里士多德的质料和柏拉图的"质料"是一样的,即那个"它",事物的无规定的基质。他的形式相当于柏拉图的理念,都是共相。但亚里士多德否认形式、理念或共相在一个与现世分离的世界中有其独自的实存。它们只实存于——如果我们用实存这个词的话——事物之中。亚里士多德问道：什么能够被认为有其自身的与事物分离的独立存在呢？不是形式、共相；因为这些只是谓词。人的理念和"人"这个谓词是同一个东西。一个共相仅仅是对一个种类中一切个体都适用的谓词。"白"这个共相是适用于一切白的事物的谓词。而谓词是没有脱离它们所指谓的那些主词的独立存在的。金子是黄色的；这里的"黄"是没有离开金子的独立实存的。我们说某件东西是光滑的，但我们不相信光滑可以独立存在，只有某种东西是光滑的。因此，共相不像柏拉图所设想的那样有其与事物分离的存在。但是质料也没有独立的实存。金子是黄的、重的、软的等。黄色、重量、柔软不能离开金子而存在。而金子也不能离开这些性质而存在。从思想中去掉黄色、柔和及其他所有的谓词，那还剩下什么呢？什么也没有剩下。因此，金子离开了它的种种谓词，就是无物，就没有实存。基质或柏拉图所谓的"它"，离开了适用于它的那些共相或谓词就不存在。这样，质料和形式都没有独立的实存。单独存在着的是有种种谓词的金子，这就是说，存在着的是质料与形式的结合或形成的"东西"——这块金子，那张床，这棵树，那个男人。这样，亚里士多德就回到了那个认实存为个别的实存事物的普遍哲学的学说。对于亚里士多德，和对于柏拉图一样，真实的仍是共相。但是共相、真实并无实存。只有个别的东西实存着，但它们不是共相。

21. 亚里士多德关于形式和质料不可分，它们没有孤立存在的学说，给我们在讨论柏拉图哲学那一节中不得不放下的一个问题的解决投下了一线曙光。如果"真实"有其独立不依的"存在",但它又不是实存,那么这里的"存在"是什么意思呢?如果共相没有实存,我们可以把它归于哪一种存在呢?目前我们还不能完全解决这个问题,只能部分地回答它。我们现在看到的共相没有实存,但一切实存都依赖于它。一个"事物"是质料与形式的合成。没有形式即共相,就只剩下质料自身,但质料自身是无,没有实存。没有形式或共相,事物就没有实存。因此,事物的实存有赖于共相。确实,在亚里士多德看来,事物也有赖于质料;但这一点并不影响我们目前的讨论,总之,事物的实存有赖于共相;没有它们,事物就不存在。我们现在不能认为,事物的实存所依赖的共相没有任何种类的存在,而是无。我们必须同意共相有其存在。所以当我们否认它们的实存时,我们的意思是说它们不能孤立自足地存在,没有独自的生存。如果我们对它们使用实存这个词,那我们可以说,它们存在于事物之中。它们不能孤立地存在。这顶帽子存在着,它是一个现成的东西,它有其独立的存在。但一个共相,例如那顶帽子的白色,却没有独立于帽子之外的存在。它只是帽子存在的一个因素或元素。仅仅考虑白色,那只是一个抽象。我们说共相存在是有道理的,因为没有它什么东西也不能存在。共相是存在的,但却没有实存,因为它没有其独立自存,就像一块石头或任何其他实存的东西那样。

22. 但这样一来,似乎又使我们陷入矛盾。共相存在,但它没有其独立自足的存在。另一方面,个别的事物是实存的,而我们恰恰认为共相是缺少这种独立自存性的。可是,我们以前得出结论说,共相由于它是真实的,所以是先于一切独立自存的东西的；一切实存，由于它只有一种依存的存在，所以只是显现、外观。我们将会发现，这种矛盾只是表面上的。不过，为了解释这一点，我们还要从亚里士多德那里寻求帮助。

亚里士多德认为，一个事物的形式或共相也是它的目的或目标。最后因（目标）和形式因（形式）是同一的。一个事物的目的可以被确定为事物存在的理由。因此，当他说形式是和目标同一的时候，亚里士多德的意思是说共相是事物的理由，是它存在的理由。事物的理由明显地是在事物之先的。事物只是由于其理由而存在，所以它是后于理由的。因此，事物的目标是先于它的开始的。

23. 那普遍的哲学主张所有个别的存在都是依他的存在，唯独共相有其独立自依的存在，并且，个别的事物由于共相而有其存在，也就是说，它们的存在是依赖于共相的。但是，我们还没有自问一下：这里的"依他"和"独立自依"是什么样的，是什么意思。刚才讲过的亚里士多德的学说对这个问题的解决提供了线索。上面说过，一个事物的目标先于它的开始。这个表面上的悖论只有一种解释可以使之成为可理解的；就是：上面说到的在先不是时间在先，而是逻辑在先。在时间中，一个事件发生于另一事件之后，第一个发生的事件对第二件事是时间在先的。在逻辑上，前提在先，结论在后，前提对于结论是逻辑在先。但它们没有时间在先的问题。在理由和结论的关系中，前者在逻辑上是第一的，但没有人会去争论说它们的次序意味着理由是一个在时间上先于结论的事件。正是从这个意义上，亚里士多德认为，一个事物的目标是先于这个事物的；或者说，世界进程的一般目标是先于这个世界的。目标就是目的。目的逻辑上是先于它的实现的。当然，就人类的目的来说，它在时间上也是先于其实现的，因为我们必先形成目的，然后才能去实现它。但是，对世界的目的却不能作这种拟人的想象。在亚里士多德看来，世界没有那种自觉地谋划与实行的心灵；世界的目的内在于世界自身之中。它不是发生于一个心灵中的精神事件，它是一个逻辑的理由。一切发生的事情都由于一定的理由而发生。这个理由就是发生的事情的目的。事件是理由、目的的结果。因此，目的或目标，先于世界，不是作为时间在先的原因，而是作为它的理由。形式的原则或共相是理由，而世界则是结果。因此，共相是逻辑地先于事物，而不是时间上先于它们。

24. 共相是所有事物的源泉，是世界由之产生的第一原则（此处兼有起始之意）。它是"先于一切世界"的。但我们现在看到，这并不意味着共相在时间上先于世界而存在着。这在任何情况下也是不可能的。因为，第一，共相根本没有实存；第二，它没有时间性，它不管是现在或是过去，都不存在于时间之中。这里，我们有了普遍哲学的一个新的极其重要的规定。它的萌芽在亚里士多德关于共相是逻辑在先的观念中已经出现了。但是只有到了黑格尔这个规定才以明晰的方式表达出来；远远超出了亚里士多德。它可以表述如下：共相是所有实存的源泉；但世界对共相的依赖不是一种因果式的依赖，而是逻辑的依存。换言之，世界来自共相，但不是作为结果从时间上来自它的原因，而是作为一个结论来自它的逻辑前提。

25. 这些思想使我们有可能去解决前面提到的明显的矛盾并且阐明共相有着什么样的存在。我们说，共相作为真实，必

23

须有其自己的独立不依的存在。另一方面，它仅是一个抽象。它没有脱离个别事物的存在；它只有在个别事物中才成为真实，而且这样看来，似乎它的存在也依赖于事物。然而，现在我们看到共相是绝对地在一切事物之先的；当然这不是从时间在先的意义上说，而是从逻辑在先的意义上说的。这意味着它逻辑上没有任何在先的依赖的东西，它的独立不依是逻辑上的独立不依。它不是一个在先的理由的结论，它是第一理由。"事物"是它的逻辑的结论。共相不是在事实上与事物相分离，而是在思想中相分离，是逻辑上的分离、独立。这样，对于共相有何种离开事物的存在这个问题，我们可以回答说：它有一种逻辑的存在。而事物却有其事实上的、实际的存在。于是，原来设想的矛盾就这样解决了。共相有着逻辑上独立于事物以外的存在，即在思想中可以和事物分开，并且对于事物来说是逻辑在先的。如果它要停止其为抽象，而成为真实存在的一个组成部分，从这个意义上说，它就有了一种依存的存在；它要做到这一点，要成为一个事实，只有一条路可走，即与特殊相结合。它的逻辑存在是独立不依的，而它的事实上的存在是有所依赖的。

26. 如果读者对这一点还觉得不好理解，下面的讨论将会有所帮助。共相是世界的源泉，不是说它作为一个东西先于世界而存在，而是说它是世界之理。事实上，甚至在日常生活中每个人都会承认一个事物之理是一种真实，但却并没有人认为它是自存的。一个艺术家作一幅画的理由是因为它的美。这个"美"就是这幅画成为实存的理由。这种美确然是一种十分真实的东西；然而却没有一个人会说，这种美会离开这幅画而存在，或者说它在时间上先于这幅画而存在。它不是一个存在着的事物。

27. 在亚里士多德的哲学中，还有相当数量的学说深深地影响了黑格尔。其中之一就是关于潜能和现实的区别的学说。这些概念在黑格尔那里以"内"与"外"或"自在"与"自为"的名称再现出来。在亚里士多德那里，质料是潜能，形式是现实。质料之自身是绝对地无形式的，它是事物的毫无规定的基质。如果我们从任何事物抽掉它的所有规定，剩下的就是质料。金子是黄色的，柔软的，有重量的，不透明的，等等。如果我们为了达到这些规定所依托的实质自身而抽去所有这些规定，我们将会发现，事实上剩下来的只是一个完全的空白，一个绝对的空无。因为我们抽去了所有的共相。由于我们对于一个事物所能说和能思的必须是共相（第6节），所以对于一个抽去一切共相的东西我们就既不能说它也不能思想它。实际上这里什么也没有留下。结论自然是：这种设想出来的基质是非实存的。但无论是柏拉图或亚里士多德都未能摆脱存在着这种基质的观念。然而他们俩都清楚地看到这种基质是一个完全的空洞，一个非存在。所以他们说，质料——他们称之为基质——是一种没有实存的存在。

亚里士多德的"质料"，在其自身中是无，但却可以成为任何事物。它成为何物取决于加于其上的是什么样的共相或形式。把质料加上白、蛋形、硬、可食等共相，我们看见的就是一个蛋。给它加上黄、延展性、重量、金属性等共相，它就是一块金子。这样，质料自身确实是无，但它却潜在地是一切事物。它就是一切事物的潜能。但它只有得到形式时才得到现实性，成为一个"事物"。因此，形式是现实的。

28. 亚里士多德相信，在形式与质料相结合而成的一个事物中，二者中的每一个均可占支配地位。在一些事物中质料支配着形式，在另一些事物中则反过来。因此，存在有一个从无形式的质料的底层直到无质料的形式的顶层的连续的等级尺度。顶层与底层两极端都无实存，因为形式与质料彼此分离就都不能有实存。但是，中间的项是实存的并构成宇宙。如无机物这样低级的事物接近于存在的尺度的底层；在它们中质料占优势。其次是植物。高于植物的是动物。在地球上最高级的是人类，在人类中，形式极大地超过了质料。所有的事物都不断地力求成长为更高的形式。它们这样做的企图就是世界生成的原因，就是世界的一般进程。世界进程的动力就是目标、形式、共相。事物朝向它的目标努力前进。因此形式是推动力、促进事物运动的能源。形式推动并形成存在不断向高级状态发展。这样，目标从一开始就活跃于整个过程之中。因此目标从一开始就存在，否则它就不能发挥它的力量。不过在一开始它是潜在的，只有当目的实现时它才成为现实的。如果橡树的种子是开始，橡树是目标，那么橡树已经潜在于橡子之中。人类已潜在于类人猿之中，虽然只在他成为人之后才是真正的人。如果不是这样，发展的现象就是不可解释的。如果橡树不是包含在橡子之中，橡树如何能从橡子中生长出来呢？否则就要从无中生出某种东西。而果真如此，那么所有的生成、变化，如像巴门尼德已经看到的那样，都是不可能和不可信的了。变化包含着某种新东西的产生。但如果这个新的因素是完全新的，那么我们只会得到从无中生有的不可能性。因此，这种新的因素不可能是完全新的,它已作为一种潜能存在于旧东西之中。

发展就是这样被认为是那潜在的、暗藏的东西之显现出来。凡是一个在内的东西也必然成为在外的。橡子就是橡树,不过是橡树之在潜在的状态。它是橡树之"在自身"。但它只是对于哲学思想的透入内里的眼光来说是橡树。思想"看见"了橡树在其中。它只是对我们而言才是橡树,因为我们的思想能够透视那潜在于其中的东西。这样,它仅仅对我们而言是橡树,并非对它自己而言是橡树。只有当橡子真正成长为橡树时,它才是对自己而言的橡树。因此,黑格尔把潜藏的或潜在的称为"自在",把现实的称为"自为"。这些名词通常被分别翻译为"内"与"外"。橡子内在地就是橡树,但还没有外现。"自在"这个在黑格尔著作的几乎每一页都会遇到的名词,可能会使初学者感到困惑。因此,掌握这个概念是非常重要的。亚里士多德和黑格尔的体系都是发展的理论,都是建立在发展的本性的同样概念的基础之上的。发展并不包含某种完全新的东西的出现。对于亚里士多德来说,发展是从潜在到实在的变换。对于黑格尔来说,发展是从内在(暗含)到外现(明白显露)。

29. 我们并没有根据上述评论就认为黑格尔是整个地袭取了亚里士多德关于质料和形式的全部学说。柏拉图与亚里士多德两人虽然把质料称为非存在,但他们把质料看作是某种真实的东西。从这里也就产生了他们的哲学的根本上的二元性。质料不是那种从共相产生的东西;它从一开始就存在在那里,共相对它赋型从而造成"事物"。因此,质料和共相都是原初的存在,每一个都不能从另一个衍生出来。这是二元论。黑格尔看到事物的基质仅是一个抽象,一个空无。因此他在他的体系中取消了它①。黑格尔的"内"不是亚里士多德的"质料",同样,"外"也不是亚里士多德的"形式"。从亚里士多德对这些名词的运用看,纯质料是潜在,而纯形式是真实。黑格尔的名词"内"与"外"同样含有亚里士多德所谓的潜在与真实的意思。但是他却没有把它们用于同样的事物或取同样的用法。我们现在只涉及这些词的意义(内涵),而不涉及它们的应用(外延)。

30. 我们需要注意的、直接影响黑格尔的最后一个亚里士多德的学说是他关于绝对或上帝的学说。我们已经看到,说一个东西是真实,从哲学意义上讲,就是说,它是原初的存在,是世界上一切事物的源泉。换句话说,它就是绝对。哲学家们仍然经常用上帝这个词来代表绝对,因为在宗教中,上帝是被视为原初的存在,一切事物均由它而产生。

31. 亚里士多德的哲学的存在表的顶点是绝对无质料的形式。这个绝对形式就是亚里士多德所称的上帝,因为形式是所有存在物的源泉。这个纯形式不包含任何质料,它的内容就是它自身。因此它不是质料的形式,而是形式的形式。这种看法就转变成为亚里士多德对于上帝的有名的规定:"思想的思想"。上帝并不思维着质料,它只思维着思想。它是思想,而这个思想的对象也是思想自身。因此,它只思维它自己。上帝是自我意识。黑格尔的绝对也是自我意识,关于思想的思想。

32. 明显地,在这一变换中,"思想的思想"这一短语是作为"形式的形式"这一短语的同义语。只有当形式是思想时,

---

① 但是,黑格尔实际上在他论及"偶然性"的概念时,又重新引进了这种不能被演绎出来的基质。

这样看才是合理的。这样，我们在这里就达到那普遍的哲学的一个新的规定:形式是共相;共相是真实，是绝对。因此，真实，绝对，是思想。由于思想是精神的实质，所以我们可以同样地表述说:绝对是精神。我们下面就来证明这些规定。

33. 这个问题可归结为这样一点:一个形式或共相是一个思想吗?十分清楚，亚里士多德和黑格尔的回答是肯定的。关于共相理论的历史起源也提供了同样的见解。柏拉图由于发现知识所包含的全是概念，从而奠定了他的哲学的基本原则。在他起初的考虑中，共相是主观的概念，是存在于我们的心中用作一类东西的名称的思想。但是，只是当他看到一个共相不仅是一个主观的东西，而且在我们的心外，不依赖于它还存在着客观的共相时，他的哲学的核心才建立起来了。这些被称作客观思想，因为普遍性是思想的性质而非事物的性质，事物都是个别的。

如前面第 7 节已经指出的，现在有一种很时兴的哲学派别，它认为共相不是思想，虽然它是存在的。据它说，共相是"非精神性的"①。这也许仅仅是词句问题。如果这仅仅意味着共相不是主观思想，即不是存在于某一特定的心中，不是存在于你的或我的或上帝心中的思想，那么唯心主义不仅承认它，而且还坚决这样主张。可是，如果这意味着超出它们在心灵中存在的问题而进一步认为共相不是思想的实质，那就必须加以反驳了。

34. 唯心主义者的论点的基础是:共相是抽象物，只有从

---

① 例如，见伯特兰·罗素先生的备受称赞的小册子《哲学问题》第152—155 页。

差异中进行抽象并把一类事物中的共同之点提取出来，我们才能得到一个共相。但抽象活动明显地是一个思维过程。一个共相是一个思想，因为它是一个抽象物。毫无疑问，有人会提出异议说：我们诚然只有通过抽象才能得到共相，但我们这样得到的共相只是一个主观的观念。所以，这个争论证明我们已经知道的东西，就是说，主观概念是思想。它并未对客观共相的实质说明什么。这是对这一争论的误解。关键问题是，不仅概念是抽象物，而且客观共相也是抽象物。不然的话，它们就不会不存在，不会没有客观实在性。我们已经看到，它们是没有实存的，它们没有离开个别事物的独立存在。它们只有在思想中并作为思想才有其独立的、分离的存在。因此，只要它们存在，它们就是抽象的，就是思想。我们也已知道，能够赋予共相的存在只是逻辑的存在；而仅仅是逻辑上存在的只能是思想。再说，我们也看到，共相是理性，而理性确定地只是一思想。

35. 当然，非常重要的是，我们要了解，当唯心主义说绝对真实是思想，这里的思想不是普通意义上的、在一个个人心中进行的主观思想。它并不主张共相依赖于人的心灵的活动或甚至依赖像普通的有神论所主张的神的心灵的活动。唯心主义完全地一贯地承认这种看法，即有一个时间，那时没有任何人的或神的心灵存在，那个时候到处都是毫无生命迹象的炽热的气态物质，此外便一无所有。但是，即使这样一个世界也是依赖于思想，是思想的产物，也就是思想——当然不是主观思想，而是客观思想。

36. 但是，反对这种看法的观点极力主张说："思想就暗含着思想者在内"，没有思想者的思想是不可思议的。这个困难不过是普通意识在理解"实者不在"这一命题上的困难的复发。这种断言意味着思想除非在一个思想者的心中就不能存在。这是完全确实的。每一实存都是一个个别的存在，它存在在那里，在某一空间或时间之中。一个实存的思想也必须是一个个别的存在，它在那里，作为某一特定的意识之流中的特定思想而存在。但共相并无实存，因而也不在某一心灵、某一意识之流中。思想不能在思想者之外存在。但共相并不是实存。它们是真实。而且，由于所有的实存都是显现、外观，由于没有一个实存的东西是真实，由于每一思想者心中的思想都是一个实存，所以随之而来的结论就是，共相不在一个思想者的心中。如果它们是在一个思想者的心中，它们就不是真实。因为这样它们就是实存的。

37. 应当注意，当唯心主义者使用诸如"绝对是思想"这样的表述时，他们是把思想这个词限制在共相的思想这样的意义上来使用的。普通的用法，如我们可以有一个关于自己母亲的面容的思想，那是另一回事。在这样的普通语言中，思想包含着特殊的印象甚至感觉在内。在哲学的意义上，只有共相才能称之为思想。

38. 说绝对是精神，意思就是说它是思想。思想是精神的实质。如果一个表述是合理的，那么另一个也是合理的。但在这里指的并不是存在着的主观精神，而是客观的、真实的精神。这里谈到的精神是那组成真实的共相体系。它不是一个精神，不是那与另一个精神相对立的这一个精神，不是我的精神；甚至也不是上帝的精神，如果把上帝理解为一个特定的、存在着的智慧的话。这个产生出宇宙的原初的精神不是一种精神的实存。它是真实，但它却不是实存。它是普遍的精神、纯粹的精神。它是活跃于世界之中的真正的精神，它就是关于神的统治的神学理论的真谛。但是，它是在世界中活动着的精神，而不是在世界之外。它是事物中的理性，或事物的理性，而不是事物之外的原因，站在事物之外，犹如人的精神处在它所观察和支配的对象之外那样。它是不包含作为一个思考着的人那样的思维者的理性。当然，它也不是实存，它不存在于世界开始之前，并不在时间中"创造"世界。它和世界的关系是一种逻辑的关系；它的存在是一种逻辑的存在。

D. 结论

39. 在以上对古希腊唯心论的发展的顺序论述中，我们试图从历史的事实中抽出它们的内在实质意义。从而我们也就阐明了那普遍的哲学的基本原则的一部分。而由于黑格尔是这一普遍的哲学的最后的伟大导师，所以我们也就同时阐明了黑格尔哲学的一些基本原则。现在把我们讲过的作一简短的小结。那普遍的哲学的实质，或者说，迄今为止谈到过的实质，有如下述：

I. 真实是一种完全独立不依的存在，一种只依赖其自身的存在。

II. 显现或外观是依赖于另一个存在的存在；这另一个存在就是真实。

III. 实存是那能够直接呈现在意识之前的东西。它既可以是一个物质的存在，也可以是一个精神的存在。

IV. 真实是共相。

V. 真实不是一个实存。它的存在是一种逻辑的存在。

Ⅵ. 实存是显现或外观。

Ⅶ. 真实即共相，也是思想、精神或理智；但这个思想、精神或理智不是一个实存的、个别的、主观的精神，而是一个纯粹的、普遍的、客观的精神。它有一个逻辑的而非实在的存在。

Ⅷ. 真实即客观思想，是最高的存在即绝对的第一原则，它是一切事物的源泉，而宇宙必须从它得到解释。

Ⅸ. 这个第一原则的"第一"只是意味着它对于一切事物来说是逻辑在先，而不是按时间的次序数第一。

这些主张只是构成了直到亚里士多德为止的唯心主义者的信念。我们还要考查近代思想对于它的修正和增减。

40. 我们将会看到，黑格尔的哲学，不是他自己简单地凭空制造出来并使世界为之震惊的偶然行动。它不是一个独特的大脑的愚蠢的幻想，不是一个华而不实的新奇的玩意儿。它不是某些乖僻的天才所偏爱的学说，也不仅仅是许多相互驳斥的理论中的一种理论。它的真正的作者，与其说是黑格尔，不如说是辛勤地活动并思考着的人类精神，这个普遍的人类精神通过这个个人把自己表达出来。它是许多世纪的工作；它深深地植根于过去。它是千百年来智慧的积累，是那"普遍的哲学"的最后阶段。因为，用黑格尔的话来说，真理既不新鲜也不陈旧，而是永恒的。黑格尔是有深刻的创见的，但他的创见不仅仅是一种新奇；它是新的，但也是旧的。它承认所有过去的真理，把它们吸收到自己中来并加以发展。因此，它对其他哲学的态度既不是妒忌的，也不是敌意的，也不是毁灭性的。它在它们的每一个中看到真理的某些阶段或方面必须加以承认并吸收到自己之中。正因如此，它才是一种真正的普遍的哲学。

第二章　现代哲学和黑格尔

41. 从亚里士多德死后直到比较晚近的时期，古典型的唯心主义消失了。斯多葛主义者、伊壁鸠鲁主义者和怀疑论者都忽视了它。新柏拉图主义，充其量也不过是它的神秘的变形。经院哲学则是它的拙劣的模仿。从笛卡儿到莱布尼茨的思想家们也没有使它得到再生。当然，在这些近代早期的哲学家中，有些是和古希腊唯心论有密切关系的，但他们是少数。这种唯心主义的复活始于康德，也是他的工作成果。康德并不是古希腊唯心论的直接后裔，他的工作显出的希腊学者们的影响是轻微的。如果不加种种前提地就说他是那普遍的哲学的代表，那是不真实的。他完全抛弃了我们在上一章末尾归纳起来的一些重要主张。然而他仍然成为从根本上来说与上一章所介绍的那种类型的唯心论类似的唯心论的开创人，尽管这是违反他自己的意愿的。

但是，在阐述康德之前，我们必须简要地介绍一下一位前康德主义的、对黑格尔的影响比任何其他的人都大的一位哲学家，他就是斯宾诺莎。

A. 斯宾诺莎和黑格尔

42. 斯宾诺莎系统阐述了那个极其深刻的原则，即"一切肯定皆是否定"。规定一个事物就是把它从存在的某些领域分割开来，因而也就限制了它。作出规定就是划下界限。说一个东西是棕色的，就是把它从粉红色、蓝色或其他有色事物的领域分割开来，从而也就限制了它。说一个事物是善的，就是把它从恶的领域分割开来。这种限制与否定是一回事。肯定一个事物在一定界限之内就是否定它在这些界限之外，说一个东西是棕色的，就是说它不是粉红色的。肯定包含着否定。对一个事物作了这样的言说就否定了对它作别的言说。一切规定都是否定。

43. 这个原则对黑格尔也是根本的，不过它在他那里又采取了反转来的形式：一切否定皆是肯定。正统的逻辑学家们会提醒我们不能把斯宾诺莎的主张简单地颠倒过来。但我们要在回答中充分地指出不仅肯定包含着否定，而否定也同样地包含着肯定。否定一个事物属于某一种类就是肯定它属于另外一个种类；虽然我们可能不知道这个种类是什么。肯定与否定彼此关联，它们是相互包含的。去肯定就是去否定：这是斯宾诺莎的原则。去否定就是去肯定：这是黑格尔的原则。

因此，当我们碰到黑格尔谈论关于"否定的巨大力量"的时候，我们必须想到，对他来说，否定就是创造的过程。一个事物的肯定本性包含在它的诸规定之中。一块石头的本性是白、重、硬等。但由于所有的规定都是否定，所以一个事物的肯定的本性也包含在它的否定之中。因此，否定是肯定的事物的真正本质。对于世界之能够存在来说，高于一切的需要是那否定的力量，"否定的巨大的力量"。"类"由于种差才成为"种"，而种差显然就是借排斥即否定其他的种来把特定的种从一般的类中剔出来。种又以同样的方法即否定其他个体的方法而成为个体。这些思想不是黑格尔随意的、偶然的见解，它们构成他的全体系的基础。我们必须理解：这三个观念即规定、限制和否定，都是相互包含的。

44. 黑格尔关于无限的学说也在很大程度上来自斯宾诺莎。成为无限意味着成为没有限制。成为有规定的即是成为有限制的，因为规定就是限制。这样必然得出一个结论，即无限就是无规定。但无规定就没有任何性质，因为没有什么可以用来指谓它，因此，无规定就是完全的空无。事实上它就是无，是纯粹的虚空。斯宾诺莎的实体实际上就是这样一个无规定的虚空。但是，在斯宾诺莎哲学的深处或许自相矛盾地包藏着另一个思想。他说，实体是"自身原因"。因此，它不是无规定的，而是自我规定的。它的各种规定不是来自任何外在的源泉，而只是来自其自身。这样，无限就不是像普通观念所设想的那样，仅仅是无止境，无限制，无规定，而是自我规定；而这正是黑格尔关于无限的基本观念。当然，这没有穷尽黑格尔关于无限的学说，相反地，对它的许多具有特色的因素都未涉及。但黑格尔对于这个问题的教导是根源于斯宾诺莎的。

B. 休谟和康德

45. 古希腊唯心论朴素地假定人的心灵能够认识到真实。设想我们的心灵所能认识到的只不过是显现，这种观念在柏拉图或亚里士多德那里从未发生。但这个问题必然要在某个时候进入到哲学意识中来。康德正式提出了这个问题,什么是知识?它如何是可能的? 什么是能够知道的? 什么是不能够知道的?知识有任何必然的界限吗? 他告诉我们,这些就是休谟的哲学研究给他提出的问题,也是他自己打算回答的问题。

46. 休谟企图揭示出,我们对于事物的知识所依据的大多数基本概念如原因、同一、实质等,特别是因果性,都是虚幻的。这个观念(按:指因果性)包含两个因素即"必然性"和"普遍性"。我们设想 A 是 B 的原因,这首先意味着 B 必定跟随在 A 之后。这不仅仅是如此实现了的事实,而是必定如此;这就是必然性。其次,这意味着假如没有别的原因阻碍的话,也就是说,假如没有第三个现象 C 来干扰 A 的作用的话,B 总是跟随着 A。一个正常地制造出来的铃 "A",当它被摇动的时候,将总是产生响声 "B"——当然,除去它是在真空 "C" 中被摇动这种情形。这是普遍性。上面这些就是因果性的概念。但是,这个概念能被证明为正确的吗? 它是"真实"的如实写照吗?在客观世界里确有相当于我们这个主观的概念的任何真实存在吗? 或者它仅仅是精神的一种幻想? 休谟认为我们的知识的唯一源泉就是经验。所谓经验,他和洛克的看法一样,它或者来自我们的肉体感觉,或者来自对我们内部精神过程的反省。我们心外的任何事物的知识,如这座房子、这株树、这颗星等都来自感觉。对于我们心灵内部的知识,如我们感到愤怒,则是来自内省。但是,这样得到的经验既不能给我们以必然性,也不能给我们以普遍性。我只能看见或听到或感觉到一个东西是,却绝不能看见或听到或感觉到它必定是。我的眼睛告诉我这张纸是在这里，但不管注视多久，也不能告诉我它必然是在这里。在因果关系中也不可能发现任何逻辑的必然性。寒冷使水结冰，但寒冷与结冰之间没有任何逻辑的联系。分析一个三角形的观念使我看到它的三个角之和必定等于两个直角之和，但没有任何一种对"寒冷"观念的分析能够提供"结冰"的观念。这一个不能作为一种逻辑的必然从另一个中演绎出来。一个人或许会同样地看到寒冷使水化为汽，我们只能等待经验来表明哪一种情况将会发生。经验只给我们以事实，而不是必然性。同样地，经验也只能告诉我们在经验所达到的特殊情况下 B 是跟随着 A 的。它不可能给我们提供相信 B 总是并总将是跟随着 A 的根据。这一点对于未来而言特别明显，我们没有关于未来的经验，经验如何能告诉我们火在明天必将生热呢？而这个困难虽然对于未来而言尤为明显，而对于现在和过去而言，它同样真实地存在着。水在 0℃ 结冰，但它的根据何在呢？经验仅仅表示恰巧在所有我们进行观察的情况下它是真实的，但却有成百万的水结冰的情况是从无任何人曾经观察到的；因此，我们对于它们毫无经验。而且，经验如何能给我们对未曾经验过的东西作出陈述、提供根据呢？因此，经验绝不能给我们以关于普遍性的知识。在休谟看来，由于经验是知识的唯一源泉，由于因果性的基本因素即普遍性与必然性不能在经验中发现，所以必然要得出因果性不过是幻想的结论。休谟并且进一步解释了这种幻想是如何通过观念的联结而产生。由于我们总是看到 B 跟随着 A，我们就把它们联系起来并且想象这种关联是必然地普遍地真实的。

　　47. 休谟追随于贝克莱之后，对实体观念进行了同样的抨

击。一块石头有白、硬等性质，于是我们就习惯于认为有一种
实体，它是这些性质的寄主，但经验给我们的只是这些性质的
知识，而不是实体的知识。离开这些性质，我们是不能够形成
关于实体或基质的任何观念的。但我们习惯把硬、白等联结起来，
于是我们的想象就产生出一个蕴藏在深处支持并联结这些性质
的某种实体的观念。我们在经验中找不到实体观念成立的正当
理由，所以它和因果性一样，都是一种幻想。

48. 康德被这些思考深深烦扰，并想方设法要为它们找出
答案。因果性等这样一些观念对于知识来说是绝对必要的。一
切科学都建立在因果性的设想之上。如果这个知识的基础就这
样被摧毁，那么整个知识的大厦就会倒塌。任何知识的可能性
都有赖于对休谟的发现作出一个回答。

49. 康德认为，知识包含着两个成分：感觉和思想。在感
觉中我们是被动的。我们以感觉的形式，从外在的源泉那里得
到知识的未经加工的原始材料。在思想中我们是主动的，思想
是心灵自动的活动，它把未经加工的原始的感觉材料综合加工
成知识。康德说，所有这些是自从柏拉图时代以来被普遍公认的。
康德进一步分别地对知识的这两种成分进行研究。

50. 首先是关于感觉。每一个外部感觉的对象都在空间与
时间中。每一个内部感觉的对象，即内省，如感受与观念，是
在时间中的，但却不在空间中。这样，时间是内感觉的普遍形式，
空间和时间是外感觉的普遍形式。现在我们要问：我们有对于
时间和空间的必然性和普遍性的（在上面探讨因果性时这个问
题曾经使人困惑难解）任何知识吗？回答是肯定的。所有几何
学的知识都包含着对于空间的普遍的、必然的命题。我们也有

关于时间的普遍的、必然的认识，例如，两个瞬间不可能是同时发生的。算术的命题也是普遍的、必然的。但是休谟已经确定无疑地证明经验不能给我们以普遍性与必然性，因此这种知识不是起源于经验的。

51. 然而，或许这种数学命题的普遍性与必然性是由于它们仅仅是分析的这一事实。"马是一种动物"一定是普遍必然地正确的，只要我们继续在同样含义上使用"马"和"动物"这两个词。马的观念包含着它是一种动物这个事实，所以这个命题只给出了"马"这个词的涵义的不完全的分析。同样地，人们或许会强烈主张 2+2=4 这个命题所以是普遍的、必然的，因为它仅是 4 的一个定义。而两条直线不能构成一个空间也是普遍必然的，因为它不过是表示直线本身的含义而已。

这是一个似乎有理但却不正确的反对意见。正在讨论的这些命题不是分析的，而是综合的。2+2 不是 4 的定义。仅仅通过分析"4"的观念，谁也不会知道 4=2+2。直到经验显示出两个念珠和两个念珠加在一起或别的什么东西两两相加形成四个之前，没有人能够知道这一点。同样地，对于直线的观点无论作多少分析也不能给我们以两直线不能形成一个空间的知识。只有在一个真实的空间或一个想象的空间中才能看出这一点。通常，为了理解这一点，我们无疑要试图去想象两条直线合围成一个空间，但我们发现办不到。这种想象中的经验与对一个真实空间的经验具有相同性质，即它是一个显示于我们的意识之前的某种过程，而不是对一个概念的分析。

52. 因此，这些命题的普遍性与必然性不可能来自经验。在我们能够知道它们以前，我们无疑地需要经验；因为，如上所述，它们只是在经验中才被表明出来。但一切这些经验所能够给予我们的只是这两个念珠和那两个念珠形成这四个念珠，或者这一对直线不能合围成一个空间。可是，一旦这些特殊的事实在经验中被表明以后，我们就超越它们的特殊性而把普遍性与必然性加在它们上面。这样，在这种情况下是真的就变为在所有情况下都必然是真的了。经验不能提供这种普遍性与必然性。所以这些命题一方面是综合的，而另一方面又独立于经验之外，或者用康德的话来说，是先验的。这样，问题就在于：一个先验综合的命题如何是可能的？它们不是来自经验，也不仅仅来自对我们的观念的分析。

53. 打开这个秘密的钥匙只能在对空间和时间的思考研究中得到。空间是外界事物显现给我们的条件，除非在它存在于空间中这个条件下，我们不可能设想这张桌子的存在。另一方面，我们却很容易地想象出没有这张桌子的空间或设想出没有任何东西的空的空间。我们能够在想象中去掉一切在一个空间中的事物，而这样一个完全空洞的空间却存留着。但反过来我们却办不到：我们不能在想象中去掉空间而事物仍保持存在，因此，对空间的认识是对事物的认识的先决的条件。对事物的认识明显地就是我们所谓的经验，因此，对空间的认识是先于一切经验的，因为它是一切经验的条件，而一个条件必须在那些依赖于它的东西之先。因此，我们对于空间的认识不是来自经验，来自外界，而且空间也不是在我们之外的某种东西，通过感觉而为我们所被动地接受下来。它不是存在于我们之外的事物的形式，它是我们自己的知觉功能的一种形式，它是我们自己心灵的创造物，是我们把空间加诸事物，而不是事物把空间加诸我们的心灵。空间不是离开我们的独立存在，它是我们感知事物的一种方式。康德还提供了类似的论证来证明时间的同样的特性。

54. 现在，如果这是真的，我们就能够理解关于时间和空间的命题的普遍性与必然性了，而用其他的方式则我们就无从理解。因为，如果空间和时间是我们的感官的主观形式，这样，空间和时间的法则——几何与数学的法则就是这样的法则——就是我们心灵的法则，而我们自己的感觉官能的法则自然对任何我们觉察到的东西都是真正普遍的，必然的。如果我们戴了一副有色眼镜，我们不管看什么都是有色的。这样，空间和时间是我观察事物的方式，我们感觉的法则把我们的自我加之于我们所观察的一切事物。

55. 这里需要特别指出，当康德说对空间与时间的认识是先于一切经验的，他当然并不是说我们带着一个现成关于空间和时间的知识出生到这个世界上来。心理学家们曾经辛勤地研究了关于空间与时间的知识在儿童与幼小动物中生长起来的道路。这些知识当然是逐渐从经验中得来的。但是这类心理学的结论一点也不和康德的理论相冲突。并且与它毫无关系。没有人会设想对空间与时间的认识是在时间的次序上先于经验；康德更不这样想。它们只是在逻辑上先于经验，因为它们是经验的逻辑条件。并且，康德的理论是说，虽然我们无疑是像心理学家们所描绘的那样逐步地得到空间与时间的知识的，但是我们这样知道的不是任何外在于我们的东西，而是我们自己创造出来的东西。我们正在得到的不是一种异己的东西，而是我们自己的心灵的内容。不了解这个区别是对康德和黑格尔的某些最大的误会的根源。

56. 空间与时间是感觉中唯独具有普遍性与必然性的因素。它们是感觉的必不可少的*形式*。这些形式的内容，即这些感觉的材料如颜色、味道等，不是普遍的、必然的。例如，这朵罂粟花是红的，但我们看不到它所以为红之必然性。它也可能或许是蓝的，我们既不能把我们关于红色的观念扩展到一切事物上去，甚至也不能扩展到一切罂粟花上去。因此，我们没有理由假定除时空外的感觉的其他因素是我们心灵的创造。除了空间与时间这两个例外，其余的感觉均来自外部世界，来自外物。因此，感觉可说是有两个源泉。感觉的形式即空间和时间，是认知的心灵的自发产物，感觉的*质料*是从外面由对象给予我们的。这样，随之而来的一个看法就是，对象自身，事物之自身，离开了我们的心灵对它们的作用，是完全不在时空之中的。因此，被我们观察到的在时空中的对象不是真实的对象，而只是现象。

57. 对于知识的第一个来源即感觉的讨论就到此结束。再一个问题是，在知识的第二个源泉即思想中是否有任何普遍的、必然的因素。思想是概念式的；因此，这个问题也可以表述为：有普遍的、必然的概念吗？我们已经看到，原因和实体这两个概念是具有普遍性、必然性的。还有别的吗？如果有，它们也像空间与时间一样，必须是先于经验的，必须是先验的，必然不是由事物自身，而是由认知的心所提供给知识的。并且，如果是这样，那它们将是纯粹的形式，没有任何感觉的材料在它们之中。因为质料是由事物自身所给予的，而它们是心灵所提供的形式。"红"的概念和"红"的感觉一样，都不是先验的。每一个都没有普遍性或必然性。它们二者都属于知识的质料，而不属于知识的形式。概念的功能也是判断的功能。心灵，当它把概念加于对象时，它就是在作判断。因此，思想的纯粹的、无任何感觉因素的形式即纯粹的概念，从通常的逻辑判断中可以得到。"一些罂粟花是红的"是一个带有感性材料的判断，并且给予我们以带有感性材料的概念"罂粟花"和"红"。但是，"某些 S 是 P"，则是纯粹的形式，没有给我们提供任何感性的材料。但它是否包含着一定的概念呢？是的。首先，它是一个特殊的而不是普遍的命题，它属于多于一而又非全的一类；这就是"多数"的概念。其次，它表明某些东西"是"。这里就包含了真实的概念，这些概念必须是纯粹的、无任何感性因素的概念，它们不是从经验中抽绎出来的，而是我们心灵的结构所加给知识的。要发现这种概念的完全的表解，我们只需看一看种种不同的逻辑判断中所包含的概念。这些判断表把概念划分如下：

量	质	关系	样式
普遍的	肯定的	定言的	可然的
特殊的	否定的	假言的	或然的
个别的	无限的	选言的	必然的

康德从这个表抽出了相应的概念如下：

量	质	关系	样式
全体性	真实性	实体与偶性	可能性与不可能性
多数性	否定性	原因与结果	实存与非实存
单一性	限制性	相互作用	必然与偶然

58. 这十二个纯概念被康德称作范畴。它们如同空间与时间一样，是（1）没有内容和质料的纯形式；（2）先于一切经验；（3）不是得自一个外在的源泉，而是心灵自身所提供的。这些范畴也是普遍的和必然的。一个东西可以是也可以不是红的，但它必然是某种原因的结果。它必然是具有一些偶性的实体。它必然是一或多。我们可以设想一个世界没有白色或重量，但不可能设想一个没有同一性、多样性、真实性、否定性等的世界。这种普遍性与必然性的论证是和时空的普遍性与必然性的论证一样的。范畴是我们心灵的劳作。我们的心灵是这样构造的，所以事物必须通过这些形式来显现。因此，这些形式适用于一切事物，并且对我们说来是普遍的、必然的。并且，由于物自身是不在时空中的，所以这些范畴也不适用于物自身。物自身不是一个原因，也不是一个实体；它既不是一也不是多；它既没有量与质，也没有关系。这些概念只适用于显现在我们面前的现象，而不适用于事物之自身。

59. 现在要指出，所有这些，总的意思就是说真实是不可知的。物自身是真实；它是离开我们心灵的主观概念而真实独立存在的。我们所知道的事物只是现象。真实的事物不在时空之中，既无量也无质，也无关系，一句话，对我们来说是完全不可知的。这样，对于我们所谓的知识有什么可说的呢？我们所必须说的是，我们的知识在现象的范围之内，在我们的经验的范围之内是正确的、可靠的。无疑地，我们所知道的整个世界都是现象，但它不仅是幻想，因为这些现象的形式是普遍的、必然的。它们适用于一切与我们的心灵同样构造的心灵。它们不仅是一个个人的心灵的无根基的幻觉，即意味着幻想的幻觉。

所以我们可以说这个现象的世界对我们来说是真实的。但是，如果我们想象我们能够知道真实自身，那我们就是在欺骗自己。因此，知识只能停留在经验的世界中，不能再越雷池一步。它不能洞察世界内在真实的秘密。由于我们的心灵的特殊构造方式，真实对我们来说是永远不可知的。而由于经验只是意味着被我们的外感觉和内感觉所审查过的宇宙，所以康德的最后结论必然只能是：只有对于现象的知识是可能的，一方面是感觉世界的现象，另一方面是心灵的内在精神世界的现象。

C. 从康德前进

60. 于是，在康德看来，哲学必须去掉它的独断性的主张。要抛开除了在时空中的直接存在以外的任何假定或前提，它必须放弃想知道"真实"、透视到显现背后的所有企图。但是，这个对于哲学世界的庄严警告的效果却实在令人惊异。紧接着康德对哲学大声喝令"停止前进"之后，哲学却把它的信徒们引上了一个胜利的进程，也可以说是一种鼓乐齐鸣、彩旗飞舞的行程，它以其有力量一举攻克无限知识的堡垒的充分自信，胜利地向前挺进到占有真实自身这一最后的结局。并且，最令人惊异的是，这个成果就是用康德自己锻造出来的武器获得的。正是在康德的旗帜下哲学向前迈进了。曾被誉为一切时代的最伟大的发现的康德自己的哲学完成了这一最后的胜利。哲学摆脱了那位大师（按：指康德）的警告所造成的自我抑制的状态，一跃而进入一种兴高采烈的热情奔放之中。它不再给自己加上种种限制。要完成"不可能的"事情，要知道那"不可知的"东西，这就是那个时候哲学的充满自信的激情。

61. 这种令人惊奇的变化的原因在于，当哲学断定普遍性、必然性和纯思都是心灵的先验构造时，它就和康德的"物自体"发生冲突了。每一个人立即都会看到，"物自体"的概念是一个自相矛盾的和不可能的抽象物。这是一个绝对的自相矛盾。它的存在之所以被假定是因为康德设想我们的感觉必须有一个外部的原因。因此，一方面，物自体被断言是现象的原因；而另一方面，它不可能是一个原因，因为"原因"是我们心灵的一个范畴，而范畴是不适用于物自体的。即使把物自体说成是现象的基础，而不说是它的原因，这个矛盾也无法解决。显然地，这只是一个遁词，只是字面的变换而含义并无改变。再者，即使我们说物自体不是一个原因，不过它是存在的，这样的主张首先仍是自相矛盾的，其次也是十分没有道理的。其所以自相矛盾是因为，虽然这个说法抛掉了原因的范畴，它仍然把存在的范畴运用于物自体，这和康德认为没有任何范畴可以运用于物自身这一基本立场相矛盾；其所以没有道理是因为如果物自体不是我们的感觉的原因，我们就没有根据假定它的存在。为什么假定终究有一个物自体呢？为什么不设想对我们显现的东西即现象就是全部的存在呢？这仅仅是因为，在康德看来，我们的感觉必须有一个外部的原因。这就是假定物自体存在的唯一根据。因此，既然现在我们已经看到物自体不可能是这样一个原因，所以就没有理由假定它的存在。最后，一个不可知的存在的整个概念就是自相矛盾的。知识不是别的，就是概念的运用。如果我们知道一个东西存在着并且是一个原因，我们就是知道存在与因果的概念是适用于它的。因此，我们对它有了一些知识，而这个东西就不是不可知的，甚至不是未知的。

62. 这样，整个的物自体的概念就坍塌了。而我们必须仔细地审查康德哲学的坍塌的结果。知识的形式，空间、时间和范畴，都是我们心灵的产物，而不是来自任何外部事物。康德假定，知识中被给予的因素，即感觉，那充填着空间、时间、范畴等形式的质料，是来自一个外部的源泉。这样就引导到那自相矛盾的物自体。因此，唯一的结论就是那给予的因素不是来自外部的源泉。在这样的情况下，就像那些先验的形式一样，质料也是心灵的产物。然而，如果质料和形式二者都是心灵的产物，这就意味着知识的整个对象，每一个事物、整个宇宙，都是心灵的产物，这就走向了一种极端的唯心论。

最后，认为在宇宙中可能有某种东西是不可知的信念被物自体所破除了。说任何一种东西是不可知的，这是自相矛盾的。因此，一切事物必定是可知。对于人类知识的抱负是没有什么限制的。无限、绝对之自身是向我们开放着的。这就是那些激励着康德以后的哲学胜利前进的思想。费希特、谢林、叔本华和黑格尔——这些就是康德哲学剥去它的附赘悬瘤即物自体之后的产物。

D. 对"不可知"的观念的批判

63. 人们或许可以设想，虽然康德所主张的特殊的不可知论被证明是站不住脚的，但其他的某种不可知论或许是能够成立的；康德的"物自体"的崩溃或许是由于他的哲学的特殊学说所致，虽然康德在这里是失败了，但另外一种不可知论却可能在别处确立起来。这是很自然的反应，但却是错误的。因此，我们必须把上面已经得到的结论普遍化，以说明它不仅是适于康德提出问题的特殊方式的，而且任何不可知论都将产生同样的矛盾。我们需要来证明，不管不可知论在这样或那样的哲学体系中，它本身都是自相矛盾并且不可能的概念。

64. 我们必须把"未知"和"不可知"清楚地区别开来。当然，有成百万的事物是尚未知道的，或许永远是未知的。它们中的许多东西，由于缺少接触的机会和合适的工具而必定总未为我们所知，从这个意义上也可以说它们是不可知的。假设在最大的望远镜看到的范围之外的一颗围绕着某个恒星而旋转的行星上的海底有一块黄金，从上述的意义上，我们可以说它是不可知的。但这并不是哲学上所谓不可知的含义。它只不过是尚未知道并且持续于这种状态之中；这不是由于它本身就是不可知的，而仅是由于偶然情况，由于我们离它太远而无法去认知它。如果不是由于这个偶然情况，它就会像我们的口袋里的金币一样容易为我们所认识。哲学意义上的不可知是指那样一种东西，它没有任何偶然情况，而我们的心灵的构造使得我们根本不能认识它；它完全处于一切可能的人类知识之外；它和我们完全隔绝开来，不是由于距离、缺乏工具或诸如此类的原因，而是由于我们精神活动过程的本性。这就是我们所说的那种自相矛盾的、不可能的观念，不管它是处于康德、斯宾塞、怀疑论者、经验论者或唯心论者所主张的任何形式之中。

65. 因为一切知识都是概念式的，这是无可争辩的；而且运用一些适当的概念到某个事物上的能力就构成了对于该事物的知识。可是，存在是一个概念，所以当我们说一个不可知的东西存在着就是运用一个概念于一个不可知之物，而运用一个概念于它就是对它有了知识。因此，存在一个不可知之物的理论包含着"我们对一个不可知之物有了知识"这样一个矛盾。

　　如果说，我们知道的只是这个事物存在这一赤裸裸的事实，而不知道它的任何性质，这并不是对上述反驳的回答。一个事物的存在和它的性质的这种截然区别是没有根据的，因为它的存在就是它的本性的一部分。事物的本性包含在适用于它的诸概念之中，而存在就是这些概念之一。如果说仅知一物存在而无更进一步的知识，这样一点知识是太少了，所以我们有理由说，这个事物实际上是不可知的；这种说法也是不妥当的。这里不包含关于知识的"量"的问题。如果说一个事物是不可知的，那它就应该是绝对不可知的；如果我们对它了有任何一丁点知识，它就不再是不可知的。我们能够运用一百个概念于一种事物构成了大量的知识；能够仅仅运用一个概念于一件事物是最小量的知识。但它总是知识。如果我们像康德所做的那样，进一步指出这个不可知之物是现象的原因，这样我们就运用了原因这一概念；或者如斯宾塞所作的那样，说它是一个造成宇宙的力量，我们就运用了力量和原因的概念；这样，我们就是在声明我们对于这个不可知之物有了相当可观的知识，而这种理论相应地也就变得更加自相矛盾了。

　　66. 在这里要谈一谈对不可知论的另外一种反驳，这主要是黑格尔提出来的：只有超出界限才能知道任何一个东西的界限。没有一个人能知道一条直线的尽头，除非他达到那尽头以外的空间。因此，如果说知识本身有一个绝对的界限，我们是不可能知道这一点的；因为，如上所述，只有超越界限才能知道界限，现在我们说知识有一个界限，就意味着我们已经超出了这个假想的界限；换言之，这个界限就不是界限。对一个事物的完全无知包含着对它"完全不知道"，因此也就包含着对于我们的"无知"也不知道。只有当我们对于这个事物知道点什么而又认识到这种知道是非常微不足道的，我们才能知道自己对它是无知的。可是，对于这个事物的完全无知就意味着我们对它完全无所察觉，这里就包含了我们也不知道我们对它是无知的。不可知论却忽视了这些思考。首先，它实际上认为我们的知识有一个绝对的界限，我们知道这个界限而且知道在这个界限之外一无所有，这是一个不可能的事情。其次，它意味着承认我们对某个事物绝对无知却又知道我们对它无知。这是又一个绝对不可能的事。

67. 人们觉得设想我们的知识具有无限的可能性，那是和应有的谦卑精神相矛盾的。我们可能完全承认我们知识的贫乏和智力的薄弱。但这对于"不可知"这个问题却没有影响。如果说这表明了许多东西尚未为我们所知，但却没有任何东西不可知，那倒是贴切的。亚里士多德和黑格尔的智力或许和未来的超人的婴儿智力水平相当，但那种超人所知道的也是黑格尔所能够知道的，虽然他可能不知道；而黑格尔所知道的也是一个现今的婴儿所能够知道的，虽然无疑他现在还不知道。婴儿不懂微分学，但它对于婴儿说来并不是不可知的，事实已经证明，当婴儿长大了他就能懂得它。假如它是哲学意义上不可知的话，那就意味这个婴儿永远也不可能懂得它，因为他的心灵的结构使得这种知识成为根本不可知。一个特殊的人可能是愚笨的或未受过教育，所以不可能懂得微积分学。但绝没有一个人会说微积分学是不可懂的，因为"不可知"不是意味着这个或那个心灵不能理解某个东西，而是某个东西不可能为这个心灵所理解，不管这个心灵发展到何种高级的程度。所以，我们对于宇宙的无知并不是自在之物存在的证据。

68. 但是，不可知论的坚决支持者们还有一个最后的根据地。他们会说，我们上面的论证只是证明了一个不可知之物存在的断言是自相矛盾的，但它却没有证明我们能够否认它的存在。说我们知道不可知之物存在是自相矛盾，但我们说它可能存在，虽然我们不知道它是否存在，这并不自相矛盾。因为在这里我们没有运用存在这个概念，我们只是说我们不知道存在这个概念对它是否适用。我们可能没有充分的理由去肯定不可知之物的存在，但我们也同样没有充分的理由去否定它的存在。对这种说法的答案是，这个主张和过去的一样也是自相矛盾的。我们有充分的理由去否定不可知之物的存在。因为，假设一个不可知之物存在，于是存在这个范畴就适用于它。而不论我们是否真的把这个范畴运用于这个不可知之物，它总是可以运用的。把我们理智的诸范畴之一运用于不可知之物，意味着在这个范畴的范围内，它是可知的。所以我们还是和以前一样陷于自相矛盾。

69. 因此，我们可以肯定地否认一个不可知之物的存在。由此得出一个结论：在宇宙中没有什么是人类的心灵所不能认识的，不论是无限还是绝对，或是物自体。因此，关于人类的有限心灵不能把握无限的种种流行的警句，不过是一种迷信。作为这些结论的基础的原则如下：存在这个词，除掉被认识和作为意识对象的可能性之外，没有别的含义。说某个东西存在就是意味着它是意识的可能的对象。因此，存在是依赖于意识的。不可知论的理论所以自相矛盾，是因为它假定存在可能独立于心灵和意识之外。我们可能被问道，这个结论对于"真实"是否同对于"存在"一样地确实可靠？"真实"，如我们已说过的，有其独立的存在，但它没有实存。或许所有的存在都有赖于心灵，所以一个不可知之物不能存在。但是，一个有着独立存在并且是真实但却不可知是否可能呢？回答是否定的。因为我们看到，这种我们把它描述为真实的独立的存在只是一个逻辑上的存在，一个为思想的存在。因此，它不能离开思想而存在，也就是说，它不能是不可知的。

第三章　黑格尔

A. 解释：原因，理由

70. 哲学问题，用最一般的术语来表达，就是解释宇宙。无疑地，在某种意义上说，哲学问题是很多的；有伦理学问题，形上学问题，美学问题，认识论问题等。解释宇宙就是要解决所有这些问题。可能有人认为，以我们有限的知识和才能去从事解释宇宙，就好像用一根羽毛抬起地球。可是，如果这意味着对事物的最后解释对我们是不可知的，我们已经看到这样的主张是站不住脚的。如果这只是意味着我们绝不能企求一个完全的、尽善尽美的解释，我们可以同意。但我们的知识永远不会完成，并不是一个让我们放弃企图得到尽可能多知识的理由。因此，这证明我们去寻求对宇宙的解释是正当合理的。

71. 哲学家们长期在争论：到哪里去寻找对宇宙的解释？是在物还是在心？是在一个不可思议的第一原因，还是在一个有理智的造物主？但首先应该解决的一个问题是：什么是"解释"？当我们要求解释宇宙时，关于这个宇宙我们希望知道的是什么？

　　一个孤立的事实，当它的原因被找到时，我们通常就认为它是被解释了。如果它的原因未能被弄清，它就被称为一个尚未解释的事情。我的脚冷可以从一阵穿堂风而得到解释。但我们却不能用这种方式来解释宇宙。如果宇宙可以说成有一个原因，那么这个原因或者是又一个在前的原因的结果，或者不是；或者这个原因的链条回溯延伸为无穷的系列，或者在某处有一个"第一原因"，它不是任何在前原因的结果。如果这个系列是无限的，那么就不可能找到一个最后的、终极的解释。如果有一个第一原因，那么这个第一原因本身就是一个未被解释的事实。如果解释一个事物就是给它找出一个原因的话，那么，一个第一原因就是一个未被解释和不能说明的假定；因为我们不能给它找出一个在前的原因。用一个自身还是未被解释的终极的神秘来解释宇宙显然等于没有解释。

　　72. 这样看来，因果性是一个能够解释特殊事物，但却不能解释宇宙整体的原则。但是，当我们稍微深入一层来看一看，我们发现即使对特殊的事实，因果性也不是真的能够提供解释。寒冷使水化为固体，冷是原因（或部分原因）；冰是结果。但我们却不可能看到为什么寒冷一定导致结冰。原因和结果彼此毫无相似之处，我们也不能看到它们之间的任何联系。寒冷使水结冰是一个未被解释的、神秘的事实，没有人能够预见。一个人对任何一个事物都可作出相反的预言；寒冷或许能够同样地使水化汽。

　　这个困难并非来自我们对中间环节的无知。原因 A 为结果 B 所跟随。无疑地，在 A 即寒冷和 B 即冰之间，有无数极微小的分子状态的或其他的变化；它们只占据极短的一瞬间以至于人的感觉发现不了它们。但是，即使我们知道了所有这些中间的原因和结果，那整个的进程依然是一个谜。假设这个系列是 A，A^1，A^2，A^3……B。那么 AA^1 这个小的连续系列仍如 AB 这个系列一样地不可理解。因为 A^1 是一种不同于 A 的东西，而如何能从一个特殊的事实产生另一个完全不同的事实是不可能看得到的。我们的困难是找不到 A 必须为 B 所跟随的任何理由。这个困难是不能由发现中间环节来解决的。因为，要解释 A 何以必须为 A^1 所跟随存在着同样的困难。这不是我们关于原因的知识不充分的过错，而是因果性本身的先天缺憾。因果关系解释不了任何东西。[①]

普通的思维总是设想任何哲学要去解释宇宙，就只有借助于因果性原则，特别是一个第一原因的观念，才能办得到。因此，唯心主义哲学通常总被认为是一种把心灵看作一切事物的终极原因的哲学。而唯物主义哲学则是认为一切事物的原因都是物质的哲学，普通的神学把上帝看成是宇宙的原因。但正如我们已经说明的那样，这整个的解释方式是无效的。不管我们说这个第一原因是物质，或是一个人格化的上帝，或是心灵，或是一个中心的原子，或是一种电力，所有这些断言都使宇宙成为一个没有得到解释的谜。即使我们成为无所不知的，我们不仅

---

① 这种说法可能遭到反对说，在这里变化是被当作一连串分离的现象的系列来看待的，而实际上它是一个连续之流。但是即使我们可以形成在连续状态中的原因的观念，这种反驳还是不能成立。一个事物状态为什么一定被另一事物状态所跟随仍然是一个谜。

知道第一原因，而且知道整个的因果系列，也没有使我们向着理解宇宙前进一步。因为首先，第一原因本身就是最后的谜，一个没有被解释的事实；其次，每一个相邻的因果之环都是一个新的谜。我们必须整个地放弃这种思想路线，而去寻找因果性之外的另一种解释原则。

73. 我们现在回到原来的问题，即什么是"解释"？我们可以把这个问题表述如下：关于一个事物的什么样的知识才能使我们满足，不再认为这个事物是个未被解释的谜呢？让我们来谈一谈世界上最大的谜之一，即恶之谜。当我们寻求一个对恶的解释时，我们需要知道的是什么呢？显然地，我们想要知道的不是恶的起源或原因，虽然这个问题常常被称为恶的起源问题。假设某个人发现恶的存在是由于大气中存在着一种未知的气体（这个假设当然是荒唐的，但与对问题的讨论无关）。假设科学把这种气体分离了出来，发现了它的特性，并对它发生作用的规律有了完全的了解。这样我们是否就应该对恶的问题从一切方面来说都满足了呢？这些就是我们想要知道的吗？显然不是。我们应该回答说，尽管发现了它们的原因，恶对我们来说仍然是一个不可解释的、不合理的东西。明显地，是恶的显然的不合理性构成一个谜。我们真正想知道的是恶确定地存在于世界中为什么是合理的、必然的。这就提示我们：对于宇宙的真正的解释是表明宇宙是合理的，为宇宙寻找出它的"理"，而不是它的"因"。它提示我们世界的基本（或第一）原则并不是引起世界这个结果的原因，而是推论出世界这个逻辑的结论的理由。这是和以上对古希腊的唯心主义的考察所得到的结果相一致的（见第 39 节对古希腊唯心论第九个论点的论述）。

74. 如果我们把前提与结论及原因和结果这两种序列加以比较，我们就会发现，前一种序列没有后一种序列所具有的那种缺憾。我们看不见一个特殊的原因为什么必然跟随着另一特殊的结果；比如说，看不到冷为什么一定随之以结冰。但这对前提与结论来说恰恰不成为问题。我们能够看到为什么结论必定随着前提。前提本身就给我们以理由。在任何一个正确的推论的系列中，结论必然跟随着前提，而且我们能够看到为什么如此。结冰跟随着寒冷；但我们看不见何以必然如此。这里面好像不存在任何必然性。寒冷也同样地可以为别的什么东西所跟随。但一个前提必须为它的结论所跟随。这是一种逻辑的必然，而且我们理解这个必然性。我们不能从寒冷中推演出结冰来；冷的观念不包含结冰的观念。但我们却能从前提推演出结论来；前提的观念中就包含着结论的观念。我们通常说这个结论跟随着那个前提，也正是这个意思。

如果我们能够逻辑地把世界从我们的基本原则中推演出来，我们就解释了世界。我们知道世界是一个事实，它就是这样一个特定的世界。我们所需要的是知道它为什么必然是这样的。如果我们能够发现一个第一原则，并且能够证明，根据这个原则逻辑必然地 得出这个世界，而且只能是这样的一个世界，那么，我们就有了一个解释。但这只能意味着我们的基本原则必须是一个理由，而世界和它所包含的一切必须是它的逻辑结论。它意味着我们必须能够从这个基本原则逻辑地推演出整个世界来。[①]

---

① 在这一段和以下几段中，我们假定黑格尔从逻辑到自然的过渡是

75. 解释包含着逻辑的必然性，理解这一点是极其重要的。事物的世界恰恰由于明显地缺少这种必然性而使我们感到它是不可理解的。冷产生冰，这不过是一个简单的事实。我们看不到它何以必定如此。它只是兀然地存在于世界中，而没有给自己作出任何解释。它就是这样，这就是事物的全部，没有任何进一步的解释。正因为如此，我们不能理解它并称之为一个谜。如果它不仅仅是一个事实，我们能够看到它是一种逻辑的必然性，如果我们能够看到它的理由，而且这个事实是好像逻辑结论之跟随着前提那样必然地跟随着它的理由，那么我们就可以理解它了，它就是可以解释的。因此，一个企图真正解释世界的哲学必须把理由而不是原因作为它的基本原则。从这个基本的理由出发，它将把世界作为一个逻辑的结论，而不是作为一个结果推演出来。我们将会看到事物不仅仅是它们之所是，而且会看到它们何以是它们之所是。这就是黑格尔对于"解释"的基本观念，也是黑格尔哲学企图做到的。也正因为如此，当古希腊的哲学家们，尤其是亚里士多德，说世界的第一原则并不是从时间上在世界之先，即不是因与果的关系，而是逻辑在先，作为一个逻辑前提而先于它的结论，他们是在普遍哲学的道路上探索着前进。

一种尝试性的逻辑演绎，这个假定不是不可争论的。我所以持这种观点的理由将在适当地方加以说明：见以下第419—422节。作为一种相反观点的陈述，可参看《黑格尔关于形式逻辑的学说》，H. S. 麦克朗著，克莱伦顿1912年版，第84页。

B. 理由是共相

76. 上述一节给我们留下两个直接而紧迫的问题。第一个问题是要进一步弄清理由究竟意味着什么？因为直到现在我们只是提出了关于理由的一个笼统的观念。第二个问题是要解决下面的困难：假定我们能够发现世界的第一理由，难道它不也包含着第一原因这个观念所遇到的同样的困难吗？一个第一原因是一个终极之谜，因为它不是一个在前原因的结果。一个第一理由，因为它不是任何在先前提的结论，因为虽然它是世界的理由，它却没有为一个更在先的理由所说明，不也是一个终极之谜吗？这一节主要说明第一个问题，以下几节将回答第二个问题。

77. 宇宙包含有大量个别的东西。这些东西可能是物质的存在，也可能是精神的存在，如心灵、观念、感觉。但不管在哪种情况下，它们都是个别的东西。然而，我们正在寻找的基本原则本身不可能是一个个别的东西，因为它是许多个别东西的理由。一个第一原因本身是一个东西，但一个理由却不是一个东西。假如我们像柏拉图那样说，一切事物的理由是"善"，那么每个东西之所以是其所是，因为它是善的，所以它必定是如此。从这个观点看，"善"不是一个东西。个别的事物无疑是善的，但善本身却不是这个或那个个别的善的东西。同样的道理，一个三角形所以是等角的，可能由于它是等边的。但等边性并不是离开三角形而独立自在地存在的一种东西。每一个个别东西都存在于时间或空间之中。但理由却不是在空间中的游动的东西。它们不可能为望远镜或显微镜所发现。它们也不可能像精神现象之在心中那样存在于时间之中。如果没有任何人类的精神存在，等边三角形将仍是等角的，而其理由仍和现在一样保持不变。

这样，一个理由不是一个有其自己的孤立的存在的东西，它是一个抽象。我们谈到一个事物和它的理由时，似乎它们是分离的；然而，它们只是在我们的思想中才是分离的。一个事物的理由，离开了这个事物就是一个抽象。"善"是从许多善的事物中抽象出来的，等边性是从许多等边形中抽象出来的。所以，世界的第一原则或第一理由，不是离开世界而存在的一个东西。如果我们在思想中必须把它和世界分开，那么它就是一个抽象。但是，一个抽象是一个共相。因此，理由是共相。一般说来，世界的理由是共相，我们在前面曾经从对"解释"的过程包含什么所做的探索中得到过这个结论。现在我们看到古希腊哲学从另外一条不同的路线达到同样的结论。共相是世界的基本原则，是"绝对"，是一切事物所自流出的源泉。这种共相被视作世界的理由，世界作为一个逻辑的结论从它产出，所以世界从它推演出来，这应该的确是可能的。

78. 人们可能反对说，理由是论证的过程，而不仅是概念或共相的结合。但是，假如我们考察一下任何一个具体的论证，例如：

> 所有的罂粟花是美丽的。
>
> 一些罂粟花是红的。
>
> 所以，一些红的东西是美丽的。

我们看到，这不是别的，只是一些共相的运行过程。"罂粟花"是一个概念，"红""美丽的"也是概念。"所有"和"一些"是全体和多数性的范畴。"是"是"存在"或内涵物的概念。而如果像形式逻辑学家那样，我们把运用于具体事物的推理过程抽取出来并写作如下形式：

　　　　所有 M 是 P。

　　　　一些 M 是 S。

　　　　所以一些 S 是 P。

这样，M、S 和 P 这些符号仍然代表着概念，但却是比前面的那些观念远为抽象的概念了。所以即使从这个观点来看，理由也是一个共相的过程。这里的陈述并不是以逻辑学中所谓概念论的学说为依据的。它不否认我们是在议论真实的事物如罂粟花、红色的东西等。它也并不断定我们仅仅是在作概念的推论。这个推论的过程适用于事物。但这样地运用于事物的推论过程之自身，是一个概念的或共相的过程。这样来看，推理，它就不仅是一群无运动的共相的单纯集合，而是一个过程，一个共相的运动，在这一运动中我们从一个共相进到另一共相；黑格尔认为这是一个意义深长的启示。不过我们暂时还得把这个启示搁置一下而不能加以发挥。因为现在最主要之点是指出世界的第一理由包含着共相，或者说就是共相。当然，这样说仍是非常空泛的，但它在我们往后的叙述中将不断地特殊化和规定它自身。

C. 理由是自我规定的

79. 假设我们能够发现世界的第一理由，它会不会像第一原因那样成为一个终极之谜，一个未被解释的、纯粹的事实呢？这就是我们必须回答的第二个问题。任何第一原则，我们借助它来寻求对宇宙的解释，必须满足两个条件。第一，它必须能够解释这个世界，我们必须看到世界是如何必然地从它产生的。只有第一理由，而不是第一原因，能够满足这个条件。假定承认一个第一原因，这并不能解释世界，因为不可能看到原因与它的结果之间的必然联系。但是，如果第一原则是一个理由，而且我们能揭示出世界是它的必然的结论，这样的解释就是非常充分的，因为我们看到理由和它的结论的逻辑的必然联系。任何第一原则所必须满足的第二个条件，是它必须能解释它自己。它必须是一个自我解释的原则。如果它是未被解释的，那么它就是一个终极之谜。如果它是被另一个东西而不是它自己所解释，那么它就不是第一原则。因为在这种情况下，这个解释它的他物就是一个在先的，更为根本的解释世界的原则。因此，第一原则必须是它自己的解释。第一原因就不是这个情况。第一原因是一个显然要求一个更高原因的实存之物。而理由则是一个自我解释的原则。

80. 斯宾诺莎首先认识到第一原则是自我解释的。斯宾诺莎的第一原则是实体。他把实体规定为："它是在自身中并通过自身而被认识；它的概念不依赖于它必须由之形成的另外一个东西的概念。"他还把实体描绘成是自身原因。无疑地，他的"原因"一词的含义比我们这里所用的更为广泛。因为我们已经看到第一原则不能认作任何种类的原因，但这只是一个术语问题。斯宾诺莎的真意是说实体是自我规定、自我解释的。被自己以外的其他的东西所规定的东西是不能被理解，因而不能被解释的，除非和那个另外的东西联系起来。

81. 理由是唯一可能的自我解释的原则。要精确地理解这一点，只有在掌握了黑格尔逻辑学的内容之后，或至少也要在熟悉它的一些主要规定之后，才有可能。但在这里，我们将提出在这一阶段所必需的最一般的解说，使读者对这个问题能有一个初步的知识。如果是别的东西，而不是理由，被拿来作为万物的第一原则，我们的心灵常常会要求一个更高的原则。如果我们说物质是世界的理由，那么立刻就会产生一个问题：物质的理由又是什么呢？这就是因为物质不是，也不可能是一个理由，虽然它可能是一个原因。这种困难对于一个真正的理由来说就不会发生。因为，我们去问物质、恶、这本书、那所房子等的理由是十分合理的，而如果去问一个理由还有什么理由，那就是荒谬的了。求得对于世界的解释的需要意味着我们希望它给我们证明世界不是一个仅只是如此的事实，而且是一个逻辑的必然。我们希望这种解释表明世界不是作为一个事实直接地面对意识，而是合理的，是理由的产物、体现或化身。我们要探寻世界的合理性。如果我们的问题得到回答，如果这个世界被证实是合理的，我们就不会再去追问理由的合理性。要求理由自身必须被证明为合理的，是一种毫无意义的要求。如果我们能够得到纯粹理由本身的概念，这样一个理由就必然是完全合理的。再没有进一步的东西可以追问的了。理由就是自身的理由。理由这个概念本身就使得它是自我解释与自我规定的。

82. 有人可能会回驳说，虽然这些特点对于一般的理由来说是真的，但对这个或那个具体的理由来说却是不真的。理由本身和一个特定的理由之间的区别，是和因果性与一个特定的原因的区别相似的。冷是一个原因，但它不是因果性。等边性是一个理由，是一个三角形的许多性质的一个理由，但它不是一般的理由即理由本身。这样，恰如我们可以追寻一个原因的原因，我们也可以要求知道这一个理由的理由。一连串的理由可能包含一连串的命题，我们可以称之为 A、B、C、D 等。C 是 D 的理由，D 是 C 的结论。但理由 C 本身又是在前的理由 B 的结论。所以我们可以要求知道作为世界之第一理由的那个理由的理由，正如同我们应当追寻第一原因的原因一样。

这些思考表明，世界的第一理由不是一个理由，不是这个或那个特定的理由，而是理由本身，理由一般，理由原则。这也是对上述反对意见的答复。只有这样的理由本身，我们才不能要求一个更进一步的理由。我们将在黑格尔的逻辑学中发现，只有理由的总体，合理性的全部原则，才是世界的源泉和基础。不过对这一点的详细的解释要放在后面来谈。

D. 纯思

83. 如果第一原则是理由，而理由包含着许多共相，随之就产生一个问题：理由是包含所有的共相，还仅仅是某些共相？如果只包含某些共相，那么其他共相被排除在外又依据什么原则？我们又怎样才能知道哪些共相是世界的理由，而哪些则不是？

黑格尔发现对这些问题的回答已包含在康德哲学之中，而正是在这一点上，康德可能比柏拉图前进一步。柏拉图找到的解释宇宙的第一原则是所谓的理念世界，或者应该称之为：共相的系统。但是，他对所有的共相没有进行区别。任何或每一个共相都包含在他的第一原则之中。那里有马的理念，桌子的理念，椅子的理念，善的理念，红色的理念，尘埃的理念，以至无穷。每一个可想象的事物或关系的种类都有自己的理念。这样，在世俗的世界中，椅子存在是因为在理念的世界中有椅子理念存在。但是椅子的理念如何与为何会产生真实存在着的椅子，柏拉图完全不能解释。即使有这么一个理念，我们也看不出它应当产生出真的椅子的必然性。其他的理念及受其统辖的个别事物的关系也是如此。

84. 康德也有一套关于共相的学说。他的诸范畴就是共相。当然，他没有像柏拉图那样相信理念是客观的。相反地，康德坚持认为范畴只是人的心灵的主观的概念。它们在任何意义上都不是客观的真实存在。所以，康德并不企图用他的范畴作为解释世界的第一原则。它们不是存在的本体论的原则，只是知识的认识论的原则，但是他的学说包含着一个内在的暗示，即范畴形成了与其他共相不同的另一种特殊的共相。它们是非感觉的、先验的，而所有其他的共相如"红色""椅子""马"，则是感觉性的、经验的。这些感觉性的共相得自经验。而范畴则是先于一切经验的，因为它们是一切经验所依赖的条件。

黑格尔，在寻找一个解释宇宙的原则时，像柏拉图那样，采取了这样的看法，即第一原则包含客观共相。但又从康德那里接受了区分感觉性的和非感觉性的共相的思想。后者是范畴或纯概念，所谓"纯"即不包含任何感性的材料。世界的第一原则，事物的第一理由，在黑格尔看来，不是如柏拉图所认为的是一切共相，而是一个非感觉的、纯粹的共相体系。

85. 乍一看来，这样一种区别对黑格尔的帮助似乎是不明显的。但是，我们从形式逻辑对事物和思想所作的分离中可以得到一些关于这种帮助的启示。在这样一个推论中：

所有的罂粟花是美丽的。

某些罂粟花是红的。

所以，某些红的东西是美丽的。

这里所包含的全部推理都完整地保存在这样的形式中：

所有的 M 是 P。

某些 M 是 S。

所以，某些 S 是 P。

在这后一种形式中，推理过程的任何一个部分都没有丢掉，它的每一部分都得以保存下来，丢掉的只是感性的因素。现在我们要寻找的是一个能成为一切事物的理由的原则。但这个原则即理由作为对一切事物的解释，明显地包含着事物和理由的分离。如果理由是用来解释事物的，那么在这个理由中一定不能有任何有待解释的事物。因为，引证一个事物自己来解释这个事物是毫无用处的。因此，我们必须有一个纯全是其自身的理由，即纯粹理由。我们必须把感性的因素完全去掉，因为感性的因素恰恰就是我们必须去加以解释的事物的因素。

形式逻辑在某种程度上做到了这种分离。它是从我们进行推论的事物中抽象出来的。它排除了感性的因素如红色、罂粟花等，仅仅保留了推论过程本身，因此，如果我们发现任何包含在形式逻辑演绎推理中的概念，这样的概念就是纯概念；这些概念也就是包含在物质的演绎推理中的，我们正在寻找来作为纯粹理由的一部分的那种概念。这些包含在形式逻辑演绎推理中的概念恰恰就是康德的范畴："全""某些""是"，或者说"全体性""多数性""实存性"等。

86. 但是这些对于黑格尔所发现的真理来说，不过是一点微弱的闪光罢了。解释世界的东西必须在世界之前，它必须先于世界。因为它是第一原则。但这种第一性是时间在先还是逻辑在先呢？它不是时间在先，这一点在我们对古希腊唯心论的讨论中已经十分清楚。我们在第 39 节的第九个命题中总结道："这个第一原则仅仅在这个意义上是第一的，即它对一切事物是逻辑上在先。它不是在时间的次序上在先。"在时间次序上在先的是一个原因。只有因果的系列才是时间的系列。一个在时间上先于世界的第一原则必须被看作是世界的原因。但我们的原则却不是一个第一原因。它是一个理由，是一个以世界作为自己的结论的逻辑前提。一个理由不是从时间上在它的结论之前。它的在先是一种逻辑上的在先。

康德的范畴正是在这个意义上先于世界。诚然，康德没有用范畴是"先于世界"这样的表述。他只是说范畴先于经验。但经验就是世界。康德所以用经验这个词是因为他是从主观的、认识论的观点来看待一切的。但是，凡是主观地看来是经验的，客观地看来就是世界。因为康德的术语"经验"意味着一切可能的经验，它或者是外在的空间中的事物的经验，或者是内在东西的经验如感觉和思想。这样，它包含所有在空间中的可能的事物和所有可能的精神存在。因此，经验和宇宙是相叠合的。

87. 这样，康德的范畴是先于世界的并且只包含纯共相。感性共相，如"椅子""马""白"等，不是先于世界的。因为非感觉的共相是普遍的和必然的，并因而是经验的条件，但感觉的共相却不是这样。如果没有这些纯共相，则不可能有经验，亦即不可能有世界，所以说它们是必然的就是这个意思。但没有这些感觉的共相则完全可能有这个世界。以"白"这个概念为例，设想一个世界中没有白的东西是十分容易的；想象一个宇宙在其中诸如椅子、马等概念无所适用，也是十分容易的。但对于诸如"统一性""多样性""实存""非实存""实体"等概念，情况就不一样了。一个没有统一性的世界是不可想象的。任何可想象的世界本身必须是一个世界，而且它必须包含着许多事物，其中每一个事物都是一个事物。再如"多"和"一"同样是一个可想象的世界所必需的属性。这个道理对"全体性""肯定""否定""实存"都是适用的。我们不可设想这样一个世界：其中没有东西可以肯定或否定，不能说"是"或"不是"。

88. 这样，范畴就恰好组成我们正在寻找的解释世界的第一原则。范畴必定是以世界为其结论的理由，而如果我们能够详细地揭示这一点，那时我们就将对宇宙有了一个解释。但是我们将看到，这样就给范畴加上了一种责任，而它们是否有能力去承担这种责任，我们还没有找到任何根据。我们已经证明范畴是世界的逻辑条件。但是，虽然我们能够从一个事实回推到它的逻辑条件，我们却不能把这个进程倒过来，从逻辑条件推论出事实。在这一方面，逻辑条件与原因条件是类似的。如果天下雨了，我们可以推论说天上必定有云，因为云是雨的一个必要的原因条件。但我们不能推论说有云就一定有雨，因为常常出现有云而无雨的情况。同样地，虽然我们已经证明范畴是世界的必要条件，但世界也并不一定是范畴的必然结论。但如果我们要真正解释世界，证明世界是范畴的必然结论就是一个关键性的问题。一个真正的解释必须揭示出，如果我们的第一原则是正确的，那么世界就必然会产生。但由于第一原则之于世界，不是原因与结果的关系，而是理由与结论的关系，这意味着世界必须逻辑地从范畴推演出来，就像一个结论从它的前提推论出来一样。我们现在还不可能看到这一点是如何实现的。假设我们承认范畴是本体论意义上的实在，而且它们是先于世界的，有人可能问道，为什么它们一定要产生出一个世界来呢？世界又是如何从范畴产生的呢？即使不产生出这个世界，它们也是永恒的，为什么它们不停留在这种状态之中呢？如前所述，即使我们承认柏拉图的椅子理念是真实的，我们也看不到有任何办法来解释具体的椅子的真实存在。同样，即使承认范畴的真实性与先验性，我们也看不出它如何能解释事物的存在。要回答这些问题，我们必须证实范畴必然地要产生出世界，证实范畴是一个理由，世界作为结论必然要由它而产生；我们要做到这一点，只有逻辑地把世界从范畴中演绎出来。

黑格尔发现，在完成这项工作时，他从康德那里得不到任何帮助。这里所说的解释包含两个条件，康德给了他一个，他必须自己去发现另一个条件，第一个条件是，范畴必须是世界的逻辑条件，康德已经说明了这一点。第二个条件是，世界必须是可以作为逻辑结论而从范畴中推演出来。揭示出这一点如何可能是黑格尔的特殊贡献，是他的辩证方法的秘密。在现阶段我们还不能对黑格尔如何解决这个问题作出任何说明。我们将在稍后一些的地方，在研究另外的问题时再来说明这一点。

89. 一个初学者在几个方面易于对纯思或纯粹的非感觉的共相的真实性的断言产生反感和误会。主要的困难在于，初学者的素朴的思想总是执拗地把范畴的本体论的真实性的论断等同于它们的实存。当我们说世界的第一原则，即绝对，是一个范畴的体系时，一连串自然的但却谬误的观念就会在人们的心中油然而生。这个范畴体系是第一原则，它是在所有的世界以前的，而世界则是它的创造物。因此，人们就设想，范畴必然在宇宙被创造出来的亿万年前就存在了。可是这怎么可能呢？这些范畴又在哪里呢？它们现在又在哪里呢？它们是隐藏在超越群星的极其遥远的空间之中吗？不，因为这种看法包含着它们是物质的存在的意思。那么，是否这意味着它们是非物质的东西，是超自然存在、灵魂或精神呢？它们构成了世界的某种灵魂吗？并且，如果它们在世界被创造以前就存在着，我们如何能够认识到它们呢？例如，"原因"这个范畴如何能离开任何具体的原因和结果而独自孤立地存在呢？"统一性"这个范畴如何能离开具体事物的统一而存在呢？"一"这个范畴，在世界存在之前，在一匹马、一个人，一个星体或一个其他什么东西存在之前，究竟意味着什么呢？

如果黑格尔主义被这样来解释，那么它很自然会被认为仅仅是一种披着学术外衣的胡言乱语，它丝毫没有因为披上一件学术外衣就减轻其荒谬性。但黑格尔从未主张过这种谬论。说实在的，没有一个人能说出范畴在哪里。理由很简单，它们不在任何地方。它们不是在世界开始以前就存在的某种"事物"，它们既不是物质的，也不是精神的事物。它们没有像具体事物那样的存在，也从未存在，将来也绝不会存在。它们是纯粹的抽象，然而它们是真实。这就是说，它们的存在是独立的，而"事物"的存在是依赖于它们的。事物之所以依赖于它们，如康德已经指出的，是因为它们是世界的必要条件。没有它们，世界就不能存在。世界的存在依赖于它们的存在，而它们的存在只依赖于它们自身。这最后一句话只有在黑格尔逻辑学的全部推论过程中才能得到详尽的证明。但一般地说，我们已经看到：范畴的体系构成理由，而理由则是自身的理由，它是自己解释自己，自己规定自己的。而这就意味着它是依赖于自身的，换言之，这意味着它是真实。

90. 至于其他的困难，如不可设想不是某些东西的统一的"统一性"，离开了一个人、一匹马或一个其他东西的"一"等，都是基于上述同样的误解。离开了一个"事物"的"一"的存在是不可想象的，这是完全正确的。但黑格尔从来没有设想过"统一性"可以离开事物的统一而存在。它们的分离只是一种逻辑上的分离，思想中的分离。量的范畴不能独自存在；而必须是一定量的奶油、肥料、铁或别的什么东西。量和奶油在事实上是不可分的。我们不能把量放在一个口袋里，而把奶油放在另一个口袋里。但它们在思想中是可以分离的。我们可以从奶油、肥料、铁等中进行抽象。奶油的思想从逻辑上可以和量的思想分开，因为它们是不同的思想。量的思想和奶油的思想不是一回事，这就是其全部含义。

91. 对黑格尔的同样责难的另一种形式是建立在心理学的基础上的。它指出，作为精神过程的概念是感觉的后果，是在对个别事物的意识之后才有的。据认为，这是对共相、范畴先于经验和世界的黑格尔学说的致命的打击。可是，没有一个人曾经梦想过去否认对特殊事物的意识在对共相的意识之前这个心理学上的事实；黑格尔可以说是最不否认这一点的。他十分清楚地意识到这个事实；虽然，通常他把这一点看作是太浅显而不值得去论述。这种说法与我们的观点相去甚远，因为我们说范畴先于感性知觉不是在时间上，而是在思想的逻辑次序上。

无疑地，我们作为个别的主体，是从研究周围世界才得到因果概念的；在这个意义上，因果概念或其他任何概念是后于感觉并且是从经验中演绎出来的。但我们最后认识的却是逻辑上在先的，正如我们经常知道一件事实在我们知道它的理由以前一样。动物和幼儿可能没有统一性的观念。儿童知道它也仅仅是由于同事物发生接触，仅仅从经验而来。不到我们看见一匹马、一棵树、一头牛之后，我们不会形成"一"的观念。虽然只是在我们心理经验中靠后的时候，才自觉到这个观念，可是它从一开始就暗含地出现在我们的原始的感觉和知觉之中。如果没有这些观念，那些知觉就是不可能的，因此，它们是知觉的条件并在逻辑上先于知觉。这种关系在黑格尔的范畴论中和在康德的时空论中是一样的。我们已经看到，康德关于时空是我们的先于一切经验的直观形式的论断并未因心理学家对于我们通过经验而意识到时空的过程的分析而变得无效，也与这种分析无关。空间和时间是逻辑地先于经验的，因为它们是它的条件。这并不是说在我们有任何经验之前，我们就自觉到时间与空间。这个道理对于范畴也是一样的。

　　这种心理学上的疑难是前面讨论过的普通人的疑难的孪生兄弟。我们怎么能设想范畴会存在于世界之前并与真实事物相分离，这些问题的产生都是由于假定黑格尔认为范畴是客观的存在物而引起的。现在的这个疑难则是由于假定黑格尔认为它们是一种主观的存在物，亦即存在于心中的主观概念而引起的。我们主观中的概念只是在我们心灵发展的晚些时候才产生。但是范畴，作为客观的真实，却先于所有的主观精神和整个世界。

　　92. 另一个心理学上的误解是说，纯粹的、非感性的思想是不可能的。据说，不存在这样的思想。我们不能把非感觉的形式和感性的内容完全分开。每一个思想总是伴随着表象，我们不能有没有感性表象的思想。但是，即使从心理学来看，这个说法也是很可疑的。现今的心理学家们显然相信完全不含表象的概念是可能的[①]。但是，不管这种概念是可能还是不可能，这与我们现在的讨论完全无关。我们说纯思是世界的第一原则和基础，这里丝毫不存在我们能否设想什么的问题，而只有客观上究竟存在什么的问题。这也许是一个事实，即由于联想作用，我不能想到东风而同时不在我的脑子里想到寒冷。我不能想到量、原因、统一性等而不同时有一些模糊的表象浮现在我的心中，这也许是事实。但是，东风的存在，是完全独立于我们头脑中的冷的观念的。同样，这些范畴也是完全独立于我的表象的存在。量的思想是同任何感性事物的思想逻辑地相分离、相区别的。这两个思想在心理上是否分离与这个问题毫不相干。现行的心理学的异议和其余的责难一样，都是建立在通常意识对真实与存在的区别的疑难之上的。因为这个异议仅仅断言主观概念不可能离开某种感觉的附属物而存在于心中。但我们主张的是，不仅纯共相能够离开感性内容而存在，或者客观地存在于外部世界中，或者主观地存在于我们心中，而且范畴是逻辑地与任何感性事物相分离的。

93. 然而，我们必须承认，不能去作纯思，不能摆脱一切图画式的意象的伴随去思考，是理解哲学，尤其是黑格尔哲学的一个严重的障碍。这种图画式的思维就是许多我们正在努力

---

① 例如，见阿维林：《共相与个体的意识》。

解决的疑难产生的原因。读者往往易于对黑格尔关于一个范畴的论述作一种表象化的理解，或联系于一个表象来理解。这样，这种表象就使得这个范畴被误解，而由于每一个表象都有可感的特征，都是某种存在于时空中的事物的表象，结果范畴也被看作是在时空中存在的东西。巴门尼德之所以把"存在"想象成球形的，也恰恰由于这种精神上的混乱。他必定是以一个表象来代替纯思，而由于每一个表象必须有某种形状或轮廓，于是他就开始问自己"存在"是什么形状。同样的道理，就是这种图画式的思维的习惯，使柏拉图设想理念和事物一样存在于某个彼岸世界之中。而且也正是这种图画式的思维妨碍了人们去理解黑格尔的许多论断，如"有"与"无"是同一的。黑格尔在这里谈的是纯范畴、有和无。只要把这点记在心中，这个论断就是明白易懂的。但表象立刻强行闯入，于是"存在"就被误解为某些个别事物如这所房子的特殊存在。于是人们就满腹怀疑地问道：是不是这所房子存在或不存在都是一回事，而这个论断也就变成了一个谬论。如果我们要去理解黑格尔，我们必须学会在抽象中思维，自由地运思于纯思之中，把感性表象排出心外，或者至少不要把它们误认为纯思。

E. 思与有

94. 在现代哲学范围内，范畴的历史是在康德的体系中开始的。它们在那里作为主观的精神过程、概念而出现。在黑格尔那里，它们变成客观的本体论的存在，独立于任何特殊心灵的存在。这是如何发生的呢？以这种新的方式来看待它们有什么根据呢？我们现在看到，康德自己关于范畴先于任何经验的断言实际上就包含了这种新看法，因为凡是先于经验的也就先于世界，并因此而先于任何特殊的心灵。但是我们还需要对这个从主观概念到本体论的真实的转变作更深入一层的考察，因为这是一切唯心主义的关键所在。

95. 首先，黑格尔关于范畴的客观性的论断和柏拉图关于一般共相的客观性的论断有着同样的根据。任何存在着的东西，比方说一块石头，经过分析证明不是别的，不过是若干共相的聚集。除掉"白""圆""硬"等之外，再也没有什么了。这块石头所有的因素都是共相。因此，否认共相的客观性就是否认石头的客观性。可能有人反驳说，这样的证明太广泛，它不仅证明范畴即非感性的共相是客观的，而且可以证明一切共相包括这些纯感性的共相如"椅子""房子"等，也是客观的。这一点好像是使黑格尔陷入矛盾而有利于柏拉图。还有，石头的客观性是存在着的意思。这样，说共相是客观的因为石头是客观的这个论证好像是说，因为石头存在，所以共相便存在；而我们的基本立场却是范畴有真实性，却不存在。

对后面的一个异议的回答是，存在着的是石头，而不是组成石头的诸共相。共相的聚集存在着。因为，共相聚在一起构成了一个个体。但每一共相，分立起来看，只是一个抽象，不是一个个体，因此不存在。对前面那个异议，即我们的论证证明了所有共相的客观性，而不仅仅是范畴的客观性，我们看到，困难在于下面这一点：我们已经断定范畴是真实的，但不存在。现在我们的论证趋向于表明甚至感性共相也是客观的。但感性共相不是实存的。因此很明显地，唯一可以赋予它们的一种客观性就是真实性。可是，在这种情况下，范畴与感性共相又有什么区别呢？并且，如果感性共相是真实，这就意味着它们是世界第一原则的一个构成部分。这样，黑格尔就是错误的，而柏拉图承认它们是终极的真实就是正确的。必须承认，这个问题在黑格尔的著作中没有直接碰到过。我们将在稍后的一章中看到，这是和黑格尔哲学的一个最大的困难相联系的，这个困难就是从逻辑到自然的过渡。然而，在这里，我们可以提出我们自己的解决办法。我们可以说，所有的共相都有其客观的存在，但只有范畴才有其独立的客观的存在。因为范畴是一切经验、一切意识的逻辑前提，因此也是包含在感性共相中的意识部分的逻辑前提。这意味着在逻辑的次序上范畴是在先的，而且从这些范畴演绎出感性共相作为其逻辑结论应当是可能的。我们在适当的地方将要证明黑格尔在他的自然哲学中就力图做到这一点，虽然他自己或许没有完全实现这一企图。同时我们可能注意到，如果这个观点是真实的，那它就包含着承认三种不同的存在。范畴有其独立的存在和绝对的逻辑在先性。这就是真实。感性共相有着一种依赖性的存在，但由于它们是共相而不是个别，所以还没有实存，故它们可称作实体或实质。最后，个别的事物是实存的。

96. 对于共相的客观性的信念的最终基础包含在有时被称之为思维与存在的同一性（或译思有同一性。——译者注）的理论中。这里的存在一词是从广义上用来指谓外部存在，即一般与主体相对立的、感觉的对象。上述的"思有同一性"这一表述意味着主体（思的一面）和客体（存在的一面）是同一的。主体与客体不是两个相互外在的独立的实在。它们不是作为两个绝对不同的存在而对峙着，它们是同一的，因为它们不过是同一个实在的两个不同的方面。这个断言的根据是，如果我们不接受这一观点，那么知识如何可能就是不可解决的问题。

所有的知识都是概念式的。对于一个对象除了通过我们运用于它的概念外，我们一无所知。语言中的每一个词都代表一个概念，而任何思想离开了概念都是不可能的。从这一点我们已经推论出事物自身不过是许多共相的集合，因此这些共相是客观的。但正是在这一点上，普通意识认为它陷入谬误。普通意识说，无疑地我们只能借助于概念来思考一个对象。但这只是由于我们的心灵的结构的缘故。这丝毫不意味着概念如客观事物那样存在于我们的心灵之外。我们运思概念去思考事物，但事物本身却是完全不同于概念的一种东西。

97. 我们立即可以看出，这种看法建立在假定存在着一种物之自身，它在我们的心灵之外，而又完全不同于它的直接呈现。所以，实际上这种反对意见不过是由普通意识所支持的康德的不可知的物自体的老调。如果事物之自身是由某种不同于直接呈现的东西，是某种不同于我们的思想和心灵构造所形成的东西，那么它就是不可知的。而我们已经看到，这种理论是自相矛盾的。所以我们还得回到这样的结论上来，即客体是和主体有关的——这里暗示我们共相是客观的。如果客观事物是某种完全不同于构成它的思想的东西，那么，主体和客体、思与有就是两个毫无共同之处的对立的存在，互相对峙着，被一道不可逾越的鸿沟所分开，客体就是不可知的，知识就是不可能的。因此，我们坚持事物之自身恰恰是由思想所构成。这就是思有同一性。

98. 打破对不可知的物自身的迷信，就是去建立思有同一的原则。存在意味着对意识而言的存在；除了这种存在以外没有别的存在。一个客体除非处于与主体的关系之中，不然它就不是客体。宇宙不是别的，只是意识的内容。如果我们否认这些真理，就会使自己陷入与不可知论相联系的矛盾的困境。如果我们承认这些真理，我们也就必然承认概念或共相的客观性。因为，承认这个真理，那么客观事物就是如我们所知的那样；而我们所知道的是，它是一群共相的集合，所以这些共相也是客观的。我们承认这个观点，我们就是一个客观唯心主义者。

事实上，思有同一性是一切唯心主义的基本原则。柏拉图和亚里士多德的哲学是完全建立在这个原则的基础上的。不过，古希腊人是素朴地把它看作一个当然的事实，而在黑格尔手中，它成为哲学的一个自觉的组成部分。

99. 客体与主体虽然是同一的，它们仍是有区别的。肯定地，在某种意义上，事物是在我之外，与我对立，它是非我。事实上，思与有同一但又有区别，是黑格尔的著名的对立同一原则的一个例子。我们还没有说明这一原则，所以，思与有的确切关系还不可能得到充分的阐述[①]。但我们现在可以指出，思与有的同一性与其区别是可以和谐共存的。有与思是同一的，它意味着主体与客体不是绝对分离的，因为客体是在主体中的；有与思是有区别的，这意味着主体把自己的一部分即客体从自身之中异化出来而与之相对立。这块石头确定无疑地在我之外。它是非我，这是思与有的分离。但这块石头仍然在思想的统一性之

---

① 在黑格尔《逻辑学》中可以得到究竟的解释。见本书第382—387节。

中。它不是在不可知的，作为绝对在思想之外的某物的意义上在我之外。这是思与有的同一性。黑格尔有时把这个思想表述为思想跨越了它自身与其对象之间的鸿沟，或者说思想与事物之间的分离是在思想自身范畴之内的分离。如果事物可以完全从其与思想的统一中分裂出去，它就会成为一个不可知的物自体，而这是不可能的。

100. 我们在心中牢牢记住这种思有同一将会有助于我们去理解那些使人非常费解的段落或章节。例如，那些把唯物主义和唯心主义看成势不两立的读者在读黑格尔时会惊奇地发现，他把唯物主义看作是一种未经加工的粗糙的唯心主义，并且设法表示他的唯心观点可以从唯物主义中发展出来。比如有这么一段话："所有的哲学本质上都是唯心主义，或至少是以它为原则，问题只在于它把这个原则贯彻到何种程度……古代的或近代的哲学的原则：水[1]，事物或原子，都是思想、共相……而不是事物"。[2] 说原子实际上是一个思想，因此德谟克利特的唯物主义是另一种形式的唯心主义，对我们正常的思想方式来说是十分奇怪的。这里关键就在于思有同一性。黑格尔十分明白唯物主义和唯心主义的区别，他的主张是说，如果德谟克利特理解了思有同一性，他就会被迫超出唯物主义而进到某种唯心主义。因为唯物主义是建立在知识和它的对象的完全分离的基础上的，这是它的根本的谬见。它假定对象、事物是一种绝对的东西，它是独立于心灵而自在地存在的，它相信客体能够离开

---

[1] 这当然是出自泰勒斯。

[2] 黑格尔：《逻辑学》第一部分第二章最后一个注释。

思维着的主体而存在。原子论断言这个事物即原子，是最后的实在。假令如此，原子这个东西又是什么呢？它不是别的，不过是一个共相的集合，诸如"不可摧毁性""不可分性""小""圆"等。所有这些都是共相或思想。"原子"自身就是一个概念。因此即使从这种唯物主义中也会引申出唯心主义来。

101. 对黑格尔感到困惑的另一个问题，是他声称他仅仅通过把过去的哲学家们的最主要概念列入他的范畴表，就把以前的哲学完全吸收到他的体系中来了。比如有与实体就这样出现在他的范畴表中。"有"是巴门尼德哲学的最主要的概念。仅仅把"有"这个概念吸收到逻辑学中来，黑格尔就声称他已把爱利亚派的哲学吸收到他的体系中来了。通过把"实体"包括在他的诸范畴中，他就宣布他已经把斯宾诺莎的核心真理融合进来了。初学黑格尔的人对于这种说法几乎肯定会产生如下的反对意见：黑格尔的"绝对"是一个范畴或思想的体系，但斯宾诺莎的"绝对"却绝不是思想的本性。斯宾诺莎没有说过"绝对"是"实体"这个思想或"实体"这个范畴。他说过"绝对"是实体自身。他不是一个唯心主义者，而是一个泛神论者，他不相信"绝对"是一个范畴体系或一个简单的范畴，如实体这个范畴。黑格尔把"绝对"视为思想。斯宾诺莎认"绝对"为某种与思想十分不同的东西即实体。斯宾诺莎明白地声言实体不是思想，因为他说过思想仅是实体的一种属性。这样，黑格尔关于实体范畴只是构成绝对的许多范畴之一的论断，是一种和斯宾诺莎的立场完全不同的立场。因此，黑格尔就无权去把这两种立场相等同或声称他已把斯宾诺莎主义融合在自己的哲学之中。

解决这个困难的关键仍在于思有同一性的原则。斯宾诺莎诚然设想实体自身是一种完全不同于"实体"这个范畴或思想的东西。但是，只要懂得了思有同一的原则，我们就会看到"实体"这个东西无非就是共相、范畴。斯宾诺莎不承认这一点，是因为他受了近代关于事物与思想绝对分离的观念的影响。这个观念缘起于笛卡儿，在近代哲学中一直占支配地位，直到康德才告终。康德的哲学正是这种观念的归谬法的反驳。实际上，"实体"不过是一共相，它只是一抽象物这一事实就清楚地表明了这一点。它是从所有属性中抽象出来的。实体自身和实体的思想是同一个东西。

102. 黑格尔的一些话也会导致同样的困惑。他说过："'有'之自身以及从'有'中抽出的各范畴，不仅是属于'有'的范畴，而乃是一般的逻辑上的范畴。这些范畴也可以认作对于绝对之界说"①。这样，范畴就是绝对的界说。这意味着这些范畴自身就是绝对呢，还是意味着它们只是绝对的描述或界说，而绝对则是另外一个东西呢？这对于一个还没有抓住黑格尔学说的中心观念的读者来说，是个令人感到困惑的问题。我们的回答是：说范畴就是绝对和说它们是绝对的界说，这里没有什么区别，都是一回事。这两种陈述意味着同一个东西。这个困难，和上述关于斯宾诺莎的实体的困难一样，都起于对知识的本性的一种谬见。它假定在我们的心中有概念，在我们的心外有着某种"东西"。这些概念是以某种方式加到事物身上去的，而概念和事物的这种符合就是知识。关于实体的概念在一边，实体本身

---

① 华莱士：《小逻辑》英译本第 85 节。

又在另一边；实体这个范畴是"运用于"这个外在的东西即实体。或者，一方面有许多范畴，另一边还有一个叫作绝对的东西，而如果这些范畴正确地用于绝对，那它们就是绝对的正确的界说。所有这些观念都必须从我们的头脑中抹掉，它是建立在那种心外有某种完全不同于心灵中的概念的东西的理论之上的。它是建立在物自身的学说的基础之上的。这个学说，即使它在康德主义的形式下已被驳倒，还会不断地以新的形式出现。它还建立在主体与客体的绝对分离和对思有同一原则的否定的基础之上。范畴是关于绝对的规定、概念或思想。但是，规定和被规定之物，范畴和绝对自身，都是一回事。石头并不是运用于它的那些共相如"白""圆""硬"等之外的某种物自体。石头就是那些共相。而"绝对"也不是适用于它的范畴诸如"有""实体""原因"等以外某种神秘的东西，绝对就是这些范畴。然而，在它们是同一的同时，它们又有区别。"白""圆""硬"，从主观的观点来看，是我们的概念，是我们意识的一部分，是主体的一部分。而客观地来看，它们是客观共相，是对象的一部分。而范畴也是如此，它一方面是我们的精神形式，另一方面又是客观存在。这样来看，它就是绝对。

103. 不能理解上述的原则是很普遍的现象，不仅在学生和初学者中，甚至在有很高声誉的哲学家中，都有这种情形。例如，有的哲学著作发出对黑格尔的常有的抱怨，说他的"绝对"不过是一种空洞的抽象物的集合。布赖德雷先生就批评黑格尔的"绝对"不过是"没有血肉的范畴在太虚幻境的舞蹈"。如果黑格尔不说绝对是范畴，而说绝对是范畴适用于它的某种实际的事物，大概这些批评就会安静下来，停止喧嚣。黑格尔说，"绝对"

是范畴：原因，实体，有、质等。这样，这些批评就狂吼起来了。如果他说"绝对"是某种作为原因、实体，有其存在和质等的某种东西，这些批评者或许就会沉默不语了。他们认为这样就不会把"绝对"看成仅是许多抽象物的集合或一个抽象物，而是某种坚固的、真实的、实在的东西。然而，这里批评所反对的第一种陈述和它们所赞同的第二种陈述在含义上是一样的。黑格尔主义者可能被问道：在他看来，"绝对"是实体范畴还是实体本身？是质的范畴还是某种具有质的东西？是"存在"的范畴还是存在着的某物？他的回答必然是，这些区别是不合逻辑的。实体本身就是实体范畴,恰如石头就是共相"白""圆""硬"一样。如果这种批评要求的话，黑格尔主义者可以完全同意说，"绝对"是实体自身等。但他会加上一句：虽然这个公式在被正确理解的条件下是无可争议的，但如果把它们作为一个招牌，暗地里偷运那种神秘的物自体的思想，或实体、原因等范畴是以某种外在的方式加到绝对上去的思想的话，那么，就必须加以抛弃。

F. 一元论和范畴的演绎

104. 解释必然地要求一元论。在哲学中，一元论的倾向总是十分明显的。但一元论的哲学基础却是斯宾诺莎第一次明确而肯定地加以阐明的。斯宾诺莎看到宇宙的第一原则必须是一个单纯的原则，而这一原则必须是一个整体。因为最终的真实之所以真实，乃是由于它只依靠自己而不依靠他物这一事实。自我依赖也就是自我规定，而自我规定的东西必须是一整体。因为如果有两个终极的真实，一个就会被另一个所限制、所规定。

在这种情况下，哪一个也不是自我规定的。

105. 这就是一元论的哲学基础。但即使在通常的解释事物的要求中，一元的原则也总是一个指导性的观念。它在宗教中表现为一神教，而且它甚至表现在经验科学中。事实由其原因得到解释；这意味着把大量的特殊的东西纳入一条规律。而许多规律又被纳入一个更为一般的规律而依次得到解释。这种解释的进程只有把宇宙中的一切事物都归入一个单一的原则才达到其最终目的。

106. 但是，如果说一元化是思维的必需，那么哲学的历史却表明一个绝对的、抽象的一元论的破产。"绝对"必须是"一"，但它也必须是"多"。从我们对于绝对的概念中把"多"完全排除出去，那就会取消从绝对中引绎出真实世界的多样性的任何可能。"多"，不管在什么意义上，只有即在"一"之中，才能从"一"中产生出来。从爱利亚派的抽象的"一"，是无法过渡到真实的世界的。新柏拉图主义者的"一"也是这样。斯宾诺莎的哲学本身也是一个从企图建立一个绝对的、抽象的一元论而走向绝对的二元论体系的例证。斯宾诺莎的实体是一个完全排斥一切多样性的整体。因此，我们就不可能看出这个实体是如何产生出它的众多属性即思维、广延以及其余的属性。

107. 柏拉图曾经模糊地看到"绝对"必须是一中之多。在《巴门尼德》篇中，他指出"一"和"多"的概念是互相包含的，离开了"多"的"一"是不可思议的。而他的"绝对"即理念世界，也是一个包含着"多"的"一"。它所以是"多"，因为它包含许多理念。它所以是"一"，因为在那善的理念的最终一统之下，这些理念构成一个单一的理念的有机系统。正如所有白色的东西被纳入"白"的理念之下一样，一群理念如"白""红""蓝"被纳入一个更高的"颜色"的理念之下。颜色、味道等，大概又纳入"质"的理念之中。最后我们达到一个统摄着一切理念的最高理念。在柏拉图看来，这个最高的理念就是善的理念。

108. 我们现在用图解的方式来再现柏拉图的系统的一个片断：

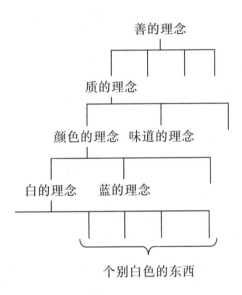

善的理念

质的理念

颜色的理念　味道的理念

白的理念　　蓝的理念

个别白色的东西

　如果这个图解能够完成的话，我们将得到所有的个体事物，亦即整个宇宙，它处于最底层，而所有的理念将出现在上面它们应有的位置上。我们现在需要自问的是，这样一个系统纵令是圆满地完成了，又如何能解释这个宇宙呢？例如，为什么白色的东西存在？按照柏拉图的说法，它们存在，因为在理念世界有一个白的理念。白的理念产生白的东西。现在，暂时假设白的理念令人满意地解释了白色东西的存在，白的理念本身仍然是未被解释的。为什么有一个白的理念呢？显然地，因为有颜色的理念。那么为什么有一个颜色的理念呢？因为有质的理念。为什么有质的理念呢？因为有善的理念。为什么有善的理念呢？在这里我们来到了尽头，再没有更高的理念来解释善的理念，因此，它是未被解释的。这是一个武断的事实，是一个终极之谜。

109. 撇开最高的理念是一个尚未解释的事实不谈，很明显地，白的理念并没有真正解释白的东西的存在，颜色的理念也没有解释白的理念，而这种解释的任何一步都没有令人满意。即使承认有一个白的理念，我们也看不出它如何能解释白色的东西的存在。它们的存在并不逻辑必然地跟随在白的理念之后。如果我们能够看到，承认了白的理念，白的东西就必定产生，如果我们能从白的理念中演绎出白的东西来，那么我们才真正得到了解释。同样地，我们必须能够从颜色的理念演绎出白的理念，从质的理念演绎出颜色的理念并从善的理念演绎出质的理念，最后，应当能够从最高的善的理念演绎出所有较低级的理念来。

即使如此，善的理念仍然是一个终极之谜。要完成这个解释，我们必须揭示出善的理念由于不能被任何高于它的东西所解释，乃是自我解释的，亦即自我规定的。或者，选择另一条出路，我们可以说，并非善的理念是自我规定的，而是整个理念世界，作为另一个整体，是如此的一个自我规定的整体，所以它构成一个自满自足的世界的第一原则或第一理由。在这种情况下，我们需要证明的是，每一个单独的理念都逻辑地包含着其他的所有独立的理念，这样，作为一个整体的理念世界是一个有机的、自我解释的、自我规定的统一体，而且，真实的事物的世界能够从这个自我规定的统一体中逻辑必然地推演出来。这样的体系就需要一个具体的一元论。它的"绝对"，它的第一原则，将是一中之多。作为一个自我包含、自我规定的整体，它是"一"；作为一个许多理念的多样性，它是"多"。

110. 黑格尔的《逻辑学》恰恰就包含着这样一种企图。在黑格尔哲学中，范畴代替了那包含着感性共相的柏拉图的理念。但是黑格尔的这些范畴不像柏拉图的理念世界那样是一堆共相的混杂的集合体。黑格尔把这些范畴一个从另一个中推演出来。正如柏拉图曾经声称颜色的理念可以逻辑地从质的理念中演绎出来，黑格尔证明原因的范畴可以从实体的范畴中推演出来。他揭示出每一个别的范畴都必然地、逻辑地包含着其余的个别的范畴。康德曾经提出十二范畴。但他没有作出努力来试图把它们推演出来。他没有理由要这样做，因为对他来说，范畴不是解释宇宙的本体论原则，而仅仅是我们心灵的主观的认识的形式。但事实上他终究没有对这些范畴进行推演。他仅仅把十二范畴作为未被解释的事实摆了出来。一个人在他的心中有十二范畴，就好像在他的脚上有十个脚趾一样。在康德那里，它们是事实，事情就是如此而已。

这样的断定对康德来说是足够的，因为他仅仅旨在分析人的心灵。如果他能够把事实正确地加以陈述，他就达到了目的。可是一旦范畴从主观概念转变为构成第一原则的客观现实，情况就完全变样了，仅仅提出十二范畴并且说它们构成第一原则是不行的。因为这样我们得到的不是一个第一原则，而是十二个第一原则。一元论是与此不相容的。我们的第一原则应是一中之多。它是多，因为它包含许多范畴。它又这样地被显示为"一"，即把它们融合成一个单纯的、合理地接合起来的有机整体，它的每一部分都不断地继续进展到或逻辑地前进到另一其他的部分。如果这些范畴，像在康德手里那样，是许多单纯的、孤立的单位，那么它们就仅仅是没有统一性的多样性。而如果每一范畴都逻辑地包含着其他范畴，那么它们就不能被认作孤立的单位，它们紧密地结合在一起，形成一个完整不可分的、有机的范畴体系，一个真正的统一体。

111. 如果我们说，要证明范畴是世界的第一理由，它们自己必须是合理的，这是一样的意思。"施舍先及亲友"，理由必先证明自己是合理的。如果我们说理由是世界的第一原则，希望从它推演出世界来，我们显然必须从给理由本身以一个合理的解释来开始。如果说理由是由十二范畴，由十二个未被证明和解释的事实构成，那就是给理由本身加上了一个非常不合理的解释。我们可以像康德那样说，有一个因果范畴，这是一个事实，再也没有什么可说的了。在这种情况下，范畴就是一个终极之谜。它武断地肯定它自己而不提供任何自身存在的理由，这是不合理的。可是我们打算从实体范畴推演出因果范畴，从某一个更在先的范畴推演出实体范畴，如此等等。这样，我们的范畴就不再是不合理的事实了。以这种方式，我们就揭示出它们的逻辑必然性。我们将要揭示出，不仅有一个因果范畴，而且必然有这么一个范畴。揭示它的逻辑必然性就是解释它，就是揭示它的合理性。

112. 因此，黑格尔在《逻辑学》中所从事的工作就是：给世界的理由提供一个证明，揭示世界是由哪些范畴所组成；完成这些范畴的系列表，因为黑格尔相信除了康德的十二范畴外还有许多范畴；不是让它们孤零零地立在那里，而是逻辑地把它们一个从另一个中推演出来；最后，揭示所有的范畴，作为单一的整体，构成一个自我解释、自我规定的统一体，揭示出构成一个绝对的世界第一原则是可能的，它，由于是自我解释的，所以我们不再需要为它找出一个更早更先的解释来。这样，《逻辑学》就必然是整个体系的第一部分，因为它对世界的第一原则作出证明。当我们达到对宇宙的第一理由的完全证明之后，下一步就是从它推演出真实的宇宙的存在，以表明它是宇宙的理由，而宇宙则是它的结论。做到这一步的企图就构成了黑格尔体系的第二、第三部分。

113. 柏拉图当然没有从善的理念中推演出较低级的范畴的任何观念。他没有发现这种必要性。但对我们极为重要的是要注意到：即使柏拉图曾经企图推演他的理念，他也办不到。这里有一个特殊的原因。对柏拉图来说，较高的理念不含有较低的理念在它们之中，因此较低级的理念也就不能逻辑地或以其他方式从较高级的理念中解脱出来。相反地，较高的理念明显地把较低的理念排除在外，它们只包含较低级的理念的共同点。例如，颜色的理念只是白、蓝、绿等的理念的共同点，它明显地把这些较低级理念的特殊的不同点排除在外。绿色的特殊的质即它的"绿"，是被排除在颜色的理念之外的，它所包含的只是绿色与蓝色及其他颜色的共同点。非常清楚，绿色的"绿"是蓝色所没有的，因此它不包含在颜色的理念之内。所以蓝色、绿色等的理念不能从颜色的理念中推演出来。它们不可能从它得出，因为它们并不在它之中。

柏拉图的理念，事实上，是抽象共相；而由于这个原因，对他来说这些理念都是不可能推演的。一个抽象共相是一个不包含"种"在其中的"类"。如果要使这种推演成为可能，那就必须发展出一种关于共相的本性的全新的概念，根据这种概念，共相或类包含着它的特殊性和它的种在它自身之内，所以它们可以经过逻辑的推演从其中衍发出来。黑格尔把这样的共相叫作具体共相，并认为这一发现是对以前的哲学家们的巨大发展。现在还不是详述这个发现的时候。我们现在所要注意的是，柏拉图的共相是抽象的，所以那较低级的理念不能从那较高级的理念中推演出来。

G. 哪一个是第一范畴？

114. 如果我们要把范畴一个从另一个地推演出来，马上就遇到两个问题。第一，我们从何开始？什么是我们的第一个范畴？第二，我们用什么方法去推演出其他的范畴？这一节的主题是第一个问题，第二个问题将在后面讨论。

115. 哪一个是第一范畴？我们不能任意地从一个范畴开始。因为范畴的推演不是仅仅主观机智的产物，它是真实自身的一个客观的过程。所有的范畴是一个合理的体系，而客观理性是在世界之中的。理性的本质就是它的整个过程都是必然的，不能有任何的武断或偶然随意性，不能在任意的地方开始或告终。它的过程是由它的合理的原则所规定的，因而不能由我们个人的臆想所任意改动。即使在形式逻辑中我们也不能从结论开始而以前提告终。理性本身的必然性迫使我们以前提作为开始，这里没有我们的奇思异想的立足之地。理性的根本性就是必然性。　个偶然的开始将造成一个不合理的开端，第一个范畴必须是必然地第一的。

116. 同样的要求不仅适用于第一个范畴，而且适用于所有后面的范畴。范畴推演的整个过程都必须是必然的。它不是由我们来规定的，而是由理性的本性决定的。事实上，根本不是我们在推演这些范畴，而是它们自己推演自己。我们并不是从事于在想象中创造一个范畴之网，而是从事于发现客观理性自身的本性、次序、联系，不管我们是否想到了它。即使在形式逻辑中，我们说因为苏格拉底是人，而凡人皆有死，故苏格拉底有死，这也不是我们的头脑所创造出来的东西，这种理性的过程是与我们无关的，我们既不能创造也不能改变它，我们只能发现它。《逻辑学》所揭示的范畴的系统也同样与我们或黑格尔的主观想象无关。它是世界理性，是绝对，它永恒地存在在那里，在世界之中。我们所作的范畴的推演不过是对范畴自身推演的发现而已。

117. 那么，我们如何发现那第一范畴呢？它将是来自理性的第一范畴，在思想的次序上是第一范畴，它是逻辑上第一的，在其他范畴之先的。我们可以简单地通过对我们自己的理性的考察来看一看在我们的普遍而必然的概念中哪一个是其他所有概念的先决条件，是逻辑上在它们之先的，这样就可确定孰为第一范畴。因为，虽然我们是从事于发现客观真实的状况，但它并不与我们的主观理性相抵触，而只是和我们的主观的无原则的、武断的幻想相抵触。这里的发现是不同于通常的物理学上的发现的。我们不能仅仅通过考察我们的心灵来发现哪一个星球是首先形成的。但用这种方法却可以发现第一范畴。因为虽然我们探求的是客观理性，但这种客观理性和我们的主观理性是同一的。在世界和我们的心灵中，存在的是同一的理性，这是思有同一原则的必然结论。我们的理性不是一个纯粹的主观幻想。如果这样看，那就是采取了康德的主观立场。照他看来，范畴只是对我们是真实的，而不适用于物自身。如果我们的主观范畴不同时是客观的，那么事物之自身就必定是不可知的，而我们在前面已经反驳了这种观点。

118. 这样，世界理性也是我们的理性，"绝对"的第一范畴也是我们理性中逻辑地先于一切其他范畴，包含在其他范畴中作为逻辑前提条件的范畴。关于一般概念，其原则是更普遍的先于较不普遍的，类先于种。例如"马"的概念以"动物"的概念为先决条件。你只能先有动物的观念（概念），然后才有"马"的观念（概念）。如果你不知道动物是什么，也就不知道马是什么。那更普遍的类"动物"，是被当作先决条件并逻辑地先于那较不普遍的种"马"。但反过来就不对了。"动物"不以"马"为先决条件。你可以对马毫无观念，却能充分了解动物是什么。这个原则适用于一切概念，也适用于范畴。越是抽象和普遍的范畴，它在《逻辑学》中的地位越是靠前。越是特殊的、具体的范畴，其地位越是靠后。因此，第一个范畴将是最普遍的"最高的类"。

一个更普遍的共相与较不普遍的共相的区别在于它更为抽象。从若干种中抽去它们的特殊性我们就得到类。人可认作是动物这个类的一个种，并被规定为有理性的动物。理性就是区别。从人的概念中去掉理性，剩下的就是动物这个更一般的概念。通过进一步的抽象我们就达到更为一般的概念。把蕴含在动物概念中的"生命"这个特殊性抽掉，我们就会达到"物质的东西"的概念，如此等等。因此，第一个范畴将是通过不断地抽象的过程达于极限而得到的最为抽象的范畴。

119. 在这个宇宙中可知的东西所共有的、最高的可能的抽象，就是"有"的概念。并非所有的东西都是物质的。但所有的东西都有其存在，它们都"是"。有许多东西我们不能说它们是绿色的，或是物质的，或是有重量的。但在宇宙中，不管挑出一个什么东西，我们总可以说它"是"。因此，"有"必定是第一范畴。"有"作为"是"的自身,显然是最高的可能的抽象。假设我们从世界中任意拿出一件东西并且抽掉它的所有的属性，例如，这张桌子是方的，硬的，棕色的，闪光的。抽掉闪光性，剩下的是"这张桌子是方的，硬的，棕色的"。再把棕色抽掉，剩下的就是"这张桌子是方的,硬的"。最后再把"硬"和"方"都抽掉，剩下的就是"桌子是"。这个"是"就是最后的可能的抽象。故"有"是第一范畴。

120. 由此可见，"有"是所有其他范畴的先决条件并逻辑地先于它们。例如，量，质，原因，实体，都以"有"为先决条件。一个原因是一个特殊种类的"有"，一个人除非先有了"有"的概念，否则他就不可能有原因的观念。但反过来就不对了。一个人能够形成"有"的简单观念而不必知道原因观念的确切含义，就像一个人可以有动物的观念而不必有马的观念一样。同样，一个人如果没有"有"的观念,也就不能有量的概念。对其他一切范畴莫不如此。

H. 辩证方法

121. 第二个问题是，我们如何从"有"中推演出其他范畴来呢？我们将采用什么方法呢？正如我们不能凭偶然的奇思异想去决定第一范畴一样，我们的推演方法也必定不能是我们的幻想偶然碰上或选中的任意的方法。在这里又一次表明不是我们去推演出各范畴来，不是我们用我们的想象去创造它们之间的联系。它们有自己的内在逻辑联系，我们必须去发现它。这种推演是不依赖于我们的理性的客观过程；当然，它不是一个时间中的过程，而是一个逻辑过程。我们的任务不是去发明一种我们可以用来推演范畴的方法，而是去发现范畴推演其自身的方法。

上面第118节已经说明较普遍与抽象的概念总是先于较不普遍与不抽象的概念。这个原则不仅决定了第一范畴是"有"，而且决定了后继范畴的次序。较为抽象的范畴在思想中、在客观理性中总是在先的。因此，《逻辑学》就将从最普遍的类即"有"，通过越来越具体化的过程，直到最具体的范畴，我们的方法就是从类到种，然后把种当作新的类，从它再到更为下一级的种，如此等等。但是，我们只能通过对类加上特殊性来从类前进到种。因此，前进的次序将经过：类→特殊化→种。把种再看作类，我们必须发现一个新的特殊性以把它再转变为新的种。我们的方法就是通过"类、特殊化、种"的三步一合的节奏前进。[①]

122. 但如果我们从诸如"有"这样一个抽象开始，我们如何从它推演出特殊化和种来呢？后件应当含在理由或前件之中，

---

① 然而，在黑格尔的《逻辑学》中，在每一个类下面只有一个种。这是由于宇宙中的每个东西不过是每一范畴的一个例证这一事实。见第169节。

这是所有逻辑演绎的本质的东西。在形式逻辑中，违反这一原则就被叫作错误的违反规则的推理过程。在前提中所没有的东西在结论中也不会出现。这就是那古老原则：从无得无。你不能从无中得出某种东西，你也不能从不包含某种东西在内的事物中得出某种东西。这对于黑格尔的逻辑学或较低级的形式逻辑都是一样的。如果我们要从范畴 A 推演出范畴 B，这只有 A 在某种方式或意义上包含着 B 的情况下才有可能做到。如果我们能够揭示出范畴 A 确实包含着范畴 B，那么这就等于从 A 推演出 B 来。这就是形式逻辑的演绎的含义，也是这里所说的演绎的含义。

我们如何能够从类推演出种来呢？如何揭示类包含着种呢？从类到种我们必须加上特殊性。因此，我们需要揭示类包含有特殊性。但是类明白地被规定为排除特殊性在外的。从类中推演出特殊性似乎是一种不能成立的过程。当我们指出柏拉图的理念是抽象共相时，我们已经看到了这一点。红、绿、蓝的理念不能从颜色的理念中推演出来，因为后者并不包含前者。它只包含那对红、绿、蓝是共同的东西。红色的"红"不是绿色、蓝色的性质，因此不能包含在颜色的理念之中。较低的理念所特有的，即它们的特殊性，是明显地排除在较高的理念之外的。同样"有"的范畴只包含一切事物的共通之处，而不包含所有事物特有的区别和规定，因此，从"有"中推演出任何区别和规定似乎是不可能的。例如，原因、结果、实体、量，都是特殊种类的"有"，它们的观念是排除在"有"的概念以外的，因此，似乎是不能从"有"推演出来的。那么，怎样才能使推演成为可能呢？

123. 对这个问题的解决构成了黑格尔哲学的中心原则，即有名的辩证方法。它是建立在这样一个发现的基础上的，即迄今所公认的共相绝对不包含区别的假定不是真实的。黑格尔发现一个概念可能潜在地包含着自己的对立面。而这个对立面可以被从中解脱或推演出来担当特殊化的角色，从而使类转化为种。解释辩证方法的最简单的办法是举出一个具体的例子，然后再阐发它所包含的普遍逻辑原则。我们以黑格尔逻辑学的第一个三一体即有、无、变为例。

我们从"有"这个范畴开始。这是一个纯范畴。我们不应当把它想成具体的存在，如这支笔，那本书，这张桌子，那把椅子。它是"存在"的完全抽象的观念，是有之一般，是纯有。我们必须抽掉一切特殊的规定。如果我们希望的话，我们可以从一个具体事物比如说这张桌子形成这种抽象概念。我们要抽掉它的一切的质，它的"方""棕色""硬"甚至它是"桌子"这个属性。我们要把它思想成纯粹的存在，如同宇宙间万物共有的存在那样。这样的存在没有任何规定，因为我们抽掉了所有的规定，因此它是一个绝对地无规定，无特性的完全的空无，一个纯粹的虚空。它没有内容，因为任何一种内容都是一种特有的规定。这个虚空是完全的空无，不是任何东西；它是一切东西、一切规定、质或性格的阙如，而这种一切东西的阙如不过是无。空无、虚空和无是一回事，"有"因此和无是一个东西。这样，"有"这个纯概念就被证实包含着无的概念。但是，揭示一个范畴包含着另一个范畴就是意味从它推演出另一个范畴，因此我们就从"有"这个范畴推演出"无"这个范畴。

124. 有即是无或有无同一，绝不能从具体的存在物的错误意义上来理解，例如说这张桌子存在和不存在是一回事，或这顿午餐有没有都是一样，"有"这个范畴是一个抽象，而桌子和午餐是除了存在之外还有种种特殊规定的具体事物。我们在这里谈的是抽掉了种种特有的规定如桌子"方""棕色""硬"之后的纯粹抽象概念。只有这种极端空虚的"纯有"的思想，才和纯无这个思想是同一的。

我们可以用另一种方式来说明这个问题。我们说一个东西"是"，但此外它没有任何质或特点，这和说这个东西什么也"不是"是一样的。这张桌子是方的、棕色的、硬的等。假设我们能够把它的形状、硬度、颜色和其他一切的质统统摧毁、消灭，那么它就什么也不是了。说它"是"，除此以外，它没有任何质或特点，这和说它"不是"是一回事。因此，纯粹的"是"，没有进一步规定的纯粹的"是"，和"不是"是一回事。"有"和"非有"或"无"是同一的。

125. 由于它们是同一的，所以每一个都进入另一个之中。有进入无，反过来，无也返回有，因为"无"的思想是"空虚"的思想，而这种"空虚"也就是纯有。由于每一范畴消失在另一范畴之中，我们有了一个包含在这里面的第三个思想，即有与无的相互过渡的观念，这就是"变"这个范畴。"变"自从巴门尼德对它加以分析以来，长期被认为有两种形式：从无过渡到有和从有过渡到无。[①]第一种形式就是开始、产生、生成；第二种形式就是结束、终止、消逝。这样，我们已经有了三个范畴。我们从"有"开始。从它我们推演出"无"，从它们的关系我们

---

① 对这一点的证明及详尽阐述，见拙著《希腊哲学批评史》第75页。

推演出"变"。这些就是黑格尔逻辑学的头三个范畴。

126. 我们现在可以来考察一下这里所包含的一般原则。第一，这三个范畴相当于类、特殊性和种。"有"是类。"变"是一种特殊的"有"，因而是它的一个种。这个特种的"有"是一个包含否定成分在其中的，受"非有"影响的"有"。把"无"和"有"的观念结合起来，我们就得到变的观念。因此非有或无，这第二个范畴，就是特殊化。

有、无、变，是黑格尔的第一个三一体。这种三个一组的节奏贯穿于他的整个体系。每个三一体的第一个范畴，好像在这里一样，总是一个肯定的范畴。它规定自身为正题，例如有、是等。第二个范畴总是对第一个范畴的否定、对立。它否定第一个范畴所肯定的，例如，非有，不是等。这第二范畴黑格尔并不是从一个外在的源泉把它引入的，而是从第一个范畴中推演出来的；这意味着第一个包含着第二个，第二个从第一个自身中产生出来。我们说既不是我们，也不是黑格尔把这些范畴推演出来，而是它们自己推演出来，就是这个意思。这样，第一个范畴包含着自己的对立面并且和它相同一。从这一点来看，这两个范畴相互对立并互相矛盾。但是，事情没有停止在它们的对立上，因为这意味着对立的范畴可以同时适用于同一个东西。拿现在举的这个三一体来说，它意味着：如果我们肯定任何东西"是"，我们同时必须承认它"不是"。因为有必然地包含着非有。因此，一个东西有，亦即是，它必然也是非有，即不是。这个东西为何可能既是又不是呢？回答是在变中它就既是又不是。因此，变的范畴就解决了这一矛盾。换句话说，第一和第二范畴总是在作为这两个在前范畴之统一的第三范畴中得到和解。这个第三范畴既包含前二者的对立，又包含它们的潜伏着的和谐与统一。所以，变是一个"非有"之"有"，或是一个"有"之"非有"，变是一个已经把有与无的对立观念结合在一个和谐统一之中的单独的思想。这三一体的三个成分有时也相应地称为正题、反题、合题。合题自身又作为一个新的肯定的范畴，因此又成为一个新的三一体的正题。一旦当它作为一个肯定而固定下来，立即可以从中看出它的反面，因而包含着自身矛盾。这个新的矛盾又在一个新的合题的更高统一中得到解决，这个合题又成为正题。如此往复贯穿着全体系。我们将会看到，这一范畴运动的全过程是一个由使人信服的理性的必然驱使前进的客观过程。由于理性的必然，正题必定产生它的反题和矛盾。但理性不能停留在自我矛盾上，因而被驱使前进到合题。整个行程就是这样前进的。这个过程不会停止，它必须前进到这样一个范畴，它不再产生任何矛盾。这就是逻辑学的最高范畴。那时就能够从世界的第一理由过渡到世界本身，即自然与精神的领域。我们将会看到，在阐发自然与精神的细节时，黑格尔使用了在逻辑学中用过的同样的、辩证的、正反合的方法。

127. 显然地，辩证的方法造就了从一个范畴中得出一个不在其中的另一个范畴的奇迹。问题在于：既然类明显地不包括特殊性在自己之内，那么它为何过渡到种？黑格尔的发现就在于，所需要的特殊化就是否定；当我们理解了这一点，我们就会看到类排斥特殊性在外的古老观念不是完全的真理。这一点在后面第135—139节中将加以更充分的讨论，那时我们就将看到，对于类的较老的看法是黑格尔所谓的知性的观点，是与具有真实性的理性观点相反的。知性认为两个相反的东西如有与无，是绝对地互相排斥的。理性承认，由于它们的对立，它们是相互排斥的，但这种排斥不是绝对的，不是与它们的统一水火不容的。所以，把类看作完全排斥特殊性的老观念不是全部的真理。正是这个发现使得黑格尔能够造成乍看起来似乎是不可能的奇迹。把特殊化看作是否定，这是建立在否定就是肯定的原则基础之上的。从类前进到所需要的种是某种特殊的规定，类是无规定的，而种是有规定的。给类加上一个规定，我们就得到一个种。斯宾诺莎提出了规定就是否定，而黑格尔则用了一个反转过来的原则：否定就是规定（见第43节）。由于对类加上了它的否定、对立，我们限制了它，但因此也就规定了它；而规定它也就是把它转变为一个种。

128.每一个范畴包含着而且事实上也就是它自己的对立面。这有时被人认为是黑格尔对矛盾律的否定；有与非有是同一的，似乎是违反这个定律的。但是，说黑格尔否认矛盾律是不对的，因为事实上很明显地正是这个定律驱使我们在每一三一体中从第二范畴过渡到第三范畴。恰恰是由于理性不能停留在矛盾上，所以正题与反题之间的矛盾才不能不在合题中得到解决。然而，必须承认，黑格尔的对立同一原则是人类思想史上最惊人的大胆思考之一。但这种大胆思考被证明是正确的和必要的，如果哲学真的要去解决它那些古老的问题的话。如果我们认真检查一下，就会发现黑格尔这个原则并不像通常认为的那样是完全新的东西。除去在一些较早的哲学家那里的对十这个原则的一些明确预示以外，它事实上是包含在所有以前的哲学之中。黑格尔的新东西是他第一个明确地把这个原则作为逻辑原则陈述出来；以前的思想家们，在他们实际上依靠这一原则的时候，也不敢如此明确而充分地把它陈述出来。不管什么哲学，只要它把世界的多样性归结于统一性，如爱利亚派的学说、婆罗门教派、普罗丁诺、斯宾诺莎等，都必须承认对立的同一。这些哲学的每一个都告诉我们，"一"是真实，而"多"出自于"一"，或者说，多就是一；这样，这两个对立面，"多"和"一"就是同一的。婆罗门教义明确地是从"一切是一"这一原则出发的。"一切"显然是多，是世界的多样性。因此这一原则意味着多是和它的对立面即一同一的。多从一而生这一古老的命题、泛神论的特点，正好和黑格尔的非有从有产生的命题不谋而合（当然，这并不意味着黑格尔是个泛神论者）。再者，在所有这些哲学中，一是无限，而多是有限。无限从自身产生出有限，成为有限，并因而是有限。无限和它的对立面有限是同一的。

然而所有这些哲学都未能公开地陈述、承认这一原则；正因为如此，它们在解决哲学上古老的二元论问题上都失败了。他们说，多出自于一，是一。但是，由于多和一是对立的，多不是一，这怎么说得通呢？因此，多不曾，也不能自一产生。这些老的哲学从未曾超出在这种矛盾中摇摆的境地。一些思想家们强调多样性，而不能发现多样性到统一性的桥梁，这些人就是多元论者和唯物论者。其余的思想家们强调统一而不能发现统一性到多样性的桥梁。这些人就是泛神论者、神秘主义者和抽象的唯心论者。哲学的历史就是在这两种倾向中不断摇摆的历史。而这两者都必然地落入二元论的泥坑。黑格尔的勇气和独创性就在于他详细地阐明并揭示出两个对立的东西既同一又同时保持对立何以在逻辑上是可能的。多与一同一的思想使那些老的思想家们如此地害怕，所以他们从未曾检查一下它究竟是如何可能的。然而我们在黑格尔的《逻辑学》中将会发现这个问题是解决了。我们将会看到，黑格尔十分精确而清楚地阐明了如何并在什么意义上"同一"这个思想（范畴）是和多样性的思想相同一，以及为何并在什么意义上它们又是有区别的（见第 208 节）。我们已经看到，他逻辑地、合理地、丝毫不带神秘味道地阐明"有"为何能够同它的对立面"无"相同一。

129. 这样，黑格尔的新东西是他把那潜藏在以前的哲学中的思想作为一个明确的逻辑原则陈述出来。直到黑格尔为止，用逻辑的语言说，人们总是假定肯定和否定是彼此相互外在、被一条不可逾越的鸿沟所隔开。人们也总是假定我们只能说 A 是 A，而在任何情况下都不能说 A 是非 A。例如，斯宾诺莎就认为无限和有限是完全互相外在的对立。因此，斯宾诺莎发现有限如何从无限产生是不可能解决的问题。如果我们只能说 A 是 A，无限是无限，那么 A 必定永远是 A，无限永远是无限，因而其本身是永远不能孕育其他事物的，有限事物的世界永远也不能自它而产生。只有在无限包含有限、就是有限，恰如有包含非有、A 就是非 A 的情况下，这个问题才能解决。

130. 一个最为重要之点是，必须注意到对立的同一并不排斥这些对立面的对立和差别。A 和非 A 是同一的，但它们又有区别。它不仅是对立的同一，而且也是对立的同一。对立和同一都是同样真实的。如果我们忘记了这一点，并且把同一想象为排斥对立，那么就会摧毁这个原则，因为这样我们得到的就不是一个对立的同一，而仅仅是同一的同一，其逻辑公式就还是那个 A=A 的老公式。因此，有和无是同一的，因为它们二者都是同样完全的空无和虚空。但它们还是有区别和对立的；因为有是有，无是无。但这两种说法是自相矛盾的：起先我们说这两者是有区别的，接着我们又断言它们是同一的。正是这个矛盾驱使我们前进到第三个范畴——变。在这里我们看到，同一不是全部的真理，区别也不是全部的真理，而全部的真理是异中之同。因为变把同一与区别二者都结合在一起了。

131. 我们已经叙述了辩证方法和作为它的依据的更为重要的一些原则。这个方法和这些原则是整个黑格尔体系所准确地遵从的。然而，必须提醒一点：不能认为黑格尔在精确地运用这些原则于他的整个体系中是完全成功的。上述的辩证的描述方法是一个理想的描述方法，是一种企图做到或应该做到的描述方法。实际上，这个方法在黑格尔的某些三一体上的运用，很难说是正确的。例如，在精神哲学中，黑格尔把艺术、宗教、哲学的概念看作一个三一体。艺术在这里被认为是正题，宗教是反题，哲学则是合题。很难理解宗教在什么意义上是艺术的对立面；而把艺术和哲学看作是类与种的关系，把宗教看作是类的特殊化，也是不可能的。还可以举出许多例子。甚至有一个三一体包含了四项的情况发生！然而这些不正常的地方并不说明我们对辩证方法的描述是错误的。它们表示的只是黑格尔没有能够在所有的情况下都保持他的辩证方法的绝对一贯性。但他在运用其原则上的失误并不就使这些原则自身失效。没有一个人会认为，由于进化论所提出某些特殊的有机物的种类的谱系有错误，就推翻了生物进化原则本身。尽管有偶然的错误和不一贯性，黑格尔的原则还是和达尔文主义享有同样的声誉。

I. 辩证方法（续）

132. 辩证方法一方面与黑格尔所谓的分类排列法相对立，另一方面与斯宾诺莎的数学方法相对立。所谓分类排列法，黑格尔指的是对于种种讨论或书中所采用的通常的论证方式。这种讨论从陈述事实或为了适应作者的目的而任意选择的思想开始，然后建立起他的结论。他们考虑正反两方面的意见并平衡各种可能性。黑格尔认为，以这种任意的、漫无中心的方法，我们不能期望得到什么确实性与知识。在哲学中我们必须有体系，必须有必然性，什么东西都不能是假定的，每个东西都必须加以证明。但分类排列法却随便从一个地方开始，高兴怎么进行下去就怎么进行下去，愿意在哪里中止就在哪里中止。代替这种为偶然和武断的思想所支配的过程，哲学的方法应为严格的必然性所支配。它的开始将是必然的，而以后的每一步也都是理性的必然，而不是武断的思想的系列。分类排列法，于其不断往返的论证中，它在正反两方面意见的无休止的摇摆中，可能毫无结果地、永无休止地进行下去。我们必须以方法、系统、必然性与确定性来代替这种情形。黑格尔声言，辩证方法就做到了这一点。

133. 黑格尔反对分类排列法和他寻求一个更为科学的方法的企图，在每一方面都与笛卡儿类似的努力相一致。当笛卡儿指出，由于人们的无系统的论证方法，他们在几乎所有重要的题目上都持有不同的意见，所以要确定哪一种意见为真是不可能的；他在这里正是提出了黑格尔式对分类排列法的抗议。而且，正如黑格尔提议用一个精密的逻辑方法来代替分类排列法，笛卡儿和斯宾诺莎也提议哲学应当采取几何学的精密方法。几何学始自公理，它们不是一种单纯的主观意见，而是必然真理；而且以精密的推演和绝对的逻辑必然性从中演绎出结论。他们认为，如果哲学采取这种方法，它将会达到数学那样的精确性。现在每个人都可以按他的意愿去采取任何哲学主张。但在数学中却没有这种选择的余地。对一个三角形的三内角度数之和是否等于两个直角度数之和这个问题是不能有两种回答的。这是因为几何学是从必然真理（公理）开始，并且在往后的推论中不允许任何不合逻辑必然的东西。采取同样推演过程的哲学应当也能够平息各种争论而达到一个确定的结论。因此，笛卡儿寻找一个公理作为哲学的基础，就像几何的公理是几何学的基础一样；他找到了这样一个公理即"我在"。而斯宾诺莎更加形式化地从一系列公理与定理开始他的《伦理学》，并模仿欧几里得的方式，去发现哲学原理。

134. 黑格尔和笛卡儿与斯宾诺莎一样，希望取消哲学中仅仅是主观意见的情况，而以一种精密的逻辑方法达到确定性；在这一范围内他是赞成他们的。但他认为几何学的方法是不适用的。他说道："这些方法在它们自己的范围（指数学）无论如何不可缺少，如何有辉煌的成功，但对于哲学知识却很显明地无何用处。因为它们是有前提的，它们的认识方式是知性的或抽象理智的方式，是依形式的同一律而进行的。"[①] 这段话对几何学方法提出了两点反对意见。第一，它是有前提的；第二，它是知性的方法。我们就顺序来考察一下这两点反对意见。

----

① 华莱士译《小逻辑》第 231 节。

黑格尔提到的前提或假定指的是公理、规定或科学用以开始的命题。他的观点是我们有一个开始这一事实就意味着我们作了一个假定。第一个命题之所以必然是一个假定，就是因为它是第一个，它不是从任何一个在前的命题推演出来或由它而得到证明的。公理毫无疑问地可以被认为是"自我满足的"，但凡是自我满足的同样确实地是一个假定。而且，在任何情况下，即使承认这些公理是真实的，它们仍是未被解释的，因为它是未经推演的。它们没有任何理由，因此它们仅仅是武断的事实和终极之谜。我们已经看到，哲学不能从这样未经解释的事实开始。"我在"或许是一个公理，一个无可争辩的事实，如笛卡儿所想的那样。但问题仍然存在："为什么我在"？如果哲学从这里开始，也就是从一个谜开始，而且即令从这个观点对宇宙作出了成功的解释，这整个解释却都是一个谜，因为它是从一个谜开始的。

这样，看起来我们不管怎么开始，都必然是一个假定、一个直接的事实，因为每一种开始，作为第一个，总是没有从在它之前的东西推演出来的。而且在这种情况下哲学问题看起来也毫无解决的希望，不管是黑格尔的从"有"开始还是笛卡儿的从"我在"开始，都是无用的。但是，黑格尔揭示出，如我们即将看到的，辩证方法与几何方法不同，是不受这种弱点的支配的。

135. 对几何学方法的第二个反对意见是：它是知性的工作并以形式的同一律为依据来进行的。这就是说，它没有达到对立同一的原则，而是依照黑格尔以前的对立绝对排斥的假定而进行推演的，照这一原则，我们只能说 A=A（同一律），而绝不能说 A = 非 A。很显然，数学是依据这一适合于它的原则前进的。但斯宾诺莎假定它也适合于哲学，因而犯了错误。正是出于这个原因，斯宾诺莎在假定一个无限的实体之后，发现从这个无限推演出有限来是绝对不可能的，因为这样做违反同一律。根据同一律，非 A 不能从 A 中产生，有限也不能从无限中产生。

136. 黑格尔把知性（Verstand）理解为思想发展的这样一个阶段，即把对立的东西看作相互完全排斥和绝对分离的。亚里士多德的同一律、矛盾律、排中律就是由它而产生的定律。和知性不同的是理性（Vernunft），它是思想发展的另一阶段，它产生了对立同一的原则。在知性看来，每个范畴都是一个孤立的、自足的存在，完全与其他范畴隔绝，这样的范畴是静止的、固定的、无生命的。然而在理性眼中，范畴是被看作在运动中显现其生命的、流动的、可分的并相互转化的，就像我们已经看到有转化为无那样。在知性看来，从一个范畴推演出另一个范畴是不可能的，因为这里没有由此及彼的桥梁，只有理性能够进行范畴的演绎。知性以一种僵硬的"非此即彼"来对待一切问题，"真理"要么是 A，要么是非 A，要么是有，要么是无。一个东西是就是，不是就不是。理性打破了这种知性的坚硬的、固定的组合系统，而看到 A 与非 A 在其差别中又是同一的，看到真理并不像知性所假定的那样要么完全在于 A，要么完全在于非 A，而是在于二者的合题之中。

137. 知性是以寻求精确性为最高任务并坚持确定的区别的思想方式。从这一点说它对每一种哲学方法都是一个必需的因素。因为没有思想的精确性和清楚的区别，我们就会迷失在模模糊糊的观念和玄想的幻境之中。我们必须明确地区别有限和无限，有与非有，多与一。这样，知性在哲学中完成了应尽的职责，但它的真理并不是全部真理。在这些区别的底层有着同一性，看到这一点就是理性的工作了。当黑格尔猛烈抨击仅仅承认知性的谬见时，他并不否认区别是真实的，也不否认知性在哲学中有其正当的地位。但知性有一种倾向，即以为它的真理就是全部真理，只有区别与对立为真，而对立中有同一为妄。这正是黑格尔所以责备知性为谬误之所在。

138. 不能以为知性只重区别而理性只重同一。如果这样，则理性也如知性一样是一片面。实际情况是，知性坚持承认同一与区别两者，不过把它们看作是相互分离的。理性也坚持承认这两者，但把它们结合起来。对知性来说，A 和 B 或者是同一的，或者是区别的。对理性来说，它们既是同一的又是有区别的。理性的原则是异中之同。知性有一种二重的原则：（1）同一就是同一，A＝A，这就是同一律；（2）区别就是区别，A不是非 A，这就是矛盾律。理性的原则是：区别的东西也是同一的，A 是非 A。知性坚持如果两个范畴是相同的，那么它们就没有区别，或者它们是不同的，那么它们就没有同一。理性则断定它们在同时既同一又区别。有不同于无，因为它们是对立的；但有又与无同一，因为两者都同样是虚空。所以，如果把理性设想为与知性正相反，或者想象知性是一种观点而理性则是另一种观点，此正则彼必误，那就错了。理性包含并超越了知性，因为它完全承认知性所坚持的区别和同一，但它看得更远，看到区别与同一并不像知性所设想的那样彼此互不相容。

139. 西方的思想家们照例地习惯于一种倾向，即强调区别而忽视同一。因此，他们的思想是清楚而精密的。印度的思想家们，如婆罗门教的奠基者们，则习惯于另一种倾向，即强调同一而忽视区别，甚至是本质的区别。因此，他们的思想是迷蒙的、神秘的。这两种倾向都是片面的，只有一半真理，而且都是知性的产物。在西方，易于相信只有区别是真实的，而同一是谬见。它的公式是：A 不是非 A。而在东方，则易于相信只有同一是真实的，而区别是谬见——这一点在那种认为唯"一"在，而区别和多样的世界不过是空幻境界和谬误的学说中已经阐述得很清楚了。它的公式是：A 就是 A。这两个公式都是知性的产物。黑格尔的原则把这两种片面真理结合成一个全面的真理：区别和同一都同样是真实的，区别的东西也是同一的，A＝非 A。这是理性的原则，对立同一的原则。我们将会看到，它并不排斥而是包含了知性原则，它只是反对知性的片面性。

140. 如前所述，理性就是绝对，是客观的不依赖于我们而独立的。但初学者可能感到困惑，因为这同一个词"理性"也被黑格尔同样用来描述那区别于知性的主观的精神过程。一个词用于两个完全不同的东西，这岂不是思想上的疏漏的一种表现吗？但这正是由于读者头脑中的知性在作怪，使他产生了这个问题并坚持认为这同一个词所描述的两个东西是截然不同的，于是对它们的同一性觉得不可理解。作为主观精神过程的理性和作为客观绝对的理性当然是确定地有区别的，前者是作为主观思想的理性，是从知的角度去看的，而后者是作为客观思想的理性，是从存在的角度去看的。但思与有在它们的区别中又是同一的。主观的理性与客观的世界理性是同一的，我们所讲的理性是绝对理性。这里，无论在术语上或思想上都没有什么混乱不清。

141. 在这里还可以解释一下黑格尔的其他某些术语。黑格尔说："逻辑学说就形式而论有三个方面：（a）抽象的或知性的方面；（b）辩证的或消极理性的方面；（c）思辨的或积极理性的方面。"① 每一个三一体的各项都是按照这个方式去描述的。第一项是知性的产物，因为它只是简单地把自己看作孤立存在的范畴。"有"就是如此，"有"就是有，这就是一切。这里面除了知性的原则同一律 A=A 外，没有别的了。第二项是消极理性。例如，无是消极的，而且包含着理性，因为要达到它，我们必须从它的对立面即有中把它推演出来从而见到它们的同一性。最后一项——变，是积极理性。它之所以是积极的，因为它不是纯粹的否定，像第二项那样，而是回复到一个积极的肯定从而能够成为一个新的三一体的正题。"辩证的"这个术语，通常用来表示逻辑学的全部推演过程，在这里和其他的地方，是用来特别表示一个东西向它的对立面的过渡，表示那种由知性建立起来的绝对区别被打破了。"思辨"一词在黑格尔笔下并不含有碰运气的意思，相反地，它意味着确定性。在黑格尔看来，正是在"思辨"中包含着理性的原则，即对立的和解。所以在以上那段话中，这个词被用于三一体的第三项。黑格尔用"思辨哲学"一词来说明他自己的体系，因为对立统一是他的哲学的根本指导原则，他偶尔也把以前的哲学如柏拉图和亚里士多德的哲学称为思辨的，但在这里只是意味着，理性的原则即对立同一是暗含在他们的教导之中而没有被他们所明白地认识到。

---

① 见黑格尔：《小逻辑》英文版，第 79 节。

对黑格尔来说,把一种哲学称之为思辨的,这是一种高度的称赞。

142."抽象"和"具体"这两个术语大概是黑格尔词汇中最常用的词了。他是否总是从一贯的意义上使用这两个词,还有待研究,但根据他最典型的用法,每个三一体的头两项相对地是抽象的,而第三项则相对地是具体的。这样,逻辑学的第一个范畴"有",就是最抽象的,因为它是抽掉一切规定的产物。它不包含任何区别。但"变"就包含"有"和"无"的区别在自身之中。有和无相互分离开来,二者都是抽象的。每一个都是一个错误的抽象,一个片面的真理。它们不能单独存在,只有当它们结合在一起,我们才得到具体的真理——"变"。对这两个词的这种用法是基于通常的、一般的用法。每一个事物,比如说这张桌子,它的每一种质,如果仅从它自身看,就是一个抽象。没有棕色自身这样的东西。棕色,如果离开了棕色的东西来思考,就是一个抽象。只有当棕色、方形、硬度等完全结合在一起,我们才得到一个具体的事物——这张桌子。同样地,有和无,如果分开来看,就是抽象,但结合在一起就组成相对具体的范畴——"变"。变虽然与有和无比较起来是具体的,但与以后的范畴比较起来又是抽象的。因为变将在一个新的形式中成为新的三一体的正题而与一个新的反题相对立。这个正题与反题,如果分开来看,对于它们的具体统一即合题来说,每一个都是片面的抽象。这样,随着逻辑学的前进,范畴也变得越来越具体,而最后的范畴也是最具体的。

143.正题通常被黑格尔看作是"直接的",或用"直接性"这个词来表达。第二项是"间接的",或用"间接性"这个词来表达。第三项是间接性融入一个新的直接性中。直接的是简单的、未分化的；它直接地存在在那里面对着我们，并且意味着与别物无涉，仅就它自己来看就是真的。"有"，当它首次来到我们眼前，就具有这种特点。它是单纯的，未分化的，因为它还没有分裂为有和无。它断定自己就是全部的真理，而不依赖于任何别的东西或别的范畴。然而，当我们过渡到无，我们就有了间接性。在这一阶段，有和无相互依赖，存在于相互关系之中。它们互为中介。直接性和单纯同一性是一回事，在其中区别还未显示它自身。"有"是单纯的、自我同一的，还未表现出区别于其中。间接性和区别、分化、分裂是一回事。"有"自身分化为三一体的第二项即无，在它自身中展开了有与无的区别，这种区别就是间接性。在第三项即变中，区别再度被吸收到一个同一之中；间接性和区别都融入了一个新的统一。我们又有了一个新的直接性，一个新的自我同一的范畴。当它又产生出它的对立面时，我们又有了一个新的间接性领域，而它又再度融入一个更高的合题，如此等等。逻辑学的最后范畴把以前所有的间接性，所有较低范畴的区别都吸收、融入自己这个大一统之中，从这个意义上说，它是直接的。然而，由于它仍然包含、保存所有的区别在其中，从这方面看，这个大一统又是最高的间接性。

144. 三一体的合题既抛弃又保存了正题与反题的区别。合题的这种双重性的活动,黑格尔用"扬弃"一词来表述。"扬弃"这个德语词有两重含义,它意味着抛弃和保存。英文的短语"放到一边"（to put aside）也有类似的双重含义。把一个东西放到一边可以意味着把它处理掉、丢弃它,但也可意味着把它放在一边以备来日之需,即保存、保留它。每个三一体的第一项和第二项的区别被第三项所扬弃。首先，它们的区别被抛弃了。间接性和区别融入一个统一体。有和无及其对立都融入了"变"这个统一之中。但同时这种区别又被保存在新的范畴之内。它不是简单地被消灭掉。新的范畴是区别的同一，而不是一个单纯的同一。区别的同一这个事实意味着区别被融化了。而区别的同一这个事实意味着区别被保存了。我们得到的不是一个单纯的同一性即对区别的简单的消灭。我们得到的也不仅是对立即区别的简单的保留。我们得到的是对立的同一。简单的抛弃意味着我们得到的是无区别的同一，简单的保留意味着我们得到的是无同一的区别。变是有与无的统一，但区别又被保留下来。有与无仍保存在变中，而且可以通过分析从中重新得出来。在变中，有与无作为分离的存在、相反的抽象物都停止其存在。从这个意义上说，它们是被消灭了。但它们现在作为一个具体统一体的因素存在于结合中，存在于和解之中。这样，有与无都保存在变中，而没有消失。当合题成为一个新的三一体的正题，它将与它的对立面一起被融入、保存在一个更高的合题之中。这样，第二个三一体的合题又把它的正题与反题都保存在自己之中。由于作为第一个三一体的合题即新的三一体的正题保存了第一个三一体的正题与反题，因此，第二个三一体的合题保留了所有以前的范畴，包括第一个三一体的正题和反题在内。这样，在这个辩证的过程中，什么也没有丢失。在这个过程中，每一步都把以前的东西吸收进来，又被以后的吸收进去。逻辑学最后的范畴吸收、保存了所有以前的范畴在自身之内。所有的范畴都融入这最后的范畴，它们的区别、矛盾都和解在这个大一统之中。它们都融而为一。但它们都作为一个因素保持自己的存在于这个大一统中。就是由于这个原因，它是具体的。假如所有以前的范畴没有包含于其中，那它就是一个纯粹的抽象物，如像柏拉图的理念那样，就是抽象共相。颜色的理念排除了白、绿、红等特殊理念和它们的区别，所以它只是一个单纯的同一，不是差别的统一。它不包含较低级的理念，因而是抽象的。黑格尔的较高的范畴包含着较低的，因而是具体的。

145. 较高的范畴包含着较低的范畴，但较低的范畴也同样包含着较高级的范畴。变包含着有，但有也包含着变，变从有中推演出来这一事实明显地说明了这一点，而只有一个范畴所包含的范畴才能从它推演出来。我们可以在这里把这个道理表述为：高级的范畴明白地包含着低级的范畴，而低级的范畴则潜在地包含着高级的范畴。黑格尔把一个三一体的第一项称为"在自身"（an sich），这就是说，是潜在的。第三项是"在自身并为自身"（für sich），这就是说，是明明白白的。第一项潜在地就是第三项，正如橡树种子潜在地就是橡树一样，因为第三项是在辩证过程中从第一项产生出来的。"有"潜在地包含着"变"。在由此及彼的过渡中没有从外面加上任何东西，新的东西是从"有"自身的子宫中产生出来的。有首先产生无。因此，无这个范畴是包含在有中的。变起于有和无，这二者都包含在有中，所以变也包含在有中。因此，有潜在地就是变，它潜在地包含着变，正因为如此，变可以从有中推演出来。另一方面，变明显地包含着有和无。变潜在地暗藏在有中。但有则是公开地、明白地包含在变中，"变"显然是一种"有"。

对于第一个三一体是真的，对于整个体系也都是真的，正如有潜在地是变，变潜在地也就是下一个合题，如此等等。由于所有的合题中的每一个都是从上一个生发出来，由于没有从外面加进任何东西，所以，有不仅潜在地包含着变，而且潜在地包含着所有以后的范畴。在逻辑学中有几十个范畴。所有这些范畴都潜在地包含于"有"中。假如它们不包含在"有"中，它们就不可能从"有"中推演出来。如果任一范畴或任何思想内容不包含在第一个范畴即有中，那么，在从有中推演出这些范畴时，我们必定在演绎过程中的某个地方违反了原则，把不包含在前件中的东西加到后件中来了。有潜在地就是后继的所有范畴，最后的范畴明白地或实在地是前此所有的一切范畴。在《小逻辑》第一篇一开头，黑格尔就写道，"有只是潜在的概念"。[①] 概念是所有范畴总和的名称。

146. 由于"有"潜在地就是变，所以如果我们把"有"仅仅作为"有"来思想，那就没有看见它的全部真理，因为我们没有看到它所包含的一切。有之真理是变。一般地说，黑格尔把合题称作正题与反题的真理，这是他的一个专门术语。当然，变也没有给我们以全部真理，因为不仅是变，而是所有的范畴，包括最后的范畴，都潜在地包含在有中。只有最后的范畴才给我们以完全的真理。但变是走向完全真理的一步；它是最接近"有"的真理。另一个黑格尔的典型的术语是"环节"。每个三一体的第一、第二项是第三项的两个环节，亦即组成第三项的两个因素。

147. 我们现在到了可以完全解决开始如何可能这一问题的地步了。我们已经看到，从有开始意味着有本身是未被推演的。

---

① 见华莱士译《小逻辑》第84节。

正由于它是第一个，所以它好像仅是一个未被解释的事实，一个终极之谜。而且，任何其他的开始，作为一个开始，都好像是不可解决的难题。笛卡儿从"我在"这个公理开始。"我在"是一个事实，一个无可怀疑的事实，但它仍是未被解释的，因为它是未被推演的事实。这样，从它出发来解释宇宙就是把宇宙归结到一个终极之谜，等于未作解释。麦克太戈博士认为黑格尔从有开始是为这样一个事实所证明：即不能怀疑某种东西"存在"，因为这个怀疑的存在本身至少就暗含着怀疑本身"存在"。[①] 但我们将会看到，这种解释和笛卡儿的公理一样会受到同样的指责。有"有"在，这或许是无可争议的。但这只是一个盲目的、不合理的、未经推演的事实，而哲学是不能从这样一个事实开始的。可见，这种解释是不正确的，我们必须另觅解释。黑格尔自己在许多段落中谈到这个问题。

148. 变潜在地存在于有中，范畴的推演证明了有暗含着变。因此不可能有离开变的"有"，所以，变是"有"所依赖的一个条件。条件必然先于依赖条件者。因此变先于有，"有"实际上假定了变，变是它的基础，因为如果没有变，也就没有"有"。可见，虽然变是终结，是推演的最后一项，但它却又是真正的开始、基础、逻辑的先行。随后的推演过程证明，有不仅必然包含着变，而且包含着一切范畴直到最后一个范畴，即绝对理念。有以变为假定在先条件，变又以下一个合题为假定在先条件，如此循进，直至最后达到一切范畴的假定在先条件即绝对理念。变是"有"之基础，对"有"逻辑在先。下一个合题对变又是

---

① 见麦克太戈博士：《黑格尔辩证法研究》第17—18节。

逻辑在先，是变的基础。因此，最后的范畴即绝对理念是绝对在先的，是有和其他一切范畴的绝对基础和前提。

149. 这种观念，即最后的也是最先的，终结是真正的开端，在亚里士多德那里已经以一种较为发展的形式出现。亚里士多德的存在表的最低的第一项是无形式的质料，因为它是全无规定的、一切性格或质的完全阙如，它在各方面都相当于黑格尔的纯有。而由于它是一切规定的空无，所以亚里士多德宣称它是无，是绝对的非有。这和黑格尔所宣称的有和无是同一的是完全一样的；而正因为这个似乎是黑格尔提出的前所未闻的新命题事实上是亚里士多德提出过的，所以黑格尔把亚里士多德的哲学看成真正的思辨式的哲学。这样，无形式的质料在亚里士多德的存在表上是第一项。表的末端，最后的一项是绝对形式，无质料的形式。在亚里士多德那里，形式也就是限定、特殊化、规定性。绝对形式是完全的规定。这个完全的规定，亚里士多德存在表上的结尾，不是别的，正是黑格尔也放到系列末尾作为最后的范畴的绝对具体性。照亚里士多德看来，存在表始于完全的抽象即无形式的质料，经过逐步发展的特殊化和规定，达到完全的具体性和规定即无质料的形式。这在一切方面均相当于黑格尔的从抽象到具体的绝对理念的运动。而且在亚里士多德看来，绝对形式是第一的，对无形式的质料是逻辑在先的，终结在开始之前。这也是黑格尔的观念。

150. 那么，这种说法如何解答一个未经推演的开端的问题呢？因为，我们现在看到，"有"这个范畴不仅仅是一个开端，它直截了当地在那里，没有基础，没有推演，无依无靠地悬在半空。它的基础就是绝对理念。这种说法可能遭到反对说："基础"一词在这里的确切含义不清楚，困难在于有是未经推演的。解决这个问题的唯一道路，就是指明所谓绝对理念是"有"的基础的含义是，"有"是逻辑地从绝对理念推演出来的。这就是我们这里所谓的"基础"的精确含义。"有"能够而且确是从绝对理念中演绎出来，因此不再是一个未经推演的开端。演绎的意思是说被推演出来的东西是包含在它所自从出的东西之中的。而由于前面已经指出，最后的范畴包含有前此一切范畴在内，所以"有"包含在最后范畴之内是十分明显的。有（潜在地）包含着最后的范畴；因此最后的范畴能够通过一连串中间的范畴从有中被推演出来。最后的范畴（明白地）包含着"有"的范畴，因此"有"能够从它被推演出来。我们已经看到，种即"变"是从类即"有"中被推演出来。十分明显，"有"也能够从"变"中被推演出来，因为变是"有"的一种，它明显地包含着"有"的观念。作为类的"有"的观念通过对作为种的"变"的观念中加以分析就可以得出来。种的观念明白地包含着类的观念。从"马"的观念中抽象即推演出"动物"的观念是没有什么困难的，"有"也可以如此容易地从"变"推出，而"变"又可从下一个合题推出，直到一切范畴最后都从绝对理念中推出。"有"可从任何后继的范畴中推出，例如，明显地，它可以从实体这个范畴中推出来。因为一个实体是一种"有"，我们仅仅通过分析就可从实体的观念中得出"有"的观念来。

151. 这样，好像范畴的演绎从理论上说可以从两端之任一个开始。黑格尔从有开始而终丁绝对理念。为什么不从绝对理念始而终于有呢？黑格尔对于推演次序的选择是任意的吗？他的选择有正当的根据吗？正确弄清这些问题是很重要的。首先应该看到，为了避免一个未经推演的开端这个谜，两种过程都是必需的。如果我们从有开始，过程是不可逆的话，那么"有"就是一个未经推演的开端。如果我们从绝对理念开始，前进到"有"的过程是不可逆的，那么绝对理念就是一个未经推演的开端。黑格尔揭示出"有"不是一个未经推演的开端，因为它的基础是绝对理念；而绝对理念也不是一个未经推演的开端，因为它的基础是"有"。因此，两种推演次序都是必需的。

那么，黑格尔在逻辑学中为什么只从有开始，只顺着这个次序，而根本没有提及相反的过程呢？回答是十分简单的。只有从暗含到明朗化的推演过程才是有意义的。在一个演绎推理中，结论是暗含在前提中的，演绎的目的就是要使暗含的东西明朗化。明朗化就是使一个东西公开出来，明摆在那里，明显起来。正是因为结论还不明朗，不清楚，所以才需要演绎来使它变得清楚起来。同理，变和所有的后继范畴直到绝对理念，都暗含在"有"中，但它们是不明显的。因此，为了使它们变得清楚明显，我们从有开始并把它们演绎出来，而相反的过程之所以不必要，因为后面的范畴包含着前面的范畴是清楚明白的，明显的。"有"如何包含实体和原因是不清楚的，所以从有推演出实体、原因等是必需的。但原因包含着有是十分明显的，因此，黑格尔如果再作这种顺序的推演，那就是浪费时间了。

152. 我们现在达到的结论可以拿来和先前我们所说的（第79—82节）关于作为绝对的理性的本性作一比较。绝对第一的是产生世界的理由，那么这个理由本身是不是一个未被解释的事实呢？我们回答说，理由是自我解释的原则，它是自规定的，是自身的理由。我们现在可以更充分地看出这个说法是如何的真实可靠。理由是范畴的体系，它是一个自封闭、自决定的圆圈。如果最后的范畴以"有"为其理由，那么另一方面"有"也以这最后范畴为它的理由。整个的范畴体系自身推演并回到自身，这就等于说理由是自己的理由，它是自规定的。因此，由于它再无理由可以追问，没有在它以外的理由，所以它适合于作为绝对第一者，作为解释宇宙的原则。

153. 在离开这个话题之前，对于逻辑演绎的本性所包含的内容，有几点值得注意。黑格尔的推演建立在两重基础上：（1）结论、终结、绝对理念包含有前提、开始、"有"；而在另一方面，（2）开端、"有"，也包含着结论。这似乎有点奇怪，但在形式逻辑中也暗含着同样的道理。一个演绎推理的结论就包含着前提，而前提也包含着结论；这个事实通常表现于演绎推理是一种预期理由这一说法中，即把未经证明的判断作为证明论题的论据。在这样一个演绎推理中：

> 人皆有死。
>
> 苏格拉底是人。
>
> 故苏格拉底有死。

只有当结论为真时，大前提才是真的，即前提的真包含在结论的真之中。如果对演绎推理的考察是从前提以结论为假定条件这一点出发的话，那么我们可以回答说，前提只是在它暗含着结论的意义上，才以结论为假定条件。演绎就在于使暗藏的东西显露出来。

相反地，穆勒假定，真正的推理必须是从已知到未知，也就是说，结论必须是不包含在前提中而必须是某种完全新的东西。他证明这种可能性的企图完全失败了。他认为，借助于归纳法，我们从 A、B、C 等都是有死的这一事实，达到 D 也是有死的这一完全新的事实。然而，要这样做，我们必须假定自然中的因果性与一致性为真，这样，归纳法也就表现为演绎推理，在这个推理中，上述的原则就是它的大前提。而按照一般原则，演绎推理是一个预期理由，大前提假定了 D 也有死这一结论。从这里我们可以看到黑格尔的观点是正确的，也就是说，推理不过是从暗含进到明朗。

相反的观点即结论可能是某种全新的东西，是违反从无得无的原则的。巴门尼德认为，变包含着从无中产生出来某种东西，于是他问道：在这种情况下，变如何可能？亚里士多德回答说：变并不包含从绝对的无到绝对的"有"，而是从潜在的"有"到现实的"有"。潜在的与现实的这两个术语与暗含的和明朗的这两个术语，相应地是同一的。正如变化、时间过程，在亚里士多德那里意味着从潜在到现实，而逻辑过程在黑格尔那里则意味着从暗含到明朗。巴门尼德提出的变化的本性的问题和演绎怎么能产生全新的东西的问题，实际上是一个问题。同一个回答解决了这两个问题。

J. 体系的划分

154. 黑格尔的体系分成三个部分：

（1）逻辑学。

（2）自然哲学。

（3）精神哲学。

这三者，即逻辑理念、自然与精神组成一个三一体。逻辑学研究在自身中的理念，这是正题。自然是理念的他在，是理念自身的对立面，这是反题。精神是理念与自然的统一，这是合题。

155. 为了简明起见，我们直到现在都把三一体的过渡当作一个直线式的系列来谈论。然而，实际情况却不是这样。三一体不仅是作为一个单纯系列一个跟着一个，而且整个三一体进入一个较大的三一体，再进入另一个更大的三一体。黑格尔把一定数量的三一体视作一个范畴或概念的单纯范围，这整个范围——它可能包含许多正反合——又被看作一个单纯的正题。它的反题和合题自身也是范畴或概念的范围，它们包含着较小的三一体在自身之内。整个的体系构成一个单纯的三一体：理念、自然、精神。研究理念的逻辑学又分为三部分，即有、本质、概念，这个三一体的每一项又分为较小的三一体。自然和精神也是这样一分再分。当我们在这本书的后几部分谈到这个体系的时候，贯穿整个过程的方法就会看得更加明白。

156. 体系的第一部分：逻辑学，研究纯粹理念即范畴体系，我们曾把它称作世界的第一理由。第二、三两部分：自然与精神，描述真实世界的自身。自然包含时间和空间、无机物、植物和动物；精神指的是人类的精神，它也是真实存在着的世界的一部分。

157. 范畴的体系是理念之在自身。自然是理念的他在，精神是理念从他在回复到自身。要解释这一点我们必须对理念一词作一评论。理念初看起来好像有两个含义：（1）它是范畴全体系的一个总的名称。逻辑学的主题就是纯粹理念，理念之在自身。用作这种含义的理念就是诸范畴的总和的意思。（2）但这个名词也用作逻辑学的最后范畴的名称，或至少作为最后一个范畴三一体的名称。真正的最后的范畴的名称是绝对理念，但它所从属的范畴三一体则简称为理念。我们虽然可以正当地区分这个词的两种用法，但我们需要把握的主要之点是：这两个含义表现不同，其实则一。最后的范畴等于所有在前范畴的总和，因为，根据辩证法和其原则，最后的范畴明显地包含着所有在前的范畴，它自身就是所有范畴的总和，它是它们的统一。因此，对理念一词，不管我们把它理解为最后一个三一体，还是理解为从"有"以来的一切范畴的全体系，都是一回事。

158. 自然作为逻辑理念的反题是理念的对立面。它不是理念，但我们曾把自然看作理念之他在。这两种陈述都是正确的。理念与自然的关系就是正题与反题的关系，它和第一个正题与反题即"有"与无的关系是一样的。首先，无与"有"有区别，它不是"有"，它是"有"的对立面。同样，自然是理念的对立面，它不是理念。但另一方面，有和无是同一的，无就是有。同样地，自然和他的对立面即理念也是同一的，它就是理念。如通常一样，我们在对立中回到同一，这种关系通常表述为自然是理念之在它的他物中。它就是理念，这表明了它们的同一性；它是理念的他在，这表明了它们的对立。黑格尔的常用的表述如自然是理念之离开自身，是理念自身的异化等，都表述了同样的思想。

159. 最后，精神是从其他在和自我异化回复到自身。这个说法可以用于每一个三一体的合题。"有"走出它自身进入其对立面"无"，有是肯定的，无是它的否定。变又是一个肯定，它又是有，但它是吸收了自己的对立面在自身中的有。因为它现在是包含无在其中的有，是有与无的统一。由于变又是"有"，所以它是"有"之从其他在出来而回复到自身。同样地，理念走出自身进入自然。精神是自然与理念的统一，因此是理念之回到自身。理念是理由。精神，即人类的精神，是合理的，它是存在着的理由。作为理由，它是理念；作为存在，它是自然的一部分。

160. 精神分为：（1）主观精神；（2）客观精神；（3）绝对精神。这些术语的意义将在适当的地方阐明。客观精神，除了别的以外，包含黑格尔的伦理学和他的政治哲学。绝对精神包括艺术哲学和宗教哲学。同时，精神作为理念、自然、精神这个三一体的最后一项，是绝对的终结并因此是真正的开端，是一切的基础，正如"有"以"变"作为它的最接近的基础，并且以绝对理念这个最后范畴作为它的终极基础。理念自身或我们所常说的逻辑理念，也以精神作为它的基础。整个精神的基础是它的第三项即绝对精神。这意味着绝对精神作为三一体的全体系的绝对终结，是整个体系的基础，也就是说，不仅是主观精神与客观精神，也是自然和逻辑理念的基础。这样，它就是世界的终极基础，它就是绝对。绝对是精神，黑格尔常用的这种表述，可能会和以前所说的绝对是理念、是范畴的系统相矛盾。学生们也许对黑格尔的意思究竟是什么感到困惑；他是把绝对看作范畴的体系呢，还是看作人类精神的最后阶段即绝对精神呢？回答是：这两种陈述是同一的。我们还没有解释绝对理念的含义。对这一点的精确阐明只有在掌握了逻辑学的全部内容之后才有可能。不过我们可以预先指出，绝对理念不是别的，就是精神的范畴。正如原因的范畴是适用于那些真实存在着的被引起的事物的抽象思想或概念一样，绝对理念这个范畴则是适用于人类精神最高阶段的概念，它是精神的思想。因此绝对理念和绝对精神之间的区别就和实体范畴和实体本身之间的区别一样，也和原因范畴与真实原因之间的区别一样。我们已经看到，虽然实体范畴和实体本身有着真实的区别，但在这区别中它们又是同一的，实体范畴和实体本身是同一的（第101节）。在这里也是一样，绝对理念的范畴和绝对精神是同一的。因此，当我们说绝对是绝对理念或绝对精神，这是没有区别的；正如我们已经看到的，无论我们说绝对是实体范畴或是实体本身都没有区别一样。

161. 虽然如此，黑格尔把精神确定地视为人类精神，我们绝不能因此得出这样一种荒谬的结论说，依据黑格尔哲学，"我"这个特殊的人类精神就是绝对；绝对也不是任何特殊的人类精神，也不是一般的人类精神。这样的结论简直可以说是发疯。绝对精神是大全的、完善的精神。绝对精神当然在我之中，在这个个别的我之中，作为我的核心和实体，因为它是我由以形成的范型。但是"我"，作为一个个别的人，由于我的不合理性的幻想、任性和自私，只不过是绝对精神的畸形和歪曲。用一种隐喻的即宗教的语言，我们可以说绝对精神不是别的，而是上帝的精神——那完全合理的、全知的、全能的和完美无缺的精神。而断言绝对精神是人类精神的最后阶段就是意味着人类精神本质上和上帝的精神是同一种类的，所以每一个人潜在地都是神圣的。最后，我们绝不要误解这个关于上帝的隐喻式的说法。黑格尔最不同意那种把上帝人格化，那种把上帝看作在许多人中一个特殊的人的、原始的、普通的意识。绝对是人格——

这是绝对理念的又一个名称——或精神，但它不是一个特殊的人或特殊的精神，因为特殊的精神是有限的精神。所有这些，在我们详尽地了解整个体系之前是难以完全理解的。现在，我们就来详细讨论这个体系。

第二编

逻辑学

导　言

162.《逻辑学》的主题——理念，一方面是客观范畴的体系，另一方面是我们借以进行思维的主观范畴或概念的体系。客观概念和主观概念是同一的（第140节），所以《逻辑学》是关于二者的科学。作为客观概念、绝对或最高真实的科学，它是本体论或形上学。作为主观概念或我们借以进行思维的概念的科学，它是认识论。康德的范畴表仅仅是认识论，因为他把范畴看作仅仅是主观的。黑格尔看到这些范畴同样是客观的，所以他对它们的描述也是形上学或本体论。最后，由于它是关于人亦即关于主观性、理性的科学，所以它也是本来意义上的逻辑学。

163.《逻辑学》分成三个大的范畴领域，即：（1）"有"的范畴领域；（2）本质范畴领域；（3）概念范畴领域。这三个领域构成一个三一体。"有"这个名词，第一是一个特殊的范畴，即作为与"无"相反的范畴；第二，它是一个范畴的领域，而作为一个特殊范畴的"有"则只是这个领域中的一个范畴。这种广义的"有"包含着质、量、度诸范畴及它们的许多从属的范畴。

第一个领域即"有"的特点是其直接性。这里包含的诸范畴如有、无、质、量等，都是简单的、直接的范畴，它们每一个都建立为独立自存的概念，由于自己而存在，而不明确地涉及或依存于其他任何范畴。一些概念，如肯定与否定，是明显地相互关联的概念，它们每一个都牵涉到对方。而"有"则不明显地依存于"无"。肯定和否定每一个都包含着对方。而"有"，显而易见地，并不包含"无"。它在自己的基础上建立起自己。同样地，质与量也是如此。它们并不表现出与对方有什么牵连，它们每一个都是和他者无关的独立存在。它们并不像肯定与否定那样互为中介。因此它们被称为直接的。诚然，当"有"的领域的诸范畴被批判地审查时，就证明它们事实上也是紧密地相互依存的。这样我们就看出"有"是如何包含，而且必然包含着"无"。用同样的方法，我们将发现质与量事实上也是相互包含的。这就是范畴的相互演绎的真正意义之所在。这种演绎打破了每一个范畴的假想的独立自足性，并且显示出尽管每个范畴都似乎独立自存，而实际上是不可能离开它的他者的。但是，正是这种好似独立自存构成这个领域的诸范畴的直接性。这个领域的诸范畴的相互关联，它们的逻辑上的相互包含，是不像肯定与否定那样明显的。它是暗含的，藏在表面的底层的；而逻辑的演绎的真正目的，就是使这种暗含的关系明朗化，使它清晰起来。有、无、生成、质、量等，表面上都是互不关联的。这种表面上的不相关性就是它们的直接性。只有凭借演绎才能把它们的内在的关联性明白地揭示出来。

164. 如果说"有"是直接性的范围，那么"本质"就是间接性的范围。间接性在"有"中是暗含的，在"本质"中是明摆着的，唾手可得。"本质"的诸范畴都是成对地出现的，如原因与结果，作用与反作用，实体与偶性，同与异，肯定与否定等。成对范畴中的每一个都明白地关联于并指引到它的相关范畴。它们互为中介。"有"的范围的诸范畴就像天空中零落的群星，它们似乎各自孤立，但实际上只不过是同一个宇宙整体的若干部分。它们相互的联系是暗藏的、不明显的。而"本质"的诸范畴则犹如那些双星，它们相互环绕、共存共荣。它们的关联是明白的、公开的。《逻辑学》的第二部分所以叫作本质的范围，是因为在每一对范畴中，每一个都被表现为另一个的本质和根据，它们是互为表里的。一个实体被表达为它的诸偶性的基础；一个原因就是它的结果的根据并且只是在结果中才表明自身为原因。同一被思维作那表现自身于差异和多样性之中的、真实的内在核心——如像我们在所有那些以"绝对"为自我同一而显现自身于现象世界的多样性之中的哲学那里见到的一样。

165. 如果说"有"是直接性的范围，"本质"是间接性的范围，那么最后，"概念"就是间接性融合的范围。因为，在一方面，"概念"范围的诸范畴互为中介，它们明白地互相依存，这是间接性的因素；但是这些相互区别的范畴立即融而为一。这种区别是随生随灭的。因此，这种差别消散于其中的统一是一种新的直接性，是吸收了一切间接性而来的直接性。这是直接性的因素。这样，总的说来，"有"是直接性；"本质"是间接性；"概念"是直接性与间接性的统一。

166. 在每一个三一体中，第一项即正题，表示单纯知晓的阶段，相当于形式逻辑关于概念的学说。反题表示理解的原则，相当于判断的学说。合题则表示理性的原则，相当于推理的学说[1]。第一项是被理解为自身单纯的概念，如"有"，对它没有作出任何陈述或判断。当我们进到第二项，例如"无"，我们有了一个判断"有"是"无"。第一项的单纯的自我同一从它自身中发展出区别。"有"现在一分为二，它成了"有"和它的对立面——"无"。这样，在这里，代替单纯的自我同一，我们有了差异、区别、间接性；这是理解的原则。在我们前进到第二项以前，第一项单独来看，是一种自我同一；有就是有，再不是别的，A就是A。到第二项的过渡才给我们以差别。A现在不单纯是它自己，还是某种与A不同的东西，它是B。因此，我们有了A是B，例如"有"是"无"。这是一个判断。第一项是单纯同一，第二项是单纯差别。第三项是前二者的统一，异中之同。因此，它相当于推理，在其中，两个极项即大辞和小辞在中辞的共同基础上联结了起来。这就是理性的原则。

这些话也适用于《逻辑学》的三大部分。有论相当于形式逻辑的概念学说。有论中的每一范畴都被简单地、直接地理解为在自己的基础上建立起来的自同一、自满足的同一体。本质论以间接性和区别性为自己的原则，这也是理解的原则。因此

---

[1] 这里的陈述也许看起来与前引黑格尔的原话（第141节）相矛盾。他在那里说，第一项是理解的原则，第二项是否定的理性，第三项是肯定的理性。然而，这里并没有什么矛盾。两种陈述都是对的。第一项仅仅就其自身孤立地来看，是一简单的自同一——单纯的知晓。从它与第二项的关联中来看，它的孤立性中就暗含着它是不同于第二项的。从这一角度来看，它的原则是区别，这是理解的原则。所以第二项也有两个方面：作为与第一项相区别，它表示理解；作为与其相对者即第一项相同一，它包含着在上面（第141节）中所描述的否定理性的原则。

它相当于判断的学说。概念论相当于推理，因为它的原则是理性的原则，即异中之同。

167. 我们已经看到，一方面，范畴是"绝对"之诸规定（第102节）；但另一方面，尤为重要的，范畴也是那真实存在的、外在的事物世界的规定或适用于这个世界的概念。它们适用于这顶帽子、那本书，这棵树、那颗星，如同适用于"绝对"一样。它们是我们借以探索宇宙、使之可理解的概念。我们能够把外界事物纳入诸如有、实体、原因、质、量等范畴，这是显而易见的。甚至一些最高的概念也适用于事物的世界，并且给我们以最真实的知识；这一点虽然不太明显，但却是同样确凿的。这也正是黑格尔哲学所要证明的目标。这个僵死的物质世界的本质——如果我们能够看得见它的话——不是别的，正是绝对理念。除了理念之外，一无所有，理念是全部的真实。我们已经看到，理念是精神；现在我们还可以加上一句：理念是思想[①]。正如"实体"这个范畴是实体的思想、概念一样，理念是思想的思想，思想的概念。说绝对理念的范畴适用于事物的世界——这和说量、原因等范畴适用于事物世界一样——也就等于说物质的世界，按其真实性来说，不是别的，就是思想。《逻辑学》将要证明这一点，并且是按如下方式证明的。如果它可以指任何事物，就拿这顶帽子来说吧，那么，它首先"是"，然后它逻辑上绝对必然地转到"不是"，接着变化，接着成为原因、实体；最后，它是思想，也就是绝对理念。这是范畴的推演所

[①] 这些名词的含义只有在对逻辑学及整个体系作了扼要的阐述之后，才能完全弄清。

精确地证明了的。"有"必然地包含"变化",因此,如果一个东西"有",那么它必然变化。变化必然地包含下一个范畴,所以,如果一个东西变化,下一个范畴也必定适用于它。这样一个向一个过渡直到逻辑学的结尾。总之,对任何事物,凡"有"的范畴适用,那么,"绝对理念"的范畴也同样地适用。换句话说,所有的存在,即整个宇宙,就是思想;或者,如果我们愿意的话,也可以说就是精神。对这一点的证明只包含在范畴的详细的推演中。如果这个推演过程的每一环节在逻辑上都是正确合理的,那么这个证明就是确切无疑的、绝对的。

168. 我们好像有两个不同的观点。其一是以范畴为"绝对"之诸规定,其二是以它们为实存的世界之诸规定。但这两种观点却是一回事。因为现象的世界,真实的宇宙,并不是什么在"绝对"之外并异于"绝对"的东西。就这个世界的真实性而言,就其根本而言,它就是"绝对"。"绝对"是大全。当我们在前面说"理念之外别无他物,理念是全部真实"(第167节),我们说的也是这个意思。"理念"和"绝对"是同义词。但是,尽管世界和"绝对"是如此同一的,可无论如何在这个同一中它们又是有区别的。或者,如我们前面所说(第158节),自然是理念,但又不是理念。

169. 这是以每一范畴适用于宇宙间一切事物的必然结果。这样一些概念如"椅子""绿色"等,只适用于某些事物。但每一个范畴却是适用于一切事物的概念,这也正是康德所谓范畴的普遍性的含义。需要补充说明的是,一些范畴的普遍适用性不如其他范畴那么明显。"质"这个范畴之适用于一切事物是明显的,一切事物都是有某种质。但"理念"这个范畴的普遍适用性，即是说一切事物皆是思想，就不那么明显了。然而范畴的演绎过程却将证明这是真的，因为它证明，不管什么东西，只要它"是"，也就是说，它进到"有"的范畴之内，也就一定要进入所有后继的范畴。

170. 其次一点是，《逻辑学》给予我们一个关于价值的尺度。所有的范畴都是世界和"绝对"二者的真实写照。但在前的范畴，虽然是正确的，却是不充分的；后面的范畴就越来越充分。最后，"绝对理念"这个最终的范畴，才是唯一的对于世界、一切个别事物和"绝对"的最正确而又最充分的描述。把"有"的范畴运用于一个对象，说它"有"，表明对它只有最少限度的知识。不管什么对象，仅仅知道它"有"，几乎等于对它一无所知。知道它在"变化"，就知道得稍许多了一点。因为变化是有条件的"有"，它是"有"加上"无"。范畴的推演的每一步都是一个新的规定，对于对象的一个新的说明，因此也是知识的一个新片段。由于在这个前进过程中，"无"在不断地消失（第144节），由于较后的范畴包含了所有前此的范畴，所以我们把每一个新范畴运用于对象，就意味着我们知道它包含着前此一切范畴所阐明的诸规定并加上了一个新的规定。因此，只有《逻辑学》的最后的范畴才提供关于对象的完满的、完全的、最后的知识。我们说世界的万物具有质和量，说它们是原因，是结果，是实体等，这都是正确的；但只有当我们看到它们是理念、是思想的时候，我们才算有了关于它们的完全的知识。这个知识是自身完满的，因为它包含了前此所有的一切知识。说"绝对"是"有"（如巴门尼德所说），说"绝对"是"实体"（如斯宾诺莎所说）等，这都是正确的，但所有这些对于"绝对"的不充分的描述都被吸收、包含在"理念"这个对于"绝对"的完全的、最后的描述之中。

171."有"的诸范畴，粗略地说来，是普通意识和无反思式意识用来认知世界的概念。"本质"的诸范畴是科学所使用的概念。"概念论"的诸范畴是哲学所使用的概念。朴素的感觉，意识的最低阶段，仅仅给我们指出事物是存在的，它们存在在那里，呈现在感官面前。这就是"有"的范畴。"有"的范围内的其他范畴是质、量、度。一个事物具有如此这般的质，是如此这般的大小，世界是由许多具有各种不同质的事物所构成——这就是普通意识认识世界的方式。"有"也是直接性的范围，而普通意识把直接性看作世界的真理。普通意识把我们眼前当下的直接存在如这把椅子、这张桌子等，认作真实；而事物的质和量正是我们从这些当下直接存在那里立即可以发现的。

172.我们从这种普通意识的观点上升到科学的观点。在这里，质和量当然仍是很重要的。但科学对于对象作了有条理的分析，从而给知识的世界带来许多区别和差异，这就造成了科学与普通意识的区别，普通的意识不需要更精确化和更多的详细阐释。精确化、区别和差异——这是知性的工作和三元式运动第二阶段的特点。因此，我们将会看到科学所主要运用的是"本质"的诸范畴。"本质"的最重要的范畴是：事物和它的特性，力和力的表现，实体和偶性，原因和结果，作用和反作用。这些概念恰正是科学企图认识世界时的惯用手段。科学就是企图去确定事物有哪些特性，它的原因是什么，它受什么力量的支配，它以什么方式和其他事物相互作用着。

173. 这些范畴取代了"有"的诸范畴并且创造出关于世界的一个更为充分的知识，所以科学对于无反思式的普通意识是一个进步。但是，只有哲学才提供一个最完全最充分的知识；它是以理性的诸范畴去认识宇宙以代替科学所采用的知性范畴。哲学、理性的诸范畴构成《逻辑学》的第三部分，即"概念论"。这里包括思想、有机性、生命、目的和理念诸范畴。所有的事物都是思想；宇宙是一活生生的精神有机体；它受一个趋向于一定目的的智慧所支配；最后，作为这一切的归宿，它是精神、理念；——这些就是关于宇宙的完满的、最后的真理，而关于这个真理的知识就是哲学。

哲学超过科学，如同科学超过普通思维。说世界是无数的质和量所构成的，这是真实的；然而，说世界是一系列原因和结果、作用和反作用，就更为真实。但最为真实的是：世界是一个精神性的自觉知的思想。但是，不能设想较高的真理排斥较低的真理并与之对立。较高的范畴包含并吸收了较低的范畴。哲学包含了科学的真理。说世界是理念，包含了科学在谈到原因、实体、力量或诸如此类时所要说明的一切。科学和哲学不是彼此对立，不可得兼的认识世界的方式。哲学承认科学所告诉我们的关于世界的一切，同时以更高、更完全的观点对它加以补充。

174. 范畴的系列一方面构成了我们借以认识外部世界的概念的系列，随着这个系列的前进，其价值与充足性越来越高；同时，基于同样的理由，它也是一个越来越充分的对于"绝对"的诸规定的系列。"绝对"是"有"，这是所有规定中的第一个然而也是最贫乏的一个。它是真实的，然而却是最不充分的。"绝对"是"绝对理念"（即人格、精神、自我意识），这是最后的、最为充分的规定。"有"和"绝对理念"之间的诸范畴给我们提供具有中间价值的诸规定。

黑格尔还认为，如果我们把历史上的种种哲学的基本的、占主导地位的观念从其体系中解脱出来，那么我们就会发现每一个基本概念就是他的《逻辑学》中的一个范畴；而那发挥这个基本观念的、出现在某一历史时期的体系，大体说来，相当于那个范畴在《逻辑学》中的地位。这样，除去爱利亚哲学家们的纯物理的概念，爱利亚派的哲学家们在哲学史上提出了"绝对"之第一界说，即"绝对"是"有"。这也是《逻辑学》的第一个范畴。紧接着是赫拉克利特，他的哲学的中心观念是变化，这是《逻辑学》的第二个肯定的范畴[①]。在赫拉克利特之后不久出现了原子论者。据黑格尔的说法，他们的哲学的中心观念、他们对真实的规定是"自有"的范畴，这个范畴在《逻辑学》中出现在"变化"之后稍许。再后是斯宾诺莎及其实体概念，这是在《逻辑学·本质论》中出现的一个范畴。应该承认，历史和逻辑的一致只是大体上的，不是严格一贯的[②]。但黑格尔在这个现象的基础上提出了对于哲学的发展的一个新的、有趣的观点。人们常常把哲学体系的更替设想成许多怪诞的念头以一种偶然的状态而突然出现，而且它们大都是相互对立的。但在

[①]　事实上，我认为很难置疑，赫拉克利特在历史上是先于爱利亚派的，而且是巴门尼德给我们介绍了赫拉克利特，并且自觉地反对赫拉克利特的观点。不过这一点在这里并不太重要。

[②]　黑格尔自己也承认这一点。他说道："所以哲学史家有责任去确切指出哲学史中的内容，实际上在哲学史上的开展，与纯逻辑理念的矛盾开展一方面如何相同，另一方面又如何相异。"(《小逻辑》第86节)

黑格尔看来,哲学的历史呈现出发展的确定线索,其原则就是"理念"在时间上前后相继的诸体系中逐步前进地展示它自己。因此,哲学的历史不是仅仅由偶然和盲目的任性所支配,而是一个由"理念"自身所支配的合理的发展过程。"理念"首先把自己安排在最贫乏的形式中,这就是"有"。必须记住"有"以及一切范畴都是"理念"。"有"潜在地就是"理念","理念"自我安置的第一阶段产生了巴门尼德的哲学。

"理念"进一步多少具体地把自己安排为"变化",于是就有赫拉克利特体系的崛起。这个发展过程继续下去,直到在黑格尔自己的体系中达到"绝对"的最后的、完全真实的概念即"绝对理念"为止。

根据这种观点,前后相继的诸体系就不是彼此对立,而是相互补充的。正如在后的范畴把在前的范畴降为自己的环节一样,后来的哲学体系也把在前的体系纳入自身而把它们加以深化、同化和吸收。巴门尼德的教导是正确的;赫拉克利特的教导也是正确的。后者并不排斥前者,而是包含并超出前者。就其根本含义而言,"变化"的范畴包含并超出了"有"的范畴。因此,所有的哲学体系都是真的,不过有一些是不太充分的,一些是更为不充分的。黑格尔的哲学是整个哲学历史的最后完成,它把以前的一切哲学都吸收进来,因为它把"绝对"规定为"绝对理念",而"绝对理念"是包含一切其他范畴如有、变化、原因、实体等在自身之内的最高范畴。

黑格尔关于历史的整个观念都与此相联系。他认为,世界的一般历史不是盲目偶然性的舞台,它的进程是由"理念",也就是"理性"所支配的。历史是"理念"在时间中的逐步前进的自我展现。这就是目的论者所谓的"对世界的神的统治"。黑格尔试图把这种观念贯彻到他关于哲学、艺术、宗教、政治的历史的发展中去。下面我们就来研究《逻辑学》的主要内容。

第一部分　有论

导　言

175.“有”的范围之一般特点已如上述（第 163、171 节）。我们也已看到，何以逻辑科学必须从“有”开始的理由（第 114—120 节）。因此，在这里没有什么更多可说的了。作为导言，这里只需指出：有论分作三个范畴的领域，即（1）量，（2）质，（3）度。下面就按顺序加以解释。

第一章　质

176. "质"这个特定的范畴不是这个领域中的第一个范畴，但是，如我们将要看到的，这个领域中的所有范畴都具有质的特征，所以"质"这个名词既被用作一个特定的范畴的名字，又被用作整个领域的名字。"有"这个名词以同样的方式被用于三种情况：它是第一个范畴的名字；它是第一个三一体中三个范畴的总称；它又是包括质、量、度在内的整个领域的名称。

第一节　有

A. 有

177. **"有"**作为第一个范畴的理由前面已经作了讨论（第114—120节），它是可能做到的最高的抽象。一切特征、一切种类的规定都已被抽掉。所以"有"没有任何特征，是完全的空无。

B. 无

178. 因为"有"是完全的空，所以它就等于"无"。"无"的思想也就是没有任何规定的思想。当我们思考任何事物的时候，只是由于它具有这样或那样的规定、体积、形状、颜色、重量等，我们才能去思考它。一个没有任何规定的东西是一个绝对的虚空，即无。而由于"有"的定义就是没有任何规定，所以它就是无。

如果我们把"有"作为一个命题的谓语，那么这一点就会看得很清楚。我们可以说：真实是有。这只是"真实存在着"的同义反复。我们看到在这种形式下，"有"不是一个真正的谓词，而只是一个连缀。它没有从任何意义上给"真实"以规定，没有给我们以任何关于"真实"的知识。如果我们被告诉说：真实是——我们自然要问：它是什么？可是，作为谓词的"有"却没有提供任何答案。这是以"S 是——"的形式来代替命题"S 是 P"的形式，谓词"有"表示一个空白，等于零。这个零，就是"有"所表示的一切，也就是无。所以，有即是无。如果说有和无具有某种区别的话，那就是说"有"具有某些"无"所没有的规定。可是"有"却没有任何规定。所以它们没有区别。"有"的思想和"无"的思想是同一的，它们相互过渡到对方。

C. 变易

179. 这样，有过渡到尢，但无同样过渡到有。因为这两者就像等号两边那样的同一，而每一个等式的两边都是可以调换的。如果 A=B，那么 B=A。无回转到有的论断是容易使初学者感到困惑的，甚至当他们已经看到过有过渡到无时，也是如此。这是因为"过渡"这个观念把时间的联想和意象带进我们的心中，我们知道，关于事物在时间中的真实变化，向一个方向的变化并不包含一个相反方向的变化。一片叶子由绿变黄并不使它从黄变回为绿成为必需。类似这样的一些想法使我们对上述的论断困惑不解。但是这里的"过渡"只是一个逻辑上的或同一个过渡。它只是意味着"有"的思想和"无"的思想是同一的，因而"无"的思想与"有"的思想也是同一的，这也就是"无"回转到"有"。这个从"有"过渡到"无"和从"无"过渡到"有"就是**变易**。从"无"到"有"的过渡是**发生**，从"有"到"无"的过渡是**消灭**。发生和消灭可以看作是从属的范畴。

180. 变易是有和无的具体统一，因为它包含有和无的同一。有和无的区别在这个同一中消失了。它们消解在统一之中。但这个统一是具体的统一，因为在这个统一中有和无的区别仍然保存着。它不是如普通概念那样的抽象的同一，这种普通的概念只包含一类事物的共同点而不包含它们的差别。变易包含差别一如它包含着同一。有和无是同一的，这给予我们以"变易"的范畴。但我们绝不能仅仅因为它们的同一就否认它们的区别。它们同时是绝对同一又绝对区别的。变易包含了两者。"过渡"不过是同一的另一种说法。但是，没有区别也就没有过渡，没有变易。如果 A 是在变易，它必然变为某种不同于它的东西。A 不能变成 A，因为这里没有变化。它只能变成 B。

181.《逻辑学》的诸范畴是对"绝对"的系统的规定。第一个范畴也是历史上所作出的第一个规定。"绝对"是"有"，这是巴门尼德所提出的规定。巴门尼德的哲学也包含着"无"

或"非有"的范畴,虽然他否认"真实"可以被无或非有所规定。赫拉克利特提出了真实是变化的观点,这是"绝对"的第二个规定。

182. 普通意识会反对说,如果有和无是同一的,那么,我们吃了晚饭或没有吃,我们存在或不存在,都是一样的,等等;但这些意见是言不及义。"有""无"同一绝不包含这些荒谬的意思。我们在这里谈的只是毫无规定的抽象——有和无。这些实体如晚饭等并不是无规定的;比如晚餐就具有硬、热、颜色、可食等规定。只有纯有,即毫无规定的有,才和无是同一的。

183. 我们必须注意不要把任何时间因素的设想带进变易的范畴。有和无的相互过渡只是逻辑上的,并非在时间上前后相随。当然,人们会说,生成、变易等观念本质上就包含着时间观念在内,离开时间来谈变易是毫无意义的。我们的回答是:只有在量包含着质料或至少是空间的同样意义上,才能说变易的观念包含有时间。但在思考纯粹的量的思想时,我们必须抽掉质料和空间的因素。同样,在思考"变易"的纯粹思想时也必须把时间的因素抛掉。①

184. 有和实存不是一回事情。说一个东西"是"和说一个

---

① 麦克太戈博士认为,黑格尔的变易范畴并无意于把变化的概念包含在内,我不能同意这种观点(见《黑格尔逻辑学评注》第18、19节)。这种观点是公然无视黑格尔的原文。变易这个名词,发生和消灭这些从属的范畴名词,以及提到赫拉克利特的许多地方,都无可辩驳地表明了黑格尔的变易概念是包含变化的意思的。麦克太戈博士认为对于变化的这种演绎是不正确的。这种演绎是否正确是可以讨论的,不过,我认为黑格尔打算演绎出变化,是无可争议的。

东西"实存"，是不一样的。"它是"，这是一个未完成的命题，是一个没有谓语的命题，听到这个说法，我们立即需要一个谓语，我们要问："它是什么"？但"它是实存"是一个完全的命题。它包含一个暗含的谓语，即"和其他事物处于一定关系之中"。"它是实存"这个命题意味着它是宇宙的一部分，并与其他事物处于相互关联之中。这意味着它是那我们认为真实的，实体和关系的井然有序系统中的一部分，而与梦和幻觉中的东西不同。因此，实存比起空洞的有，是一个远为复杂、丰富而具体的观念，所以只是在《逻辑学》相当靠后的阶段上，"实存"的范畴才出现（第262节）。

第二节　限有

185. 我们正在讨论"变易"的范畴。如上所述（第180节），"变易"在同等程度上依靠有与无的区别和同一。A不能变成A；一个青年人不能变得年青。A只能变成B，年青人只能变得年老。因此，如果有与无的区别消失了，变化本身也就消失了，它们的区别消失了，因为有与无是同一的。所以变化自身消失了，取消了它自身。这个思想还可以这样来表述：变易首先是有到无的过渡；但无即是有，所以变易是从有到有的过渡。但这不是变易，所以变易消失了。其次，变易是从无到有的过渡，而有即是无，所以变易是从无到无的过渡。但这同样不是变易，所以变易消失了。

但这一过程的结果不是仅仅空虚的无。余留下来的明显地仍是有与无的统一，消失的只是"变化"这个因素。① 因此，留给我们的是在静止状态中的有与无的统一。这明显地是一种"有"，因为它包含"有"在其中。但却是不变化的、不立即消失于无中的有。如果再说它既是有又是无就不正确了，它现在确定地有。正是"有"的这种确定性，构成了新的范畴。它是确定的即有规定性的有，一种与他物对立的有。这是如此而非如彼之有。这就是**限有**。

那原始的空虚的范畴"有"的根本性质不具任何规定。现在我们达到一个有规定的"有"的概念。我们还不能说它有什么样的规定，而只不过知道它是有规定的。我们可以知道一个东西是有颜色的，但却不知道它究竟有什么样的颜色。这里的情形也与此相仿，我们只知道这个"有"是有某种规定的。这个纯粹抽象的观念，就是"限有"这个范畴的全部内容。

在我看来，这个推论是无效的。它显得是在玩弄"确定的"这个词的一种把戏。说一个东西现在确定地"是"，这意味着它停止在"是"与"不是"之间摇摆不定。当我们把它当作"规定的"这个词的同义词来使用时，已经悄悄地从另一种含义上来使用它了。这或许就是黑格尔在这个问题上所以要求助于隐喻来维持他的勉强的推论的缘故，而隐喻在论辩中不过是用来解围的一种遁词。黑格尔说道："变易乃是纯全不安息之物，……变易有如一团火，于烧毁其材料之后，自身亦复消灭。但变易过程

---

① "变化"这个因素的消失对推演过程是极为重要的。但需要注意，这是违反黑格尔的原则的（第 144 节），按这一原则，辩证的过程中是没有一个东西会消失的。

的结果并不是空虚的无，而是……限有；限有的最初意义显然是经过变易之意。"①这类诉诸感觉的隐喻，如同柏拉图的神话一样，使人感到它们不过是掩盖思想的枯竭罢了。

第一分节　质

186. 我们已经达到"规定"的观念。这样推演出来的"规定"就是质。这一点不是立即可以看清楚的。显然地，质是一种规定，但它不是唯一的一种规定；事物的量也是它的一种规定。那么，黑格尔既然只是推演出一般的规定性，他怎么能够声称推演出了我们称之为"质"的特定的规定呢？对这个问题的回答如下。限有是一种确定的有，它不立即消失于无之中（第185节）。阻止它消失于无之中的是它的规定性。如果它没有规定性，它就是纯有，而纯有立即消失于无之中。因此，在我们面前的这个规定是这样一种规定，即有之所以为有者。失去这个规定，有也不复存在（消失于无之中）。事实上，这个规定就是这个存在。正由于这个规定，这个有才存在。这个规定是"有"的根本，它们是同一的、不可被分离的，也不可被认作相互外在的。这种与一个事物之有相同一，与它不可分离的规定性，就是质。另一方面，一个事物的量是与事物之存在完全可以分离、相互外在的规定。假设我们思考的事物是氧，它有助燃的质，如果失去这个质，它就停止其为氧。所以氧的存在就是它的质，这个质改变了，氧作为氧就停止其存在。这样，一个事物的质

---

① 《小逻辑》第 89 节。

就是与它的存在同一的规定，它和量是迥然不同的。你可以把氧的量增加或减少到任何程度，而丝毫不影响氧的存在。因此，量是与事物的存在相外在、不相干的规定。这样就证明了：我们所推演出来的就是与存在相同一，随着它的消失，存在自身亦立即消失的规定。也就是说，我们把**质**推演出来了。

187. 质可以分而为二，它既可以认为是肯定的，也可以认为是否定的。一方面，一个事物的质造成它之所是，构成它的存在。一个东西有如此这般的特定的重量、助燃、无色、无味等，造成此物为氧。从这方面看，质就是事物的实存、**真实**。另一方面，由于规定就是否定，质也具有否定的方面，使得一个事物为氧的质同时就使得它不是氢。质因此也是**否定性**。实在性和否定性是质的两个从属的范畴。

188. 上面所说的实在和绝对真实亦即独立不依之有是不同的。我们在本书的前面（第12节及以下等处）是从后一个含义上使用这个词的。黑格尔在这里使用实在这个词只不过意味着一个事物事实上存在在那里，它肯定地现存着。在这个意义上，对存在的任何规定，不管它是什么规定，都是真实的。这和我们通常对真实一词的理解是基本相同的。

当然，真实的存在和纯有不是一回事，它是限有。一个事物，只是由于它的规定性，它的质，才是真实的存在。同理，否定性和纯无也不是一回事，它不是一个完全空洞的无，而是一个有规定的无，是某种特定事物的否定。纯无是对一切事物的否定，而否定性则只是对某种确定存在的否定。例如，海是对陆地的否定，但海并不是无物。

189. 一个事物的质，从其肯定的方面（真实）来考察，就是使这个事物和其他事物相区别的内在固有的特性或存在。这样来看待的质就是"**自在之有**"这个从属的范畴。质，从其否定的方面（否定）来看，就是这个事物的作为其他事物的否定的特性。这样，它就是一个与他物相关联（否定）的"有"。这样来看的质，就是"**为他之有**"这个从属范畴。

第二分节　界限

190. 我们现在面临的是质这样一个阶段。对质这个范畴所派生的诸从属范畴毋须作过多的考察。为了把我们的思想集中在质这个概念上，我们需要从中推演出，也就是指出它必然包含着下一个范畴，这就是"界限"。这个过渡是非常容易而明显的。因为我们已经看到"规定"和"界限"的观念是相互包含的（第43节），这个过渡就是建立在"规定就是否定"这个原则的基础上的。质是一个事物的规定，而规定就是否定。因此，质就是一个界限。**界限**的范畴就这样地从质的范畴中推演出来。

191. 一块草地是一块草地而非一口池塘，因为它具有一块草地的质而不是一口池塘的质。它所具有的质构成它之所是。但它的质也同样规定了它之所不是。正是它作为一块草地的存在，它作为一块草地的质，限制、阻止了它，使它不是一口池塘。这样，它的肯定的质也是它的界限或否定。当然，这里"界限"一词是从质的意义上，而不是从量的意义上来使用的。一块地的有形的边界从空间上限制着它，界定了它的量或面积。而这块地的质则是确定它为这样一种地面与其他种类的地相区别的界限。质的界限不是空间的有形的边界。而种类与种类之间的分界线则是质的界限。把人与其余动物分开的界线就是这样一种界限。这个种类之间的分界线很明显地是由它们的特定的质所构成的。因此，质明显地包含着界限。

"界限"作为一个较广的范畴的领域，可分为下面三个特殊的范畴：

A. 有限的

192. 界限明显地包含着"**有限**"。因为被界限也就是被限制。这个"有限"的范畴还暗含着一个更进一步的范畴，黑格尔称之为：

B. 可变性

193. "有限的"，就是一个东西它有一个界限。如果某物是被界定的，那就是说，超出这个界限就是他物；因为一种界限或界线不能仅仅是一个事物的分界线，而必须是两个事物之间的分界线。成为有限的，就是意味着被他物所限制。因此就有了"某物"与"他物"。我们还可以用另一种方法来得出这个结论。质从其否定方面看就是界限。因此一个有质的东西就是否定的；但这不是否定它自己，而是否定"他物"。光明的质是对黑暗的否定。这就是说，"界限"这个概念暗含着必然有某物在界限之外的意思；知道一物的界限也就是知道在它之外还有某物存在（第66节）。这样，我们也就达到了"某物"与"他物"的概念。"某物"是一个比纯有更为发展了的概念。它是属于限有的范围的，因为它意味着"这一个"的确定存在和它与"那一个"的对立；"这一个"是某物，"那一个"则是他物。

　　但是，他物也是一某物。于是就有两个某物。而每一某物都是一他物。于是有了两个他物。如果 A 是某物而 B 是他物，则 B 也是某物而 A 亦是他物；我们把哪一个称作某物，哪一个称作他物，是没有区别的。这样，某物与他物就是同一的，每一个都过渡到对方。于是，某物变为他物；而这种某物过渡为他物的变化，就是"**可变性**"。

　　194. 这里的"某物"与"他物"都是纯粹抽象的概念而不是指具体的事物。如果读者不明了这一点，不能把握纯抽象的概念而让感性意象羼入，那就会引起困惑，如同前面讲到有无同一时一样。我们已经看到，有无同一并不意味着——比如说——有没有这顿晚餐是一样的。同样地，在这里，某物与他物的同一也不是说，作为某物的光明和它的他物即黑暗，是一回事；或者说，一口池塘和一块草地是一样的。在这里，我们心中所要保持的，不是那些具体的、有形的东西如池塘、草地、光明、黑暗等，而是"某物"与"他物"的纯粹抽象的概念。这里的关键就在于，每一个他物也是一个某物，因此，"某物"与"他物"的纯粹概念就是同一的。有和无，作为纯概念，是同一的。但一个特殊的、具体的存在，如晚餐，却和无不是同一的。某物和他物，作为纯概念，是同一的。但这一特殊的、具体的某物，如光明，却和这一具体的他物，如黑暗，不是同一的。必须注意，在《逻辑学》中，我们从头到尾所谈论的都是抽象概念，而不是具体感性事物。我们必须时刻把这一点铭记在心，不仅在谈到有和无、某物和他物的过渡时是如此，在谈到一切过渡时都是如此。我们经常回想起这一点，就会消除我们对一些推论的理解上的困难。我们相信读者会经常回想到这一点，所以在以后对许多过渡的解释中，就不再赘述。

195. 总之，有限必然地包含着可变性。这就是所有的有限的事物所以一定要变化、灭亡、消逝的理由。有限事物的变化性不是一种偶然的事实。可变性就蕴含在"有限"这个概念本身之中。因为有限事物的界限是由它的内在确定性质、由它的质所构成，而不是由任何外在于它的东西所构成。一块草地是由它自己的存在所限制的，是由于它是一块草地这个事实所限制的。但限制就是否定。所以，否定、不存在，就是有限事物的本性。事物的存在，即它的确定的性质或质，就是不存在。它们在它们的自身之中就包含着它们的死亡和消解的种子。

196. 可变性和变易不是一回事。它是一个更为具体、丰富的范畴。变易是有无的相互过渡，是一个事物开始有或停止其有。而可变性则是一个某物向另一个某物的过渡（不是向无的过渡），如一片叶子改变其颜色或人之由少变老。变易是产生或消灭，可变性则是质的变化。

C. 假无限

197. 某物成为他物。但他物亦是一某物并因此复又成为一他物。此他物是第三个某物，它再次成为他物，如此递进，以至无限。这样，就产生了某物的无限系列的观念。这就是对于无限的通常观念，即同一事物的无穷的、永无止境的重复，例如时空的无限和数字的无穷系列。[1]但这并不是关于无限的真正

---

① 威廉·托里·哈里斯先生把时空作为真无限的例子（见《黑格尔的逻辑学》第201、203—204页），这显然是不正确的。

概念，它不是真正的无限，而是**"假无限"**。因为这个系列中的每一项，每一个某物和他物，都是自身有限的，每一个都是受他物限制的某物。我们不管前进多么远，都没有超出有限。我们只有一个某物与他物的无穷更替，只有有限的无穷重复，所以永远没有摆脱有限。这是一种达到无限的无休止的企图，而无限总是停留在可望而不可即的彼岸。它应当是无限，却永远达不到。因此，黑格尔称之为假的、错的或坏的无限。

198. 黑格尔说："这种情形从抽象的观点看来，似乎已达到很高甚或最高的结果。但类似这样的无穷进展，并不是真正的无限。……譬如，当我们谈到空间和时间的无限性时，我们最初所想到的总是那时间的无限延长，空间的无限扩展。……同样，对于空间的看法亦复如此，关于空间的无限，许多喜自树新说的天文学家曾经提出不少空洞的宏论。[①]他们常宣称，要思考时间空间的无限性，我们的思想须穷尽到了至极。无论如何，至少这是对的，我们必须放弃这种无穷地向前进展的思考，但并不是因为作这种思考太崇高了，而乃因为这种工作太烦琐无聊了，乃因为同一之事无穷的重演。我们先立定一个限度，于是我们又超出这限度。其次我们又立一限度，继又超出这限度，如此递进，以至无穷"。[②]

[①] "宏论"——这个黑格尔喜爱的贬义词——总是被他用来表示轻蔑的意见；意谓把陈词滥调加以夸张。

[②]《小逻辑》第 94 节。

第三分节 真无限

199. 这样，某物和他物的无休止地相互规定就是假无限。但是他物和某物是同一的（第193节），因此，为其自身的他物所限定的某物，实际上不过是自己限定自己。而这就是"**真无限**"。因为真正的无限意味着自我限定，而有限则是为他物所限定。假无限仅仅是没有边际、无限定，而真正的无限则是自我限制。

200. 如果对上述推论从另一角度来考察，则更可见出其结论的内容的全部丰富性。某物成为他物。某物与他物是对立面。某物是有限的。因此，它的他物就是无限。这样，有限在超出它的界限时就超越自身并成为无限。但是，这个他物,这个无限,自身亦是某物，且因此再转回到它的他物即有限。似此，则有限并没有真正地被超越，因为当我们过渡到无限时，它毕竟只是产生出有限。空间就是一例，我们可以设定空间中的一点作为它的界限，界限的这一边是有限，超出这个界限便是无限的空间。但是当我们一超出这个界限时，我们便立即发现更远的一点又可作为界限；这样，这种超出界限而达到的无限所产生的结果仍是有限。这种设定界限，继又超出界限的进程可以无休止地继续下去。这就是假无限。

但是，如上所述，当某物成为一他物时，它不过是回到自身。它是自身限定。这样，无限就是某物与他物的统一。然而，由于某物是有限,而其他物则是无限,我们便得到这样一个结果，即：无限是有限和无限的统一。

知性把有限和无限置于绝对不相容的地位上。它认为，有限就不是无限，无限就不是有限。它们一个在这边，一个在那边，面对面地站立着，互相否定，完全对立。但是，黑格尔说，这种通常的观念"却没有明了这简单的道理，即这样的无限只是对立双方之一方，因而无限亦成为一特殊之物，而有限便是与之相对的另一特殊之物"。[①]照这种看法，无限为有限所限制着，因此它本身亦只是有限。这样的无限是假无限，它只是应当成为无限，而并非无限，并且永不能逃脱有限的束缚。

理性消除了这种绝对对立。无限不是外在于有限的某物；它把有限吸收到自己中来。知性把有限与无限绝对对立起来，从而使无限重又变为有限；从知性这种自我矛盾中，我们可以看到有限和无限是同一的。即便从这种知性的观念来看，有限和无限也是同一的，因为两者都是有限。因此，真无限是有限与无限的区别的扬弃，是对它们的异中之同的认可。

说真无限是有限与无限的统一，我们必须注意，这是一个具体统一，而不是一个抽象的同一。它们的区别并不是简单地取消，而仍然保持在统一之中。

201. 这种无限的学说胜利地解决了哲学上和宗教上最古老而又最难以解决的困难问题。人们一直在叩问：无限如何产生出有限，上帝如何能够创造出世界？无限如何能够从其自身中产生出有限的构成物？它这样做本身就是一个矛盾。普罗丁诺、斯宾诺莎和无数的其他的人，都为解开这个谜而奋斗。普罗丁诺的无限的"一"不能和有限世界相接触，否则就要限制它的无限性。我们在斯宾诺莎的无限实体中也绝看不到它自身向有

----

①《小逻辑》第95节。

限世界的多样性的分化。斯宾诺莎的哲学在这块暗礁上碰得粉碎，被认为是一种无可救药的二元论。

所有以前的哲学中的这些矛盾，都是由于它们错把假无限、知性的无限认作真无限、理性的无限的结果。斯宾诺莎在知性的片面观点支配下，把无限看作绝对排斥有限；因此，有限自然就不能从无限中产生出来。真无限在自身中就包含有限，它也是有限。"因此，对于无限如何成为有限的问题的回答是：无限并非首先只是无限，然后才成为有限，……它本身既是有限又是无限"。"这个问题根本上假定了有限与无限之坚固对立，只好这样加以答复说，这种对立根本就是虚妄的，其实无限永恒地从自身出发，亦永恒地不从自身出发"。[①] 这就是说：由于它产生出有限，所以是从它自身走出来；但由于这个有限自身也是无限，在这个有限中无限并没有消失，而仍然留在那里、持续在自身之中，所以无限并没有走出自身。

202. 如果说空间与时间是假无限的例子，那么最高意义的思想就可以看作真无限的一个例子（事实上也是唯一的例子）。[②] 因为，纯思在《逻辑学》这个理念的系统中，是自规定的因而

---

① 《小逻辑》第 94 节。

② 当然，事实上，宇宙中的每一个事物都是一切范畴——包括真无限这个范畴——的一个例子。但是有一些范畴明显地适用于某类特殊的事物，而其他一些则不然（第 169 节）。譬如物质世界就其真实性来说就是理念，但它更明显地表现出机械性、因果性等范畴，等等。所以，在这里，任何事物都可以当作真无限的一个例子；但明白而清晰的例了还是思想。黑格尔经常给范畴提供一些经验的例子；对此，我们应该作如上的理解。

也是无限的，这可以看作是真无限的一个例子。理念是无限。它从自身产生出有限即自然，但它并不因此而失去它的无限性，也不因此而走出自身。因为自然无非仍是理念，理念在自然中保持自身；虽然它投身于自然之中，但在自然中它仍是在自身中并保持在自身中。自然之所以是有限，乃因它不是理念，而是理念的他物。但自然也是无限，因为它仍是理念（第158节），而它作为理念的他物无非是理念自身之另一体，正如同在这里某物的他物不过是某物自身一样。因此，理念是有限与无限两者。所以它是真无限，因为它是有限与无限在差别中的统一。

第三节　自有

203. 我们已经达到的真无限是自身规定。它绝不被他物所规定，因为这个他物已被吸收到它自身中来。因此它的存在纯全是在自己中并为自己而存在。这就是"**自有**"。自有是无限的有。

204. 如果我们对质的三个环节即纯有、限有、自有，作仔细的考察，我们将会更充分地看出自有是无限的有。第一个环节即纯有，是空洞的有，它没有规定，没有条件，是纯粹的空无。否定进入了这个无规定的空虚的有。否定就是规定，因此，否定的进入把纯有转变为限有。这是第一个否定。这里的有是否定的，同样也是规定的。从这里我们得到作为"规定"这个概念的种种表现的诸范畴，即质、界限、有限。一般说来，这个范围是被规定的、被其自身以外的他者所限制的有；也就是说，它是有限的范围。限制"有"的他者就是进入"有"的否定性，这个否定性以"他物"这种形式与它相对立。但在"自有"中，这个他者被吸收在自己中。这个他者被看出是与其自身相同一的。这样，作为与有相对立的他者，在这里被否定了。它的外在性被否定，因为它现在不是有的他者，而是与有相同一、被有所包含。作为否定的他者，自己被否定了。这是否定之否定，或如黑格尔所说的"绝对否定"。这种绝对否定和无限性是一回事，因为我们这里有的是一种没有他者、没有外在的他者来限制它的"有"。它的他者，那个限定它的他者，不过是它自己。这样，它是自我限制，自我规定，而自我限定就是无限。

205. 我们曾以纯思即理念为真无限的例子，它因此同样也是自有的一个例子。但是，只有当抽象的逻辑理念发展成为精神时，它才是自有的更为恰当的例子。精神的最高形式是自我意识。这一点只是在哲学中才达到，因为哲学是思想以其自身为对象。在这种形式下，由于思想是其自身的对象，所以它是为自己的。它就是自为之有或自有。理念的他者即自然，在这里被否定，被还原到理念，不再是他者了。这是否定之否定、无限、自为之有。

当黑格尔说"我"是自有的一个真实的例子时，他是从另一个途径来表述同样的思想。我不仅觉知外物，而且觉知我自身。我既是主体又是客体。因此，我是为自己的；"自我"是自为之有。而另一方面，一块木头或一块石头不是为自己的，它是为我的存在，也就是说，它只是为思想而存在的。因此，它是为他的存在，因而也就是有限的。可见，"我"作为自为之有，是无限的。

这个例子和上面的例子实际上是一回事。"我"，在通常意识看来，不仅仅是、不完全是自为之有，它有它的他物即非我在它之外。但是在最高意识即哲学看来，"自我"发现非我不过是它的自身，也就是说，自然和外部世界无非也是理念即思想。这样，思想就知道，意识到非我实即意识到自身。这就是纯粹的自我意识；他物已被吸收到自己中来。它是纯粹地、完全地为自己的，没有任何外在的他者来限制它。因此它是纯粹无限的自为之有。

在自为之有这个领域中，其第一个范畴是：

A. 一

206. 因为，自我满足的自有是一个整体，一个"一"。"一"意味着一个完全为自己的东西，它只是自身相关，排除任何对他者的关系，是一个单纯的自我满足的全体。自有很明显地是一种排除任何他者关系的有，因为它已把他者吸收到自身之内。换句话说，在自有中它自身和它的他者的区别是被扬弃了。它们的区别性和多样性既已如此被消除，所以存在的就是一个单一体，也就是说，一个"一"。

207. 在前面限有的范围中，"有"是在与他物相关中建立起来的。这种关系可以形象地比作从有发出射到他物的一束光线。但是现在，在自有的范围中，他物已被吸收到自身之中，他物关系被自身关系替代了，向外射出的光线转向自身，转向它的源泉。正是从这个比喻，黑格尔把自有称为"自身反思"。由于这个原因，虽然这个"一"是一个单一体，并不能因此就认为它是一个完全空洞的单一体。一个完全空洞的单一体如纯有，不是一个单位。因为作为一个真正的单位包含着自我满足。

它包含着一种绝对性，一种只依靠自己而不依靠他者的独立性。例如，我们可以在原子或存在的单位——曾被德谟克利特作为世界的基础——中发现这种自我依赖。由于这个缘故，黑格尔称原子论者是在自有的形式下达到绝对（真实）的哲学家。原子是最后的、终极的、不可分的。每一个这样的单位都是绝对的，它不从别物产生，也不依赖别物。它是自我满足的，一个真实的单位，一个"一"。所谓不可分，就是说它不依赖于各部分之构成。它不是多的聚积。它是一个纯粹的"一"。黑格尔赋予"一"这个范畴的含义，正是这种抽象的、非多的"一"。原子是一个真实的单位，一个抽象的"一"，正是因为它不依赖于"多"。在它之内没有任何多样性。它与作为它的他者的"多"没有任何关系。它只与自身相关。这样，我们从自有中得到的这种自我关联、自身反思就给我们引导出"一"这个范畴。

对于"一"这个范畴来说，自身反思的观念是必需的，记住这一点非常重要。因为否则我们就可能会问：为什么"一"这个范畴没有更早地在逻辑学中演绎出来？例如，我们可以说，从变易就可以直接地引申出"一"来，因为变易是有无的统一。甚至于我们可以说"一"应该从纯有引申出来，因为纯有是一个空洞的单一体。但是要知道，"一"不仅是一个单一体，它是一个单位，它是一个绝对的"有"，它的绝对性包含着自我规定，在这里形成自为之有。

208. 从"一"生发出：

B. 多

或多数的一。因为"一"的自身关系是一种否定的关系。黑格尔用"否定关系"来表示对一个他者的关系，即"有"否定它的他者的关系。因为"一"的自身关系只是建立在它包含有它的他者在自身中这个事实之上的。有之所以成为自有只是由于吸收他物于自身中。因此，它的自身关系是对他者的关系。这个他者是在它之中的，但是，由于这是一个他者，所以又在它之外。因为成为他者就是在其之外。或者我们也可以用另一种说法，即："一"是自身相关，意味着一是与一相关的；依赖的"一"和被依赖的"一"是不同的。这样"一"就有了自身区别，或者用黑格尔的术语来说，它"自身排斥"。这样"一"就经过自我分化进到多数的一即**多**。"一"自己排斥自己，把"一"推出自身之外。排斥一的一和被排斥的一是不同的，于是就有了两个"一"。这每一个一都再分裂为二，如此以至无限，因此就有了无限的多。

209. 从这里我们过渡到：

C. 排斥和吸引

一自身排斥自身——这就是**排斥**。两个一之间的区别的因素使得它们分离。每一个"一"都把另一个"一"排斥在自身之外。正是由于它们相互外在，这个"一"才保持自身同一而继续成为"一"。每一个"一"，只有当它把自己从其他的"一"分割开来并且坚持这个界限，才保持其自身为一。

但是，多中的每一个一都是和其他的"一"相同的。每一个都是一。因此它们是许多相同的一，它们都是同一的。这种同一的结合力是那种称作"排斥"的相互排斥的因素的对立面。因此，这种相互同一的关系就称作**吸引**。我们不要误认为黑格尔在这里企图把物理上的吸力和斥力演绎出来。它们只是比喻性的，从物理学中借用的隐喻。在这里，排斥不过是意味着许多的一互相排除，而吸引不过是意味着它们同时是同一的。排斥是许多的一相互的排斥，以此来加强它们的区别。吸引是它们的相互的包含和同一。

第二章　量

210. 上一章的末尾我们达到了排斥和吸引的范畴。正是从这些范畴，下一个概念范围即量必然被演绎出来。其演绎过程如下。

许多的"一"是彼此同一的（第209节）。排斥是一个"一"对另一个"一"的关系。但是由于这个"一"与另一个"一"是同一的，所以它对另一个"一"的关系是自身关系。然而这个一同自身的关系是吸引，所以吸引和排斥也是同一的。这样说，会使人们感到困惑，所以我们换个说法来说明这个意思。许多的"一"以两种方式相互关联。第一，它们相互区别，这就是排斥。第二，它们相互同一，这就是吸引。如果我们有两个"一"，由于它们是不同的"一"，所以它们之间的关系是排斥。然而，它们又是同一的，第一个"一"对第二个"一"的关系不过是第一个"一"，自己对自己的关系。这样，它是自身关系，即同一关系；而这就是吸引。因此，任何两个"一"的关系同时既是吸引又是排斥。这样，吸引和排斥是同一的。某个"一"对另一个"一"的关系（排斥）只是对自己的关系（吸引）。吸引和排斥的区别就这样消融于统一之中；二者结合为一。吸引和排斥的统一就是量。

如果我们记得排斥与吸引分别地就是多和一，那么就能更清楚地理解上面的说明。排斥是分离和区别的要素并因此是"多"的原则；吸引是自身关系，是同一的要素，并因此是"一"之原则。因此，我们可以用量是多与一的统一来代替量是排斥和吸引的同一。

这样，立即可以看出，一个量不是一个抽象的多，也不是一个抽象的"一"，而本质上是一中之多。当我们说一条线是12英寸长时，我们就是从量上对它加以测度。这个量是"一"——它是一条线或一尺；但它又是许多英寸。一堆小麦是一堆，但又是许多麦粒。一和多单独地都不能构成量的概念。我们必须把二者统一起来。量是单位的总和——许多单位，一个总和。

211. 必须有相互排除（排斥），不然就不会有多，也不会有量。同样也必须有同一（吸引）。一个总和、一个量只能是由若干具有相同单位的部分组成。我们不能把一尺的距离和一年的时间加到一起。当然，我们可以把一个人、一头牛和一颗星加起来并说它们构成一定事物的量；但这样我们就把它们统统看作是事物。事物就是它们的同一性。无疑地，在这个意义上我们甚至也可以把一尺的距离和一年的时间加起来并说它们构成事物的量。但我们可以这么做，只是由于它们作为事物而具有同一性或如黑格尔所说的"吸引"。

212. 这样，量就作为一与多或排斥与吸引的统一而被推演出来。但在这里还有另一个重要的，必须考虑的事情。吸引和排斥，作为质的最后一对范畴，必须包含前此的所有被吸收在它们之中的诸范畴。它们必然包含质的全部丰富内容。因此，取消排斥和吸引也就是取消整个的质。现在，在演绎出量的过程中，我们已经看到吸引和排斥都取消了它们自身。因为吸引转变为自己的对立面即排斥而不再是吸引，它反对并取消了它自己。而排斥也和吸引一样反对并取消它自己。由于吸引和排斥都被取消了。而它们包含着质的范畴的全部内容，所以整个的质也就被取消了。因此，其结果就是一个非质的存在，这就是量。量对质是漠不关心的。如我们在第186节已经指出的，质是一种与它所规定的存在相同一的规定性。而量则是外在于事物的存在的，它对于它所规定的事物具有什么样的质是完全漠不关心的。五匹马就是五匹马，而不管它们是棕色的、白色的还是黑色的。一里就是一里而不管它是一里碎石路还是一里长的电线。我们改变一个事物的质，则该事物就不再是它原来之所是，而我们改变一个事物的量却并不影响它的存在。因此，量对于质和存在是外在的，漠不相关的，它是非质的。

213. 一些批评家奚落黑格尔，说他仅仅把量作为非质推演出来。[①] 质取消了它自身，因而在我们面前只有非质，而非质就是量；黑格尔对量的推演被认为就是如此。这样一种推演当然是荒唐的。一匹马不是一头猪。但推演出非猪来和推演出马却不是一回事。然而，这种批评是无知的表现。因为黑格尔并没有把量作为非质推演出来，而是把量作为斥力和吸力的统一推演出来，他只是附带地指出这里包含着量对质的漠不相干。

214. 如其他范畴一样，量是绝对的一个规定。黑格尔认为，

_____

① 例如，见麦肯托希《黑格尔和黑格尔主义》第154页。

总的说来，认为绝对是量，这就是唯物主义的观点。当然，量作为范畴是纯思，而物质本质上是这一范畴的外在化、外表的形式。量是外在性的范畴；因为一个量的本意就是它的诸部分是相互外在的。而这种外在性、诸部分间的相互外在，也是物质的根本特点。物质是量的范畴成为一个感觉的对象。因此，唯物主义者把绝对规定为物质，是把量视为绝对的根本性格。

215. 量的诸范畴分为三个领域：纯量、限量和程度。

第一节　纯量

这一领域包含三个范畴组成的一个简单的三一体。

A. 纯量

216. 严格地说来，在这里谈限量是不合逻辑次序的。但为了说明问题，我们可以在这里把纯量与限量加以区别。一个限量是任何一个确定的量，如十里，五分钟，二十只猪，一百度。**纯量**是还没有被划分为许多限量的无限定的量。空间一般说来是一个纯量。当我们从空间划出一定的数量，如五十尺，这就是限量。纯量，如空间和时间，并不必然地是无限的，它只是无限定的。无定数的人们，虽然不是无限的，但却具有纯量的性质。从这个无定数的人们中划分出一部分，如五十人或一千人，这些就是限量。

在这一阶段，我们仅仅涉及纯粹的、无限定的量，即一般的量。这就是我们在逻辑发展的辩证过程中所已达到的阶段。

现在我们还没有达到限量的观念。纯量是排斥和吸引的统一。

B. 连续的量和分离的量

217. 量有两个来源,即许多"一"的同一、吸引和许多"一"的差别、排斥。量从吸引的观点看, 是连续的量, 而从排斥的观点来看, 则是分离的量。

一个量必然是一连串"一"或单位的系列;它是 1,1,1,……等。所有这些 1 是同一的(吸引)这一事实, 使它们联结起来并使我们能够从一个进到另一个。在这种情况下, 它们构成一种连续性。这样的量就是**连续的量**。而所有这些 1 是不同的(排斥)这一事实, 则使它们相互分离开来。从这一观点来看, 就是**分离的量**。

218. 不应该认为我们在这里有了两种不同的量, 似乎一个量是连续的而另一个量是分离的。每一个量都既是连续的又是分离的。这是任何一个量的不可分割的两个环节或特征。例如, 如果要问空间是连续的还是分离的, 那是愚蠢的。它既是连续的又是分离的。它很明显是连续的;所以每一部分都前进到下一部分。但它同样明显是分离的;也就是说, 它是由许多部分如尺、寸、里等所组成。

连续的量和分离的量必然是相互包含的, 根据这一事实, 连续的量事实上是分离的, 而分离的量也是连续的。它的连续性依赖于它的分离性。很明显地, 只是由于有许多分离的一(分离性), 才会有它们之间的连续性。连续性只有作为分离的诸"一"的连续才是可以设想的。同样明显的是, 只有一个连续的系列, 我们才会把它分割成许多分离的"一"。要形成量, 如已经陈述的，我们必须既有同一或连续性，又有差别或分离性。这样，如果我们取一个人、一头牛、一架簧风琴和一颗星，它们构成事物的一个量；它们都是事物，这是同一性。作为诸事物之量，它是一个连续的量。但作为诸不同事物之量，它又是一个分离的量。十尺的空间是连续的，因为所有这十尺是同一的：它们都是空间；它又是分离的，因为它们被分割为分离的十尺。

219. 根据每一个量都既是连续的又是分离的这一事实，黑格尔一举解决了芝诺关于时空无限可分性这一古老的、一直没有得到解决的谜。芝诺指出，如果我们说空间是无限地可分的，那么，任何一个有限的量，比如说十尺，必定包含无数的部分；这是自相矛盾。另一方面，如果我们说空间不是无限地可分的，那么，它必定是由具有一定量的、不可分的单位所组成；然而，具有一定的量而又不可分，这也是自相矛盾。

可是，这样来问空间是由不可分的单位所构成还是无限可分的，和问空间是连续的或是分离的这一愚蠢的问题是一样的。这个问题本身就假定了二者只居其一，而事实上却二者兼是。如果空间只是分离的，即分成分离的诸"一"，那么它就是由不可分的单位所构成。如果空间只是连续的，那么，它就是无限可分的。这两个假定的每一个都是真的，但都不是全面的真理。完全的真理是：空间是量，而量则是连续性和分离性的统一。

220. 限量由于它是有限定的而与纯量相区别。要得到一个限量，我们必须把限制或界限的概念引进到量中来。空间一般地说是纯量。一个有限量的空间，如十尺，是一个限量。因此，到限量的过渡必须通过量的界限这一范畴。

C. 量的界限

界限不能仅仅从外面引进，它必须从我们已经达到的发展阶段中演绎出来。这一点是如何实现的呢？显然地，界限的观念已经暗含在我们已经达到的概念之中。虽然连续的量和分离的量是相互包含的，它们还是有区别的，而所有的区别都包含着界限。这正是我们所需要的界限。一个限量，比如十尺的空间，是一个被认作从空间的其余部分分离开来的量。它的两边的空间是无限连续的。这十尺长的线的两端的界限就包含在使这十尺的限量和它从其中分离出来的连续的量的区别之中。我们在这里就可看到，界限的观念的必然产生。它是暗含在连续性与分离性的区别之中的，所需要做的只是使得它明白起来。这一点可明确地说明如下。

量是从"一"的辩证运动中产生的。"一"不断地走出自身而成为无限多的"一"（第208节）。这许多的"一"既是连续的又是分离的。由于它们的连续性，我们可以把任何一个数目的"一"，比如说十个"一"集合起来作为一个整体。而由于它们的分离性我们又可以把这些"十"从其余部分分割出来，于是得到一个限量。这样一种分割就是**量的界限**。

第二节　限量

A. 限量

221. 量这样地被限定，就成为**限量**。限量是规定的量，而纯量则是未规定的。这里的进展相当于从纯有到限有的进展。纯有是未规定的。否定、限定、界限等因素被揭示出只是蕴含于其中的。于是，它就成为限有。纯量是同样地未规定的，但现在否定或界限的因素引入它自身，所以它就成为规定的量或限量。

在限量的领域中，分离性和连续性的因素就成为：

B. 总和与单位

222. 一个限量是一个总计，一个"多"，一个"多数"。作如是观，它是一个**总和**——许多"一"之总和。这是分离性的环节。但作为连续的，这许多"一"又形成一个**单位**——一个限量。这两个环节，总和与单位，必然地相互包含，就像分离的量和连续的量一样地不可分离。在它们这种相互的不可分离之中，它们构成**数**。

C. 数

223. 正是总和与单位这两个因素构成数。例如，设想一个数"七"，我们必须首先把它作为七个单位的总和或集合；其次，我们还必须把它们认作一个整体，一个单一的限量。这样我们就有了**数**。

因此，数的范畴就是限量的完全的表现。这一点也可以从这样一个事实看出来，即我们总是用数来衡量"量"，也就是说，计量或给予量以界限或限制。假设有一群不确定的数目的人；这是一个纯量。于是我们加以计算，他们就成为一个限定的量、一个限量。因此，数是限量的完全的表现。

第三节　程度

224. 限量是一个外延的量。这就是说，组成这个限量的诸连续单位是彼此外在的。在十尺的空间中，每一尺都外在于其他尺。在一百个人中，每一个人同其他的人相分离。在一个数字的系列中，每一个数都外在于这一系列中的其他的数。但我们现在却将进入另一种没有这种外在性的量。

限量是具有限制的纯量。一个限量的界限就是决定它的特殊性格的东西。"十"这个数的限制就是第十个"一"，一百这个数的限制是第一百个"一"，如此等等。而由于所有的"一"是同一的，因此，在限量中的所有的"一"是与作为限制的"一"相同一的。于是，它们消失于作为限制的"一"之中，与它相结合。所以，它们全都内在于作为限制的"一"，被吸收在它之中；也就是说，界限或作为限制的"一"，是与整个的限量相同一的。这样，我们就得到一种限量的观念，在其中分离的诸"一"不再相互外在，也不外在于界限，而是全都内在于界限自身中、被吸收在它的单纯的统一中。这样一个限量就是内包之量或**程度**。

225. 正如十尺的空间、二十人等是内包的量的例子一样，温度中的一百度、光亮中的某个亮度，或颜色与音程的某种强度也是内包的量或程度的例子。如果我们思考温度中的一百度，我们将会发现它和我们在上一段对内包的量的叙述是一致的。空间的一百尺是互相外在的。但在一百度中，第九十九度、九十八度等并不独自存在，也不在第一百度之外。第一百度是界限，而且唯有第一百度存在着，其余的都被吸收在它之中。

因此,界限即第一百度,在这种情况下,是和整个的限量同一的。

外延之量是一个集合,它是"在自身中的多"。而内包之量则不是这样一种在自身中的多。它是一个单纯的、未分化的统一,"一个简单的规定性"。

226. 我们已经看到连续的量和分离的量不是两种可以相互分离、独立自存的量;它们互相包含,每一个量都有这样两个方面。外延之量和内包之量也是这样。尽管它们有所区别,它们还是相互包含,而且在事实上是同一的。每一个量都既是外延的又是内包的。这一点可以说明如下:内包之量与作为界限的"一"相同一,因为在内包之量中,作为界限的"一"内在地包含所有其他的"一"。第二十度包含其他十九度在自身之内。然而,其他的"一"同时也外在于作为界限的"一"。因为它们虽然被吸收在作为界限的"一"之内,但它们并没有被消灭,而仍然是真实的。这意味着它们有其在作为界限的"一"之外的存在;它们和这个"一"是有区别的,是它的他者。这表明它们是外在于这个"一"的(当然不是在空间中的外在,而是在思想中的外在)。这样,诸"一"既外在于作为界限的"一",又相互外在,而这般地组合起来也就是外延之量,因此,内包之量和外延之量便是同一的。

在黑格尔看来,重量、热、光、声等,就是这种同一的例子。一个质量,认作若干吨、磅、盎司的数,是外延的,而作为压力则是内包的。因为压力的量是一种程度。温暖也有一个程度。但当它作为被加热的物体的热度增高而表现出来时,它就成为外延之量。所以一个较高程度的温度(内包之量)表现它自身为温度计中的一个较长的水银柱(外延之量)。换句话说,程度的增加总是伴随着外延之量的相应的增加。相似地，作为一种程度较高的声调，是在震动的较多次数中被表现为一个外延之量的。

227. 程度这一领域可分为三个范畴:（1）程度,（2）量的无穷进展,（3）量的比例。

A. 程度

228. **程度**这一范畴的演绎，它的内容和意义已如上述。我们现在就进而研究:

B. 量的无穷进展

229. 我们已经看到，限量是在连续的不确定的量中加进一个界限而形成的。程度也是一个限量。例如，第二十度是一个确定的量因而也是一个限量。但程度的概念有赖于使其余的"一"同一于作为界限的"一"的连续性的因素。同样，正由于这种连续性的因素，界限内的诸"一"即一、二、三等直到二十才同一于界限外的诸"一"即二十一、二十二等。这样，界限就被打破和越过。限量超越它的界限进入不确定的量。但这种不确定的量又必然地成为一个限量。我们已经看到（第220节），每一个不确定的量由于其辩证运动必然地成为一个限量。这个新的限量再次超出它的界限、进入不确定的量，而这个不确定的量再成为第三个限量，以至无限。这样，我们就有了一个无限的系列，这就是**量的无穷进展**。

230. 这里的辩证运动和前面我们借以在质的范围内达到假无限的辩证运动是相似的。在那里，某物成为一他物，循环往复以至无限。在这里，一个限量进到另一个限量，以至无穷。在那里，某物是有限，因此它的他物是无限，但这个无限依次变成一个有限的某物。在这里，限量也成为无限制的量。但这个无限是虚假的，它再次成为一个有限。因为：（1）它是被第一个限量所限制的，似此，由于仅仅是与有限相对的无限，所以它自身也就受有限的限制；（2）在这个无限制的量中，一个新的界限永远在产生。

因此，量的无穷进展不是一个真无限，而是一个假无限。它不过是界限的超越与产生的永无休止的交替。在这种无限中，无限从未达到，它只是"应当"达到，而从未达到。它是一个永远没有得到满足的向往。黑格尔还指出，量的无穷进展，并不是什么崇高的事情，不过是令人厌倦的、无休止的、毫无意义的重复。在这里，我们看到了量必需永远超越所有限制的必然性。我们知道，从经验方面说，对量不可能给予什么限制，在我们安置的任何界限之外还有量，在任何可想象的空间界限之外还有空间。但这里谈到的并不是经验的事实，而是逻辑的必然。它就存在于如此超出自身的量的概念之中，量的概念就包含着任何限量必定超出自身而进入另一限量的必然性。永恒地把自己推出自身，就是量的根本性格。它不仅是如此，而且必定如此，这就是量这个概念所意味的。

231. 这种无限是虚假的，但它不同于我们以前在质的领域中所遇到的假无限。黑格尔的逻辑学是一个前进的过程，每一步都不会是过去的范畴的简单重复。以前的无限是质的无限，这里是量的无限。质的无限意味着某物的质是被某个他物所限定，而他物又被另一个他物所限定，所以，第一个某物的质的限定是永远不能完成的。量的无限意味着独立于质的量无限地扩展它自身。

C. 量的比例

232. 我们已经达到这样一个阶段，即限量之不断地进入其他的限量，于是产生一个无穷的系列。但这是假无限，它是消极的，仍然受有限的限制，因而自身仍是有限。这种假无限向真无限过渡的方式和质的无限是完全一样的。在那里，某物成为另一个某物，以至无限；但第二个某物或任一继起的某物，与第一个某物是同一的，因此，其他的某物对第一个某物的限制不过是自身限制。自我限制，这就是真无限。在这里，一个限量进入另一个限量。但由于连续性的原则，第二个限量和第一个限量是同一的。因此，在这一进展过程中，限量只是和自己发生关系。这样，我们就达到**量的比例**。量的比例这一概念有两个方面：（1）它是两个相互关联的限量；（2）它是两个限量之结合为一个单一的限量。但这两个方面是同一的。因为，第二方面即一个单一的限量就是第一方面即两个限量之结合为一。因此，我们有了一个等式。在这个等式的一边是两个相关的量；而在另一边则是一个单一的限量。这是一个算术比例。试以 6∶3 为例：在这里我们有一个限量 6 与另一个限量 3 相关联，而这种关系等于一个单一的限量即指数，在这里是 2。于是我们有了一个等式：6∶3=2。

第三章　度

233. 前面已经指出，量是完全外在于质的，是和质不相干的（第 186、212 节）。一块草地的面积可以增加而不影响其作为草地的质。因此，量是完全非质的。但是，在量的最后一个范畴即比例中，质再次出现，这是我们正在越出量的范围的一个信号。那么，质是以什么方式在比例中再现的呢？在什么意义上比例可以说是具有质的意义呢？

量是一个对其所规定的东西外在的规定性。另一方面，质是与为其所规定的东西的存在相同一的规定性。所以，自我规定具有质的性格而不是量的性格，因为被自我规定的东西有其在自身中的规定性。它是内在地被规定的，而不是被任何外在于它自身的东西所规定的。这种内在的规定性就是质。现在，很明显地，是那种在量的无穷进展中出现的自我规定性的观念使它变成比例。一个限量过渡到另一个限量，但这第二个限量是与第一个限量相同一的，所以第一个限量与第二个限量的关系只是自身关系。它不是与任何他物相关而只是与自身相关，所以它是自身规定的。这里出现的自我规定性就是质的再现。

在比例中，质更清楚地出现在指数这一边。

在 6：3=2 中，"6：3"这一边是两个限量之一种外在的关系，因此是量的关系。但在"2"这一边，是自身规定的、自身相关的量，因为它是由两个限量结合为一而形成的。那两个限量是外在地相关联的。但当它们结合起来时，它们之间的关系就在作为结合之结果的单一的限量中变成内在的了。这种内在的关系是单一的限量之自身关系，并由于它是自身相关的，因而具有质的性格。

我们还可以用一种更为简单的方式来说明这个道理。在这里我们有了一个自身相关的存在。而成为自身相关的也就是成为一个自有。自有是质的一个范畴。因此，在这里我们有了一个质的规定性。

这一点在比例中表现如下。那外在关系的方面即 6：3 可以无限地变化而指数不变。它可以成为 12：6 或 120：60，而指数仍然是 2。这样，这些规定：6：3，12：6 等，就是外在于它们所规定的东西即指数的，它们的变化不影响指数的存在。外在于它们所规定的存在的规定性，如上所述，是量的规定性。但指数那一方的情况就完全不同了。2 不能够变动而不引起等式另外一边的变化。它不能变为 3，除非我们改变比例，比如说变为 9：3。因此，指数是这样一种规定性，它如果发生变化，它所规定的存在即等式的另一端也就发生变化。和存在如此地相同一的规定性，存在随着它的变化而变化，是质的规定性。

因此，在比例中质和量是结合在一起了。在上一章的开头（第 120 节）我们看到，质发展到顶，作为吸引和排斥，过渡到量。现在我们看到，当量发展到顶，作为比例，又返回到质。但这不是单纯地退回到质。这个结果仍然是量，但它是具有质的量，是量与质的统一。这是一个新的范畴，一个新的领域。这就是**度或尺度**。度是质、量、度这个三一结构的领域的合题阶段。质是第一个肯定，它过渡到它的反面即量。量是非质的，是质的否定，它特别地被表明为外在于质的，与质不相干的，而度，作为质与量的统一，则是合题。

234. 英文中"度"这个词是含混而歧义的。为纠正此偏蔽，需要说明这个词在这里的特殊含义。在黑格尔那里，"尺度"（Mass）这个词暗含有调和、平衡的意思。当语言和它所表达的意思不协调、失去平衡感时，我们就说它是过度的。

协调明显地含有量的观念。每一种协调都可以表现为一个比例。对于物质的和精神的事物我们都使用"很协调""很平衡"这样一些表述。在每一种场合下，这都意味着事物的种种因素彼此处于恰当的量的关系之中。另一方面，所谓失去平衡则是一种因素太多，而另一种因素太少，因而导致比例失调。但协调的观念中也同样包含质在内。如果一个事物的内在比例变得超过一定限度，事物的整个性格就会发生变化；它的质也就改变了。如果一个正方形的各边的比例完全改变了，这个图形也就不再是正方形了。在化学的领域中，比例是极其重要的，质是完全依赖于这种比例的。水是氢与氧按 2:1 的比例结合而成的。如果把这个比例改为 1:1，则此物质之整个的质就完全改变，它就不再是水，而是过氧化氢。因此，度可以定义为质对于量之依赖或为质所依赖的量。

我们还可以举出如下一些关于度的例子。一个国家的宪法的质在某种程度上有赖于它的疆土的大小与人口之多少。古希腊城邦国家的宪法不能原封不动地照搬到国土广袤的现代国家中来。一个乐音的音高（质）取决于每秒震动的次数。财富的聚敛，超过了一定的度，就变成贪婪。水，加热或减热超过一定的温度，就发生质变而为气或冰。它的质即气态、液态、固态，依赖于热的量。

235. 在所有这些情况下都表现出质以某种方式依赖于量。这就是度的概念。当量在辩证过程中开始出现时，它表现得与质完全不同。它被规定为完全外在于事物之存在的一种规定性。它可增可减而不改变事物的质；它是质的他者，是非质。但现在辩证的进程中却昭示我们质与量不再像有与无那样互不相干，相互不同。其一包含着其他，如果分离开来，每一个都是一个抽象。这二者相结合的统一就是度，它意味着质与量的相互依存。因此，黑格尔定义说："度是有质的限量。"[①]

236. 像其他范畴一样，度也是绝对之一规定。黑格尔说："因此有人便说，上帝是万物之尺度。这种直观也是构成许多古代希伯来颂诗的基调，这些颂诗大体上认为上帝的光荣即在于他能赋予一切事物以尺度——赋予海洋与大陆、河流与山岳，以及各式各样的植物与动物以尺度。在古希腊人的宗教意识里，尺度的神圣性，特别是社会伦理方面的神圣性，便被想象为同一个司公正复仇之纳美西斯女神相联系。在这个观念里包含有一个一般的信念，即举凡一切人世间的事物——财富、荣誉、权力、甚至快乐痛苦等——皆有其一定的尺度，超越这尺度就

---

① 《小逻辑》第 107 节。

会招致沉沦和毁灭"。^① 这里的要义在于，我们一般称之为成功的，如果在量的方面增长超过一定限度，就会发生质变，变成灾难。这是度的一个鲜明例证。

237. 度的范围可分为三个范畴:(1)特殊的限量;(2)无度;(3)度的无限。^②

A. 特殊的限量

238. 度作为质与量的统一而出现。但这种统一在第一种场合，只是直接的。黑格尔这里所用"直接的"一词是说质与量之间没有任何真正的中介的意思。它们表现为相互关联、"相互依赖"、相互中介。但这种中介性只是相对的，不完全的。它们不是绝对地相互依赖，不像我们将在后面本质的领域中所发现的那样;在那里，肯定与否定、原因与结果等，离开了自己的相关者就绝对地毫无意义。质与量相互间有一定的依赖性，如我们在上面举出的例子中已经看到的，但它们也同样是相对独

---

① 《小逻辑》第 107 节。

② 在《哲学全书》中没有把度的范围分作若干范畴里。在《大逻辑》中，度包含有 13 个范畴，但于我们无所裨益，因为我们在这里是以《哲学全书》为准的，由于在《哲学全书》中虽然明显地包含几个范畴，但终究没有作明确的划分，所以要从黑格尔的简要的论述中清理出几个范畴来是一件多少有点困难的事情，麦克太戈博士提出这样的划分:(1)特殊的限量;(2)无度;(3)向本质的过渡。但在我看来,第三范畴,是在《哲学全书》的第 110 节中讲的,而黑格尔在那里并没有赋予它一个名称。出于必要,我不得不给它发明一个名字,就是这里出现的"度的无限"。

立的。因此，黑格尔说，它们"是仅仅处于直接的统一之中"。[①]
完全的统一只能意味着一个事物的量的任何变化必然带来质的
变化，这样，此二者就是完全地相互依存、紧密地相互联结着。
相反地，仅仅直接的统一意味着质虽然在某种程度上依赖于量，
但量仍可以在一定限度内自由变动而不对质发生任何影响。这
两者之间的联系是松散的而不是严格的。这里有一种依赖性，
因为量的变化不能超越一定界限而不引起质的变化。但这种依
赖性只是一种"直接的统一"，一个松散的联系，因为在一定界
限之内量可以上下游动，而质却依然不变，从而保持着与量的
区别。这样我们就得到一个一定的限量的观念，它组成一个界限，
超出了它，质的变化就会发生。这就是**特殊的限量**的涵义。

特殊的限量在自然中最现成的例子就是水变为冰或气。这
里有一个温度的特殊的限量，即100℃，超出了它，作为液体
这种质就消失了。温度的限量可以在100℃这个界限内自由变
动而不引起质的任何变化。但一超过这个限度，液体这种质就
突然消失，水变为气态。相似地，水变为冰的特殊的限量是0℃。

239. 特殊的限量的范畴的演绎是值得注意的，因为它是黑
格尔常用的演绎方式的首次表现，这种演绎方式，我们以后还
会看到许多例证；但其合法性，从最严格的意义上看，是可疑的。
这种演绎形式经常在一个三一结构的正题中出现，它的意义在
于指出所涉及的特殊的概念或范畴，在正题阶段是"直接的"；
因为每一个三一结构的正题都属于直接性的阶段（第143节）。
在指出这个概念或范畴是直接的之后，黑格尔接着就从这种直

---

① 《小逻辑》第108节。

接性中演绎出正题的种种性格来。在目前的场合，这种演绎的
含义在于指出度在开始的情况下必然是直接的。这里没有提出
任何具体的理由，它仅仅是从黑格尔关于正题必定是直接的这
一一般原则而来（第 143 节）。直接性意味着没有中介或依赖
性，所以，量和质这两项之间是相互独立、没有联系的。这个
演绎的正确性是值得怀疑的，因为单是孤立性这个一般观念很
难给我们提供包含在特殊的限量中的特殊的孤立性。这个演绎
仅仅是从经验的事实如水变为气中得出它的貌似的可靠性。如
果没有这种不合逻辑的经验的事实，这个演绎就会垮台。但是
黑格尔却经常运用这种推演方式。我们在本书的第 256、280、
323、328、351、361、369、392、419、420、450、460、
472、497、498、511、578、639、726 诸节中，还可以看到更
多的这方面的例子。

240. 从特殊的限量，黑格尔进一步过渡到：

B. 无度

从特殊的限量到无度的过渡是以如下的方式完成的。从特
殊的限量我们知道，一个特定的质的存在只有在没有超过一定
的量的限度的情况下才有可能。但量是不可能这样地被限定的。
撇开所有的经验的事实不谈，我们已经看到，在量的概念本身
中就包含着它不仅超出它自身，而且必定超出它自身（第 230
节）和所有的界限。因此，在度的范围内，特殊的限量必然被
超出。而依存于它的质也必定要消失。在经验的例子中，如水，
我们看到一个新的质接替旧的质，即气态接替了液态。但我们
还没有逻辑地把这一点推演出来。所有特殊的限量的演绎不过

告诉我们，在特殊的限量中存在着一个依赖于不超过量的限度的质；但是这样一个界限必定被超过，因为所有量的界限都是如此，因此，这个质也必定消失。这样，我们重又有了一个不是质的、自由的、不相干的量。由于度是一个质对于一个量的依附，这样一个把质留在后面，不为一定的质所依附的新的量的概念，黑格尔就称之为**无度**。

C. 度的无限

241. 我们现在有了一个自由的量。但我们已经看到，量不可能这样自由；它和质的无关只是一个抽象，它必然回转到质。量显示其自身为转回到质的辩证过程（第233节）。这个自由的量、无度，因此必定再次成为质的量。它不能仅靠自己而存在。它回转到质、再次附属于质。它对质的依附又是一个度。这样，无度变成了度。在自然界中，我们从一个特殊限量被超越从而出现一个新的质中可以看到这一点。当水达到100℃时，它的液体状态消失了。这是无度，因为温度现在可以在100℃之上无限地变化而不再隶属于液态这种质。但事实上这个无度同样也是一个度，这一点表现在一个新的质即气态随之而产生。气态依赖于温度的量不落到100℃以下。所以我们又有了一个度。

因此，无度本身也是一个度。度又再次成为无度；新的无度又转回到度，以至无穷。我们又有了一个无限系列，一个假无限，恰如质和量的领域中的假无限一样。在质中，有限的某物成为一个他物，而他物亦是一某物，如此递进以至无限。在量中，限量超越它的界限，进入不确定的量，但又成为一限量，如此递进以至无限。在度中，度成为无度，无度又回转到度，如此递进以至无限。

在质和量中，真无限是在于指出从某物到他物或从一个限量到下一个限量的过渡，不过是一种自身同一，因而在它们的自身回归、纯粹的自身相关的运动中，我们有了一种自我限定即真无限。所以在这里，在度的领域中，度过渡到无度也不过是过渡到它自身，因为无度自身原来也是一个度。这种无限，这种自为之有，可以认作真的**度的无限**。

第二部分　本质论

导　言

242. 从"有"之最后阶段到"本质"的演绎是按照如下的推论来完成的。我们现在已经达到的度的无限是质与量的绝对统一。在"度"的开头，我们看到质与量只是松散地相关联的，它们的统一只是相对的，或如黑格尔所说，是"直接的"。因此，在"无度"中，质和量重又分离开来，因为在"无度"中，量自由地摆脱了它所依附的质。但现在，由于"无度"自身亦是一个度（第241节），所以我们看到量的自由只是一种幻象。质和量彼此都不能脱离对方，作为量摆脱对质的依附的"无度"重又成为质依附于是的度。因此，质与量这两个因素最后坚定地结合在一起了。这样，我们就达到质与量绝对统一的概念。这种统一还进一步包含着质与量的同一。因为质转化为量（第210节），量又转化为质（第233节）。因此，每一个都转化为另一个，它们是可互换的，它们是同一的。但它们的相互转化这个事实就包含着它们又是有区别的。因为一个东西转化为另一个东西就意味着第二个东西是不同于第一个东西的，不然就不会有变化（第180、185节）。这样，我们就有了两个环节：

（1）质与量的同一。

（2）它们的区别。

它们给了我们关于"有"的两个层次的概念。底层是自我同一，自我关联，不变的同一，一个单纯的、永久的、未分化的存在，它是由量与质的同一所构成。表层是多样化的存在，由质与量的区别所构成。这一层次不是一种不变的统一，而是质与量不断相互转化的多样性。"有"的这双重化的形式就是**本质**。

243. 很容易看出，这里所说的就是本质论范围的一般概念。因为它包含好像有两个层次的"有"：里层和外层。外层的有是区别的领域，内层的有是横亘在底层的同一性，它支持着差别。"有"不再是一个层次的了，就像迄今为止我们仅仅用质、量、度去考察事物时那样，现在有了一个深一层的、内在的、本质的"有"和一个外在的表面或显现。内层的有就是本质，而外在的显现，则首先被认为是不真实的和非本质的。

这样，本质的领域的主要性格一般说来就是，一切均被看作是两面的。我们不再仅从表面价值来看待世界，我们把世界本质地或在本质上是如何与它看起来是如何加以区分。我们摸索着去探求它的内在的存在。我们探求偶性之后的实体，结果之后的原因，如此等等。所有这些包含双重性，包含一个支持他物的存在和一个被支持的存在的诸范畴，都包含在"本质"这个总括之下并且包含着在当下显示给我们的直接存在的下面的基础的观念。

244. 本质是构成整个逻辑学的最大的三一结构（即有、本质、概念）中的第二项。所有可以设想的"有"的诸阶段都已检讨完毕，现在我们进到了一个全新的本质的领域。"有"作为这个三一结构的第一项，是直接性的范围。"本质"作为第二项，是间接性的范围。所谓"有"是直接性的领域，就是说，它的所有的范畴都力图独自存在，相互独立而不相互间接。"有"的范畴力图生存在自己的基础上，而无求于他者。"界限"就没有它所依存的特殊的相关物，"质"也似乎是与"量"全然不同的，如此等等。但"有"之诸范畴的这种假设的独立性只是似是而非的，这就是"有论"所需证明的主题。"有论"的辩证过程显示出所有这些范畴都是互相包含、互相依存的；它们不是相互分离的，而是不可分离地结合在一起的，所以思想能够沿着这些环节构成的链条由此及彼地前进。但是，这些范畴的相互依存只是暗含的，有待于明朗化。它们的联系是隐蔽的，而有待于揭示。因此，"有"一般地说是直接性的范围。

但在本质中，范畴是明白地相互间接的，因此，这是间接性的领域。代替那孤立的范畴，我们现在有了成双成对的范畴，它们不可分离地结合在一起，而从不单独出现。它们明显地互相关联。不可能有无果之因，或没有物的性质，没有偶性的实体，没有外的内，没有差别的同一，没有否定的肯定。每一项都是相对于它的对立面的。本质是普遍相关性的领域。

上面的意思也可以这样来表述：心灵，当它在"有"之诸范畴的统治之下时，把直接的存在当作世界的真理和真实；而当它上升到本质阶段时，它就透过直接呈现的背后去到一个更深的基层中去寻找真实。这个更深一层的基础不是直接的存在，但却是直接存在指点为它的源泉的东西，因此，这个源泉是间接的。质和量恰恰是世界的当下呈现于我们之前并为我们直接知晓的方面，它们是进入我们感觉的范畴。那个东西是红的、大的，这是可以直接地感觉到的。但没有人能够感觉到一个东西是一个原因或一个肯定或否定。这种理解需要思想和比较，而所有的思想和比较都包含间接性。

245. 由于这个理由，"本质"在一定意义上是理解的观点，而"有"则是简单知晓的观点。在"有"的阶段，心灵直接抓住在它眼前的东西，把它看作简单的统一体，看作最终的、独立的、绝对的存在，而且停留在这一点上。而在"本质"的阶段，心灵越过了直接的存在达到第二项并寻求对二者的关系的理解。形式逻辑从名词的学说开始，在这个阶段上，心灵简单地采用一个单一的名词如椅子、人、桌子而不再前进。这只是简单的知解，它相当于"有论"，因为在"有论"中每一个范畴都被看作是最后的、独立的、孤立的全体。在形式逻辑中，接着就是对命题或判断的论述。在这里简单的名词分裂为两个由系词关联起来的名词。代替"人"这个简单的名词，我们有了一个判断：人是有死的。这样，判断就是先前那种统一之分裂为两个相关联的名词的差别。这就是知性的特殊的工作，也是判断的功能。这相当于本质的学说，在其中，"有"的单纯的同一性成为二重的了。我们有的不再是单个的范畴，而是成对的范畴，它们互相区别但又相互关联，就像一个命题中的两项那样紧紧地连在一起。

我们已经指出，知性是分辨和区别的领域。因此"本质"的诸范畴是科学用以认识世界的特别手段。它的工作就是去进行区别，坚持确定性与界限，坚持精确性，去把事物安排在它所应归属的种类，去追查事物之间的关系。本质是"关系"的领域，它的范畴都是相关范畴，这一点也使得它成为科学的特殊工具。

246. 出于这个缘故，科学总是习惯地倾向于对宗教对象持怀疑态度。由于本质是它所达到的那种思想阶段，以普遍的相关性为其原则，所以科学总是倾向于坚持知识的相对性和对于绝对和上帝的认识之不可能。这种假想出来的不可能性完全是从专门应用本质论范畴中产生出来的。以这些范畴为手段所能得出的知识都是相对的。只有当"本质"被概念论的诸范畴所代换时，才能真正认识绝对；概念论的诸范畴既是科学的又是哲学的。

247. 由于本质是逻辑学这个大三一结构的第二项，我们很自然地应当把它视作第一项即"有"的对立面。真实情况也就是如此。"有"的主要特征是直接性，而"本质"的主要特征则是间接性。并且，正像"有"是单个的一样，"本质"是成双的。本质是由"有"走出自身进入他者所形成的。"有"进入了他者，成为自身的双重化，也就是从自身走出来。最后，本质作为对直接性亦即对"有"的取消或否定而出现在我们面前。"有"是存在在那里，直接呈现给我们的；本质恰恰不是存在在那里，不直接呈现给我们，而只是作为直接呈现的否定性的源泉被指引给我们。

248. 本质是绝对的一规定。绝对是世界的本质，它是隐藏在世界的后面的幕后的存在，作为它的看不见的源泉。特别应该指出，本质是看不见的，因为能够看得见的就是直接的。作为本质的绝对的基础，是横亘在底部的同一性，是自同一的"一"，它在现象世界的差异与多样性中宣示它自身。绝对是本质，这是印度教以及一般说来是东方思潮所提出的规定。对印

度教来说，它还没有达到认绝对为理念即概念论诸范畴所形成
的规定这样一种充分发展的观念。

　　绝对也常常被描述为本质中的某一个或其他的范畴，它被
认作世界的第一原因（因果范畴），或者是在现象底层的一种力
量（力和力的表现的范畴），或者，在东方国家中，被认为是"一"
（同一范畴）。所有这些规定作为真理的一阶段或一环节，都是
真的。但如果把它们不适当地夸大，那就都错了。因为本质的
诸范畴将被概念论的诸范畴所取代，而只有它们才是适合于表
达上帝的真理的。和概念的具体性比较起来，本质仅仅是一抽象，
它不能在自身中包涵那神圣的存在的全部的丰富性。

　　249. 我们已经看到，在本质中我们有两重存在。本质是底
层，是深刻的、内在的真实；另一层是直接的有、显现、现象世界，
它是本质的宣示。因此，首先，相关的两个层次作为本质的与
非本质的出现在我们面前。非本质的东西仅仅是一种外现，一
种假象，一个空洞的显现，一个无价值的东西。然而这却是错
误的。因为真理不仅在于非本质依赖于本质；本质也同样地依
赖于非本质。因此，非本质也就恰如本质一样是本质的。本质
无疑地是非本质的存在的源泉。可是，如果没有非本质，本质
也就不可能成为它的源泉，因而也就不成其为本质。本质如果
要成为本质，那么必须有它作为其本质的某种东西存在。毁掉
这种东西，也就毁灭了本质。因此，本质依存于非本质与非本
质之依存于本质是同等程度的。结果无疑地依存于原因，但如
果没有结果，也就没有原因。否定依赖肯定，肯定也同样依赖
否定。这些概念的依存是互相的，而非单方面的。

这种概念间的相互依存,黑格尔称之为反思。[①]在"有"的领域中我们已经看到了依存关系,但不是相互依存的关系。某物在他物中有其存在,而他物又在它的他物中有其存在,A依存于B,B依存于C,等等。但在这里,A依存于B,而B亦依存于A。这种思想概念的绝对的相互依存性,这种普遍的相对性,也是作为反映式的思想的反思的基本观点。

250.本质论分为三部分:(1)本质作为实存的根据;(2)现象;(3)现实。

———————

① 从光学借来的概念。

第一章　本质作为实存的根据

251. 本质作为实存的根据分为三个阶段:(1) 反思的纯范畴或纯原则;(2) 实存;(3) 物。

第一节　反思的纯范畴或纯原则

252. 反思的纯范畴是(a) 同一,(b) 差异,(c) 根据。它们之所以被称为反思的原则,是因为同一和差别是理智或反思所坚持的两个根本的原则。同者相同,异者相异,这就是理智的观点。根据这一范畴所以也在这里出现,如我们将要看到的,是因为它是同与异的统一。下面我们就来看看这些范畴的演绎过程。

第一分节　同　一

253. 本质的两个方面首先作为本质与非本质出现。但如已经指出的，这是错误的。非本质的东西如同本质的东西一样是本质的（第 249 节）。因此，非本质的东西，由于是本质的，它自身也是本质的东西。不仅 B 依存于 A，而且 A 也同样依存于 B，A 对 B 的关系与 B 对 A 的关系是同一的。因此，这种关系的此一方面与彼一方面是同一的，每一方面都同样地可以看作是本质。这两方面不是两个东西，而是同一个东西时而被作为本质，时而被作为表现。正是本质，而不是别的东西在显现，所以表现也就是本质。

这种关系的两方面之间的完全等同给我们以"同一"这个范畴。由于本质仅仅在与表现的关系中才成为本质，而表现也就是本质，所以本质对表现的关系不过是本质对其自身的关系。因此，本质只是由于其自身关系才成其为本质。本质是自身关系，而自身关系就是"同一"。仅仅与自身相关联就是自身同一。

254. 如果把本质叫作 A，表现叫作 B，那么它们的关系就是 A 对 B 的关系。但由于 B 即表现自身亦是本质 A，这种关系就只是 A 对 A 的关系，也即同一关系。

把这种关系表述成命题的形式即 A 是 A，这就是所谓的逻辑的同一律。在黑格尔看来，矛盾律和同一律是一回事，不过是以否定的形式表述出来罢了。在它的肯定的形式中，我们就得到同一律：A 是 A。同样的思想，用否定的形式来表述，就是 A 不是非 A 或 A 不能同时是 A 和非 A，这就是矛盾律。

由于黑格尔通常被认为对思维规律持"否定态度"，我们在这里把他自己的原话引证一下将不无用处。他写道："有人说，同一律虽说不能加以证明，但每一意识皆依照此律而进行，而且就经验看来，每一意识只要对同一律有了认识均可以接受。

但这种逻辑教本上所谓经验，却与普遍经验正相反对。照普遍经验看来，没有意识依照同一律思考或构想，没有人依照同一律说话，也没有任何种存在依照同一律存在。如果吾人说话都遵照这种自命为真理的定律（一星球是一星球，磁力是磁力，心灵是心灵），简直应说是笨拙可笑"[①]。

黑格尔的观点是，这个定律并非错误，而是一片面的抽象。在这里我们达到的范畴是抽象同一性，亦即排斥差别的同一。下一个范畴，如我们将要看到的，是抽象的差别，即排斥同一的差别。分别作为一个三一结构的第一项和第二项，它们每一个都是一个抽象，每一个离开了他者都是无意义的。具体的真理只在二者的合题之中，即同一和差别的联合之中，这就是根据这个范畴，可是，形式逻辑的思维规律只表示出抽象同一与抽象差别，因此，它们并不是错误或简单的不真实，而是"愚蠢"，因为真理的一个方面离开了另一方面是没有意义的。正如上引的黑格尔的那段话中所指出的，即使在普通的命题中都包含着比 A 是 A、人是人更多的东西。普通的命题事实上包含着具体的真理。它们不是采取 A 是 A 的形式，而毋宁是取 A 是 B 的形式（如人是有死的）。它包含同一与差别，是二者的结合，而不是如所谓的思维规律所表示的二者的分离。因为说 A 是 B，这里首先包含了 A 和 B 是有差别的东西（人和有死不是一回事），其次，它们又是一回事，因为这个命题的宾语明确地表示出其一与其他的同一。

---

① 《小逻辑》第 115 节。

第二分节　差异

255. 从同一到差异的演绎完成如下。同一是本质对自身的关系。但在这种自身关系中，它恰又由此把自身从自身区别开来。这种自身关系是一种否定的自身关系（第208节），即它从自身否定并排斥其自身。一个关系至少包含两项；关系就是它们间的关系。在目前的情形下，是一项自己与自己的关系。第一个"自身"作为被关联者是与作为关联者的第二个"自身"不同的。如果没有这种内在的自我差别，就不可能有关系。如果我们把同一表述成 A 是 A 的形式，那么作为主语的 A 和作为谓语的 A 是不同的。因此，同一必然包含着**差异**，包含在这个演绎中的道理是和从一演绎出多的道理一样的（第208节）。

256. 差异内在地又分为三个范畴或阶段。它的第一阶段是：

A. 杂多

它也被称为多样性。由于按照一般原则说来，三一结构的第一项是一种直接性，所以差别在其第一阶段也是直接的差别。这意味着在这一阶段的差别不是互相间接、互相依存，而是互不相干或仅仅有一种外在的联系。**杂多**指的是一堆互不相同而彼此没有一种特别的对立关系的事物。[①] 例如，一支铅笔是不同于一只骆驼的，但它们并无特定的对立关系。一支铅笔并不是一只骆驼的对立面，它们只是不同而已。这就是杂多。可是，光明和黑暗却是对立物，它们是肯定与否定。这就是与"杂多"

---

① 见本书 239 节。

不同的"对立"。"对立"这个范畴现在尚未出现，但不久就将
被推演出来。我们在这里提前谈到它和它与杂多的区别是为了
使杂多的概念更为清楚明确。真正的对立面是互相间接的。肯
定与否定互相依存，它们每一个都是确定地被规定为另一个的
对立面。可是，仅仅有差异的事物即直接呈现的杂多，却没有
这种特定的关系。它们每一个都是其所是而与它者无关。一支
铅笔不同于一只骆驼，但一所房子、一支香烟、一场战争，一
颗星，一个喇叭，或宇宙中任何一个事物也与骆驼不同。但是，
在对立的关系中，每一个事物不是有一大批无定数的事物与它
相对，而只有一个事物与之相对，只有一个对立面，它自己的
对立面。光明的唯一对立面就是黑暗。由于呈现在我们面前的
事物仅是杂多，它们相互间没有本质的联系，而是漠不相关，
互不依赖，所以它们不是相互间接的，而是直接的。因此，差
异在其第一阶段，是直接的差异，即杂多。

B. 相似与不相似

257. 这样，相异者彼此是漠不相关的。每一个都是自身存
在之物，它的性质不因与他物的关系而改变。因此，它们之间
的关系就不在它们自身之中，而是外在于它们的。可是对于肯
定和否定、对于对立物来说，情形就不一样了。在对立中，每
一方面和另一方面的关系就包含在每一项的概念与规定之中。
肯定之为肯定，由于它不是否定。它对否定的关系是它自身性
质的一部分，是内在于它之中的。但在杂多中，相互关系不是
每一事物性质的一部分，因为每个事物是其所是而与他物无关，
因此，这种关系是外在于它们的。这意味着，如果这两者是 A

和 B，那么，它们的关系既不能在 A 之自身中发现，也不能在 B 之自身中发现。这种关系只能在外来的比较中发现。这种外在的关系就叫作**相似**与**不相似**。如果我们说 A 和 B 是相似的，我们不能期望单独在 A 的性质中或单独在 B 的性质中发现它。一匹斑马和一匹马是不同（不相似）但又相似的。然而，离开了和马的关系，甚至在世界上没有马存在，斑马仍然是斑马。因此，它之"像一匹马"这种性质不是其自身存在的一部分，而是外在于其存在的。

真正的对立面之间的关系是内在于这些对立面自身中的。由于杂多的事物是彼此漠不相关的，即不依赖于他物而自存，因此，杂多给予我们以一种事物之间外在关系；而这种外在的关系就是相似与不相似。相似是不同事物的同一性，而不相似就是差异本身。

258. 从相似与不相似中推演出差异的最后一个环节，即：

C. 肯定和否定

或对立面的关系。杂多仅仅是一个事物对任何一个他物的关系或对无数的他物的关系，所以一支钢笔，一只骆驼，一个圆，一把梳子和一条蝌蚪，都被毫不相干地认为相互区别的；但另一方面，在对立中，一个事物是被认为有其特定的他者，这就是它的对立面。差异，在其第一阶段即杂多，仅仅是不同的。现在，在其最后阶段即对立中，它是特定的不同。这就是肯定与否定。光明和黑暗，北极和南极，冷与暖，这些都是对立的例子。

可是，"对立"这个新的范畴是怎样从上一对范畴中推演

出来的呢？上一对范畴是相似与不相似。相似是同一，不相似
是差别。但我们已经看到同一包含着差别，差别也包含着同一
（第255节），这里没有离开其他的其一。因此，相似包含着不
相似，不相似也包含着相似。它们相互依存并完全结合在一起。
它们的关系是"反思"的关系，即相互依存（第249节）。可是，
相似与不相似同时又是相互区别的。因此，我们在这里有了一
种差别，即相似与不相似之间的差别，在这种差别中，这两者
被坚固地结合在一个完全的相互依存之中。在杂多中，所有的
项只有外在的联系或彼此漠不相关。杂多是直接的差别。但在
这里我们有了这样一种差别，在这种差别中两者完全地互为中
介，每一个都关系于、依赖于另一个。这样的差别，如已经阐
明的，就是**对立或肯定与否定**。

259. 人们可能反对说，这个论点从一个错误的起点开始，
它是从"相似是同，不相似是异"这个断言开始的，这是它的
第一前提。对这个前提，人们可以加以反对说：相似不仅是同，
因为相似的事物也总是有差别的，总是不同的，而不相似也不
仅是差别，因为不相似的事物也必然在某些方面是相同的，否
则我们就不能把它们加以比较。一匹斑马与一匹马相似，但在
其他方面，它们又是不相似的。一颗星是与一只骆驼不相似的，
但它们至少在二者都是物质的事物这一点上是相似的，如果不
是这样，我们就不能比较它们或说它们是不相似的。

可是，作这样的论辩只是帮了黑格尔的大忙。因为这恰恰
就是他的观点。推演是从断言相似是同一开始的。可是，就在
考察这个断言的同时也就揭示出由于同一包含着区别，所以相
似也就包含着不相似。而整个的推演也恰恰是在断定相似与不

相似的分离是不可想象的基础上进行的。这个论点意味着与不相似抽象地割裂开来的赤裸的相似，就如同与差别抽象地割裂开来的赤裸的同一一样；而孤立、抽象的不相似也同样和孤立、抽象的差异一样。而由于这种赤裸裸的、抽象的同一或差别都已被证明是错误的，由于同一和差别是不能分离的，而是相互包含的，所以，同样地，如果与不相似分离开来，则相似也只是一抽象。由于二者不可分离，它们每一个都依存于作为自己的他者的另一个，我们才有了这种特定的差别的关系，即对立或矛盾。

我们从杂多即直接的差异开始，而以矛盾告终，在矛盾中，间接性与相互依存性充分地展开了。因此，矛盾是差异的最后的、完成的形式。下面，我们就由差异的领域进入根据的范畴。

第三分节　根据

260. 根据是三一结构的合题：同一、差异和根据。我们现在需要来阐明根据这个范畴是如何推演出来的，以及它意味着什么。

我们已经达到的肯定与否定，每一个都完全依存于另一个。肯定仅仅是相对于否定才是肯定；否定也只有相对于肯定才成其为否定。由于它们这样互相指向对方是同一个关系，所以它们是可以互相代替的。肯定就是否定，否定也就是肯定。我们可以把北极看作肯定，那么南极就是否定。我们同样也可以把南极看作肯定，那么北极就是否定。通常，光明被认作肯定，而黑暗则是否定。它们好像不能互换，但这是因为光明和黑暗的感觉（知觉）常常被和作为它们各自的原因的光波的振动与振动的消失相混淆的缘故。可是，黑暗的知觉是和光明的知觉一样地是肯定的。所以黑暗也可以十分合理地被认作肯定，而光明则是它的否定。或者即使我们把光明化为振动，那么休停（振动的消失）也可以被看作肯定，而运动（振动）则是它的否定。

因此，肯定是否定，否定也是肯定。每一个都是同样的东西，就是说，绝对地依存于他者。这种对他者的绝对依存就是根据的观念。由于否定完全依赖于肯定，所以肯定是否定的根据。同样地，否定也是肯定的根据。因此，每一个同样地都是根据。它们之间的差别消失了，而它们的同一就是**根据**。

261. 在辩证发展的过程中，同一成为相似，差异成为不相似。相似，在其发展中成为肯定，而不相似则成为否定。因此，肯定是同一，而否定是差异。同一是自己对自己的关系（第253节），它这样地证实它自身就是肯定。差异是自己对自己的区别，这种区别存在于自己对自己的关系中（第255节），这样它就是自己被自己所排斥，所以就是否定。因此，根据就是肯定与否定消融于其中的统一，同时也就是同一与差异的统一。这样，它证明了它现在作为三一体的合题地位：同一、差异、根据。

第二节　实存

262. 根据是有区别寓于其中的统一。因为，如果有一根据，则必然亦有一有根据的某种东西。任何东西作为根据就包含着必有某种有根据的东西。如此，肯定可以被视作根据，则否定就是有根据的。但由于肯定和否定是可以互换的、同一的，所以同样地根据和有根据的也是同一的，二者间没有区别。有根据的是它自己的根据。假设我们说 A 是根据，B 是有根据的，根据的范畴只是作为肯定与否定的统一而出现，其中每一方面都表现为以对方为根据。因此，如果 A 是 B 的根据，B 也同样是 A 的根据。但如果 A 以 B 为根据，而 B 又以 A 为根据，这就等于说 A 最终是以 A 为根据，而 B 也以 B 为根据，或者，如我们上面所说，有根据者就是自己的根据。

这样，根据的范畴被证明是空洞的，无用的。它给出一个事物的解释或根据，只不过是把那个事物再说一遍。它对事物的解释不过是说"它是如此因为它是如此"。我们经常看到这样的例子。闪电被解释为是由于电流，但把电流作为闪电的根据不过是把闪电作为自身的根据。或者，一个人的行为的性质被解释为是由于他具有某种性格，但他的性格不是别的，正是他的行为，这种解释不过是把外在的存在翻译成内在的东西来表述罢了。再如，我之能思有时被解释为我是有思维的"能力"。可是，思维的能力不过是我在思维的另一个名称而已。

这样，有根据的东西就是自己的根据，这两者是同一的。因此，这二者间的相互间接消失了，在我们面前又有了一个直接性。有根据之物，认作一种直接存在，作为一种当下直接的存在，就是**实存**。有根据者是一个实存的东西。但根据与有根据者是同一的。因此，根据自身是另一实存的东西。因此，我们有了许多实存的东西相互成为根据与有根据的东西的观念。"实存是自身反映与他物反映的直接同一。因此实存即是无量多的实存的事物。它们是相对的，自身反映同时又于他物中反映其自身。它们形成一个根据与后果互相依存、无限联系的世界。这些根据自身就是实存，而这些实存同样从各方面看来，既是根据复是依赖根据的后果。"[1]

263. 一个初学者有时会对实存与有这两个范畴的区别感到不好理解。这种区别在第 184 节中已经在某种程度上作了解释，但现在我们可以看得更清楚些。黑格尔用实存这个词来表述一个事物是世界的一部分，亦即是在和其他实存的东西相互关联之中，从而成为我们称之为世界的那种关系之网或体系的一部分。实存不仅仅是有，它是有根据的有。由于每一个有根据的东西都以其他有根据之物为其根据，而这另一有根据之物又以第三个有根据之物为其根据，如此等等。这是一个较之作为逻辑学的开始的空虚抽象的"有"远为发展和复杂的概念。"有"是完全无规定的。实存是被根据所规定的。因此，作为一个复杂而具体的实存的概念，理所当然地在辩证发展过程中出现在仅仅抽象的"有"的概念之后。

辩证发展过程的下一步是从实存到物。

第三节　物

264. 从本质论的一开头起，从根本上说，我们无非是在讨论两个概念的相互包含的问题，它们是（1）自身关系和（2）

---

[1]《小逻辑》第 123 节。

他物关系。这两个概念形成了出现在我们面前的每一对范畴的两个方面。自身对自身的关系给了我们以同一的范畴。但由于这样一种关系也包含着自身与自身的区别，这种排斥的关系，事实上是他物关系，给予我们以差异。相似是同一这个方面，是自身关系，它依次又成为肯定。不相似是差异这个方面，或对他物的关系，它依次成为否定。自身关系进而成为根据，而他物关系则成为有根据者。根据和有根据者在实存的直接统一中消融了。

因此，实存包含了关系的两方面。黑格尔把自身关系叫作"自身反思"，把他物关系叫作"他物反思"。因此，"实存是自身反思与他物反思的直接统一"[①]。每一个实存的东西都包含着这两个因素。首先，自身反思这个因素意味着有根据之物是建立在自己的基础上，作为一个坚固的同一之有，它是不依赖于其他的有根据之物的，并且全凭自己而成为其所是，离他物而独立自存。第二个因素，即他物反思，意味着有根据之物是依赖于他物的。当一个有根据的东西被认为是处在这双重的方面中时，我们就称之为**物**。下一段将要阐明这一点。

因此，在物的领域内的第一个范畴就是物和它的特性。

第一分节　物和它的特性

265. 我们称任何一个东西为**物**意味着它有其确定的、自在的存在，甚至是实质性的存在。如果我们分析一下对于实存的

----

①《小逻辑》第123节。

这种通常观念,我们将发现,根据这一观念,世界包含有(1)物,它们被缚在(2)关系之网中。通常的思想认为物是有其离开关系的实质性的存在的。我们常说,为了要有关系,必须有发生关系的"物"。关系不能仅仅由于自身而存在,世界也不能仅由关系而构成。从各种关系中割裂开来的物是不依赖于他物之某物。同其他一切事物及与它们的关系中割裂出来,一物就是在自身中之物。这恰恰就是黑格尔关于自身反思即独立不依、自身同一的观念。第二个因素,他物反思,给出一物对他物的关系,这就是物的**特性**。

266. 这个特性的观念需要作进一步的阐明。在有论中我们已经论述了质的诸范畴。很自然地,人们要问:特性和质是不是一回事。如果它们是一回事,那么特性就不过是新的名称而已。在这种情况下,辩证发展过程的要求就完全没有得到满足,因为在这一过程中,在后的范畴比在前的范畴更为具体,更具有真理性;因此,一个范畴一旦被取代后,就不能在后来的阶段上再出现,即使换一个新的名字也不行。

然而,质和特性却不是一回事。某物有一种质,或更确切地说是一个质。因为有论的基本观点就是说质是与有自身同一的一种规定性(第186节)。然而在这里,特性却不是与物同一的。物有一种特性,这一点已由特性作为他物反映这一辩证的起源所表明。它表明特性不是物自身的一个部分,而毋宁说是它对其他事物的影响和它被其他事物所影响的能力或接受力。例如,水使铁生锈,这是水影响铁的一种特性。它也是铁被水所如此影响的特性。水和铁的这种相互关系是它们的相互依赖和"反思"(第249节),这就是特性的含义。它是一个较之抽象的质的概念远为复杂的概念；质是与存在如此同一的东西，如果它消失了，存在也就消失。

人们可能争辩说，这样来区分质和特性是不可能的。红光的存在就包含在它的红之中。红是一种质。但它也可以被看作是一种特性，因为它包含光对眼睛的影响作用。我们的回答是，每一种质当然可以认作一种特性，但这样一来，它就包含了一种新的观点和一个新的、更为具体的范畴的应用。辩证法的极为重要的东西就是一个范畴转换为另一个范畴，在起初被置于一个抽象的范畴之下的东西，不仅可能，而且必然被置于一个更为具体的范畴之下。原来被认为是"存在"的必然接着被思想为"本质"，而最后进展到只有"概念"才是真正能够说明它的唯一范畴。同样地，一种质，如红，在辩证发展的过程中不仅可以而且必然会进展到被认为是一种特性。所以，没有一个物的质不是又被认作是一种特性这一事实，并不表明质和特性就是同一个范畴。

第二分节　物和质料

267. 我们现在处在物与特性的阶段。物抽象地来看，是自身反思；特性，抽象地来看，是他物反思。但自身反思与他物反思不能这样抽象地看待。它们每一个都包含着他者，每一个都像是它自身一样地是他者。因为自身反思就是自身同一，自己对自己的关系；而这种自身关系同样包含着自身同自身的区别和差异（第208节），即他物反思。因此，现在特性成为自身反思，而物成为他物反思。所以物和它的特性在一切方面都互相换位了。现在是特性，而不是物成为自身同一的和独立的，以前，物是它之所是，即"在自身"、自身同一，内在的存在、本质；而特性是外在的存在，是非本质的。但现在，特性是自身同一、独立的，内在的存在，本质。特性没有离开它所栖身于其中的物的实存，只有物才有独立的实存。可是现在特性却成为一物，即一个独立的实存。因此，特性就不再被认为是仅仅寄身于物之中。他们自身是物所由组成的坚实的、独立的存在。它们是物由以构成的材料。特性就这样地停止其为特性而成为**质料**。

268.黑格尔这里所谓的质料意味着什么是很难理解的。他说，特性变成的质料是独立的，并从对物的依附中解脱出来。可它们仍然被说成是"物的特性"[1]，而据说"它们自身又不是物"[2]。它们是"实体"。质料的抽象概念和它从特性的演绎是明白易懂的。但当我们在外在世界中寻找例子时，我们发现黑格尔谈的却是磁力和电气等质料，热素、味素，等等。我们能够看出，磁、热等，（1）能够认作物的特性，因此（2）能被认为是半独立的"实体"，虽然不是"物"。但这种看法并不恰当。在《精神现象学》中有一段话提到自由的"质料"；J. B. 贝利先生在他所加的附注中指出这是从黑格尔时代的物理学中引过来的一个术语。显然，黑格尔是把他那个时代的一个暂时的而现今已经过时的科学概念误认作永恒而必然的范畴了。无论如何，这个范畴不仅是物理的质料。据我们理解，把心灵看作是

---

[1]《小逻辑》第 126 节。

[2]《小逻辑》第 126 节。

认识、意志和感情的混合物的观点就是运用物与质料的范畴的一个例子。例如，意志首先是心灵的一种特性；心灵在意欲着。但被认作半独立的"实体"的意志就是组成心灵的诸要素——能力或质料之一。这样来看待心灵当然是把一个完全不适当的范畴运用于它了。但不管正确还是错误，如果我们这样来看待心灵，我们就是运用了物与质料的范畴。这样，这个范畴就与物理的东西无关。推演出物理的东西在仅仅和纯粹普遍的东西打交道的逻辑学中是没有地位的。物理的东西是一种感性的普遍的存在，而它的正当的位置是在自然哲学之中，而事实上黑格尔也是在自然哲学中把它推演出来的。

第三分节　质料和形式

269. 在上一节中谈到的质料彼此是不同的。许多质料，其中的每一个都是和其他的质料有区别的。不同的质料这种多样性产生于属于物的诸特性的多样性。但如果我们检讨一下这个观念，我们就发现不同质料的区别消失了，它们全都结合为一个质料。特性是他物反映，但它被转变为自身反思，这时特性就成为质料。于是，每个质料是一个抽象的自身反思。这和自身关系是一回事，亦即是没有区别的抽象同一。这样，区别就被排斥在质料之外，在质料之间没有区别，只有一种质料。

由于这一质料不包含任何种类的差别于其中，因此它是绝对地未规定的、无特征的、无特性的。因为规定和特性只有通过限制、区别和差异才有可能。

而恰恰由于质料是属于抽象同一这一边并因此成为一个无

特征的原料，所以物，作为质料的合成，现在是他物反思的一边亦即差异和区别。所有的区别以及所有的规定和特征因此都落在物的一边并被排斥在质料之外。

因此，物就变成*形式*。因为形式在这里就是被加于无特征、未规定的质料之上的区别、特征、规定、限制的原则。这样我们就达到了**质料与形式**。

270. 黑格尔的这种关于质料与形式的概念也就是古希腊的那个老观念。质料不是物理学家们所说的那种质料，因为这是已经完全形式化了的质料，诸如铁、水或铅等。这里的质料就是古希腊的（*ὕλη*）或无定形性（*ἄπειρον*），阿那克西曼德、毕达哥拉斯、柏拉图和亚里士多德所通用的，那无界限、未限定、无特征、无形式的物的基质，另一方面，形式也不仅是形状，如我们现在的观念所认为的那样；它是所有特征的总和，是质料得以成为被限定的、被规定为这种或那种特定的物的差异的原则。它就是亚里士多德的 *εἶδος* 或 *μορφή*。

第二章 现象

271. 从作为存在之根据的本质到现象的过渡有如下述。物可以说分成两半：质料与形式。但现在我们看到这每一半都包含着另一半因而是全体。形式包含着全部质料，而质料也包含着全部形式。质料是空的自身同一，它是物的自身反思。而另一方面，形式是物之他物反思。可是，他物反思和自身反思是可以互换的（第267节）。因此，作为他物反思的形式同时也是自身反思，也就是说，它是质料。而作为自身反思的质料同时也是他物反思，也就是说，它是形式。这样，形式是整个的物，因为它包含着质料；而质料也是整个的物，因为它包含着形式。

所以，物是一个矛盾。一方面它整个地是质料即自身反思，并因此完全地是独立于他者，仅作为凭藉自身的本质实存。另一方面它整个地是形式即他物反思，并因此是完全地依赖于他者。因此，它是这样一种实存：它的独立性取消了它自身，从而证明是依赖于他者的。这样来看待的实存就是**现象**。

272. 如果我们加以更具体的说明，那么对于现象的这个定义的真理性就会更加明显。我们对于感性世界不过是现象这一思想是很熟悉的。然而，这却是一个相当晚近的哲学概念。感性世界并不是一开始就作为现象存在于我们面前，相反地，它似乎是完全独立自足的实质性的存在。坚固的岩石，好像是完全立足于自身的、终极的、绝对的某种东西。这是一种无反思的意识的观点。随着哲学思想的发展，心灵开始看到，这种独立性和自满自足性同时也是完全依赖于其他的东西的，亦即依赖于绝对的真实，因此它不过是绝对的真实的现象。

　　看作现象的物是一个矛盾，认识到这一点是重要的，用黑格尔的话来说，它是某种"自身分裂"的东西。它不仅仅是依赖他者。说一个事物没有自己的独立自存而完全依赖他者，那么它就不在自身包含有矛盾，就把这一事物的真实性完全剥去；它就只是一完全的空洞和虚空，完全没有实存，只是一外观，一抽象的无。这不是黑格尔的现象概念。物不仅仅是依存的、他物反思的。它同时是独立不依的，是一实存、是自身反思的。因此它是一个矛盾，它是一个独立自存之物，但又把它自己的独立性分裂出去因而自己成为依他之物。把世界认作一个现象也就是赋予它一个内在的矛盾。实际上，这是所有把世界仅看作是现象的哲学派别的观点，虽然黑格尔没有提到这种联系。爱利亚派的芝诺试图表明感性世界是一个明显的自身矛盾，并逻辑必然地是一现象。康德采取了同样的推理。

　　273. 因此现象是自身反思和同时又是他物反思的矛盾。自身反思和他物反思的这种同一性给出一个重要的结论，即现象和内在的存在或本质是同一的。自身反思是本质、内在的存在。他物反思是现象、外在的存在。但这两者是同一的。这样，现象不是一个单纯的空洞、非真实、虚空，因为它是本质。本质与现象不是两个东西,而是一个东西。它是同一个东西的二重化,时而作为本质,时而作为现象。它是本质自身的表现。

这种看法较之那种把现象与真实绝对对立起来,把真实性仅归之于内在存在,而把外在的存在视为仅是空洞的幻象的通常观点,显然是更为深刻的思想。印度人把世界看作是空幻境界,仅仅是无、非存在。在黑格尔看来,世界同样是现象,但现象也是本质,它的本质性并不比本质自身少。这意味着对于本质来说,表现是基本的、必不可少的;表现就是本质的根本性格。但是在印度人的思想中,婆罗门必须宣示他自身是不可设想的,在这种思想方式下,本质和现象分离了,它们是两个完全不同的东西,在它们之间没有什么真实的联系。对于黑格尔来说,本质和现象是同一的,尽管它们是有区别的。本质即在现象之中,它必定表现为现象。这就是我们现在达到的概念,必须牢牢地把握住它。

第一节　现象界

274. 前面的物现在成为显现或现象,这就是说,这个物的独立实存性被否定、被它的彻底的依存性所排挤。物由质料和形式所组成。质料作为自身反思,是内在的存在或物的本质。形式是他物反思,是外在的存在。他物反思、对他者的依赖的方面构成物的现象性。因此,形式成为表现,而质料则被认为是本质。但我们已经看到,形式包含了质料在自身中,而质料本身则是形式的一部分(第271节)。所以现象的本质或根据即质料同样地可以被看作是形式或形式的一部分。但形式是现象，因此现象是以其他现象为根据。而作为根据的现象又以另一现象为根据，以至无穷。从此我们就有了一个推演的复杂繁多的现象世界，其中一切现象均相互依存，联结在一起。这些现象的总体就是**现象界**。

275. 在谈及质料与形式的范畴时，我们曾指出，这里所推演出来的不应该认为是物理的存在。同样在这里也应该提醒一下，黑格尔这里所引进的"世界"，也不应该误认为是感性的外在的物质世界。这样一种演绎只有在自然哲学中才会发生。逻辑学只和纯思打交道。这里演绎出来的不是物质世界本身，而只是世界的现象性。当前的范畴的两个方面是（1）现象性，和（2）（诸现象的）系统的相互联系。第二个方面是一种关系或一个关系的体系的观念。这不是一种感性的事实，虽然如同所有的纯概念一样，它也可以运用于一切感性的事实。同样，现象性是一个纯思而不是一个物。在逻辑学的第一部分中，当我们演绎出量时，并不是演绎出具有量的感性事物如石头、奶油、空间、人等，而只是纯粹观念；同样地，这里演绎出来的也不是感性的物质世界或另外一种世界，而只是心灵在把世界看作现象时所使用的纯概念。

第二节　内容和形式

276. 现象由质料和形式所组成。但质料却证明是形式的一部分，而形式也是质料的一部分（第 271 节）。这样来看待的质料和形式就是**内容和形式**。换句话说，虽然内容和形式之间被认为是有区别的，但可以看出每一个实际上和另一个是一回事。这种关系的最鲜明的例证可以在艺术的领域中找到，虽然它绝不限制在这个领域。我们把一首诗分成内容和形式，即它所表现的思想感情和表现这种思想的词、韵律和节奏等。但马上就会明显地看到，这种完全的分离是不可能的。不可能说哪一个是内容，哪一个是形式。因为只有形式才使内容成其为内容，而内容也同等程度地决定着形式。如果一首诗的形式改变了，那么，它的内容，这首诗本身也就改变。这首诗的形式不是某种从外面强加于内容，因而与内容毫不相干的东西。相反地，这种特定的形式对于这个特定的内容来说是本质的东西，它本身就是内容的一部分。形式和内容难解难分地融合在一起，相互过渡到对方。

277. 这说明了内容和形式的范畴与质料和形式的范畴的区别之所在。我们或许会容易地想到，这两对范畴是一回事，所以黑格尔在这里并没有前进，不过是重复已经说过的东西。在质料和形式中，它们两者是互不相同的。质料被认为是无形式的，而形式则是无质料的。每一个都漠视另一个。它们是相互分离的东西的外在的结合。但是在内容和形式中，这两者是高度的同一以至完全相互渗透、相互决定。即使未赋形的原始的质料也在其自身中有着形式，而当对它作如是观的时候；它就不再是质料，而是内容了。

第三节　关系或相互关系

278. 在形式与内容里，我们达到这样一种关系，即此关系中的双方是相互同一的。质料和形式是彼此分离和相互区别的。但内容与形式，尽管有着区别，却是彼此相互同一的。这就进入到一个新的范畴领域。这个领域中的所有范畴的特点是，每一个都是包含此与彼两个方面在内的，尽管它是两重的，但却是相互完全相等和同一的，每一方面都不过是另一方面之在不同的外貌中。表现这一特点的范畴是（1）全体和部分；（2）力和力的表现；（3）内与外。

这个范畴的领域，黑格尔称之为**关系**或**相互关系**。人们会合理地抗辩说，在整个的本质论中我们都是在和关系范畴打交道，还可以进一步说在反思中包含的相互依存和相互关系是一回事。这个抗辩无疑是正确的，但只是名词之争。黑格尔在这里所达到的是这样一个领域，在其中每对范畴的两方面都是相互同一的。他需要一个名词来表达这种一般概念，他任意地选择了关系和相互关系这个名词。这个选择可能是不恰当或不惬意的。但只要我们领会了他用这个词的含义，名词本身恰当与否是无关宏旨的，概念本身才是最重要的。虽然他是在许多名词中任意地选定关系一词来表达这里所说的意思，我们也无须争辩，只要记住他在这里赋予这个词的特殊含义也就是了。

第一分节　全体和部分

279. 关系领域的第一阶段是全体和部分的范畴。在关系领域中，思想的运动和差别领域中的运动（第255—259节）是根本上相似的；读者在这里牢记前面关于差别的论述将会大有裨益。全体和部分的演绎过程和差别的演绎过程是相似的。差别的第一阶段是直接的差别，它意味着相异者不是相互依赖、相互间接的，而是彼此毫不相干的。这样的差别就是差异。同样地，这里的关系，按照逻辑学的一般原则是直接关系，即在这样的关系中，两方面并不相互包含，而是与对方不相干的。

　　根据这种演绎，对这种关系我们可以指出两点：（1）这两方面是相互等同的，（2）但它们又是互不相干的。这个界说就是**全体与部分**的关系的界说，因为全体与部分的关系是具有这两个特点的唯一关系。

　　第一，很明显地，这一关系中的两方面是同一的、彼此相等的，这种同一表现在我们通常所说的全体等于各部分的总和中。由十二块方糖堆成的一堆糖可以被看作（a）一堆，一个全体；或（b）十二块糖，许多部分。无论哪种情况，它们都是一回事。全体与诸部分之和是相等的。

　　其次，全体和部分并不彼此包含；其一与其他不相干。因此，这种关系是一种直接的关系。这一点不像第一点那样一望而知。无疑地，部分只有相对于一个全体才是部分。但它却与是否为一部分不相干；亦即与是否处于和全体的关系中不相干。对于一块糖来说，它作为一堆糖中的一部分或仅仅作为一块糖而存在，是无所谓的，在任何情况下，它都是同一块糖。同样无疑地，一个全体只有具有若干部分才成其为全体；但它对于这个全体是否为一全体是不相干的。不管我们把十二块糖堆在一起并称之为一个全体（一堆糖）或是把它们分散开来放，它们都是这些糖。

280. 如果我们说全体和部分的关系是一种纯粹的机械关系，那么，上述思想就会更加清楚明了。全体和部分不是有机地或在任何情况下必然地相互联结在一起的。而由于它们不是有机联系的，所以它们不是相互间接的，而是直接的。它和有机联系是完全不同的，例如一个有机体和它的器官。诚然，我们常常不严格地把有机体称作全体而把各器官称为部分。但全体与部分的范畴用在这里是非常不恰当的，因为有机体和它的器官并非互不相干的。一个真正的部分即一块糖，如果从一堆糖中分离出来，是毫无损失的。而一条腿或一只手，如果从身体分离开，就不再是腿或手，而只是一块死的物质。一个官肢只有当它处于和其他官肢的正常关系中和从属于整个的有机系统的正常地位中时，才是它之所是。身体不是诸部分的仅仅机械的集合体。而一堆糖块却正是这样一种机械的集合体。黑格尔只是把这后一种机械的关系称作全体与部分。而且只是在这种情况下，全体与部分才是互不相干的，因而是直接的（第239节）。

第二分节　力和力的表现

281. 全体和诸部分是相等的、同一的。因此，全体和部分相关只是和自身相关。同样地，部分在其与全体的关系中亦只是在自身关系中。这样，我们在这里有了自身关系或自身反思的环节。但每一个自身关系都是一否定的自身关系，这就是说，它是一种不仅肯定它自身，而且也是通过自身区别而否定它自身的关系（第 208 节）。或者说每一个自身反思同样是他物反思（第 267 节）。但自身反思是同一或单一性的形式，而他物反思则是差别或多数性的形式。正是由于这个原因，物、质料、内容，每一个都依次被发现为自身反思的，都被认作是单一性；而特性和形式，由于它们是他物反思，被认作多数性。

因此，我们现在有了一个自身反思，它立即排斥其自身成为他物反思。这等于说我们有了一个单一性，它立即分化其自身成为多数性。而由于自身关系或单一性是本质的方面，而他物反思或多数性，是外在存在的或显现的方面，所以可以说我们有了一个单一性，它把自身置于显现的多数性之中。

但是，不仅自身反思立即变为他物反思。由于这两者是同一的，所以，他物反思也立即返回到自身反思。因此，不仅这个单一性必然地表现其自身为显现的多数性，而作为多数性的显现也同样必然地退回到单一性。这样的单一性和这样的多数性的关系就是**力与力的表现**的关系。

282. 要相信这是对力与它的表现的真正演绎是非常困难的。毫无疑问，如我们将要看到的，力确是这样一种单一性，而它的表现确是这样一种多数性。黑格尔对此已经作了很多的推论。可事实上，这里绝不仅是力和它的表现的纯观念，这里还包含了其他的纯经验的观念。麦克太戈博士认为黑格尔并没有陷入这种错误。在他看来，这一范畴的名字——力和它的表现——仅仅是一种隐喻。或者毋宁说他用了一个完全经验性的事实的名字，这不是因为黑格尔设想他从这一事实演绎出它的所有经验的材料，而是由于这一经验的事实是他所演绎出来的纯概念——即纯粹的单一性表现为多样性，而多样性又沉入并回到单一性的关系——在外部世界中最清楚的例证。或者换句话说，是由于力是这样的单一性的最好的例子，正如空间可能是量的一个好例子一样。这种解释或许是对的。如果这样，它就是和排斥与吸引的范畴相类似的例子，后者的名字无疑是隐喻性的（第209节）。

283. 然而，我们应该看到，力和它的表现不过是这样一种单一性与多样性的例子，这一点是十分明显的。我们把大量的现象看作是单一的、内在的力量的种种不同的表现。比如，电力表现它自身为闪电，为阳电与阴电，为得自一个通电的线圈的触感，或为其他种种形式。同样，热也表现其自身于种种形式之中。一个人的性格的内涵也可以看作是一种表现其自身于他的种种行为之中的力。

284. 力不仅表现它自身，而且必然表现它自身。因为力就是力的表现，如果没有这些表现，它就什么也不是，就是非存在。它们是一回事。所以，取消了一个，另一个也就随之消失。闪电并不是与电不同的一个他物，它就是电流。由于这个缘故，用力来解释事物的企图是一种无意义的同语反复，它只是用一物之自身去解释此物。用电来解释闪电就是用闪电本身来解释闪电。力如果离开表现就是不可想象的。

285. 也正由于此，像常常听到的那样，说我们只能知道力的表现，而力之自身是不可知的，是荒唐可笑的。力自身不可知仅仅在于它是无，无物可以认知。力离开了它的表现，就是一个非存在，一个空洞的抽象。它是不包含任何差别的抽象同一，是离开了他物反思的抽象的自身反思。从"力是在自身中的"这个短语中应当看出这个道理。这里的"在自身中"意味力是被认为离开了任何他物关系，亦即一个纯粹的自身关系或自身反思。但自身关系不能这样抽象地看待。它必然地包含他物关系、区别、差异。没有任何他物关系的纯粹在自身的东西是没有的。取消了事物的一切关系也就是取消了这个事物，因为这个事物的存在就是由它的种种关系所构成。而力之表现自身的必然性也就是自身反思之存在于他物反思中的必然性。另一方面，我们从众多的表现返回到一个单一的力的必然性，也就是从他物反思回到自身反思，把前者置于后者的基础之上，这是思想的逻辑必然的运动。

第三分节　内与外

286. 力和它的表现是同一的。从纯思方面说，我们得到这一结论是由于洞察到力离开了它的表现，在其"自身中"，不过是抽象的自身反思。而另一方面，表现则是抽象的他物反思。但自身反思与他物反思是同一的，因此力和它的表现是同一的。

从经验方面说，当我考虑到光即表现并不是与电即力不同的某种东西，光就是电，这样，我们也看到同样的情况，即表现就是力之本身。

在这样的关系中，力当然地是被认作内在的存在、本质的东西。因为它是自身关系与同一性的方面。表现是外在的存在，因为它是差别、区别、他物反思的方面。但当考察他们的内容时，这种不同就消失了，因为这一关系的两方面的内容是同一的。这样，留下的就是一个空壳，即内在的存在与外在的存在的形式的区别。所以，**内与外**就是现象的最后一对范畴。

287. 但是，必须看到即使这种区别也要融合于统一之中。内是空的基础，是自身反思的空的形式。外是他物反思的空的形式。这两者是同一的。因此，内就是外，外就是内。

288. 当然，不应该对内与外的范畴从其字面上把它们理解为空间的含义。例如，它们不是眼前一个盒子的内部与外部。内与外分别是事物的本质和表现。在印度教中，婆罗门是内，而世界是外。在日常生活中，一个人的性格、情操、意图、动机是内，而他的行为则是外。

289. 现在我们看到，内与外的区别只是一种空的区别。它们融而为一。坚持它们的区别而忽视它们的同一是导致无数的谬论的机械观点的特征。这是黑格尔的一个心爱的话题。鉴于他所举的例子绝妙地说明了他的哲学原则一旦运用于实际的事情是多么有力，引用一些他的原话是有益的。由于一个人的内心生活是和他的外在存在是同一的，"因此我们必须说：人的行为〔外〕形成他的人格〔内〕。对于那些自恃内在的优越性而虚骄自欺的人，可举出福音中一句名言去驳斥他：'汝须从行为的果实里去认识人'。"① 同样，在艺术中，"如果一个低能的画家或一个拙劣的诗人夸耀他们内心充满了高尚的理想而自慰，那么这种安慰便是虚妄无谓的。如果他们坚决要求，须以他们的主观的意向和理想作为评判他们实际作品的标准，那么我们有正当理由可以拒绝这种虚妄无理的要求。有时又常有一种相反的情形发生。对于有良好而伟大成就的人，人们又常根据一种错误的内外的区别去加以不同情的判断。人们说，凡别人所完

---

① 《小逻辑》第 140 节。

成的事业都仅是外在的表现，而他们内心中却另为不良的动机
所推动，如满足虚荣或私欲等。……但必须注意，人诚然在个
别事情上可以伪装，对许多东西可以隐藏，但却无法遮掩他全
部的内心活动。在整个生活进程里任何人的内心也不可避免地
必然要流露出来。所以即使在这里，我们仍然必须说，人不外
是他的一系列行为所构成的。"

"近代特别有所谓'实用主义的'写历史的办法，即由于错
误地把内心和外表分离开，于论述伟大历史人物时常常陷入罪
过……这种实用主义的历史家幻想着他有理由并且有责任去追
寻潜蕴在这些人物公开的显耀勋业后面的秘密动机。这种历史
家便以为这样一来，他愈能揭穿那些前此被称颂尊敬的人物的
假面具，……则他所写的历史便愈为深刻。……如果我们重视
内外统一的根本原则，那我们就不得不承认伟大人物曾志其所
行，亦曾行其所志。"[1] 在这里，如同他所接触到的一切问题一样，
黑格尔提出了更为深刻的观点，揭露了那种肤浅的学风。

290. 内与外是相互关系的最后阶段。在全体和部分的直接
关系中是不存在的，或只是潜在的同一性，现在明白地显露出
来了。内与外不像全体和部分那样彼此漠不相干。每一个都包
含着他者并依赖于他者，在这一方面，他们就像肯定与否定一样，
在这里，相互依赖有了充分的发展而与差异的直接性与外在性
截然相反。凡是内在的必然地要成为外在的，反之亦然。

---

① 《小逻辑》第 140 节。

第三章 现实

291. 从现象到现实的过渡是十分简单的。我们已经研究了一系列成对的范畴，每一对范畴中，一个是本质的方面，而另一个则是显现或现象的方面。本质和现象最后分别地确定其自身为内与外。但内与外的区别消失于统一之中，成为同一的。这意味着本质与现象之间的区别消失在统一之中；每一个都是和另一个相同一的。其结果，即本质与现象的统一，就是**现实**。

292. 在本质论中，整体被认作双重的，有一个内在的方面即本质和一个外在的方面即现象。特殊地说，每一个范畴都有其内在的存在与外在的存在。但一般说来，第一章，即作为实存之根据的本质，研究的是内在的存在、本质；第二章，即现象，研究的是外在的存在、现象，外部的实存。因此，现实，作为三一体的合题，是内与外、本质与现象的统一。

293. 现实不仅是内在的，也不仅是外在的。它既是内在的又是外在的；因为在现实中，内与外不再分离，而是同一的。但是，二者的区别虽然取消了，但仍然被保存着，被扬弃了。现实也有其内与外的两方面，但这是在其自身同一性之内的区别。内就是外，外也就是内。本质完全地显现其自身，凡是在本质中的没有不表现于外的。这种显现也就是本质，和本质一样地是本质的，真实的。

294. 黑格尔更多地用现实这个词来代替其他思想家们所用的真实一词。因此，逻辑学的这一阶段所处的地位是这样的：把直接的、外部的世界（外在性）视作真实的观点是一重性的。这是通常意识的观点，也是唯物主义的观点。把外部的世界看作仅是显现，是幻象、非真实，真实只在于内在的本质（内在性），如印度教的婆罗门或爱利亚派的纯有，也是另一极端的一重性的抽象观点。外部的世界无疑是表现、现象；但它并不是一种幻象。对于真实来说，它和本质一样是本质的。如果不是这样的话，那就不能理解为什么本质（婆罗门、存在等）必须永远显现其自身。它显现自身；因为它必须如此，因为它这样做对于其自身的真实性是本质的因素，因为离开了显现它自己也就是不真实的。因此，真实或现实既不单单是本质，也不单单是显现，而是显现其自身的本质。外部世界或显现，不应该认作是掩盖、隐藏着内在存在的帷幕（幻象、幻境、蒙蔽），相反地，应该看作是内在的存在的展现，从而充分地把它带到光天化日之下而为知识所把握。这样，认识了外也就认识了内，因为外恰恰就是内的揭示，外就是内。

295. 如果我们现在问道：在这个意义上什么是现实，回答必然是：只有合理的才是现实的。并非所有的实存都是现实。有些存在着的东西，如恶，是不合理的。因此，这些东西只是显现，外在的幻象，它们不表现世界的内在理性。黑格尔论辩说，现实作为内与外的统一这个定义就包含着必然性的观念，而必然性又包含着合理性，他企图这样来证明上述的观点。必然性和合理性是一回事（第74、75节）。这里的必然性当然不仅仅指外在的、机械的必然性，而主要是指属于理性的最深刻的逻辑必然性。这瓶墨水是黑色的，只是一个纯粹的事实。的确如此。但不管出于什么原因，我们看到，它同样可以是粉红色的。那么，这个事实就是一个是如此的纯粹的事实。它可以同样是任何其他的事实。它是偶然的。可是，二加二等于四则是必然的。如果能够表明把现实规定为内与外的统一，就含有把它规定为逻辑必然的意思，那么，这就证明了现实的也是合理的。这就是黑格尔提出的有名的命题的含义：凡是合理的就是现实的，凡是现实的就是合理的。①

由于现实意味着内与外的统一，这一命题也同样可以这样表述，即只有在外在世界中是合理的东西，才是宇宙之内在存在的真实的表现。

296. 实际上这样一种见解是包含在一切唯心主义哲学之中的。因为如果绝对是理性，那么随之而来的必定是只有在世界中合理的东西才真正表现了绝对。至于一切存在的事物，包括恶和通常所说的荒谬，不包含在唯心主义之内，这本身是否合理，只能留待以后来讨论（第425—427节）。现在所需注意的是现实性与合理性和必然性的同一是唯心主义的一个本质的部分。因此，它的真实性的证明存在于唯心主义的一般证明之中，这种证明已经在本书的第一部分中提出。然而，黑格尔在这里却企图对这一论点提出·个独立的演绎，以表明他所提出的现

---

① 《法哲学原理》序言，第27页，及《小逻辑》第6节。

实的定义已经包含了它的必然性和由此产生的合理性。但遗憾的是，这种证明是极其含糊而难于理解的，因而是很不可靠的。他的论证的主要之点有如下述。

297. 我们必须表明现实性是必然性。现实的因素是内与外。内，单独地来看，是可能性。因为内是自身反思、抽象的自身关系、同一性。因此，它遵循同一律，即它应当不包含任何内在的矛盾。而任何不是自相矛盾的就是可能的。当然，外在的条件会使得一个内在地实在的事实成为不可能。比如我说"土耳其的皇帝成为教皇也是可能的，因他既是一个人，就可能转而皈依基督教，可能成为天主教的僧侣等"[①]。我们说这是可能的，不过意味着在这样一个设想中不包含自相矛盾。从另一观点看，外在的条件当然可以使这一事情成为不可能。但在这种情况下，我们是考虑到了这一事实的外在的条件，即他物反思、外在的存在。如果我们仅考虑到内在的方面、它的抽象的同一性，那么它是可能的。这里谈到的可能性只是一种就其自身来说的可能性，亦即我们撇开它对其他事物的关系的可能性。[②]

如果这样就其自身来看的内是可能性，单纯的外之自身就是偶然性。因为，一方面，作为外在的东西，它是一个现实地实存着的存在，不仅仅是一可能性。另一方面，由于内在的和外在的是同一的，这种外在的也是仅仅内在的，而作为仅仅内

---

① 《小逻辑》第 143 节。

② 在现实性的领域中引入可能性，无疑是部分地受了亚里士多德的影响。亚里士多德把可能性和现实性作了对比。可能性是内在的"在自身中"，是一种还没有前进到现实性的单纯的能力。黑格尔也在同样的意义上把可能性与现实性作了对照。

在的，它只是一可能性。因此，它是一个还没定性为必然的实际的存在，而只是一个可能的事物，我们可以说"它可能是"，也可以同样地说"它可能不是"。所以，它是这样一种实存，我们说不出任何理由它何以必定如此，相反的情形也同样是可能的。如这匹马是棕色的，但它同样地也可能是灰色的。这就是偶然性。

合理的必然性在其自身中有其存在的根据，这就是它自身的理由。因此，例如我们说公理是"自明的"，这意味着它们的理由或根据是在它们自身中的并因此是必然的。另一方面，偶然性则是恰恰缺少这一特点的。它的根据总是在他物中。这匹马的灰色的根据不在马之自身，而是种种外在环境条件如遗传等的结果。一个偶然的东西的根据在另一个偶然的东西之中，而另一偶然之物的根据又在第三个偶然的东西之中，如此等等。而这一外在决定性的无穷的系列也是必然的，当然不是逻辑必然性，而只是机械的必然性。因此，在这个意义上，偶然性也是必然的，这种必然性包含在现实性的概念之中。

298. 到此为止，他的论证是清楚明白的。但从这里开始，往后的论证变得模糊不清了。因为现在黑格尔是在寻求从机械的必然性到理性的必然性的过渡。他打算如何做到这一点是不很清楚的。我只能引用麦克太戈博士的话，而他也仅仅是重述诺埃尔的解释。他说："这种过渡似乎是包含在这样的事实中，即如果我们把实存看作一个整体，它就会形成一种必然性，它不是偶然的，但却含有偶然性作为一个因素于其自身中，它不是偶然的，因为它没有自身之外的根据。但偶然性将作为一个因素存在于其中，因为它的每一个部分都被它的其余部分所规

229

定。这样，每一部分都有其自身以外的根据，因此，分别开来看，就是偶然性。"[1]

299.这无疑是含糊不清的。但黑格尔对于现实性的一般观点是十分清楚的。只有合理的才是现实的。这就是基本的观点。这个观点是从唯心主义的基本观念衍生出来的（第296节）。但黑格尔却试图以另一种方式来完成这个证明，即表明把现实性规定为内与外的统一就包含着现实性与逻辑的必然性是一回事，而后者又和合理性是一回事。无论如何，我们把现实的是必然的、合理的当作当然的事情，我们就可以继续来探讨这一领域中范畴发展的进程。现实自身分为三个阶段：（1）实体和偶性；（2）原因和结果；（3）相互作用（作用与反作用）。

第一节　实体关系

300.内是外的根据。但在现实中外与内是一回事。因此，现实是自身根据者。可是，这样自身根据着，被自身所决定而不为他物所决定，恰是**实体**这个概念的含义。我们把任何一个东西称为实体，就是相信它有其自身的独立存在。相反地，一个东西的存在仅仅是依存于实体，没有自己独立的存在，就是实体的偶性。所以，现实的第一阶段就是实体。

由于实体是自身的根据，所以在这种方式下它是自身关系。可是自身关系是同一性（第253节），而作为自身同一，它是

---

[1]　麦克太戈《黑格尔逻辑学评论》第165节。

一个统一性。每一个这样的自身关系是一个否定的自身关系，并由于自身区别,使自己成为差别和多数性（第208节）。因此，实体同样地自我分化为一个外在的多样性。但是，实体从其自身所分化出来的不过只是它自身并因此重新消失在实体的自身相关之中。这只是实体的一环节，暂时被看作好像是与实体相分离的。这个消失着的环节的多样性，实体从其自身中把它们分化出来只是为了作为自身的存在的转瞬即逝的限制而重新把它们吞没，就是我们所谓的**偶性**。这样，我们就有了**实体与偶性**的关系。

301. 我们知道,在内与外中,本质的两重性最终消失了（第291节）。所以，人们可以说在实体与偶性中又出现了已经克服了的两重性，以此来反对黑格尔。同样的评论也适用于现实领域的其他范畴如原因和结果，作用和反作用。然而，据麦克太戈博士看来，现在的两重性"已不再是在内与外中已经克服了的旧的两重性……按照黑格尔，我们可以把当作全体看的真实和当作部分看的真实加以对立，因为虽然在每一情形下其内容是同一的，但全体与部分终究是两种互相分立的形式，真实可以被看作是处在任何一个形式之中。对于力和表现也是如此，可现在情形就不同了。把它看作实体也就是把它看作偶性，把它看作偶性也就是把它看作实体。"①

302. 斯宾诺莎把宇宙视为实体。绝对就是实体，这就是他的定义。斯宾诺莎主义之所以属于真实的哲学，就是因为他达到了理念辩证发展的这一阶段。实体是理念自身发展的一个必

---

① 麦克太戈《黑格尔逻辑学评论》第166节。

经的阶段，同时它也是对宇宙的解释过程中的一个必须的观点。但是这一哲学、这一定义对于此后的辩证发展将要证明的全部真理还是不充分的。绝对是实体，这是真实的。但它不仅是实体；当我们作更充分的理解时，它还是主体或精神。不过，这是有待于进一步探索的真理。

第二节　因果关系

303. 实体，作为否定的自身关系，分化其自身而为偶性。偶性，作为实体的他者，否定了实体。但实体又把偶性收回或再吸收到自身之中。这样，它就对否定进行再否定，因而成为绝对的否定性（第204节）。然而，否定的因素是活动、是创造性和力量。为什么否定的因素被认作力量，在本书的第一部中已作了充分的阐明（第43节），此处毋庸赘述。实体，作为绝对的否定性，因此是绝对力量、活动，它是一个从其自身发出力量的主动的实体。

实体分化出其自身而为偶性，但它分化出的不过是它的自身。因此，它分化出的亦是实体。所以，偶性是另一个实体。这样就达到了这样一种观念，即一个主动的实体在第二个实体上发挥了它的创造力，后者被设想为接受这种创造力，所以是被动的。这就是**原因和结果**。主动的实体是原因；被动的实体则是结果。

第三节　相互关系

304. 因果性有赖于主动的实体与被动的实体的区别。但这种区别不能保持住。这种被动性只是一抽象。被动的同时也是主动的。这一点我们首先可以从纯思的形式中看到，其次可以从经验的事例的形式中看到。

从纯思来看，结果和原因一样是一实体。但实体是一绝对的否定性并因此发挥力量，是主动的（第303节）。这样，原因和结果的区别就消失了。每一个都既是原因又是结果。实体A，作为主动的作用于被动的实体B。但B作为主动的，同样地作用于A。这就是**相互作用**或**作用与反作用**。

305. 从经验方面来看，我们看到热使蜡融化，如果我们愿意的话，我们可以把热认作主动的，而蜡则是被动的实体。这就是一种因果关系。但如果蜡不具可融的特性，则蜡亦不能融化，所以蜡的性质和热同样是原因。热的性质使蜡产生融化的结果，但蜡的性质同样是使蜡融化的原因。这是一种相互作用。

我们在人的精神生活可以看到这一关系的更为明显的例子。我们谈到刺激我们的种种诱惑，似乎在受诱惑中我们是完全被动的。但这只是由于我们自己的感觉、情绪被引诱我们的诱惑物所刺激而活动起来。在这里，双方都是主动的。如果我们完全是被动的，诱惑就是不可能的。

相互作用，作为如此发展的范畴，已经站到了概念的门口，我们很自然地可以期望在人的精神和社会生活中找到它的最鲜明的例子。当我们谈到社会条件和历史时，我们要说出两个现象中谁是原因谁是结果是很困难的，其原因就在于此。比如，我们很难说一个国家的法律和机构在多大程度上是这个国家的民族性格的结果，或在多大程度上这个国家的民族性格是这个国家的法律的结果。这种困难的真义就在于向我们指出，我们正在进入一个比因果性更为充分发展的范畴领域。这就是相互作用的领域。

虽然相互作用在存在的较高等级中找到它的最明显的例证，但它和其他一切范畴一样，是无论如何也不足以解释整个宇宙的。我们现在所达到的是思想的这样一个阶段，即整个宇宙被看作一个由作用和反作用构成的一个自身封闭的圆。宇宙的每一部分都直接或间接地影响着其余的部分。

306. 哈契逊·斯图林[①]对这个问题的解释至少是令人感兴趣的，他认为，相互作用是黑格尔以前的哲学所已达到的阶段，理念的不同阶段在逻辑中的辩证发展在哲学史的时间发展中又重现它们自身。在巴门尼德和赫拉克利特那里，我们看到从纯有到纯无到变化的范畴系列。在近代前黑格尔的哲学世界中占统治地位的是知性范畴，因此，它们的主要观念是由本质的诸范畴构成的。在逻辑思想的辩证发展中，我们有实体、因果性和相互作用的系列。其历史的顺序是一样的。斯宾诺莎阐明了实体，休谟阐明了因果性，而康德则阐明了相互作用。说休谟的基本思想是因果性意味着什么是很清楚的，虽然这一评论的价值是可疑的。斯图林所以说康德表述了相互作用，是因为他的哲学的占统治地位的观念是，我们所知道的经验世界是物自

[①] 见斯图林《黑格尔的秘密》第一卷，第 217、218、219、245 页及其他章节。

体和主观直观形式（空间与时间）及思维形式（范畴）相互作用的产物，或换句话说，事物的基本的真理就是主观与客观的相互影响。黑格尔的超过一切过去的哲学的基本范畴是在概念论中。

第三部分 概念论

导 言

307."概念"从"本质"的最后一个范畴即相互作用的辩证发展中产生。但是,为了理解什么是"概念"以及它是如何从相互作用中推演出来,最好还是回到实体并简要地回顾一下从这里开始的辩证发展过程。

实体设置其自身为偶性。由于实体所设置的仍是它自身,所以偶性也是一个实体。因此,第一个实体作用于第二个实体,这种关系就是原因和结果;原因是主动的实体,结果是被动的实体。可是,由于结果是一实体,它也是主动的,因而它是一个反作用于以前的原因的原因。由此我们得到相互作用。在这些范畴的每一个中,我们都有一个自身相关的实体,它把自身设置为对立面:起初是偶性,然后是结果,最后是反作用着的实体。

在相互作用中,实体和它的对立面成为同一的。原因和结果的区别被取消了。原因成了结果,而结果成了原因,所以这两个实体变成为一。

如果我们仅只根据经验的事例来思考这个问题的话,我们就不能理解它。无疑地，虽然太阳和地球的确是相互作用的，但它们并不因此成为同一的。可是太阳和地球不仅仅是原因和结果，它们在其思想即因与果之外又加上了一大堆经验的材料。要了解黑格尔的观点，我们必须去思考纯粹的原因和结果。正如有和无的同一性并不意味着一个特定的存在，如这顿饭，和某一特定的无，如没有这顿饭，是一回事一样，在这里，也不意味着一个特定的原因即太阳，和一个特定的结果即地球，是一回事，我们必须从经验的材料中抽象并思考纯粹的原因。在这纯粹的原因中，除了因果性之外，没有任何别的东西。由于结果是原因，原因也是结果，而在它们的每一个之中都再没有别的什么东西，所以它们两者是完全同一的。这样，我们现在就达到了这样一种存在的观念：这个存在，于其向外过渡到它的对立面时，不过是过渡到其自身，而这个对立面并不成为任何不同的他物，它即使在这种对立中，仍然与其自身保持完全同一。这就是"概念"的定义。这个存在是一个回复到自身的绝对。因为在相互作用中 A 决定 B，而 B 也决定 A。所以在决定 B 中，A 只是决定其自身。它走进它的对立面，它的对立面同样地走进它自身。由于其对立面不过是它自身，这后一运动就是它自身回到自身的运动。这种存在，在它走出自身时，持续在自身中保持不变，已不再是实体，而是"概念"。

308. 这就是"概念"的辩证的起源。但一个研究黑格尔哲学的新手是不会就此得到满足的。他会说："原因、实体、质、量——所有这些都是相似的观念。每一个人都知道它们是什么意思。但谁听"到过'概念'本身呢？什么是'概念'呢？我们理解这种演绎，但不理解演绎出来的结果。"这种困惑部分地是由于康德的范畴表中没有包含相当于黑格尔概念论中的范畴部分。大致说来，黑格尔的有论中的范畴相当于康德关于质和量的范畴，他的本质论中的范畴相当于康德关于关系和样态的范畴。在康德的范畴表中没有相当于"概念"的部分。"概念"是黑格尔的新发现，是他超过康德之处。

需要理解的首要之点是，这里演绎出来的是既不同于存在又不同于本质的一个思想的新领域。"有"的基本性格是其直接性。在这个范围内，每一个范畴都是作为某种在自身的基础上独立的存在。然而，它的辩证发展却表明这种独立性只是一种外表，质非但不是这样完全孤立的，而是包含着量的，如此等等。但在这里需要思想去推动存在的诸范畴从其孤立性中走出来而与邻近的范畴相联系。"存在"就是这样被定性为直接性。

但这种存在被证明是虚假的。它过渡到本质。向本质的过渡证明不再应该把真实看作是直接的，而必须看作是间接的。本质中的诸范畴是明显地相互间接的。每一个范畴都被它的对立面所中介，同一为差异所中介，肯定为否定所中介，原因为结果所中介，如此等等。但这里需注意的要点是，每一个范畴并不是为其自身所中介，而是为某个与己不同的东西所中介，为其对立物所中介。

现在，在相互作用中，这种观点也站不住脚了，因为作为存在或实体之中介的，被证明并不是什么对立面而不过是它自身。因此，现在真实被认为是自身间接的。这就是概念论的观点。有是直接的，本质被他物所中介，概念是自身间接。"概念"是这样一种观念：即一个存在于其对立面中仍然保持自身同一并在这种形式下中介自身。

由于一方面，所有的间接性在这里都消失于同一性之中，由于对立性亦即间接性已经消失，因此概念又是一种直接性。但另一方面，由于概念中介其自身，因此又是一间接性。所以它是直接性与间接性之合，是存在（直接性）与本质（间接性）的合题。因此，它在这里作为整个逻辑学这个大的三一结构的第三环节出现：有，本质，概念。

309. 无疑地，"什么是概念"这个问题好像仍然没有得到回答。但应该记住，迄今为止我们只是对概念作为一个总的范围作了规定。在没有对这一领域内的诸范畴作详细的说明之前，我们不可能对此作出更为明确的说明。到那时就会看到这些范畴都具有上述的自身间接的特性。现在除了指明构成概念的自身间接这一一般特性之外，没有什么更多的可说了。在本质中，每一范畴都被其对立面所中介。在概念中，每一范畴仍然是在某种意义上为其对立面所中介，但这个对立面立即显现为不过是它自己。它立即被觉察出是一种不是区别的区别，一种同时是绝对同一的区别。这就是自身间接的观念；如果理解了这一点，我们就把握住了"概念"的涵义。

310. 在我们进到对"概念"作详细的说明以前，有三个一般的意见值得注意。第一，"概念"是理性的领域。"有"是简单的知晓的观点，本质是理解的观点（第 245 节）。本质的特征是区别、间接。概念的特征是间接性的融合，是所有的区别被融入一个绝对同一之中，这个同一既取消了这些区别，但又保存着它们。因此，它的原则是对立同一。对立面现在表现为绝对差别又绝对同一，这是理性的原则。

311. 第二，如果说本质是必然的领域，那么概念就是自由的领域。因为自身间接是自身决定，而自身决定就是自由。必然是为他物所决定。在本质的领域中，在对立面的形式中的他者，作为与本质不同又决定着本质的某种东西而站在本质的对面。但概念已克服了这种对立，并把对立面吸收到自身之中。决定它的对立面现在被看到不过是它自身，而由于它不是被任何自身以外的他物所决定，所以它是自由的。构成必然性的他物决定变成了自身决定。这就是黑格尔所说"必然性的真理是自由"的含义。[①]

312. 最后，在概念中思想成为无限。这也是从概念之自身决定来的。有限思想是为一个对立面所束缚的思想。当思想把这种对立面吸收到自身中，就无物在它之外，因此是无限的。当我们讲到概念论的最后阶段即绝对理念时，这一点就会更加清楚。

"概念"的三个阶段是:(1)主观概念;(2)客体或客观概念;(3)理念。

---

① 《小逻辑》第 158 节。

第一章　主观概念

313. 主观概念分为（1）作为概念的概念，即在自身中的、潜在的、自在的概念；（2）判断，主观概念的自身分化，为他存在的概念；和（3）推理，概念的自身分化复归于自身，自为的概念。

我们将会看到，逻辑学的这一部分研究的材料和形式逻辑是一样的。但亚里士多德的逻辑完全是经验性的，而黑格尔的研究目的则是理性的。普通逻辑教科书告诉我们，作为一种事实，有多少多少种命题，什么什么样的推理的格，如此等等。但对于这些断言却没有说出任何理由。推理有四种格，只是一盲目的无理由的事实，一种绝对的偶然性，就像地球上有五大洲一样。对于有多少种判断或多少种推理的理由仅在于：在经验中发现是如此。黑格尔说道："用这种方式，我们得到一个经验的逻辑——一种显然是奇特的科学，一个对于理性的不合理的认识。逻辑就这样对遵循自己的教导提供了一个很坏的例子。"[①]

---

① 麦克朗：《黑格尔关于形式逻辑的学说》，第163页。

另一方面，黑格尔主义却依据辩证方法来对待这一主题。判断和推理的不同种类不仅仅是断言，而是推演出来的。通过这样的方式，逻辑就从一大堆经验的事实的水平上升到理性科学的水平，它作为一个理性的科学，成为它所应当成为的、高于一切其他科学的科学。

第一节 作为概念的概念

第一分节 普遍性

314. 概念的辩证发展带给我们的概念的一般性格也给予我们以概念的诸因素。概念是对立的同一。由于它的对立面是立即与其自身同一的，因此它是绝对的同一。这种统一或同一就是**普遍性**。甚至通常的、感性的普遍性如人、桌子、房屋，也表现出这一特性，即在各不同的特殊的东西中保持着同一。但是，我们将要看到，概念的普遍性根本上和这些抽象的普遍性不同。

315. 这里的主要思想，即自我间接的是一绝对同一性，是容易理解的。但如果普遍性简单地就是同一，我们就会问道：普遍性是怎样和在本质一开始就出现的同一范畴相区别的？我们的回答是，那里的同一是抽象的同一并以抽象的差别为在它之外、与它相对立的对立面。这里的普遍性是包括其对立面在自身之内的一种同一性。它不仅在自身中与自身同一，而且在对立面中与自身同一。因此它是一完全彻底的同一性。固然，本质中的同一也昭示为包含着差别，但这一点是有待于揭示的，它不是清楚明白的。而在这里，如我们将会看到的，普遍性是立即地、明白地和对立面相同一的。

第二分节　特殊性

316. 由于概念把自身对立化，因此它否定自身，规定自身。这种否定的规定性的因素就是差别、特殊。它是规定着种（普遍）的种差。这就得出了**特殊性**。概念是这两个对立面的同一。同一的因素是普遍性，对立的因素是特殊性。

第三分节　单一或个别

317. 这样，概念进入自身的对立面，而此对立即特殊性。但它的对立面也就是它之自身。它的对立面和它自身同一构成否定之否定，也就是概念之回到自身。因为如概念起初否定其自身而成为自身的对立面，这个对立面现在又被再否定而成为绝对同一。概念这种回到自身因而是普遍与特殊之合或同一与差别的同一，亦即**个别**或单一。这个道理也可以另一方式表达如下：原初的概念走进它的对立面，在其自身中发展出一种两重性，但这种两重性立即被取消；在其回到自身中，它再次成为一个同一，但这是一个规定了的同一，因此，它通过特殊而得到自身规定。这个绝对地自身规定的同一就是个别。

对以上理由还可以进一步说明如下。

318. 普遍、特殊和个别不是三个范畴。它们是一个不可分离的范畴即概念的三个环节或因素。每一个环节自身都是概念的全体，是和其他两者绝对同一的。因为这正是概念的性格，所以一方面，它分化其自身为诸因素，但另一方面，在这种区别中它仍保持绝对的自身同一，所以这种区别一点也不干扰、破坏它的绝对的明白的统一和单纯的自身同一。

普遍性是概念的原初的单纯的自身同一。这是统一和同一性的因素。特殊性是差别的因素，但特殊性虽然因此而是普遍性的一个对立面，它仍然与普遍相同一。因为，由于普遍现在是与一个对立面相对立，所以普遍自身是合二而一。因此它只是一特殊。这样，普遍与特殊就是同一的。个别也是普遍与特殊的同一。而如果普遍与特殊就被这样认作个别的因素，那么，由于普遍与特殊是同一的，它们中的每一个因而也就是个别性之全体。因此，普遍、特殊与个别是完全彼此同一的。每一个都是其他两者，就如是它自己一样。所以，每一个都是未被分割的概念之全体。

我们将会清楚地看到，现在我们已经达到所有的间接性的绝对融合，差别的绝对统一和统一中的差别，这就构成理性的真正本性。

319. 概念一词在德文中是 der Begriff，它的通常涵义是"概念"（这里的概念即 Concept，即我们通常理解下的概念。Begriff 在英文中作 Notion，指与 Concept 相区别的具体概念。在中译中，为了区别这两种"概念"，有人把 Notion 译为总念。但这种译法尚未被普遍接受，一般仍译为概念。——译者注）。大多数黑格尔著作的翻译家和评论家们，在目前的场合下，都把它译为概念（Notion）。[①] 这种译法似乎比译为"概念"（Concept）更为可取，因为这里的概念应当和通常所谓的概念（Concept）区别开来，具有绝对的根本的重要意义。一般说来，任何一个抽象的观念，如人、屋、白、善等，都被称为一个概念（Concept），这样的概念也是普遍的东西，而这些普遍的东西的一般性格就是 [排斥特殊性的] 普遍性。这种意义下的普遍性和黑格尔的"概念"的普遍性是极其不同的。如果不理解这种区别，我们就不能了解"概念"（Notion）的根本性格。通常的概念是一个抽象的普遍。黑格尔的普遍是具体的。前者所以是抽象的，是因为它从其自身排除掉、抽象出特殊与个别。而黑格尔的普遍之所以是具体的，如我们已经看到的，是因为它包含特殊与个别在自身之内。"写这本书的人"是一个别；"人"是普遍，"写这本书的"是特殊或种差。"人"这个普遍，把一切特殊的规定排除在外，因此是一个空洞的，无规定的抽象。但概念是从相互作用中辩证地发展而来，作为自身间接、自我规定，并因此是一个绝对地规定了的自身同一。从作为同一这方面看，它是普遍性。但这种同一是被规定的因而同时是特殊。而兼是特殊的普遍就是个别。所以概念不像许多逻辑书中的概念那样是空洞的抽象，而是彻底具体的。

如果要问，假如通常的抽象概念如人、屋、书等不配真正普遍性的美名，那么，真正的普遍的例子是什么？回答是：《逻辑学》中的诸范畴，《自然哲学》和《精神哲学》中的诸概念，

---

① 然而，麦克朗先生在他的《黑格尔关于形式逻辑的学说》一书中却一贯地把它译为概念（concept）。

就是这种真正的普遍。"有"是真正的普遍，因为它从自身发展出自己的特殊者即"无"并在"变"中达到具体。

320. 现在我们可以看出，"概念"是整个《逻辑学》的秘密、内在冲力和生命过程。现在我们就可以懂得黑格尔在《有论》的一开头所说的"有是潜在的概念"这句话的含义了。[①] 在整个《逻辑学》中，从"有论"的一开始，我们就在和概念打交道。但概念在那里是暗藏的。现在，它作为整个发展过程之内在真理和意义就真相大白了。只是现在才达到作为概念的概念。概念，起初作为"有"，或者稍后，作为"本质"，把自己隐藏在异己的形式之中。所以它此前是暗含的，现在是明明白白的。

在每一个逻辑三一体中，第一范畴是普遍，第二范畴是特殊，第三范畴是个别。"有"是普遍。这个普遍为一个否定因素、一个规定、一个差别即"无"所曲折变化。"无"是特殊，普遍即"有"这样地被特殊和差别所规定，就成为个别——"变易"。在整个《逻辑学》的过程乃至整个体系中，都是如此。逻辑理念是普遍；自然是特殊，是差别的领域；具体的精神是个别。

321. 最后，为什么《逻辑学》的这一部分叫作主观概念或主观性，现在是清楚了。它所研究的是思想本身——概念、判断和推理。宇宙现在被认为是主观的，是思想。黑格尔说，自我是概念，或反过来说，概念是主观的。要理解这一点，最方便的办法是参考康德。康德把知识分析为两半：给予的材料和形式。后者就是范畴，还有空间和时间。这是自我的活动，就是自我之自身。材料的内容是从外面给予的，因而不是自我。

---

① 《小逻辑》第 84 节。

如果我们问：离开了自我在任何时间内偶然获得的这一或那一特殊内容，自我自身是什么。那么，回答就是：自我是纯思，在康德那里是十二范畴，在黑格尔那里是概念，即作为所有范畴的总和、总体、内在秘密的概念。康德的自我是一抽象的普遍、一个纯粹的自身同一。因此，它如何和为什么差别化其自身为十二范畴，对他来说仍是一个不可解决的问题。黑格尔把这个问题解决了。自我作为概念，是一个具体的普遍，它立即分化其自身为特殊而仍然保留为普遍。作为具体的，它包含了所有的范畴，并且就是这些范畴。

第二节　判断

322. 形式逻辑制订了它的关于名词的学说，黑格尔这里的"概念本身"就相当于这一部分。接着，形式逻辑就无理由地断言：在概念之外，还有判断；它并以同样武断的、无原则的方式对判断进行区分、排列、归类，把判断的不同形式仅仅当作一个现成的事实加以对待——它们是如此，说不出任何理由。它并以同样经验的方式完成了它关于判断的学说，并进而断言还存在着推理和推理的种种形式。

黑格尔哲学所采取的步骤是完全不同的。在"有"与本质的领域内，与康德不同，黑格尔不是提供一个仅凭经验取舍的、无理性的范畴系列。他系统地从一个范畴推演出另一个范畴。他以同样的方式从概念推出判断，从判断推出推理，而且，判断和推理的不同种类也都是作为概念自身发展过程中的逐步提高的阶段而演绎出来。

323. 因此，概念必然地要进入判断。现在需要说明从前者到后者的逻辑过渡。判断是从个别性这一环节中生发出来。个别，作为概念之回到自身，是否定之否定或绝对的否定性。因此，普遍和特殊的区别在其中融合、消失，所以它是一直接性。作为一个直接性，它是一独立的实存，因为直接性和独立性是一回事（第238、239节）。个别同时是一全体，因为它包含普遍与特殊在自身之内。它是概念之全体并因此是一独立的、自封闭的全体。但特殊和普遍每一个也都是一全体，因为每一个都和个别是同一的。因此，这三者每一个都是一直接的、独立的全体。似此，概念的原始的统一分化为这样三个全体，每一个都独立于其他两者。独立性的因素产生了这种分化。以前绝对同一的概念的诸环节，落入相互独立的分离的状态之中。概念的统一的这种分化、分裂为独立的诸全体就是**判断**。[1]必须注意，这种分化不是被我们引入概念的，概念自身的活动分化其自身。它是由于其自身的运动而成为判断；这一点，如我们所已经看到的，正是一个逻辑推演的根本性格。

德文中的 *Urteil*（判断）一词的词义也表明了这一点。从词源学上说，*Urteil* 意味着原始的统一的分割、分离、区分。

324. 在概念中是暗含的东西，在判断中就成为明明白白的了。概念，如我们已经看到的，是由既区别又同一的三个因素所构成。区别的因素、三个环节的分离，在判断中被突显出来，但统一的因素仍然存在。每一个判断都表明概念的三环节的既

---

[1] 见本书第239节。

区别又同一。在"这玫瑰花是红的"这一命题中，"这玫瑰花"是一个个别，而"红"是一个普遍。所以，命题，抛开它的感性的材料，其逻辑内容就是：

个别就是普遍。

首先，我们在这里有个别与普遍的分离和区别。它们是判断的两极端，被表明为彼此不同。主词和谓词是不同的。如果不是这样，如果不允许有区别，我们所得到的只能是这样一个命题："玫瑰是玫瑰"。可是，虽然有上述的区别，它们的同一性仍然通过系词明显地陈述出来。判断表明主词就是谓词。我们下面就会碰到的其他种类的判断将会向我们表明"特殊是普遍"和"个别是特殊"。这样，在概念中是潜藏的东西，即这三个环节的既区别又同一，在各类判断的顺序进展中逐步明白地表现出来。

325. 现在是一个合适的时机来澄清一个易于使初学黑格尔哲学的人感到困惑的难题。我们曾经说过，逻辑学中的所有的范畴都不仅只适合于现实的某一部分，而是适用于整个现实（第169 节）。但人们可能认为主观概念的诸范畴并不适用于一切东西，而只适用于意识或主观思想。概念、判断和推理，在通常的理解中，只是主观思想的形式，别的什么也不是。然而，这是对黑格尔不理解。概念的诸范畴，像其他范畴一样，都是在它们的范围内普遍的。黑格尔明白地说道："所有的东西都是一判断。"[1]后来又说："所有的东西都是一推理。"[2]说所有的东西都是一概念也是同样正确的。因为存在着的每一个东西都是一个

---

① 《小逻辑》第 167、181 节。

② 《小逻辑》第 167、181 节。

别之物，一个个别，而它的性质就在于它是普遍和特殊相结合
这一事实。"我面前的这本书"是一个别的书。它是一普遍，因
为它是"书"这一类中之一。它是一特殊，因为它"在这里，
在我面前"。当我们说"在我面前是一本书"时，这三个环节就
明白地表现出既分离又同一。这就是判断。同样的道理也适用
于后面将要谈到的推理。

在亚里士多德哲学中已经潜在地有了一切东西都是概念的
思想，因为在他看来，每一个个别的东西都是质料与形式之合。
质料是特殊，形式是普遍。

也许可以说概念的诸范畴仅适用于思想，而不适用于事物。
可是，必须看到概念的学说的根本的意义就是宇宙不再被认为
是事物的集合体。我们已经通过了科学和它的关于物的范畴诸
如力、物质等的阶段。所有的实存现在都被认为从本质上、根
本上说只是思想。这就是概念论的根本观点，它已不是科学的
阶段，而是哲学的阶段。每一个范畴都是世界和绝对这二者的
规定。从概念中生发出来的规定是：世界是思想，绝对是主体。
因此，思想的形式，概念、判断、推理，本质上是一切真实的形式，
也是绝对自身的形式。

326.判断通过四个上升的阶段发展其自身，（1）质的判断，
（2）反映判断，（3）必然判断，和（4）概念判断。（注意，黑
格尔在这里放弃了通常的三分法。）

第一分节　质的判断

327.在判断中概念的诸环节分化了。它们现在是相互独立、

相互区别的。因此，判断是概念之前进到自己的他者。在推理中它回到自身，在那里，概念的诸环节重又紧密地结合在一个绝对的同一之中。因此，判断的不同种类构成一个进展过程，一个从作为开始的概念的诸环节的完全独立，回到在推理中最后达到的自同一逐步前进的运动。

所以，判断之第一形式是：在其中，个别性与普遍性、主词和谓词，是彼此独立、互不相干、无联系的。这也就是说，我们从直接的判断开始。这就是**质的判断**。它首先是：

A. 肯定判断

328. 这种判断的一般形式为：个别是普遍。

这两项都是直接的。直接的个别是一个别的事物，如"这玫瑰"。直接的普遍是未经中介的普遍，它不包含特殊和个别，因此是抽象的普遍。由于它是孤立的普遍而与主词并不真正相关，因此它是主词的某些孤立的性质或质。在这一阶段的判断如：这玫瑰花是红的。红和玫瑰花没有内在的、必然的联系。它仅仅是一偶然的性质，可以说是作为一个偶然的东西而被安插在玫瑰中并存在于那里。玫瑰并没有何以为红的必然性。玫瑰的概念和红的概念彼此没有逻辑的联系，这里表现出的只是这种判断的直接性，因为主词和谓词之间没有真正的关系。[1]这就是**肯定判断**。

---

① 见本书第 239 节。

B. 否定判断

329. 肯定判断断言个别是普遍。但是，由于它们事实上证明彼此是没有联系的，或只是被外在的纽带所联结，由于它们是这样地相互分离、相互孤立，所以断言它们有同一性——这是肯定判断的根本涵义——就被证明原来是错误的。因此，真理毋宁说是：个别不是普遍，亦即这玫瑰花不是红的。这就是**否定判断**。非普遍、非红，在这里不能从普遍与红的逻辑上的绝对完全空无的意义上去理解，如像我们说心灵不是红的那样。它只能意谓着"不是红的，但却是有某种另外的颜色的"。这样，我们就有了这么一个判断："这玫瑰是有某种颜色的"。这相当于：个别是特殊。

对于非普遍所以要作这样的理解，是由于我们现在不是在谈论空洞的名词，而是谈的具体概念。如果说个别不是普遍，它不能是作为空的对立物的非普遍，否则将使它成为在概念的领域之外的东西。因此，如果它不是普遍，它必定是概念的另一环节即特殊。

因此，否定判断和肯定判断一样，不多也不少；或者说，也可表现在肯定的形式中：个别是特殊。

C. 无限判断

330. 由于否定判断也是一肯定判断，它由于同样的理由和肯定判断一样地虚假不实。现在断言个别是特殊，这两个极项，虽然被断言为同一的，事实上是无关联的。现在并没有说玫瑰花是红的，但这意味着它是有颜色的。可是，这种颜色，如像红色一样，也是玫瑰的一偶然的质。我们现在仅仅断言玫瑰有颜色而没有指出任何特定的颜色。但这并不影响谓词对于主词的不相干。

肯定判断断言主词的某些个别的质（红）。否定判断否定这一个别的质，但仍然允许这一个别的质所隶属的一般领域（颜色）作为主语的谓语。可是，由于否定判断原来是和肯定判断一样地是虚假的，所以现在我们得到的一个最切近的真理就是：某些一般领域、某些普遍性和主语的完全不相干。主语，和以前一样，仍是个别的事物；而谓语则将是某种普遍，它和主语绝对地没有任何联系，完全不相容。这就是**无限判断**，如"心灵不是大象"，"狮子不是桌子"，"心灵不是红的"。

331. 无限判断是质的判断的最后形式。在进入下一个判断领域之前，我们用黑格尔自己的例子来阐明一下已经说过的事实将是有帮助的，即判断不仅适用于主观思想，而且适用于现实，所以"每一事物都是一个判断"。否定判断与无限判断的区别在于：前者否定的只是主语一特定的质，它并不否定这个质所隶属的一般领域，而无限判断则甚至连这一般的领域也否定了。据黑格尔说，犯罪是一个无限判断，而一个民事诉讼案件则是一否定判断。在一个关于土地所有权的民事纠纷中，控告的一方并不一般地否定关于财产权的法律；相反地，他承认这个法律，并以此为依据来提出他的诉讼；他所否定的只是被告的特殊权利。可是，另一方面，盗贼却整个地否定了关于财产权的法律，因此他的行为是一个无限判断。[①] 同样地，疾病只是一否定判断，

① 见本书第548节。

而死亡则是一无限判断。"在疾病里，只是人的生命中此种或彼种功能受妨碍或被否定了。反之，在死亡里，如我们常说的那样，肉体和灵魂分离了，这就是说，主词与谓词完全隔绝了。"[1]

第二分节　反映判断

332. 现在，无限判断似乎是真理了。但事实上，它离一个真实的判断是如此之远，所以它根本不是一个判断。它仅仅是一无意义的词的组合。在经验中，它表现为极其浅薄、毫无意义的语句，如"心灵不是大象"。可是，如果我们把它作为纯思来加以抽象地考虑的话，那么，无限判断在事实上根本不是一个判断这一点就会更为明显。因为它只是表示主词与谓词、个别与普遍的完全不相谋。这里的主词与谓词毫无联系。而谓词既然这样地完全与主词相脱离，所以主词就被孤立地留在那里，毫无联系，只是一自我相关的个别，完全排斥其他者在自身之外。然而，一个判断必须断定主词与谓词之间的某种关系。可这里毫无关系可言，所以这是一个不是判断的判断。

无限判断这种自相矛盾驱使我们进入一个新的范围。由于现在主词是一个孤立的个别，故它所排斥的即谓词是某种完全异于它的东西。但是，即使排斥也毕竟是一种关系。这样，我们就达到这样一个判断的观念，即它的谓词所表示的是主词与其他者的关系。而由于这个他者没有被规定为任何特定的他者，他只能是一个一般的他者——一个他物的世界。这就是反映判

---

[1]《小逻辑》第173节。

断。它的谓词，不再是某种孤立的质如红、热、香味等，而是这样一种形容词如"有用的""危险的""有益于健康的"等。这些谓词表示主词和其他事物或一般地和外界的关系。如果我们说"这所房子是有用的"，它表明这房子和人的需要的关系。同样，如"这个物体是重的"这一命题，意味着它具有和地球的引力关系。因为这样的判断，与质的判断的直接性不同，表明相关性、事物的联系、中介性，所以它们相当于本质的范围并因而被称为**反映判断**。

A. 单称判断

333. 质的判断的主词是个别。在以上向反映判断的过渡中只是谓词经历着变化。因此，主词仍如以前一样，而谓词则表示关联性。这就是**单称判断**，它把这样一个谓词如"有用"应用于一个单一的个别："这所房子是有用的"。这同样属于"单一是普遍"的形式。

B. 特称判断

334. 单称判断是虚假不实的，其原因和肯定判断之所以虚假不实的原因完全一样。在这两种情形下，单一都是普遍。但"有用""重"等同物体的质"红""甜"一样，是偶然的。在这里，主词和谓词之间没有必然的联系。假如我们要达到真理，谓词必须表述主词的内在的、本质的东西，因而它们两者的联系就是内在的、必然的。这样，主词将是一个单一，而谓词将是同一物即事物的内在本性，不过表述为普遍，这两项将是如这一判断所陈述的那样真正地同一。但现在判断所作的陈述却是不真实的。"有用"和"重"并不比"红"更为本质一些。所以，在这一阶段，个别是普遍这一点并不真实。毋宁再一次说，真理是个别不是普遍。那么，如果个别不是普遍，什么是普遍呢？它只能是特殊。这样，我们就有：特殊是普遍，如某些房子是有用的。这就是**特称判断**。

335. 应该注意，在质的判断中，它的第一种形式被发现为虚假不实时，这里的否定是属于谓词的，而现在的否定则是属于主词的。在质的判断中，当发现个别不是普遍时，我们演绎出个别是特殊这一判断（第 329 节）。现在，在同样的基础上，我们演绎出特殊是普遍。前面我们从"这玫瑰不是红的"得出结论说，'"这玫瑰是有某种别的颜色的"。现在，从"这所房子是没有用的"，我们演绎出"不是这所房子，而是某些别的房子是有用的"。否定判断中的否定把谓词从普遍变为非普遍即特殊。这里的否定把主词从个别变为非个别即特殊。

336. 由于我看不出黑格尔的这一推演步骤的明显的任意性有什么正当的辩护理由，所以在这里我引用他自己的话。在《大逻辑》中，他说道："由于反思判断不单纯是肯定的，所以否定不直接涉及这样的谓词，即它并非附属而是自在之有的东西。主词不如说是可变化的和需要规定的东西。"[1]在《哲学全书》中他又说道："当我们说'这植物是可疗疾的'时，意思并不只是指仅仅这一单独的植物是可疗疾的，而且指一些或几个这样的植物都有这种效能。于是我们便进而得到特殊判断（有一些植

---

[1] 麦克朗：《黑格尔关于形式逻辑的学说》，第 207 页。

物是可疗疾的，……等等)。"①

337. 在麦克太戈博士看来，黑格尔为什么认为这种变化在这里是影响到主词而不是谓词，其理由如下。在质的判断中，我们发现，虽然它陈述个别是普遍，但这一点却被表明为虚假不实的。因此，我们改变谓词，试图使之适合于主词。但现在证明这是徒劳无益的。它并没有给予我们以所寻求的两项之一致。因此，现在在反映判断中，我们进而试图去改变主词使之适合于谓词。可是，这种解释的缺点是，辩证法不是，或不应该是由我们作出的试探过程。无疑地，是一个范畴的内在矛盾使我们前进到下一个范畴，在那里，前面的矛盾得到解决。但这个新的范畴必须不仅仅是我们主观上去寻找一个恰恰能解决这个矛盾的方法的结果，从而为我们从外面加到这一过程中去以满足这一要求。新的范畴必须是从老的范畴自身中演发出来的。这也正是这里所碰到的困难之点，麦克太戈博士的解释或许是正确地阐述了黑格尔的想法。不过，如果这样，黑格尔就没有作出一个真正的演绎。

C. 全称判断

338. 特称判断，无论作为否定的还是肯定的，其程度是一样的。"一些人是快乐的"就包含着一些人是不快乐的。② 因此，

---

① 《小逻辑》第 175 节。

② "一些"是否应被认为意味着"仅仅一些"，像黑格尔在这里所主张的，在普通的逻辑教科书中是一个争论的问题。大多数作者不同意黑格尔的看法。

这个命题没有给出关于个别的知识，因为任何个别的人既可以属于某些快乐的人们，也可以属于某些不快乐的人们。但现在的问题是要使个别适应于普遍。由于在单称判断中，个别不适应于普遍，我们才把它上升到特称判断。可是现在既然从单称上升到特称还是解决不了这个问题，我们必须把特称上升到全称。这就是**全称判断**："所有的人皆有死、不快乐、难免有错误，等等。"

第三分节　必然判断

339. 判断的主词现在被表明为普遍性或全体性。初看起来，好像：（1）这个普遍性仅仅是主观的，也就是说，是我们把一类事物中的一切个体统统集合起来，然后加上"所有"一词。但是，（2）这个普遍性事实上是客观的，因为它组成一个种，并且是一切个别赖以存在的本质和基础。所有的人看起来好像都具有一种特征是低等动物所缺少的，例如他们均有耳珠。①但是，斯密斯或勃朗之有耳珠显然只是一偶然性而与他们的本质属性无关。即使他们没有耳珠，他们仍然根本上是他们之所是，即是人。可是，在"所有的人"这个短语中所包含的普遍性却与此不同。斯密斯和勃朗，如果他们不是人，就不可能是虔诚

---

① 据我所知，这个例子是不正确的。高等的类人猿也有耳珠。但只是在人类，耳珠才在体积上发展到最大限度。黑格尔大概是指后面的意思而言。当然，不管在什么情况下，黑格尔的例子的不正确无损于他的论述的有效性。

的、精通音乐的、有理性的、勇敢的等。人，这就是他们内在的、本质的属性，而这种普遍性不是某种仅仅外在于他们而由我们主观地加给他们的。相反地，这是他们的本质的客观性，是他们之所赖以为他们的东西。这种从主观性到客观性的变化在语言中也表现出来：我们常常说"人"来代替说"所有的人"，如人是有死的，难免犯错误的等。

这就给了我们一种新的判断，其主词是一个类如人、玫瑰等，而谓词则是一个种。这种判断的例子如"玫瑰是一植物"，"狮子是一动物"。

这就是**必然判断**。在质的判断中，甚至在反映判断中，我们看到谓词和主词的联系没有什么必然的纽带，而只是一种可能的、偶然的状态。玫瑰是红的，这可能是一个事实，但没有人能看到其必然如此的根本理由。但玫瑰必然是一植物，因为否则它就不成其为玫瑰。它不是红的，并不失其为一株很好的玫瑰，但如不是植物，它就根本不可能是玫瑰。红色只是玫瑰的一个偶然特征；植物则是它的本性。在这里我们有了一个判断进展中的大进步。所有的判断都断言主词与谓词的同一性。但在这种判断之前，这个断言还不是真实的。在质的判断中，概念的各环节相互分离，互不相干。玫瑰和它的红色相互间没有真正的关联，更少同一性。因此，这种判断是虚假不实的，因为它断言的是事实上没有真实联系的主词与谓词之间的联系。可是现在，在必然判断中，主词与谓词在一种必然的关联中更为紧密地结合起来。玫瑰和它的红色是互不相干的。但玫瑰和它之为一植物却是本质地相联系的，再也不是毫不相干的了。

340. 必然判断的第一形式是：

A. 直言判断

直言判断简单地断言种与类之间的必然联系，如"玫瑰是一植物"。

B. 假言判断

341. 由于现在主词与谓词之间的关系是一必然的联结，所以后者依赖于前者。因此，这种判断可以陈述为"如果有一玫瑰，即有一植物"——或一般地表述为：如有 A，则有 B。这就是**假言判断**。

C. 选言判断

342. 假言判断所真正陈述的是种的存在依赖于类的存在。如果有一玫瑰，即有一植物。换句话说，种不能离开类而存在。普遍只存在于特殊之中。植物不是玫瑰、百合、大丽花等之外的某种东西，它们不过是同一的东西时而从其普遍性（种）来看，时而从其特殊性（类）来看罢了。这样就暴露了假言判断的根本缺点，即它只是断言种对它的一个类的依赖，而不是对所有的类的依赖。如果有玫瑰，则有植物。但同样真实的是：如果有百合，则有植物。植物的存在不是依赖于一个类即玫瑰的存在，而依赖于所有的类的存在。

认识到这一缺点立即给我们以**选言判断**，它陈述了种是它的所有的类的总和。植物是玫瑰、百合、大丽花等。或者，一株植物或是一玫瑰，或是一百合，或是……。A 或是 B，或是 C，或是 D。

这里特别需要注意的是：所有判断都断言的主词与谓词的同一性在选言判断中才第一次真正地达到。主词是种，谓词是类的总和。但种和类的总和是一回事。同一的东西一次在主词中表明在其普遍性中，一次在谓词中表明在其特殊性中。

第四分节　概念判断

343. 由于主词与谓词现在于它们的差别中达到同一，我们又再次有了差别中的真正统一和统一中的差别；一句话，达到了概念。概念的诸环节现在又从分离回到了自身同一。

选言判断虽然展示了普遍与特殊（种与类）的同一，但却存在着把个别遗留在外的缺点。它显示出普遍只在特殊中有其存在，但我们不能不看到普遍的存在甚至沉沦在单个的个别之中。换句话说，我们还得去发现一普遍的谓词，它是与个别的主词如这玫瑰、这幅画绝对同一的。执行这一工作的判断就是概念判断。这样，一种判断必须有一个别作为它的主词，一普遍作为它的谓词，而这二者必须是同一的。谓词与主词必须是同一个东西，不过前者是在其普遍性中，后者是在其个别性中。换言之，谓词必须就是主词的本质的、普遍的本性，这种判断必须陈述主词和其根本性质，和其普遍概念即它之应当所是相谋或不相谋。它必须表示作为主词的个别与它的固有的性格是否和谐一致。这样，谓词就是主词如要成为它之所是就必须与之适应的理想，而这种判断则陈述它们是否适应。人的本质的、普遍的本性就是他的理性，一个陈述一个人是否有理性的判断，就告诉我们他是否按他的概念来说所应该的那样，即这个人是

否一个真正的人。一个人塌了鼻梁无损于他的人性；不管他是
否塌鼻梁，他还是一个人。

但一个失去理性的人就丧失了他的根本的人性，因为理性
是人之本性。因此，说"这个人是有理性的"和说"这个人是
一个人"是一回事——当然，不是从空洞的同一的意义上，而
是从表明他和人的理想相一致这个意义上来理解这句话。说这
个人是一个人，就是说这个人（个别）是一个人（普遍）。这里
的主词和谓词分别是个别和普遍，所以是有区别的。但它们又
是绝对同一的，因为它们不过是同一的"人"一次作为主词出现，
一次作为谓词出现。因此，在**概念判断**中，谓词总是一个包含
着与理想一致的词——这幅画是（或不是）美的，这一行为是（或
不是）善的、正义的、高贵的。

344. 概念判断首先表现为：

A. 确然判断

确然判断简单地断言主词与其理想之一致或不一致。这个
行为是善的、恶的、正确的等。

B. 或然判断

345. 确然判断仅仅断言主词是否是其应当所是，但却没有
为这种断言提供任何根据。这幅画是美的，但我却说不出为什么。
这不过是我的意见罢了。因此它立即面临相反的断言：这幅画
是不美的。这个相反的判断和原先的判断有同样的权利，也同
样地没有权利，因为，事实上，两者都仅仅是一种断言。因此，
哪一个判断是真的是难于断定的，这就给予我们以**或然判断**，如：

这幅画可能是（或可能不是）美的。

C. 实然判断

346. 或然判断的主词是一偶然的东西。它可能与其理想相一致，也可能不一致。可是，如果它在自身之中包含了使其与理想相一致或不一致的某种根据时，这种一致或不一致就变得明白起来了。这样，我们能得到这样一些命题，如：这个行为是如此如此做的，是对的；这幅画是如此如此画的，是美的。这里的主词现在就从偶然上升到必然。这幅画必定是美的，因为它是如此如此画的。或者换句话说，这幅画的美是植根于这幅画的本性之中。它是自身根据的；而成为自身根据的也就是成为必然的。所以这样的一个判断就是一个**实然判断**。

这种判断断言个别（这幅画）是通过或由于特殊（如此如此画的）而与普遍（美）相同一。因此，它包含着概念的三环节，它们既有区别而又融入一个绝对的同一之中。因此，它是判断的完成，是判断的一般真理。

第三节　推理

347. 现在，个别通过并由于特殊而与普遍相同一。这样，特殊就表现为一个中项，它中和着两个极项即个别与特殊。这就是**推理**的第一形式。每一个推理都包含着三项。这三项中范围最广的一项是普遍。较狭的一项包含在较广的一项中，这就是特殊。更狭的一项归属于特殊之下，这就是个别。因此，在这样一个推理中：

　　绿是令人愉快的。

　　这水果是绿的。

　　所以，这水果是令人愉快的。

最广的一项，即令人愉快的，是普遍，绿是特殊，这水果是个别。
我们用符号 S、P、U 来代替个别、特殊、普遍，这一推理可以
表述为：

　　P—U

　　S—P

　　S—U

特殊是中项，它在个别与普遍之间起着中介作用，并在结论中
把它们结合起来。黑格尔采用了更为简洁的表达方式：S—P—U。

　　348. 在作为概念的概念中，个别性、特殊性与普遍性这三
个环节作为原始的、尚未分化的统一潜藏于其中。在判断中，
概念分化其自身之三环节为差别。在推理中，差别保存在概念
的环节作为两极项之中，而它们的统一在中项中表现出来。因此，
推理是概念与判断的合题。

　　349. 判断，由于它的着重点是区别、差异，被认为是知性
的产物。推理，表现了两极项的中和或对立统一，是理性的特
有的形式。但它不应该被认作仅是思维的主观形式。和判断一
样，它也是客观的。每个事物都是一推理。或者，更确切地说，
由于推理是理性的形式，因此，每个合理的事物亦即现实的事
物都是一个推理。所以，推理，和其他每一个范畴一样，是对
于绝对之一界说。绝对或上帝是一推理。上帝，认作抽象普遍性，
是逻辑理念，但上帝不仅是这样一个空的抽象的普遍，这普遍

走出其自身成为特殊，就是自然，并且回到其自身成为个别的具体精神。同样地，无限、无条件、超感性、自由、权利、责任等真实的东西，也就是推理，因为它们不停留在空的、抽象的普遍性中，而是分化其自身并通过特殊性而表现为这一自由、这一责任、这一权利等。

350. 推理的诸阶段是（1）质的推理，（2）反映推理，（3）必然推理。如这些名词所表示的推理的进展大体上和判断的进展是平行的。

第一分节　质的推理

351. 推理首先是直接的推理。因为，虽然它通过中项的中介而断言两极项的同一，这种同一事实上是虚假不实的，两极项仍是相互区别互不相干的。[①] 这样一种推理就是**质的推理**。

A. 第一式，S —P—U

352. 如上所述，推理首先表现为S—P—U格。在这里，特殊是中项。这就是推理之**第一式**。个别从属于一个更广的项即特殊，而特殊又从属于普遍，于是得出结论:个别从属于普遍。或者:

　　　　P 是 U

　　　　S 是 P

　　　　所以 S 是 U

_____

① 见本书第 239 节。

个别与普遍在特殊中找到了它们的同一。因为在与普遍的关系中，特殊是主词（即在大前提中）并因而是个别。在与个别的关系中，特殊是谓词（在小前提中）并因而是普遍。这样，由于它既是个别又是普遍，所以是两极项的中和。

　　由于这是直接推理，所以，如同质的判断的情形一样，它的诸项是相互独立、互不相干的，尽管这一推理断言它们之间有着联系（第327、328节）。个别是一个体的事物，这玫瑰、这房子。特殊是某些偶然存在于个体中的孤立的质，红色、味道、形状。普遍也是偶然联系于特殊的某些孤立的质。比如这样的推理：

　　　　绿是令人愉快的。

　　　　这水果是绿的。

　　　　所以这水果是令人愉快的。

这水果是绿的不过是一纯粹的事实。这水果和绿色之间没有必然的或逻辑的联系。绿色令人愉快也是一个纯粹的事实，没有什么必然的理由。所有这些项都是互不相干的。

B. 第二式，P—S—U

　　353. 第一式的缺点是它断言了不相干的两项之间的关联。因为，我从主词的许多孤立的质中抽出哪一个作为中词，这是一个偶然的事情；而我抽出中项的哪一个质作为与主词相联结的谓词，也是同样偶然的。由于选择了水果的绿色作为中项和绿色的快感作为谓词，我达到"水果是令人愉快的"这一结论。但如选择某些别的质，我可以同样地证明它是令人不愉快的。例如：

有毒的东西是令人不愉快的。

这个水果是有毒的。

所以，这水果是令人不愉快的。

这整个的过程是完全任意的。如果愉快是绿色的本质属性，不仅是它的一个偶然特性，那么，绿色的东西在所有的情况下都是令人愉快的；我们的推理也就是真实的。可是，绿色的令人愉快这一偶然的性质是易于被其他偶然的性质如有毒所取代的。因此，大小项之间没有真实的联系这一事实就是这种推理的缺点。所以，这里的中项绿色或有毒或其他任何一种质，虽然它声称是特殊，事实上在这个推理中是被当作一孤立的质、一单纯的、孤立的直接性，一个个别。因此，这一推理的真理，如果直截了当地使中项以其本来面目即个别而出现，则将表明得更为清楚。这就给予我们一个新的推理：P—S—U。这就是**第二式。**

如果换个角度来考察一下，则这一结果将会更为明白。在第一式中，结论 S—U 不是 S 和 U 的一个直接联系，因为它是为 P 所中介了的。但大前提与小前提，即 S—P 和 P—U，并没有为任何东西所中介，因而是各项的仅仅直接的联系。这种直接关系是与推理的本性不一致的；推理的本质是概念的任何两个环节都在其中为第三个环节所中介。因此，大前提 P—U 必须是被中介了的；而适合于这一要求的唯一因素就是 S，于是原来的推理就变成 P—S—U，这就是第二式。小前提 S—P 必须为 U 所中介，这就是我们将要看到的推理的第三式 S—U—P。

对第一式的大、小前提作这样中介的必要性，通常被表述为：推理的大小前提本身也需要证明，也就是说，它们本身应该是在前的诸推理的结论。

　　当前的推理的中项是个别。因此，其余两项的每一个都比中项更为广阔，而每一个前提都表明中项是归属于其余两项中的一个之下。因此，个别在大小前提中均是主词，如：

　　　　S—U

　　　　S—P

　　　　P—U

但这只是改变了各项的次序，而没有改变它们作为仅仅直接的偶然性质这一事实。这里的个别仍如以前一样是一个个别的事物，而其余的两项则是孤立任意的质，偶然地由于属于同一主词而联系起来，如：

　　　　这水果是令人愉快的。

　　　　这水果是绿的。

　　　　所以绿是令人愉快的。

至于各项的次序，人们会评论说，黑格尔的第二式不是形式逻辑的第二式，而是第三式。结论 P 是 U，由于它的主词是特殊，表明教科书中第三式的一般法则，即第三式的结论必须是特殊。

　　这一式的结论是第一式的大前提："绿是令人愉快的"或 P 是 U。这样，此式补救了上式的缺点，即在该式中 P—U 的关系是未经中介的。

C. 第三式，S—U—P

　　354. 第二式有了一个经过中介的结论 P—U。它的大前提 S—U 也是被中介了的，因为 S—U 是在第一式中由于 P 的中介而被证明了的。但它的小前提 S—P 仍是未被中介的。它只能为 U 所中介,这就是**第三式**: S—U—P。

我们可以从内容而不是从形式中来考察,也会得到同样的结果。第二式的结论是,由于两个质如"绿"和"令人愉快"都是主词即"水果"所固有的,所以它们也互相包含。这样,中项被认为是两极项的仅仅共通之点。它并不是作为各种质的具体统一,摆在我们面前的这一个水果,而仅是一个抽象,抽出了多种多样的质,仅仅作为两极项的一个抽象的会合点。而由于这种抽象,由于它仅仅是一个共通之点,所以它完全不是一个真正的个别,而只是一抽象的普遍。因此,推理 P—S—U 虽然声称以个别为其中项,但这个别实际上是普遍。如果把普遍明确地作为中项,这个结果就明白地表示为 S—U—P,这就是第三式。比如:

　　　　绿色是令人愉快的。

　　　　这水果是令人愉快的。

　　　　所以,它是绿色的。

这一推理,就其各项的次序而言,相当于形式逻辑中的第二式。这个推理是无效的,因为,为了避免中词不周延,这一式的前提之一和结论必须是否定的。这一事实明显地暴露出整个质的推理的缺点。这一推理只有在这种情形下才是有效的,即如果我们可以说绿不仅是令人愉快的,且绿是唯一能令人愉快的东西,也就是说,一切令人愉快的东西都是绿色的。可是我们不能这么说,因为事实上绿色和愉快相互间并无必然的联系,它们的联结只是由于整个质的推理的直接性品格。不仅这一式,而且所有的式都有这种缺点,它必须在推理的以后的发展阶段中得到克服。

D. 数学推理，U—U—U

355. 个别、特殊和普遍都已依次作为中项而出现，每一式都以他式的前提之一作为它的结论，这样，每一式都预先设定了其余二式。这一点可以认为是消除了质的推理的这样一个缺点，即虽然它的结论是中介了的，但它的诸前提却是未经中介的。但这种推理的根本缺点依然存在。在这里，三者中的哪一个被作为中项是完全无关紧要的，因为在每一种情形下，各项之间都是没有内在联系的。从这一观点看，这三个环节的无差别性作为数学上的相等而充分表示出来。由于哪一个环节作为中项或两极项是无所谓的，我们可以把它们从其质的区别方面抽象出来，认作三个计算因子，其中每一个都可以同样地代替其余的任一个，恰如在对待实际的计算筹码时，我们应当把它们可能一个是红的、一个是绿的、一个是蓝的这一事实抛开，而把它们认作全不过是筹码、都是同一的一样。

当所有质的区别这样地被略去之后，我们就得到一个简单的数学的等式：

$$A=B$$
$$B=C$$
$$所以，A=C$$

或者，可以另一种方式表述为："如果两个东西各等于第三者，则此二者必相等。"黑格尔把这种关系表述为这样一个公式：

U—U—U，并把它称之为**数学推理**。

虽然黑格尔把这种推理列入质的推理的范围之内，但这并不合适，他自己在别处也把它称之为量的推理。他也把它列为第四式，但它当然与形式逻辑的第四式没有什么联系，我们当会记得这种第四式在亚里士多德那里并未出现，而是后人加进去的。在这一方面，黑格尔追随康德，认为普遍的推理的第四式是无意义的和无效的而加以抛弃，因为它仅仅是第一式倒了过来而已。

第二分节　反映推理

356. 数学推理，毫无理念的内容，只是质的推理的辩证发展的一种消极的结果。但也有一个积极的结果。质的推理的三项被孤立开来，彼此绝缘、互不相干；它们只是抽象的个别、特殊和普遍。现在这三种抽象的形式依次地被置为中项。但每一个都不能满足中项之作为两极项的具体统一的职能，所以两极项仍是彼此互不相干的。这一过程的积极结果就是我们不应该把任何抽象物作为中项，而应该把两极项的具体统一作为中项。由于在第一种情况下，两极项分别是个别和普遍，所以中项将是一个把个别与普遍结合于自身的特殊。这样一种推理就是**反映推理**，因为概念的三环节不再是纯粹的抽象物，而将真正地在中项中彼此融合。这种推理之第一阶段是：

A. 全称推理

这一推理，黑格尔又称之为完全外延推理。

357. 在**全称推理**中，中项是包含所有个别的特殊，例如"所有的人"。因为这一项概括了每一个个别的人，所以它包含了个别。而由于它包含了所有的个别，所以它是普遍。在这样一个推理如：

  凡人皆有死。

  苏格拉底是人。

  所以，苏格拉底有死。

之中，中项被归入一个更高的普遍即"有死"之下，所以它是特殊。因此，这种推理的公式是第一式即 S—P—U。

  这种推理弥补了质的推理的缺点。在质的推理中，中项是一纯粹的抽象的东西，一具体事物之一抽象的质，这一事物还有其他许多的质都可以被作为中项从而得到最不同的结果。这果子是绿色的因而是令人愉快的，但它是有毒的因而是令人不愉快的。但现在中项不再是某一单个的质而是一具体事物之全体，所有的"人"，所有的"绿色的东西"等。因此，这个中项能够把主词和主词所属的种中的每一个个体都具有的普遍相联系，而不会产生任何矛盾。绿色是令人愉快的，这是完全真实的，但绿只是一抽象的质。如果我们说"所有绿色的东西都是令人愉快的"，我们就应该立即想起有毒的果子、绿色的蛇等并立即看到这个前提是虚假的。这样，我们就可避免陷入自相矛盾。这就是全称推理的作用与意义，它合乎逻辑地消除了以前的推理的缺点[①]。

----

  ① 麦克太戈博士（《黑格尔逻辑学评论》第 215 节）争辩说，质的推理的缺点即由此导致对同一主词运用相互矛盾的谓词，只是假想的缺点。它根本不是什么缺点，因为"绿色是令人愉快的"的含义就是"一切绿色的东西都是令人愉快的"，后者当然是虚假的。但是，如果这个推理采取麦克太戈博士赋予的形式，那么它就根本不是质的推理，而是反映推理。采取后一种形式的推理没有上述的缺点，这正是黑格尔的看法，

B. 归纳推理

358. 全称推理也有自己的缺点。正是由于它的大前提断言它的谓词包括所有的个别，所以它是假定其结论为真并用未经证明的假定来论辩。说所有的人皆有死就假定了苏格拉底有死，如果他不死，则人皆有死就不真了。对于这一缺点，唯一的补救办法就是逐人地进行检查以表明每人皆有死。我们须得表明凯乌斯有死、凯西乌斯有死、恺撒有死、布鲁图斯有死等直到包括了所有的人类，当我们完成了这一过程，才可能断言凡人皆有死。这是归纳法，表示于推理的形式，就是 P—S—U，即第二式。更精确地说，它是这样一种形式：

$$S$$
$$S$$
$$P—S—U$$
$$S$$
$$S$$

黑格尔提出的质的推理当然具有他所指出的缺点。麦克太戈博士说，"这水果是令人愉快的"这一结论，需要"所有绿色的东西都是令人愉快的"这样的前提，这也恰恰是黑格尔所说的。而正是由于它没有它所需要的这一前提，才造成它的缺陷。同时，正由于全称推理提供了所需要的前提，所以克服了这一缺陷。麦克太戈博士大概是认定质的推理的第一式在一切情况下都相当于形式逻辑的第一式，才把自己引入歧途。可只有各项的次序才是判定它们的相当与否的全部根据。毋宁说只有全称推理才真正相当于形式逻辑的第一式，这在本节的例子中将会看到——它明显是大小前提及结论都是全称肯定判断的推理。

    ……

    以至无限

这里 S 代表一个个别的人。P 当然是指人类（特殊），而 U 则是更高的普遍即死。两个前提是

        S

（1）P—S

        S

        S

      等等

亦即所有的人是凯乌斯、凯西乌斯、布鲁图斯等，直至无限；

        S

（2）S—U

        S

        S

亦即凯乌斯有死、凯西乌斯有死，等等。结论是 P—U 或凡人皆有死。

  我们将会注意到，这里个别是中项；全称推理是第一式 S—P—U，而**归纳推理**是第二式 P—S—U。不过这里的个别不是质的推理的第二式中的抽象的个别。因为虽然它是个别，它同时又是普遍，因为它包含了所有的个别。

C. 类比推理

  359. 归纳推理克服了全称推理的缺点，但又由此带来了它自己的另一个缺点。因为很明显地，它需要把无数个别都列举出来，这是不可能的。因此，它是在观察了所有至今已死的人

之后，假定在以后的人类延续系列中不会有例外出现。但这只有当断定人类之有死不是一种偶然的性质，而是他的必然的天性亦即死亡是包含在人的类性的概念之中时，才是事实。我们必须承认不仅所有观察到的人事实上是有死的，毋宁说人之有死就因为他是人。这就产生了**类比推理**，例如：

地球是可居住的。

月球也是一星球。

所以，它是可居住的。

这个推理是建立在这样一个论断之上的，即地球之可以居住并非由于任何偶然的原因，而是由于它是星球。这才可以推论任何一个星球如月亮，也是可以居住的。这样的类比当然是非常肤浅因而是十分可笑的。事实上，地球之所以能够居住，并不单纯由于它是星球，而是由于它有大气和其他月亮所没有的环境。但它的原则是对的。可以举一个更好的例子：

我们说话和行动是有意识的。

恺撒是一个能说话和行动的存在。

所以，他是有意识的。

归纳推理是 P—S—U 的形式。在类比推理中，中项仍是一个别，例如地球，但它已是从其普遍的本性上来看待的个别。地球不仅是作为这一特定可以居住的特定的星球，而是作为其根本的性质就是可以居住的一类星球中的一个星球。由于这里的个别有了一个普遍的意义，它的中项可以明白地陈述为它本质上之所是，即一个普遍。因此，这种推理的公式是 S—U—P，即第三式。而由于它不再像质的推理中那样是一个抽象的普遍，由于它本质上也是一个个别，因而是完全具体的。

这样，在反映推理的三个阶段中，和质的推理一样，中项依次是特殊、个别和普遍。

第三分节　必然推理

360. 类比推理也有类似于全称推理那样的缺点。它的结论是 S—P（例如月亮是可居住的），但它的大前提也是 S—P（例如地球是可居住的）。诚然，作为中项和大前提的主词的个别（在这个例子中是地球）是从其普遍的本质来看待的，正因此我们把它作为 U（即普遍）来对待。但我们也同样可以坚持说它是个别，这样，由于结论是 S—P，前提是 S—P，前提也就假定了结论为真。或者，如果我们明白地把此项表现在其普遍性中说"所有星球都是可居住的"，那么这个推理就是全称推理，而如我们已经知道的，它是假定了它的结论的。

类比推理可纳入 S—U—P 的公式，但它的上述缺点显示出，它的中项虽然被作为普遍，却注定要陷入个别，这一缺点只有在中项是完全的普遍的 S—U—P 形式的推理中才能消除。我们现在已经看到在类比推理中，中项作为普遍而与两极项必然地联系着。在所举的例子中，那个推理建立在这样的信念上，即地球之所以是可居住的，不是由于任何外在的或偶然的理由，而是必然的，因为它是一个星球，因为能够居住是必然地包含在星球的概念之中，是它的根本的天性的一部分。这个新的推理 S—U—P 将因此有一个完全的普遍作为其中项，两极项作为它的本性的一部分将必然地属于它，而不仅仅是一偶然的事实，所以这个普遍事实上是两极项的基础与实质——一句话，它是两极项所属的种。这就是**必然推理**。

A. 直言推理

361. 作为必然推理的第一阶段是直接的，虽然两极项必然地和中项相联系，但是，在这种关系中仍然存在着某些直接性亦即偶然性的因素。[①] 一个极项作为直接的，如前一样将是具体的个别事物。如果中项是这个"种"，这个极项就是某个个别的人如苏格拉底。这里的偶然性就在于为什么我恰恰找到苏格拉底而不是其他的个人，是没有什么理由的。这里的必然性在于"人"这个"种"是苏格拉底这个个人存在的基础，否则他就不可能是他之所是。成为一个人是苏格拉底的本性，它决定了他的全部存在。如果我们把他归入其他的普遍性而不是他的本质即人这个"种"，那情形就不一样了。比如，我们把他归于塌鼻梁这一普遍性之下，那么，即便他不是塌鼻梁的，他仍然可以是有理性的、勇敢的、高贵的、自由的；可是，如果他不是一个人，则他就不可能具有任何这样的品质。另一个极项将是某种必然地属于人的概念的品质，如有理性、自由、有道德责任感或有宗教和艺术的才能。这里的必然联系是明显的，而这里的偶然性也在于：为什么要选择这一品质而非其他品质是没有什么理由可言的。

这样就产生了**直言推理**，例如：

人是有理性的。

苏格拉底是人。

---

① 见本书第 239 节。

所以，苏格拉底是有理性的。

必然推理的一般的格是S—U—P。上面那个推理的中项——人，是所需要的某种普遍。但在直言推理中，这种普遍表现出归属于一个更广泛的普遍，在这里是"有理性"。因此，相对于这后一个普遍来说，它是特殊，于是直言推理特有的格就是S—P—U，即第一式。

B. 假言推理

362. 直言推理的真正结果是两极项的结合依赖于中项，例如苏格拉底只是由于是一个人才是有理性的。由于理性是人之区别于野兽的特殊品格，所以只有当苏格拉底是一个人时，他才是有理性的。这一点在**假言推理**中得到明白的陈述：

如果苏格拉底是一个人，他是有理性的。

他是一个人。

所以，他是有理性的。

这里的中项不是人这个"种"，而是"是一个人这一事实"；如果我们把这个推理表述为下面的比较笨拙的形式中，对这一点我们就会看得更清楚：

成为一个人就是成为有理性的。

苏格拉底的存在就是成为一个人。

因此，……

因为中项是一个事实，因此它是一个直接性，而由于直接性可以被认作一个个别，所以这种推理的格是P—S—U，这就是第二式。

C. 选言推理

363. 假言推理陈述说，个体和类是与种同样的东西。是一个人与是有理性的是一回事。或者说，苏格拉底的存在就在于它有理性。但当这一点以这种方式陈述出来时，假言推理的缺点就暴露了出来。无疑地，种与类是同一的，但它只是与所有的类加在一起相同一，而不单单与某一个类相同一。而类则与它所包含的所有个体相同一。这样，我们就得到**选言推理**。在选言推理中，种（U）分布在所有的类中。两极项是类（P）和个体（S）。这样，这个推理就采取 S—U—P 的形式，这就是第三式。

让我们举例说明。有理性是种，人是类，苏格拉底是个体，种是大于类的，所以在此例中我们必须假定在人之外还有理性的存在，比如说天使。这样，这个推理就是：

有理性的存在或是人或是天使。

苏格拉底是有理性的存在，不是天使。

所以，他是一个人。

或者：

有理性的存在或是人或是天使。

苏格拉底是有理性的存在，是一个人。

所以，他不是一个天使。

第二章 客体，或客观概念

364. 概念的诸环节首先在概念自身中表现为未分化的统一。在判断中它们分化出来。推理表示它们的调解和重新回到统一。在选言推理中这种重新统一达到完成。因为第一，这里的中项不再是一个抽象的普遍、特殊或个别，而是它们三者，是概念的具体的全体。它是明白地表现为同时是其类或特殊性的总体的"种"——A（种）是 B 和 C 和 D（类）。同时，由于它也采取 A 是 B 或 C 或 D，因而它们是相互排斥的单位，因此它们同时是包含所有个别的总体。因此，这一推理在其中项里包含了概念的诸环节之绝对的合一。它们的互相间接性融入了直接性。

其次，在这样的推理：

A 或是 B 或是 C 或是 D。

但 A 是 B。

所以，A 不是 C 或 D。

中，我们看到 A 是大小前提及结论的主词。在大前提中它是普遍或种并与其所有的特殊的总体相同一；在小前提中它是特殊或类；在结论中，因为它是排斥 C 和 D 的个别 A，所以它是个别。这样，这个推理就表现出 A 是概念之整体。

作为推理的本质特征的间接性就这样泯灭了，一个直接的存在代之而起。直接性成了目前阶段的基本特征。在主观性阶段，概念的诸环节相互区别又相互依赖。每一个只是通过其余二者才实现。现在，由于间接性被取消了，所以依赖性也被取消了。因此，我们有了一个直接的和独立不依的存在。这就是**客体**的范畴。[①]一个东西是直接地存在在那里并且与思想相对为一个独立的存在，就是一个客体。这样，我们就从主观性过渡到客观性。

365. 在麦克太戈博士看来，[②]在这里主观性与客观性并不是从内在与外在的意义上来使用的，也不是在是思想和不是思想这个意义上来使用的。他认为，主观性意味着不定和偶然，而客观性则意味着普遍和必然。我不否认这些意义在这里可能有一定的重要性，但我并不认为它们是最重要的。黑格尔强烈主张，[③]主观性不仅仅意味着内在、思想、与非我相对立的自我，因为他明白地指出，主观性的诸范畴如判断和推理，不仅适用于思想，而且适用于一切。"一切事物均是一推理"。但从概念所达到的观点来看，答案却是一切均是思想。必须记住概念论的头两部分即主观概念与客体是片面的和抽象的，只有在第三部分即理念中才达到具体的真理。在主观概念中我们达到这样一个观点，即一切都是思想、是主观的。在这一部分，我们过

---

① 见本书第 239 节。

② 麦克太戈：《黑格尔逻辑学评论》第 233 页。

③ 麦克太戈：《黑格尔逻辑学评论》第 184 页。

渡到相反的观点即一切均是客观的。在理念中，我们将会看到，真理表现为一切均同时是主观的又是客观的。

当然，我们不应该认为从主观性向客观性的过渡就把思想抛到了后面，就不再和思想与范畴打交道了。我们在这里并没有从纯思向外在的物质世界的过渡，这种性质的过渡只是在逻辑学的末尾才发生，那时我们才过渡到自然。现在我们仍处在逻辑理念，纯思或范畴的阶段之中。而客观性，如黑格尔所指出的，和主观性一样同是一思想。[1] 我们现在涉及的是客体的普遍和必然的观念，是客体的思想。

可能有人会反对说，向客体的过渡就包含着放弃在主观概念中所达到的观点，即宇宙不再被认为是事物的集合而本质上不过是思想。人们也会说，把宇宙看作客体，而不是思想，是退回到存在和本质的观点，回到了那些范畴诸如事物及其特性等。可是，一个客体和一个事物却不是一回事。一个事物，可以与主体无关地存在着，就像唯物论的理论所主张的，尽管这是违背实情的。但客体这个词根本上就意味着是思想的客体。概念学说的总的观点就是世界是思想。但思想包含有两项：主体与客体。要完全把握世界是思想这一真理，就必须把思想认作既是主体又是客体。而这正是我们现在达到的观点。说一个事物是一个客体意味着它根本上只为一个主体而存在。而这也就是说它是思想，即概念论的观点[2]。

---

[1] 参看本书第 100 节，"原子是思想"。

[2] 黑格尔有一段话（《小逻辑》第 193 节），初看起来，似乎与这个解释相反。他说道，"至于客体又是与我们对立的对象"，"俟后面讲到

366. 这个说明也有助于我们去理解从必然推理向客体的过渡，这个过渡，初看起来，肯定非常使人感到困惑。姑且假定在必然推理中间接性融入了直接性，那么，为什么这个直接性就应该被认作客体呢？在逻辑发展的过程中，有大量的中介消失和随之而出现直接性的例子。为什么这些直接性中的任一个都不应该认作客体呢？在这里，除了已经多次地推演出来过的赤裸裸的直接性观念以外，好像什么也没有推演出来。如果前此的直接性不是客体，那么为什么现在的直接性就是客体呢？这里的直接性与以前那些直接性的区别何在呢？

我们可以回答说，这种区别在于，我们现在在一般概念中达到了思想的领域，而前此则还没有达到。因此，这个直接性是思想的直接性。它是思想中的直接的因素，并因此是客体性的因素。我们记得，康德把经验分成由主体的活动所构成的和从外面给予的这样两个方面。现在，被给予的恰恰是思想中的直接的因素，它的源泉就是客体。其余的都是由主体的联系与中介的功能所构成。因此，思想中的直接的因素就是客体的因素，间接性是主体的活动。主观概念，在它的概念、判断、推

客体与主体的对立时，将有较详的说明。目前……这客体仅是直接的朴素的客体，同样，概念也只有在与客体对立之后，才可具有主体的规定性”。然而，这只是意味着当客体第一次出现在舞台上时，我们由于把主体看作已经过去的阶段，所以把客体认作是与主体对立的纯粹抽象。可是，停留在这种抽象状态是不可能的，与主体的对照的必然性立即表现出来。上引的那段话的最后一句话就明白地说明了这一点。如果概念在不和客观性相对照下就不能称之为主观性，那么，客体在不和主体相对照下就不能称之为客体。请参阅本书下面第 366 节的脚注。

理诸范畴中,一般是间接性的领域,因此很正当地被认作是主体。而向直接性的过渡,由于它在这里是发生在思想或概念的领域中,所以本质上是从思想(主体)的间接性的环节向思想上直接性即客体的过渡。①

367. 和其他范畴一样,客体这一范畴既是对世界,也是对"绝对"的描述。首先,一切东西都是一客体,这里也包含着没有什么东西不是与思想、主体无关的意思。没有什么完全与主体绝缘的不可知的客体,像康德的物自体那样。第二,"绝对"是客体;上帝是绝对客体。这一观点如果加以抽象地理解,则意味着上帝并非同时是主体;这样,就会把上帝看作"一黑暗

---

① 当然,上面提到康德的看法只是为了说明问题,不应该把它看作是对康德的二元论的辩护。然而,这一说明在其余方面也是有启发的。康德所作的区分把知识的形式归于主体,把质料归于客体。形式的最高的统一性是纯粹的自我,即主体自身、"统觉的先验的统一性"。它分化其自身为十二个范畴,它们也是判断功能的形式,但康德不能解释何以会有这种分化。黑格尔的作为概念的概念相当于康德的纯粹自我(第321节)。但如我们已经看到的,与康德不同,他说明了作为概念的概念或自我如何分化其自身为判断并进而为推理。所有这些表明黑格尔采纳了康德的观点即纯粹主体意味着知识的形式的部分,而客体则是知识的材料部分。麦克朗在其《黑格尔关于形式逻辑的学说》一书中有一段话表明,黑格尔明显地把知识中的形式因素与主观性相等同。但康德把形式与质料归于不同的源泉,而黑格尔则见出知识的质料是从其形式中产生出来,而这一看法构成了这里所说明的从主观性到客体的过渡。以上的解释当使这一过渡的含义更为明白;也将使麦克太戈博士的观点即主观的与客观的不过意味着偶然的与必然的,而不应归结为知识之内面与外面,最后得到确证。

而敌对的力量"君临于主体之上，作为一个与主体的生活与主体性完全敌对的东西与主体相对立，一个与主体完全格格不入的外在力量，因而只能敬畏而不可亲近。这就是迷信和奴隶式的畏惧所持的观点。当我们达到一个更高的真理，即上帝不仅是客体而且也是主体时，作为主体的上帝就不再是一仅仅外在的、与我们对立的力量，而是我们自己的真实和最内在的自我，它就寓居于"我们的心中"。这就是基督教的观点。

368. 客体首先是抽象客体，被剥夺了主体性，是非我的空洞的直接性。理念作为三一体的合题，是主体与客体的统一。因此，客体自身发展过程将是向主体性的逐步回复。按照黑格尔的方法的一般原则，主体走出自身进入它的对立面即客体，然后又在合题中回到自身。这种从客体向主体性的逐步回复表现为三个阶段：（1）机械性，（2）化学性，（3）目的性。在最后的阶段，我们明白地回复到客体为思想、目的和主观性所支配的观点，这样就过渡到理念。

第一节　机械性

369. 我们首先遇到的客体是"一"，一个单纯的客体，一概念的诸环节消融于其中的单纯直接性。可是在这个统一中仍然存在着这些消融为一的诸因素的多样性。而且，这些因素中的每一个都不仅是一个因素，而自身就是全体。因为，在推理中已经证明，概念的每一因素自身就是整个概念，就是概念所有的诸因素之全体。同理，客体也分裂为许多客体的多数性。

这多数性中的每一个自身即是一全体，一独立的整体，因此每一个都是一客体。这样，在我们面前的是一个许多客体的世界。

客体的第一阶段是在直接性中的客体。这意味着每一客体都是与其他客体毫不相干的独立存在。因此，它的存在是不受其他客体的存在的任何影响的。所以它们之间的关系是一种纯然外在的关系，它丝毫不触及这些客体的内在性质。这种关系不是出于这些客体本身，而仅是从外面加给它们的，或者说，是机械的关系。当宇宙被这样地看作毫不相干的客体的聚集或堆砌，不是由内在关系所联结，而只是被外在地加在一起，堆聚起来，这就是**机械性**的范畴。①

370. 这种对于宇宙的机械的观点的主要之点是它的外在性。所有对于宇宙的机械论的理论都以此为其中心的观念。由恩培多克勒第一个不甚明确地提出而为德谟克利特所发展了的所谓质的机械论的理论，把质看作是建立在量的基础上的，亦即建立在部分对部分的外在性之上的。原子论者也用原子的相互冲击和碰撞来解释一切事物，原子自身的内在性质是不受它的外在关系的任何影响的。我们的知识也可以说是机械的，"当死记着的那些字眼对于我们没有意义，而是外在于感官、表象和思维的。……行为及宗教上的虔诚也同样是机械的：如果一个人的行为、宗教信仰等纯是为仪式的法规或由一个良心的顾问所规定的，如果他所做的事，他自己的精神和意志都不贯注在他的行为里，那么这些行为对于他便是外在的。"②

---

① 见本书第 239 节。

② 《小逻辑》第 195 节。

371. 机械性当然有其作为一个范畴的权利。它主要适宜于描述无机世界中的事物的惰性质量的关系，虽然在这里它也只是服从于机械定律的事物的最抽象的关系。但是在有机世界中，甚至在心灵的王国中，机械性也占有一定的位置，虽然在存在的从低到高的不同等级中它变得越来越不重要。纯粹机械性的活动，如黑格尔所解释的，对于记忆的发展是重要的。但机械性对于彻底理解有机世界，却是完全不适合的、浅薄的范畴。许多流行的错误的思想方式都是由于把机械性的范畴运用于它所完全不适合的地方。说人是由身体和灵魂所构成，就是把二者间的关系看成了纯粹的机械的关系。把灵魂分为许多功能也是如此。

第一分节　形式的机械性

372. **形式的机械性**就是纯粹的、原始的、赤裸的机械性。当宇宙被认作互相外在并列的客体的集合，其中每一个都和其他互不相干，被完全外在的、毫不影响它们的内在性质的关系所联结，这就是形式的机械性的范畴。上面所说的人是由身体和灵魂所构成就是一例。它的意思就是说身体和灵魂是两个无内在性质上的联系的、独立的客体，它们只是被机械地结合在一起。它意味着灵魂这个独立的客体，即使完全和身体相分离，也是其所是并将继续是其所是。这样，无论它是否与身体处于关系之中，都毫不影响它的内在的、根本的性质。不管在哪种情况下，它都是立足于自身基础上的东西。而身体也同样地认作与其和灵魂的联系毫不相干的、独立的客体。

这样，纯粹的机械性的主要观念就是：（1）客体之间的关系是纯粹外在的，（2）每一客体有其纯粹在自身中的、不受与其他客体的关系的触动的性质。

第二分节　倾向的机械性

373.形式的机械性瓦解了并推翻其自身，因为它不能保持它所包含的客体的内在性质和外在关系的绝对分离。不管其外在关系如何，客体都被设想为保持原封不动，不可改变、僵固不动的。这样，它就是完全受外力所支配的东西。它被动地让自己完全由外面来决定，在形成自身的环境中不起任何作用。可是，它之在其他客体的压力下仍然保持被动和不抗拒，它之允许自己完全为其他客体所决定，这一事实本身说明，这只能是由于它自己的内在本性的缘故。事实上，这就是它的内在本性。因此，所有这些外在的客体之所以不能影响它，就是由于它自己的内在本性，而由于外来的决定作用是如此取决它自身，所以这种外来的决定作用实际上是自身决定。这样，这个客体就形成一个中心，它通过决定那些支配它的其他的客体来决定它自己。因此，这个客体不仅是外在地与其他客体相关，它的内在本性也不是与它们毫不相干的。它由于其内在本性而与其他客体相关联；它表现出一种偏向它们的倾向，一种内在的联系的纽带，一种亲和力或倾向。所以这一范畴被称作**倾向的机械性**。

第三分节　绝对的机械性

374.绝对的机械性是上一范畴的充分发展。不仅某一我们随便考察的特殊客体是一个有其内在性质或核心的中心并与外在诸客体相联系，而且所有外在的诸客体也同样是这样的中心。因此，宇宙中的每一客体都可依次被认作这样的中心，而其余的都是围绕着它的卫星。整个的宇宙就是这些中心的系统。这就是**绝对的机械性**。它仍然是机械性，因为诸客体间的关系仍然是纯外在的，但这些外在关系，如我们已经看到的，不是与客体的内在性质毫不相干的。万有引力可以认作这种互为中心性的一个经验性的例子。

第二节　化学性

375. 虽然黑格尔把上一范畴称作绝对的机械性，但很明显的，纯粹的机械性的观念只是在形式的机械性的范畴中才能看到，而且在那以后的发展中，包含着对纯粹机械性观念的逐步背离。机械性本质上意味着相互独立、完全互不相干的客体之间的关系是绝对外在的。在倾向的机械性和绝对的机械性中这种独立性和互不相干性经历了逐步瓦解的过程。在那里我们看到，原来不受与其他客体的关系的影响的客体的内在性质，由此就被深刻地改变了。我们只要把客体的这一方面引申到它的合理的结论，就会得出化学性这个范畴。

客体的内在性质不再与它的外在关系毫不相干，它表现出向着其他客体的倾向性与亲和性。在纯粹的机械性中，每一个客体都是在其自身中之所是，而完全独立于其他客体。但现在我们看到客体的这种内在性质只有在其他客体中并通过其他客体才是其所是。它的存在就是其他客体的存在。这两个客体成为统一的。它们结合为一个客体，黑格尔称之为中和物。在这里，两个客体的相互分离的内在性质，即特殊的性格与质，融合了，消失了。这个观念就是**化学性**。

作为诸因素都消失于其中的统一，中和物是未分化的，并"重新沉没到直接性中"①。显然地，由于这样的理由——虽然黑格尔在这里的论述对我来说是不清楚的——中和物是能够分解的并再度分裂为原来的两个客体，它们又再度融合、沉没，以至无穷。

在黑格尔看来，这个范畴的例子不仅是众所周知的、"化学"由此而得名的元素的化合，还有气象过程，植物与动物的性的关系，友谊与爱情的精神性关系。不能不承认，整个关于化学性的这一节是显得富于想象色彩的。

第三节　目的性

376. 我们已经看到（第368节），客观性的进化表现出向主观性的回复。必须记住，客体是整个概念的三一体中的反题。虽然客体自身也是概念，也是思想，但同时却是概念或思想之在他者的形式中，是思想的他者，所以不是概念，不是思想。我们说它不是主观性，而是客观性，以此来说明这一点。或者我们也可以说，概念由于进入了客观性，因而沉没、淹没、消

① 《小逻辑》第202节。

失于其中。正如"有"消失于"无"之中，所以"无"不是"有"，但同时它又是"有"一样，本质上是概念的客体，成为自身的对立面，所以不是概念，但同时它又是概念。无疑地，在客体的核心中隐藏着概念。但当它直接地显示给我们时概念却消失于其中。概念的这种消失显示其自身为外在性，这是形式的机械性的主要性格。概念就意味着内在性，或更精确地说，是对立的统一（第310节）。它的区别同时又不是区别，它的有差别的因素既是绝对同一的又是绝对区别的。在形式的机械性中是绝对的差别，即是说，一个绝对差别而没有同一性或统一性的客体世界。每个客体都是其所是，仅仅在自身中，与其他客体完全不相干。所以它是没有统一性的、粗陋的多数性。显然地，这是概念的绝对对立面。或者，由于概念在其自身中（主体）就是主观性，我们也可以说形式的机械性是以毫无主观性为其标志。

在倾向的机械性和绝对的机械性中，客体相互间的完全不相干和外在性被改变了。它们变得相互依赖。因此，在这里，统一在差别中再度出现。这是回到主观性的第一个信号——因为主观性，如我们刚刚看到的，就是概念，亦即差别中的统一。

在化学性中，不同的客体明显地融入统一。换句话说，我们有了差别中的统一，即概念或主观性之明白地从它所潜身于其中的客体中出现。但概念从客体的束缚中解放只有在目的性中才能完全看到。

在化学性中，不同的客体融合了它们的差别并在中和物中失去了它们各自特别的性质。因此，在我们面前的是直接性和客观性的外在性的否定。而由于这种直接性是客观性的根本性格（第364节），所以我们也就达到客观性本身的否定。在这里否定客体的恰恰是重新再现的概念。由于概念现在否定了客体，因此它独立于客体，进到自身的自由存在，就像灵魂之从禁锢它的身体中解脱出来一样。

自由了的概念，和客体面对面地对峙着。客体不是概念，不是它之应该是的东西。因此概念只能对客体处于一种它应该以之为目标、目的的理想的关系之中。这就是**目的性**。

377. 黑格尔进一步把他所谓的"外在有限目的"（目的论）和"内在目的"加以区分。他所谓的外在的有限的目的论是指这样一种观点，它把手段与目的看作完全不同的客体，其中每一个都能够离开其他而独立自存。如金钱可以用来作为手段去获得面包。面包和金钱是完全不同的客体；面包可以离开金钱而存在，反之亦然。同样地，月亮过去曾被认为是为了在黑夜给人照明而被创造出来。人和月亮是不同的、互不相干的客体，它们并非存在于对方中或通过对方而存在。

相反地，所谓"内在目的"是目的性的真正形式，它意味着手段和目的处于这样一种关系中：它们每一个只有存在于对方中并为对方而存在，其一不能离开其他而存在，归根到底，其一与其他是同一的。参考一下亚里士多德对于生命的观念就能很好地理解这一点，黑格尔在这里也援引了亚氏的观念。在亚里士多德看来，生命或灵魂是身体的"形式"。"形式"包括功能、目的和结构。活的有机体没有外在于其自身的目的。它是自身目的。作为目的，它是形式、结构原则或统一性。作为手段，它是注入这个形式的质料。在这里，作为统一的因素、普遍性的"形式"，恰正是黑格尔的概念。在亚里士多德那里，形式是目的，在黑格尔这里，概念是目的。"材料"是多样性的因素，是黑格尔的客体，如我们将要看到的，它将成为手段。

活的有机体提供了内在目的或真正的目的性的最好的例子。它并非由两个作为目的和手段的相互分离的客体所组成。手段和目的只是一个客体即有机体自身的两个方面。所有的官肢或不同的部分都从属于整体的目的而活动。这个整体的目的就是整体的生命之自身。它不是外在于有机体的任何东西。有机体是为自身而存在。部分只由于整体而存在。因此，部分是手段，整体是目的。但部分与整体是同一个东西，既可看作多样性，又可看作统一性。所以这里的手段和目的是同一个东西。从多样性的角度看有机体是一个手段，从统一性角度看则是一个目的。手段和目的不是两个客体，而是一个客体的两方面。

在国家中也可以看到同样的情形。国家可以看作国民个人的目的，但同时国家就是所有的国民个人。

真正的目的性的观念在黑格尔那里并非独断，这个关于目的性的定义是从化学性中演绎出来的。化学性给予我们以客体的多样性的统一。统一性的因素，如这里所解释的，是目的；多样性的因素是手段。

但是，只有到了这一节的最后一个范畴即"实现了的目的"，对于目的性的完整观念才会完全清楚。

第一分节　主观目的

378. 如上所述，只是在目的和手段是同一的时候，目的性的完全真理才能看得出来。可是，在起初的时候，目的与手段却并非是同一的。现在，概念从客体中解放出来并与客体相对立（第 376 节）。概念是目的，客体是手段。因此手段和目的在对立中相互拒抗。客体还没有和概念相结合，换句话说，目的仍是未实现、未完成的，它仅仅作为一个客体尚未达到的理想站在客体的面前。而目的由于还没有客观化其自身，所以仅是一观念，仅仅是主观的，仅是**主观目的**。

第二分节　手段

379. 因为客体仍与概念或目的相区别，所以它是与目的相关联的，从客体到目的的关系是目的的必定要实现的有意图的行动，换句话说，客体和目的之间的分离必定要通过这种行动来取消。这就是**手段**。

第三分节　实现了的目的

380. 当客体与目的之间的分离被取消了，目的就不再是主观的，而成了客观的，就是说，通过与客体的结合而实现、完成了它自身。这就是**实现了的目的**。①

381. 当然，从主观目的到实现了的目的的过程不是一个时

---

① 我对这个说明是不满意的，因为我们将会看到，它完全没有给出真正的演绎，我坦白地承认黑格尔这里所讲的，其含义对我是模糊不清的，而且我也怀疑他自己是否清楚。我对任何其他的解释也不满意，例如我曾看过的麦克太戈博士的解释就是如此。

间中的过程。因此，我们在这一范畴中所达到的对宇宙的观点并不意味着目通过时间来客观化其自身。采取这种看法、设想宇宙的目的尚未完成，是由于我们用的是较低的和不适当的范畴。黑格尔说道："无限目的的实现这一看法好处只在于去掉一种错觉：即人们总以为目的好像老没有实现似的，善，绝对的善，永恒地在世界上完成其自身，其结果是，善或至善用不着等待我们去实现它，它就已经自在并自为地在世界上实现其自身了。我们总是生活在这种错觉中。"[①] 但黑格尔并非意谓这仅是一主观的错觉。它是理念自身的活动，而且对于目的实现是必要的，因此是真实的。因为黑格尔接着说道："理念在它发展的过程里，自己造成这种错觉，并建立一个对立者以反对之，但理念的行动却在于扬弃这种错觉。只有由于这种错误，真理才会出现。"（客观地，而不仅是主观地出现在我们心中）……"扬弃了的错误或异在，本身即是达到真理的一个必然的环节，因为真理作为真理，只是由于它自身造成它自身的结果。"[②]

---

① 《小逻辑》第 212 节。试比较这一句话："理念并不会软弱无力到永远只是应当如此，而不是真实如此的程度。"（《小逻辑》第 6 节）在黑格尔著作中有大量这样的段落。这些段落所表述的思想，虽然可能多少有点含混不清，却或许是他的哲学中的最深刻的洞见之一，包括解决恶的问题的线索。恶、谬误或缺陷等的存在，不仅仅是主观的幻象。它们是真实的，然而它们却可以和至善永远正在并且已经完成因而宇宙是完美的这一事实和谐一致。见本书下面第 403 节。

② 《小逻辑》第 212 节。

第三章　理念

382. 概念论之第一阶段是主观性。在那里，真实、绝对和世界的本性被确定为本质上是主观的。这是正题。概念论之第二阶段是客体。在这里，真实的本性被确定为主观性的对立面即客观性。这是反题。合题因此将把真实规定为既不是片面的、抽象的主观性，也不是片面的、抽象的客观性，而是主观性与客观性的统一。这就是理念。理念可以定义为主观性与客观性的统一。

383. 在目的性的范畴中，可以发现向概念的这一最后阶段的过渡。实现了的目的是目的性的概念的完成，在这里，手段和目的融入统一。手段是客体的多样性；目的是它们的统一性（第 377 节）。例如，在有机体中，分离的官肢是整个的生命的手段，而目的则是有机组织的统一整体之自身。这样，手段与目的就是同一的，手段是当作多样性看的有机体，目的是作为统一性来看的同一个东西。多样性的因素即手段是客观性方面，统一性的因素即目的是主观性的方面。无有机联系的、无统一性的客体的多样性，如在形式的机械性中所看到的，被看作是完全剥夺了主观性的客观性的根本性格（第376节）。在倾向的机械性、绝对的机械性和化学性中重现的多样性中的统一性的因素被认为是主观性的因素（第376节）。因此，当手段和目的在实现了的目的中融为统一，也就是主体与客体的消融并被认为是同一的。这样我们就达到主体与客体的统一或同一的观念。这就是**理念**。

384. 概念论的一般观点是所有的东西都是思想。但思想有两方面或两项，即主观性与客观性。因此，起初一项被抽象地强调了，宇宙被宣布为主体。接着，另一项被同样片面地推到前台，所有的东西都被视为思想的客体。最后，这种抽象和分离被取消了，宇宙的本性被宣布为既非单纯为主观的，亦非单纯为客观的思想，而是主观性与客观性合而为一。这一点的精确意义只有在理念的最后阶段即绝对理念中才能被充分认识到。那时理念的一般观点也就明白了。

385. 这里可能有一种错误观念，必须小心避免。我们这里说的主体与客体的同一不是空洞的同一。它们的统一也不是无差别的统一。它并不是一切差别都消失于其中的和谐统一。在黑格尔那里，差别总是保持在统一之中，因此，它是一个具体的统一。在理念中主体与客体的差别被扬弃了，也就是说，它既被取消了又被保存了，两方面在其同一中仍然保持着差别。

主体与客体的同一不是二者间仅仅一中点。黑格尔指出，我们现在在理念中达到的"绝对"的定义有时被表述为"思与有，有限与无限等的统一"[①]（思与有在这里相当于主体与客体，

[①] 《小逻辑》第215节。

而无限是与主体同一的，有限是与客体同一的），这样的表述是正确的，但如果把它理解为"绝对"是既非主体亦非客体、既非思想亦非存在、既非无限又非有限的中性物，那就完全错了。按照这种看法，"无限与有限，主观与客观，思想与存在，好像只是中和了似的。但是在理念的否定的统一里，无限统摄了有限，思维统摄了存在，主观性统摄了客观性。理念的统一是思维、主观性和无限性，因此本质上须与作为实体的理念相区别"①。这一段话极为重要。它的含义也被表述为：思想超越了其自己与自己的客体的差别。

在这段话中，黑格尔反对谢林的观点。在谢林看来，所有的差别，包括主体与客体的差别，完全消失于绝对之中，它被设想为一个完全无差别的和谐统一，一个完全的空，它既非主体亦非客体，而是一切差别的完全的中和，一切差别与特征的空无。②和谢林的"绝对"一样，斯宾诺莎的实体也被看作既非思想又非存在。由此我们可以理解上引黑格尔那段话的最后一句何以要提到实体。

386. 如果我们回忆一下上一章中谈到客体不仅是主体的对立面，那就可以明了这里所谈到的观点的真义。客体不简单地就是非思想，它自身也是思想（第365节）。因此，思与有、主体与客体的差别不是一个绝对的差别。"有"是思想；客体也是主体。客体是主体之在其异在的形式中。甚至当主体投身到

_____

① 《小逻辑》第215节。

② 参看黑格尔在《精神现象学》中有名的评论：谢林的"绝对"就像是"在黑夜中所有的牛都是黑的"。

它的对立面即客体中时，它仍然是主体。因此，主体统摄着客体、思统摄着"有"。或者我们也可以说，概念首先把自己设置为主体。第二阶段是客体，然而它却没有与主体完全隔绝，而仍然保持其为主观性的产物，所以主观性仍然存在于其中，虽然是被掩盖、隐藏了的。第三阶段是主体从其异在中走出来回到它的自身，这是向主观性的回复。因此，理念本质上是主体、思想，而不是一仅仅中和了的空无。但是，这不是我们在理念论的第一阶段所遇到的与客体相对立的抽象的主观性。它是吸收了它的对立面即客体，把客体纳入自身之内并克服了主客体的差别的主观性。因此，它是具体的主观性。对于黑格尔所说绝对不是实体而是主体，我们也应该从这个意义上去理解。正如我们在第200、201节中看到的，真无限并不是以有限为外在之物来与之对立的、否定的、抽象的无限，而是否定的无限与有限的统一，是一个把有限吸收在自身之内因而不再受它的限制的无限，同样地，这里的主体也把客体纳入自身。当它这样做了的时候，它就是理念。

387. 在这里，我们也可以理解前面（第99节）初步谈到的认识与存在的同一性的真义了。认识是主体；存在是客体。在那里我们指出认识与存在即主体与客体是同一的但又有差别，这种对立与差别是众所周知而且常常被认为是全部真理，所以我们在那里更为强调的是它们的同一性。现在我们看到，同一和对立是同等地根本性的和重要的。如果黑格尔被要求对认识与存在的差别中的同一性作出证明的话，他一定会指出《逻辑学》中的这一章的。对这一点的完全的证明包含在《逻辑学》从纯有到目前为止的全部辩证过程中。

无反思式的普通意识把主体与客体、思与有设想为完全分离的。它看到它们的差别，却不怀疑它们的同一性。这是因为普通意识是被知性范畴所统治的，而从未超过本质论所达到的观点。科学同样主要是运用本质的诸范畴作为它的工具，也以同样的方式来看待事物。只要我们仅用存在与本质的诸范畴来看待宇宙，认识着的主体与被认知的客体之间的分离就一定会被看作是绝对的。只有哲学，它超越本质进入理念，并以理念的诸范畴来看待宇宙，才能看出思想的客体自身也是思想，也是主体，因为整个宇宙无非是思想，而思想则超越了它自己和它的客体的差别并包含着客体在自己的统一性之中。前此的辩证发展说明了这点。但是，只有到了绝对理念的范畴，这一点才会完全清楚明白。

388. 理念有三个阶段：（1）生命，（2）认识，（3）绝对理念。

第一节　生命

389. 在实现了的目的中我们达到手段与目的的同一。手段表现为多样性，目的则是统一性，它把多样性联结为一。手段或多样性被认为仅仅在目的或统一中并通过它而存在，而统一也只在多样性中并通过它而存在。每一个都不能孤立地存在。每一个只有通过其他才成为其所是。而且，它们不是两个东西，而仅是同一个东西的两个方面。多样性与统一性、部分和整体是同一的但又有区别。

一个统一性，其全部性质仅存在于它之分化为并统摄着的多样性之中，一个多样性，其全部性质仅存在于它所形成的统

一之中；这样一种观念就构成黑格尔称之为**生命**的范畴。为了
思考生命的范畴，我们必须严格地按上面那句话所规定的，把
它思考为那样一种在统一性中的多样性。必须明确，它完全不
是通常所了解的生命。对于我们通常归之于生命这个词的任何
附加的含义都是经验性的内容，应该小心地把它去掉，因为这
些内容不在黑格尔的演绎之内，也不含在这个范畴的涵义之内。
和力与它的表现一样，它是黑格尔借用从经验中得来的名字的
诸范畴之一。因为用经验的事实作为例证可使这些范畴更为亲
切和明白，然而我们却不可认为黑格尔把这些从经验中发现的
感性内容也都演绎出来了。有机生命无疑是这样一种在统一性
中的多样性，或者至少是比其他经验性的事实更加接近于它。
事实上，作为这样一个统一中的多样性是活着的有机体的主要
特征。一个有机体是由许多部分或官肢所构成，这些官肢只有
在与其他官肢的关系中，在从属于整个生命中才是其所是。正
如亚里士多德所说，一只砍下来的手已经不再是手了。这就是说，
这个肢体的根本性质仅仅存在于它和其所从属的整体的关系之
中。摧毁了它与整体的联系，也就摧毁了它的根本性质。活的
身体的各个部分是多样性，它们的根本性质存在于它们之被结
合在有机体的统一之中。反过来说，有机体的统一性，除非在
其诸官肢的多样性中就没有意义，甚至根本不能存在。

390. 然而，活的身体并不是黑格尔这一范畴的完美的例子。
这个范畴意味着多样性和统一性如果相互分离就不能存在。在
有机物的身体中当然并非如此。一只被砍掉的手不再是手，但
它并未停止其存在。我们只有把在有机生命中发现的多样性中
的统一性的观念引申到它的必然的逻辑结论，才会得出黑格尔

的生命范畴。应该记住，经验性的生命在其自身中并不包括或暗含着意识。植物是活的有机体，但不具有意识。而且在这里我们也不应该把意识的观念带进黑格尔的生命范畴。认识是作为一个比生命更高的范畴出现在下一阶段。所以，作为黑格尔的生命范畴的例子，我们应该用植物而不用动物。

391. 黑格尔称多样性的因素为身体，称统一性的因素为灵魂。这些名词，像生命这个名词本身一样，不应从字面上来理解，而要看作是比喻性的。

生命是主观与客观的统一也是明显的，因为活的有机体既是一主体也是一客体。

生命的从属范畴是:(1)活的个体,(2)生命过程,(3)种。这些范畴是使人困惑和不满意的。[①]

第一分节 活的个体

392. 生命的第一阶段是直接的，即这一生命，单个的有机体，**活的个体**。[②]

第二分节 生命过程

393. 在活的个体中，身体与灵魂即多样性和统一性是在直

---

① 由于这个缘故，我尽可能以最简要的形式对它们加以概括地叙述，而略去非常可疑的敏感、反感、再生等范畴。

② 见本书第 239 节。

接的统一之中。然而它们又是有差别的。因此，灵魂对身体的
关系是一个否定的自身关系。因为这两者是同一的，所以它们
是自身关系。而因为它们又是有差别的，所以它们的关系是自
己对他者、对作为与之相对立的非自身的关系。后者或自身关
系中的否定因素给我们以不是有机体自身，而与有机体相对抗
的某种东西即无机自然的观念。然而，这个与有机体相对立的
无机自然不过是有机体之自身并出于其自身。因此，有机体力
求去克服这个对立面并把无机物再吸收到自身中来（黑格尔在
这里很明显是异想天开地比拟于同化的过程）。这种斗争，这两
方面即有机体与无机体的不断的作用与反作用，就是**生命过程**。
把这些论述用严格的先验的演绎来加以阐明是不可能的。因为
它们几乎不具这种先验的性质，而好像完全依赖于经验的因素。

第三分节　种

394. 有机体依靠生命过程把无机物再吸收到自身中来。照
黑格尔的说法，在这样做当中，有机体就停止其为个体，而变
为普遍、种、族类。他说道："有生命的个体，在第一过程里居
于主体和概念的地位，在第二过程里，它同化它的外在的客观性，
因而它自身便取得一种真实的规定性，于是它现在就成为具有
本质的普遍性的潜在的**种**。"[1] 要从这里引出更多的含义是困难
的。但很显然地，黑格尔的意思是说，只要有机体仍有无机体
与之相对，那么它就仅仅是二中之一，与彼相对应的此，并因

---

[1] 《小逻辑》第 220 节。

此是特殊。通过把他者吸收到自身之内,它就停止其为二中之一,停止其为特殊并因而是普遍。有机体, 从其普遍性来看, 就是种或族类。这样的演绎不值得严格推敲。

第二节　认识

395. 有机体, 由于已经把无机体融入自身之中, 就是一完全的整体, 没有东西在它之外或与之相对应。因此, 它不是与他物相关, 而只是自我相关, 因为除了它自己之外没有什么可以和它相关的了。然而, 正因为这种自身关系, 它自己与自己相区别 (第 208 节), 并再次设置其自身为与己对立的因素。这种从它自身中产生而又与己对立的因素就是外部世界。这样, 我们得出两个结果。(1)活的个体与外部世界相对立;(2)然而, 这个外部世界不仅外在于它, 也在它之内。因为外部世界现在虽然是它的他者, 却是从有机体中产生出来的。被有机体这样地设置出来的只是它自己并因而仍然保留在有机体之中。这两个结果相应地出自有机体作为自身关系的两个因素, 这两个因素就是同一性和差别性。有机体是自身相关的。与它相关的, 由于与其自身同一, 所以不是外在于它, 而是在它之内。但另一方面, 与它相关的, 由于与其自身相区别, 所以又是外在于它的。

有机体有一个外部世界与之对立, 然而这个外部世界作为在它之内而出现在有机体之中——这就是**认识**, 我认识世界意味着, 第一, 有一个外在于我的世界, 但是第二, 这个世界又以呈现的形式在我之中，在我的意识中。

396. 认识作为概念之一范畴而恰当地出现，是明显地由于概念之一般观点是宇宙即思想，而认识则是思想之一种形式。而它之作为一个范畴恰当地出现在概念的第三阶段即理念中，是明显地由于认识包含着主体与客体的统一。认识的两个方面不言而喻是有区别的。但显然它们又形成一个统一，因为主体与客体的结合是意识之真谛。这就是存在与认识的差异中的同一。

397. 这样，在认识中，外部世界或客体成为内在于主体的东西。这一点可以两种方式发生。一方面，主体可以被认为是被动的，它接纳外部世界于自身之内。这是认识本身。在这里，是客体改变了意识，而不是意识改变了客体。知识的目的（认识本身）就是按照世界的本来面目去认知它，认识不谋求去改变世界，而是被动地接纳它。另一方面，主体也可以看作是主动的并谋求去改变世界使之与主体相一致。这就是意志，与知识相区别的行动的原则。行与知不同，它不是被动地接纳世界，它谋求改变世界，使之与其自己的目的或目标相一致。认识，如黑格尔这里所规定的，一般说来，意味着主体与世界之间的不一致和分离被取消了，于是二者合而为一。这种不一致可以由于主体使其自身与世界相一致而被取消，这就是知识，也可以由于主体使世界与其自身相一致而被取消，这就是在意志支配下的行动。

这样，认识有两个从属范畴：（1）认识本身，（2）意志。这里没有第三项，所以三一体是未完成的；黑格尔在这里放弃了三一结构的方法。他对所以这样做也没有任何解释。

398. "认识"这个名词，在通常的使用中，不包含意志。

事实上，认识与意志是相反的。然而，黑格尔却从包含通常所谓的认识与意志两个方面在内的意义上来使用这个词。麦克太戈博士建议，用意识这个名词来代替认识将更为允当。①

第一分节　认识本身——真

399. 认识本身以**真之理念**为其对象。它也被叫作理论理念。

由于在认识本身中，主体被认作被动地接纳客体到自身之中，因而客体也被认作不是主体的产物，而是一个事实，它独立自存，从外面被给予主体并被纳入主观的形式之中。例如康德的观点就是如此。康德认为主观的形式即范畴是主体的自发的能动性，但这一点并不能动摇上面所说的话。这里的要点是，外部世界被认作是已然存在的，被给予的，从外面展示给主体，而主体则被动地接纳了它。

400. 这种认识本质上是有限的认识，只能把握有限真理。它的有限性在于它自身并非全部真实，而且相反地，世界作为被给予的某种东西从外面与之对立并限制着它。因此，这种认识立即陷于主体与客体的分离和隔绝之中，因而不能理解它们的同一性。一般说来，这就是那种强调分离和差别而忽视同一的认识。因此，它是知性的认识。② 如果要问意识为什么采取

①　麦克太戈：《黑格尔逻辑学评论》第 278 节，

②　初学者或许会感到困惑：如果这种认识是知性式的有限认识，它为什么会出现在概念论中？因为，本质论是知性和有限的领域，而概念论则是理性和无限的领域，我们的回答是：认识的范畴告诉我们，宇宙本质上是认识的思想这样一种现点。相反地，本质的观点告诉我们，宇

这种形式，从这里就可以找到答案。知晓的认识是在这里被演绎出来的。因此，在辩证过程的这一阶段，它作为思想自身进化的一个必然的阶段，表现出其自身。

401. 在这有限认识中,接纳外在客体的主观的形式是普遍(即康德的范畴)。而且，它们是空洞、抽象的普遍。因为具体普遍是从其自身中产生特殊与个别，因而发挥其自身内容的普遍。而有限认识的普遍则从外面接受其内容，从它们现成地存在着的事实的形式中接纳下来，因此它这种普遍自身就是空洞的、抽象的。

因此，这种有限认识所提供的第一种思想方法就是黑格尔所谓的分析的方法。它的目的是把个别的客体纳入它的适合的、抽象的普遍之中。所以它是从个别客体开始上升到普遍。这就是归纳的方法。经验论者如洛克，认为所有的思想都是这种分析式的。

然而，有限认识也可能逆转它的进程而从作为定义的普遍开始。接着，它通过作为中项的特殊而下降到个别。这是几何学的方法，黑格尔称之为综合方法。几何学从普遍开始，亦即从定义和公理出发，通过证明而达到个别情形或它所企图证明的较不普遍的定理。斯宾诺莎曾企图把这种综合方法引入哲学之中。

然而，无论是分析方法或综合方法都不适用于哲学。因为二者都是有限认识的方法，它们假定客体是某种给予的东西从而缺少必然性，因为预先假定的东西都是缺少必然性的。真正的哲学方法是辩证方法，也叫作绝对方法。它没有预先假定，因为它的开始即"有"的范畴，不单纯是一开始，而在终结即

宙是由"物""力量""实体"等组成。由于认识这个范畴把宇宙认作思想，它当然属于概念论。

最后的范畴绝对理念中又回到自己。辩证方法在其每一步中既是分析的又是综合的。它是两种方法的合题。由于它从抽象普遍开始，通过逐步的特殊化，而达到具体的个别，所以它是综合的。而由于它从直接性开始，通过中介而达到涵摄着以前的直接性的具体普遍，所以是分析的。

第二分节　意志——善

402. 这样，一方面，认识本身通过综合的方法提供了证明，而这种证明具有必然性的品格。在一个证明中，结论必然地随着前提而产生。事实上，证明不在于别的，而就在于表示出结论之必然性。正是随着必然性因素的出现，我们超出了认识本身的范围，认识本身的根本性格就是它被动地把世界作为从外面给予的东西接受下来。可是必然性是不能从外面给予的。仅仅是给予的东西是仅仅作为一个事实、一个偶然性而存在的，它没有任何理由，并因此在其中看不到必然性，对于被给予的东西我们只能说"它存在着"，而绝不能说"它必然存在"。因此，这种必然性不是外在地呈现给主体的，相反地，它是主体的自发的活动。[①] 因此我们就从被动的主体接纳外在世界的观念前进到主动的主体改变世界使之与其自身相一致的观念。而作为主动地铸造、改变世界使之与自己相一致的主体，这就是**意志**。

---

① 这里的思想方式和康德是一样的。他论辩说，意识中的普遍性和必然性的因素，如休谟所表明的，是不能在经验中发现的，因此，它必定是由于主体的活动。

这样，我们就从理论的理念过渡到实践的理念。如同认识本身以真为其对象一样，意志以善为其目的。

403. 意志和认识本身一样，并由于同样的原因，是有限的。虽然它是主动的并且企求去铸造世界，它仍然把世界认作从外面给予的、已然存在的材料，它只能在它身上施展自己的力量，世界仍然是与主体相对立并限制着它的异己的力置。由于意志的这种有限性，由于主体与客体之间，手段与目的之间、现实与应当之间依然存在的绝对分离，它仍然认为善是未实现的、有待于在世界中完成的。已经实现的是存在的因素、客体。应当是的是概念的因素、主体（第 376 节）。有限的认识包括意志，还没有达到主体与客体的绝对同一的观点，这一点只有在绝对理念中才能达到。因此，现实地是什么与应当是什么仍作为完全不相同的东西而出现，而意志的活动采取了向着善不断努力的无穷系列的形式，然而它是绝不能完成的。可是，真理，如我们在绝对理念的范畴中将要看到的，在于客体或现实地是什么，与主体或应当是什么同时既同一又区别。换句话说，善既是完成了的又是未完成的，"世界的最后目的已经完成，并且正不断地在完成中"[①]。无反思的意识不能透过世界的表面而深入到它的内在本质，它运用的是低级的范畴。但哲学的心灵则上升到绝对理念的范畴的观点。它于是就看到一切事物都是绝对理念，世界的真实不是别的，只是绝对理念。从这样的真理的高度来看世界，那么，世界的手段与目的、客体与主体、现实之所是与应当所是之间，就没有差别了。世界在本质上不是别的，

---

① 《小逻辑》第 234 节。参看本书第 381 节及脚注。

而就是善，因此，善是已经完成并永恒地完成了的。只有有限的智识、知性，才在主体与客体、"是"与"应当"之间划下一条鸿沟，并认为善只是一遥远的、苍白无力的理想，它可望而不可即或存在于某一另外的世界中。

第三节 绝对理念

404. 意志是有限的，它仍然与它认为是某种异己的、不是它自身而与它相反对的东西相对立。因此在意志中存在着上述的矛盾。它在自己的面前设置一个必须实现的目的，这个目的就是善。意志一方面把善看作世界的唯一的真实和本质；而客体，由于它与善相背离，被看作仅仅是外表和非真实；而另一方面，意志又把善看作非真实，因为它只存在于未来，没有完成，还没有其客观的实存。这个矛盾在宇宙之达到善的无穷努力但又总达不到的进程中显示出来。

这种矛盾是意志这个范畴的缺点，它迫使意志前进到绝对理念。这个矛盾的根源在于这样一个事实之中，即在意志中主体与客体仍然作为未得和解的东西相互对抗，客体仍然是一种异己的材料从外面提供给意志。因此，这个矛盾只有在这样一个范畴中才能被取消，在这里，客体不再是意愿着的主体的异己的东西，而是与主体自身同一的。

思想企图达到这种再统一的斗争表现其自身为*行动*。意志以善为其目的。但是，由于善在外部世界中是未完成的，因此它不是客观的，而仅是一主观的理想。意志因此行动起来。它寻求去迫使客观性与它的主观性相一致。它力求去使主观性和客观性相同一，这样来克服它自己的有限性，使客体不再对它自己是异己的。在这样做的当中，意志发现自己是不充足的。

这样，意志的范畴又回到认识本身的范畴。它认识到真理不能只是仅仅主观的善的意图。意志本身需要善也成为客观的、在世界中有其真实存在。当它作为一个真实的客体存在时，主体对它的态度就不是意志的态度，而是认识本身的态度。因为主体将不为着一个不存在的善（意志）而奋斗，而将去真正地认识一个已经存在的善、一个呈现在面前的某种东西（认识本身）。因此，意志必然地包含着认识本身，并只有通过把自己与认识本身结合起来才能克服其自身中的矛盾。所以新的范畴将是意志与认识本身的统一。

在这个新范畴中，善被认为是外在地实现了的。应当实现的已经实现。这两方面是同一的。然而，存在着的是客体这一面。应当是的，是概念、主体的一面。因此，主体与客体现在成为同一的。这里包含的思想根本上是和在实现了的目的中的思想（第 377 节）一样的，在那里，手段即客体与目的即主体是统一的。目的和善当然是同类性的概念，善的范畴不过是目的范畴之更进一步的阐述和界说。目的和善两者都是概念或主体的方面。因此，客观化的善意味着主体与客体之同一。

这种主体与客体在差别中的绝对同一就是**绝对理念**。它直接地意味着主体不再有一个作为某种异己的东西和外在于它的客体，而认识到客体即是它的自身。客体就是主体；主体只是以自身为其客体，在达到这一范畴的时候，哲学看到星辰、行星、人类和事物的宇宙不是某种从一个外在源泉"给予"心灵的东西，而只是心灵自身。心灵或主体，二重化其自身，设置其自身作为处于一个外部世界的形式中的客体，并在凝视这个世界中凝视着它自己。心灵知道它自身就是全部真实。这样，它就是思想的思想，它不是思维着一个异己的客体，而是思维着它自身。它就是亚里士多德的 νόησις νοήσεως，我们有时也说绝对理念是自我意识或人格，这就是说，这个意识或思想是以自己为自己的客体。

405. 绝对理念是绝对真理。它是绝对或上帝和宇宙的最后的、完成了的、充分的规定。上帝是思想的思想，绝对的主体——客体。世界从其真理来看，不是别的，就是绝对理念。当我们把世界看作"物"的系列，为种种"力"和原因等所支配时，我们是在其非真理性中来看待它，是在不充分的和片面的范畴的烛照下来看待它。这里所达到完全的真理是，第一，世界是思想（主观概念），最后，它是思想的思想（绝对理念）或人格。

406. 绝对理念是绝对的无限。因为它克服了一切对立。主观性消融了它的对立面即客观性在自身之中，并且，由于不再有新的对方与之对立，所以是全部真实。由于同样的理由，产生分析和综合的方法的认识是有限认识，而洞察绝对理念的哲学思想则是无限思想。普通意识有一个外在的对象，一所房子、一棵树、一颗星等限制着它。哲学认识则知道它的客体，不管是房子、树或星辰，不过是它自身，因此，它是唯一自我决定的、无限的。[①] 通常所说人们心界是有限的是不对的，因为哲学认

---

① 忘记这一点是和麦克太戈博士的意见有关的，他认为哲学知识不是绝对理念的一个经验性的例子。因为他写道："知识是'真'即表示宇宙的和谐受到限制的范畴的例子。"（《黑格尔逻辑学评论》第295节）这

识是无限思想，因而它可以把握无限，而它所把握的无限就是它自身。

407. 黑格尔还指出，绝对理念的内容就是结束于绝对理念的整个逻辑系统。这是容易理解的。我们不断地看到，每一个范畴都明显地在自身中包含着前此的范畴并把它们融入自身的统一性之中。绝对理念，作为所有差别的最后的和绝对的再统一，在其中包含着所有以前的范畴即整个逻辑学。然而，绝对理念既是主体又是客体。作为主体它是逻辑的形式，因为思想的形式是主观性的方面（第366节）。但逻辑的形式就是辩证方法。因此，绝对理念作为主体，就是辩证方法。作为客体和内容，绝对理念是逻辑学的诸范畴。但这个形式和内容、主体与客体与在有限认识中不同，不是相互外在的。因此，辩证方法不是被认作一个异己的形式从外面加到一个与之毫不相干的质料上，如同形式逻辑的方法是外加给它的对象那样，而是作为一个与其内容完全彻底同一的。

408. 逻辑学在绝对理念的范畴这里结束。因为绝对理念没有什么不完满之处从而需要它在纯思想范畴内再过渡到一个更高的范畴。它不是一片面的抽象，而是具体的全体。它是最后的真理。因此，我们就从纯理念的领域过渡到自然的领域。

样就把知识和认识本身等同起来，而认识本身，由于被一个异己的客体所限制，不能作为绝对理念的例子。但知识是不能这样来限定的。哲学认识是知识，是无限的，它知道它的对象就是它自身。因此它的确是绝对理念的例子。麦克太戈博士对黑格尔的绝对的神秘化的曲解，必须彻底抛弃。

第三编

自然哲学

409. 黑格尔在《逻辑学》中企图说明什么是不难理解的。《逻辑学》和纯思或范畴打交道，它的目标是把这些纯思相互演绎出来。但是，黑格尔在《自然哲学》和《精神哲学》中企图说明什么却并不总是被清楚地理解到的。无疑地，从逻辑过渡到自然和精神，在某种意义上来说，我们确实是离开了仅仅是思想的领域并进到考虑具体的事物。自然哲学考察的不是完全抽象的概念如有、原因或实体，而是真实存在着的事物、植物、动物。精神哲学也是关于存在于世界上的真实的事物，人们真实的心灵、人们的制度、习俗、艺术、宗教和哲学的产品的。因此，从逻辑到自然的过渡是黑格尔体系中的一个争议之点。这一点是他的体系中从思想到物的过渡。由于这个过渡在各个方面都和逻辑自身发展中的过渡一样，完全是一种逻辑的演绎，所以人们有时说，这是一个从思想到物的不可能的一跃。人们争辩说，从思想中演绎出来的只能是思想，而不能是别的任何东西。假设一个人能从一个抽象思想的体系演绎出一个实际的东西如一张桌子或一把椅子，那就无异于假想我们仅仅凭思想就能从无中创造出真实的东西来。出于论辩的缘故，逻辑学中包含的从一个范畴到另一个范畴的演绎被认为是合理的。只要思想保持在自身之中，只要它仅仅企图去从思想中演绎出思想，它的进程就是合理合法的。可是去设想逻辑的任何发展能够从思想中演绎出一个实存的东西，那就是疯狂的幻想。而黑格尔从逻辑到自然的过渡就被认为是这样的企图。

410. 不可否认，这个过渡存在许多难题。抛开这一点，我们可以说，上述的估价完全是一种曲解。这种过渡不是这些反对者们所想象的那种从思到物的跳跃。和其他演绎一样，它也是从一个思想到另一个思想的过渡。自然哲学和精神哲学所涉及的仍是思想，而不是在其粗糙的物质性中的事物。如果看起来黑格尔好像是从理念中演绎出自然，那么他所真正地演绎出来的不像人们设想的那样荒唐，不是自然本身，而是自然的思想。如果在自然哲学中他好像是从植物中演绎出动物，那么，他所真正做的不过是从"植物"的概念中演绎出"动物"的概念。如果在精神哲学中，他好像是从家庭中演绎出市民社会，从市民社会演绎出国家，他所真正演绎出来的也是这些事物的概念。在他的整个体系中，在每一个地方，他都只是和思想概念打交道，除了从一个概念演绎出另一个概念而外，他没有在任何地方有任何其他的企图。

411. 黑格尔自己的论述把这一点说得十分清楚。在其体系的第二、第三部分中演绎出来的思想被他称之为"概念"，而其进程也是从一个概念演绎出另一个概念；从家庭的概念到市民社会的概念，从市民社会的概念到国家的概念，如此等等。辩证方法在这里如同在任何其他地方一样，都是适用的。从家庭演绎出市民社会意味着后者的概念、思想或观念是暗含在前者的概念、思想或观念中的；正如从"有"演绎出"无"表明"有"的思想包含着"无"的思想一样。黑格尔明白地重复地告诉我们，自然哲学与精神哲学演绎出来的只是共相；它并未演绎出这支特定的钢笔或那一粒特定的砂子。共相是概念或思想。十分明显，演绎出"植物""动物""家庭""国家"等，不过是演绎出许多概念即思想，因为所有这些概念，不只适用于一个事物，而是适用于许多事物的类。这里，如同在逻辑学中一样，我们只和概念及从概念中演绎出来的产物打交道。在这一过程中没有什么荒唐的或不合理的东西。

412. 对于这一点，反对的意见可能说，如果这是对黑格尔的体系的正确解释，那么，这个体系，由于它从未离开过抽象的领域，对事物毫无用处。它仅是抽象空虚的思想的体系，完全是空中楼阁。人们也会说，不管黑格尔的演绎过程是什么，事物是真实地存在着的；存在一个可感触的实在世界，这张桌子，那把椅子，我的帽子，你的靴子。而且，如果哲学要解释宇宙，需要解释的不仅是抽象的东西和共相，还有这些真实存在着的东西；此外，由于解释一个东西意味着表示它是从一个理由产生出来的，是一个逻辑前提的逻辑后果，由于事实上解释就意味着演绎，根据黑格尔自己的原则，哲学必须演绎出真实的事物而不仅仅是思想。如果它没有这样做，它就一点也不能说明为什么一个事物存在。姑且承认所有这些概念逻辑地前后相随，有什么理由说明它们不应当始终停留在仅仅是概念或思想的领域？与它们相应的事物又为什么会真实地存在着？

413. 回答是很简单的：事物是思想并且仅仅是思想（第95、100、101节），因此，演绎出思想和演绎出事物就是一回事。这一张真实存在着的纸不过是"白""方"等共相而已。在这张纸中除了共相外没有别的。如果设想在共相之外还有某种东西，那就是相信一个完全在思想范围之外的、不可知的实体的存在。因此，把所有的共相都演绎出来就等于把宇宙中所有的真实的事物也演绎出来。

414. 我要简短地指出，黑格尔自己并没有完全抓住这一点；尽管他反复重申思想是全部真实的学说，然而却与他所明确地否定的观念藕断丝连，那就是在构成我们对事物的知识的共相之外，还有某种神秘的实体存在于事物之中或之后。我将努力来说明，这种自相矛盾正是从逻辑到自然的过渡的困难的根源，也是说明"偶然性"在他的哲学中的地位的困难的根源。与此同时，我们将转而谈到同一问题的某些其他方面。

415. 我们将首先消除一个已经讲到的明显的自相矛盾。我们开始已指明所有的演绎都是从思想到思想，企图从思想演绎出真实的事物是不合理的，而黑格尔也没有这样的企图。但我们接着又说，由于事物无非就是思想，演绎出思想也就是演绎出事物，因此，黑格尔的确演绎出并从而解释了真实的世界。这两种说法岂不自相矛盾吗？我们的回答是，如果设想我们的主观的演绎和思想能够产生出真实的事物，那是不合理的并且是十分荒唐的。如果设想黑格尔认为通过他的演绎就创造出一个世界，那么他就是十分荒谬可笑的了。从这个意义上说，他没有演绎出事物来。但黑格尔的演绎不仅是一个主观的过程。它是对客观真实的发现。从理念到自然的过渡意味着自然之所以存在是由于有理念，因为理念是客观的、真实的，并非由于黑格尔偶然地发现了这个理念。并不是黑格尔从理念演绎出自然，是理念自身、客观理念，而不是黑格尔头脑中的那个理念，产生出自然。

416. 逻辑学是和思想打交道的。自然哲学，如我们已经看到的，也是和思想打交道的。可是，在这种情况下，人们可能会问道，逻辑学和自然哲学有什么区别呢？后者不就只是前者的继续了吗？逻辑学结束于绝对理念，而它被说成是最高的范畴。如果照上述的解释，这岂不是说自然赖以开始的最低级的范畴反倒是一个比绝对理念还要更高、更进一步的范畴了吗？黑格尔体系的整个构造不就摧毁了吗？我的回答是，从一种意义上说，自然哲学确实仅是逻辑学的一个继续。那种认为从思到物的飞跃是不可能的看法实际上是认为在逻辑学与自然哲学之间有着一条绝对的鸿沟，而这种鸿沟是不存在的。自然哲学是同一体系的必要的组成部分。但是，它是这个体系的一个新的领域，它与先于它的逻辑学是有明显区别的；正如同在逻辑学之内，本质论是有论的继续但与它有明显的区别一样。"有"的诸范畴都是思想，都具有直接性的特征。"本质"的诸范畴也是思想，但它们是一种不同的思想。因为它们具有与直接性相对立的特征即间接性。整个逻辑学和思想打交道，整个自然哲学也是和思想打交道。因此，认为后者是前者的继续是合理的。然而，它们又是根本不同而且是对立的。这种区别就在于，逻辑学与之打交道的诸范畴是以适用于一切事物为特征的共相；而自然哲学则与另一些共相打交道，这些共相不是范畴，它仅适用于一些事物而不是所有事物。宇宙中的每一事物都有其"存在"、有它的"质"，是一个"原因"或一个"结果"。因此，"有""质""原因""结果"等是范畴，属于逻辑学范围之内。但是，只有某些东西是植物、动物或无机物。因此，"植物""动物""无机物"是完全与范畴不同种类的共相，因而不在逻辑学范围之内。

417. 范畴与自然的共相的区别还可以这样来表述，即范畴是纯粹的、非感性的共相，而自然的共相则是感性共相。这里的感性的因素只是不仅具有普遍性而且具有特殊性的意思。它是和"那"相对立的"这"。因此，一个感性共相是适用于这些事物而不是那些事物，适用于某些事物（特殊性的环节）而不是一切事物的共相。所以我们也可以把从逻辑到自然的过渡表述如下：逻辑给我们以世界的第一理由，它包含诸纯粹共相。现在则达到这样一个阶段，即我们对于世界第一理由的描述已经完成，进到了它的逻辑结果即世界本身。真正的过渡是从纯粹共相的一般领域到感性共相的一般领域的过渡。[①]

418. 我们需要小心地区分这样两个问题：（1）从理念演绎出自然的企图是否合理。（2）黑格尔的企图是否成功，也就是说，他所做出的演绎是否有效。对第一个问题，我们回答说，这种企图不仅是合理的而且是绝对必须的。它之所以是合理的，因为它不是如某种蠢见所常常设想的那样，是从思想到物的过渡，而是从一种思想向另一种思想的过渡。没有人会怀疑从思想演绎出思想的合理性。这种演绎也是必须的，因为这是解释宇宙唯一可能的方式。本书的第一编第三章的全部叙述说明了这种需要。我们在那里看到，解释就意味着演绎，而不是别的。所有的唯心主义都是建立在这样一个观念之上的，即解释宇宙的第一原则是一个逻辑原则，它是共相，而共相则是理由或逻辑前提，世界是它们的逻辑后果。这就是意味着世界只能从理念演绎出来。在本书的第一章中我们看到，绝对与世界之间的关系是逻辑关系而非时间关系。古希腊哲学家们，尤其是亚里士

---

① 关于这个问题，可参看本书第 95 节最后部分。

多德，已经看到了这一点。亚里士多德的形式原则是先于世界的，目的先于开始，但这是逻辑在先，而非时间在先。古希腊哲学家们还未认识到的是，这一思想贯彻到底，就是意味着"绝对"与世界的关系只能是推理中的前提与结论的关系，因此，世界必须从"绝对"中演绎出来。正是由于没有认识到这一点，导致了柏拉图和亚里士多德的哲学的没有出路的二元性。现在谴责黑格尔企图从理念演绎出自然的人们，也正是那些谴责柏拉图和亚里士多德没有克服思与物的二元性的人。一元论意味着只有一个绝对真实，其余一切均由这个真实而产生。对柏拉图和亚里士多德以及一般地对所有唯心主义者说来，绝对真实就是思想。因此，他们必须阐明物是从思想产生的。柏拉图和亚里士多德没有做到这一点。所以他们的物是一个非派生的原则，一个独立的存在，一个绝对的真实，与思想平行并列——这就是二元论。他们为此而受到谴责。可是，当黑格尔企图通过唯一可能的道路来克服这种二元性，即从思演绎出物时，他却被认为是在做一件蠢事。所以这种批评不能左右逢源。除非他们站在不协调的二元论的立场上，否则他们就必得或者承认思产生物或者承认物产生思。在后一种情况下，他们就是唯物主义者。在前一种情况下，他们就是赞同黑格尔的意见。如果我们承认唯心主义的一般观点，即思想是"绝对"，那么我们必须阐明思想产生事物，否则，我们就陷入柏拉图和亚里士多德的二元论。承认思想产生事物只有两种途径。或者，思想即"绝对"在时间上先于事物，从而它产生事物，如原因之产生它的结果；或者，"绝对"是逻辑在先，从而产生出事物作为它的逻辑结论。如果选择前者，如那种批评所认为的那样，是离了题。后者则意味着世界必须从理念中演绎出来。如果我们对这两者都加以拒绝，如果绝对既不在时间中把世界作为结果产生出来，也不是作为逻辑的结论把它产生出来，那么我们就可以正当地问这些批评者：你们认为绝对与世界的关系究竟应该是怎样的呢？

419. 谈到黑格尔从理念到自然所作的真实的过渡，我们在《大逻辑》的最后几段中看到，黑格尔是这样说的："正是因为理念把自己设定为纯概念与其实在性的绝对统一，从而把自己列入存在的直接性，所以作为具有这个形式的整体来说的理念就是自然。"[①]黑格尔接着对这一演绎作了不少评论，但是对于这个演绎本身他说的就是这么多。《哲学全书》中的相应段落也没有提供进一步的说明。这个演绎好像是说由于所有的中介都绝对地融入了理念，所以理念是一个绝对的直接性。但绝对直接的东西就是直接存在着的，呈现着的，被给予的。而这种直接地被给予的，从外面呈现在我们面前的特征就是外部世界即自然的本质特征。直接的和被给予的是一回事。因为被给予的东西就是一个纯粹的事实，一个是如此的事实，没有任何存在的理由。它没有为一个理由所中介，它是直接的。因此，理念作为直接的就是某种外在地呈现为直接的事实。这恰恰是外在的自然的世界的特征。

420. 这个演绎是无效的，至少是不充分的。我们在无数的场合已经看到间接性之融入直接性。这些直接性中的每一个或任一个都可以看作向自然的过渡，如果像黑格尔要我们相信的

[①] 本段引文和后面的引文，均取自哈里斯的《黑格尔的逻辑学》（芝加哥，1895），第398—399页。

那样，仅仅由于直接性这一事实就足以提供向自然的过渡的话；可是事实是相反的，它们并没有向自然过渡。对未来最有信心的黑格尔主义者所能说的只是，黑格尔的这种过渡可能给某些后来的思想家继黑格尔之后去发现一个可靠的演绎提供一些线索。①

421. 不过，在作了这个演绎之后，黑格尔就对它加以评论。他说道："这种规定并不是一个变易和过渡，正如上面所说，主观概念在其总体中将变为客观性，主观目的也将变为生命，……因此，在这种自由中，找不到过渡；理念规定自身为单纯的有，这个有对于理念说来，仍然是完全透明的，并且是在其规定中仍然停留于自身的概念。"但是，如果向自然的过渡是一个与以前的逻辑演绎不同的过渡，那么它是什么呢？黑格尔回答说：它意味着"理念自由地解脱自身，对自己绝对有把握，并且在自身中宁静"；接着他又谈到"纯粹理念决定其自身为外在的理念"即自然。在《哲学全书》中他又说道："享有绝对自由的理念便不然，它不仅仅过渡为生命，也不仅仅作为有限的认识，让生命映现在自身内，而是在它自身的绝对真理性里，它自己决定让它的特殊性环节，或它最初的规定和它的异在的环节，直接性的理念，作为它的反映，自由地外化为自然"。②谢林和其他一些人反对这些段落，认为它们不过是掩盖其体系中的绝

---

① 见本书第239节。无疑地，绝对理念的直接性和以前的范畴的直接性是不同的；在黑格尔看来，在前者中绝对理念第一次达到绝对的稳定性，并且不再产生任何需要向更高范畴过渡的矛盾。但我认为这一点并不能使这一演绎更为可信。

②《小逻辑》第244节。

对裂痕的充满了隐喻的废话。理念在其绝对的"自由"中"解决"了（下了决心？）使其特殊性的环节自由地前进，作为它的"自身映现"，作为自然。这些显然地不过是诗意的隐喻。但对黑格尔的批评几乎总是忽视了这样一个重要的事实，即这些诗意的段落不是演绎本身的组成部分，只是对它的论述。演绎本身只包含在上面第419节中引用的句子中，这是纯逻辑性质的。

　　422. 很明显，黑格尔在这里断言到自然的过渡与逻辑内部的过渡是不同种类的。从这一点并不必然地得出结论说，他认为向自然的过渡不是任何一种逻辑的过渡。在逻辑自身的界限之内，黑格尔区分了各种逻辑的过渡。在"有"的领域里，他说，过渡包含在从一个概念走进另一个概念。在"本质"的领域中，它不是从一个进入另一个，而是一个概念和另一个概念的相互反思。在"概念"的领域中，他说道："概念的进展既不仅是过渡到他物，也不仅是映现于他物内，而是一种发展。因为在概念里那些区别开的东西，直接地同时被设定为彼此同一、并与全体同一的东西。"① 这样，我们看到，由于逻辑学三大部分中的每一部分都有自己独特的表现，黑格尔告诉我们，决定着每一部分的逻辑演绎都和以前的演绎有不同的特征。因此，他现在告诉我们向自然的过渡与逻辑内部过渡是不同的，这一事实本身一点也不能证明向自然的过渡不是一个逻辑演绎。有、本质和概念诸领域的过渡被说成是相互不同的，但它们都是逻辑演绎。也可能黑格尔认为从理念到自然的过渡是第四种逻辑的演绎。果真如此，我们也不能指明这究竟是一种什么样的逻辑

---

　　①《小逻辑》第161节。

演绎。他用来描述这一演绎的完全是一种诗意的语言，因此是完全不能说明问题的。

423. 但无论如何，有两点是确定无疑的。第一，不管黑格尔打算怎么办，他应当把自然从理念中演绎出来。如上面已经说明的，这样一个演绎对他的体系、对任何关于世界的解释，都是必需的。第二，尽管黑格尔可能说的和想的是相反的意思，但他所作的演绎是逻辑演绎性质的。真正的过渡不是在那关于理念自由地让自己的特殊性的环节表现为自然的诗意的段落里作出的。这些段落只是在上引的那句话里作出的过渡的描述。我们再引一次这句话："正是因为理念把自己设定为纯概念与其实在性的绝对统一，从而把自己列入存在的直接性，所以作为具有这个形式的整体来说的理念就是自然。"这意味着"理念"的思想包含着"直接性"的思想，而"直接性"的思想也就是"给予的"和"外在性"的思想，这也就是"自然界"的思想。表明一个思想包含着另一个思想就是要从第一个思想中演绎出第二个思想。这是一个逻辑演绎，不管黑格尔是怎么想的。这是一种特殊形式的演绎，它首次出现在"特殊的量"这一范畴中，我们在第 239 节中曾专门加以评论，而且从那以后我们还看到过许多同样的例子。这是一个不合理、不充分的演绎，这一事实，当然并不影响现在讨论的问题。[①]

424. 我们已经看到，黑格尔的陈述的意思是说，这一过渡不像逻辑学中的那些过渡，仅仅意味着这是一种新的逻辑演绎。

---

① 因为有一种看法，认为从理念到自然的过渡不是一个演绎，见麦克朗《黑格尔关于形式逻辑的学说》第 79—85 页，特别是第 84 页。

但如果认为黑格尔否认这是一个逻辑的演绎，那么我们就一定会得出结论说黑格尔是错了，这样，我们就需要来解释这个谬误何以产生。在我看来，如果存在这个谬误，那是由于黑格尔还没有完全摆脱物自体这个幽灵，尽管他一再地攻击物自体的学说。如果一个物质的对象，比如说一块石头，不过是共相、思想，那么就没有理由认为它不能够被演绎出来。因为从思想演绎出思想是公认为合理的。但如果它包含有任何非思想的因素，这个因素将是不可演绎和不可知的。可能黑格尔仍然为这种观点所困惑，所以他相信自然还包含某些不可演绎的因素，因而在从逻辑向自然的过渡这一点上游疑彷徨。

425. 这一点也可以解释他对于自然界中的偶然性问题的独特的观点。好像有这么一位克鲁格先生，他设想黑格尔竟然企图在自然哲学中从纯粹理念演绎出所有真实存在着的东西；他问道：黑格尔能否把他克鲁格先生正在用的钢笔演绎出来。黑格尔在一个脚注中蔑视而挖苦地回击了可怜的克鲁格，说哲学有许多比克鲁格先生的钢笔更为重要的问题要研究。他所持的一般观点是，自然哲学不能也不应当企图去演绎出特殊的事物，只能演绎出共相。它不能演绎出这一植物，而只能演绎出植物一般，如此等等。黑格尔说，自然界的细节是为偶然性和突变所支配的，而不是为理性所支配的。它们是不合理性的。而不合理性恰恰是不能演绎的。他告诉我们，要求一个哲学去演绎出这一特殊的事物、这一特殊的个人等，是最为错误的。

426. 这种看法经不起推敲。如果在这块石头、这个人中，除了思想共相之外没有别的，那么，至少从理论上说，演绎出这块石头或这个人是可能的。如果这是不可能的，这种不可能性只能是由于石头中包含某些不是共相的因素，这些绝对特殊的因素，是思想所全然达不到的。思想达不到的东西就是不可知的，这就是康德的物自体。这样，黑格尔关于自然中的偶然性的意见使得人们有理由认为，尽管黑格尔提出许多相反的看法，但他仍然受到了康德的不可知的自在之物的观念的传染。这一点可以解释他在从逻辑向自然的过渡中的失误。

427. 在我看来，黑格尔是错误的，而克鲁格则是正确的，如他在其所举的关于钢笔的例子中所表明的。而黑格尔所以对克鲁格的批评大发雷霆也可能是由于他不安地感到克鲁格的批评不是没有道理的。如果我们要坚持唯心主义一元论，那就只能从一个单纯的第一原则即思想来解释一切事物，而这就意味着必须从思想演绎出一切事物。只要把任何一个事物排除在演绎之外或宣布任何一个事物是完全不可演绎的，那就是二元论。因为它承认存在着某种不是思想的产物的东西，它完全在思想之外，是一个完全非派生的、绝对的存在。这里显现出柏拉图和亚里士多德的体系中明显地表现出来的二元论的痕迹。无疑地，在黑格尔的体系中，自然必须被认为在某种意义上是无心灵的、非理性的。理念是理由，自然是理念的对立面，因此，自然是非理性的。而由于合理性与必然性是一回事，自然必定是被必然性的对立面即偶然性所支配的。在自然中，一个事物没有其应当如此的必然的逻辑理由，它不过是如此而已。但同样真实地，黑格尔的体系的本质特征是：两个对立项也是同一的。理性与非理性之间没有什么绝对的界限。非理性同时也必定是合乎理性的。这就必须表明，非理性应当合理地存在。如果黑格尔断言任何特殊的物体如这一块石头表面上看起来是某种不合理性的东西；但进一步却表明这个非理性的东西是理性的一个产物，这样，当这块石头的实质被揭露出来，就会发现它的内在核心是思想、理性，那么，这是和他的整个体系的原则是一致的。可是，这也就意味着把这块石头演绎出来。如果说石头是某种完全非理性的东西，它完全在概念之外，不能被演绎出来，这就是承认理性与非理性之间的绝对分离与对立，在这种对立中没有任何同一性，这种完全的对立必然将这一体系引入二元论。因为，这意味着在宇宙中存在着一种不可和解的差别，分裂为完全不相干的两半，其中每一个都是一绝对的、独立的存在。按这种观点，就存在着两种真实。这样，黑格尔断言凡不合理的就是不真实的，就毫无价值了。这就导致在柏拉图哲学中也可以发现的一个矛盾。柏拉图宣称"质料"是绝对的非存在。但实际上，这个"质料"，由于它不是被柏拉图从理念中抽绎出来的，所以地地道道的是绝对存在。黑格尔的偶然性和非理性也是如此。他宣布它是绝对的非真实。可是，由于它存在着并且不是从思想演绎、推导出来的，所以它有其自己独立的存在。它是一个绝对的真实。

428. 一个唯心主义的哲学，如果是完全彻底的，必须相应地演绎出宇宙中的每一细节。当然这意味着它永远不可能完全彻底，要完成它，需要无限的知识。黑格尔所应当采取和任何坚持理性的黑格尔主义者现在必须采取的观点是：承认这个体系是没有也不可能完成的。然而，这一点是黑格尔所不愿意做的。无疑地，他的骄傲自大的情绪阻止他这样做。他总是显得无所不知。这个体系是尚待完成的、尚待成为绝对的，最后的，它有待于解决一切问题。如果承认一个完全彻底的哲学必须演绎出一切东西，承认他自己的体系不管如何伟大——这个体系的确是伟大而壮观的，并且是人类的智慧所产生过的最伟大的体系——毕竟不过是宇宙这一无边无际的黑暗的深渊中的一支烛光，这种谦逊是不合黑格尔的精神的。除了这一点以外，重要的是要记住：当我们在探讨他的体系的其余部分时，黑格尔，不管是正确地还是错误地，的确采取了这样的观点即特殊的东西是不能演绎的，自然是被突变和偶然性所支配的，他只是演绎出自然和精神的普遍的类。他认为，我们甚至不能企图演绎出所有的自然的类。因为自然放纵不羁并且盲目地、无理性地增加物种。在自然所产生的无限的混乱的物质形式中，理性完全丧失了。在黑格尔看来，自然产物这种无尽无休的浪费是一种疯狂，是自然的绝对的无理性。他认为这种所谓的自然的"富足"，她的无穷的多样性，虽然受到如此的赞叹，却实在是远不值得颂扬的。这是"自然的软弱无力"，是她在保持其自身于理性之中这一点上无能。自然的这种疯狂的多产是一种胡作非为，一种酒宴上的舞蹈，自然在这种舞蹈中失去了理性的控制而沉湎迷狂。

429. 在这一章中，迄今为止所讨论的问题，在黑格尔的意思究竟是什么和他的步骤是否合法这两个方面，不同的评论采取了不同的观点，所以是有争议的。对这些问题我已经表明了我自己的意见。这一章的剩下的部分将用来解释黑格尔的自然哲学的实际内容，在这一方面没有什么分歧的意见。

430. 自然是由逻辑、自然和精神所构成的三一体的反题。因此，它是理念的对立面，是理念之走出自身而进入他者，进入自我疏远化。所以，作为理念即理性的对立面，自然是非理性的。自然也是理念允许其逸出自身的特殊性的环节。按照辩证方法的一般原则，理念是普遍（因为逻辑仅仅和纯粹抽象的普遍思想打交道）；自然是特殊；精神是个别，具体的个别性。

431. 正如理念是许多思想构成的一个领域，自然则是许多事物构成的一个领域。而且，正如逻辑学从最空泛最抽象的思想开始，然后演绎出一系列越来越具体的范畴，自然哲学也将从最空泛最抽象的事物这个底层开始，并将展现给我们一个越来越具体的形式的逻辑三一式的发展。它从空洞的空间开始。空间是完全空洞和抽象的。它没有任何性质、特征和规定。它是无形式的。它是一个绝对地单调和连续的空洞，在其中没有任何差别。它相当于"纯有"这个范畴，纯有也是一个没有任何规定或差别的单调的空无。

432. 这样，自然的最低级的环节是空洞。在另一端，在自然的最高的环节，它进入精神。精神是理性，它是理性之回到自身。自然的逐步上升的诸阶段构成了理念之逐步回到自身的过程，这一过程的完成就是精神。在逻辑学中，当主观概念进入客体，这个新的领域从最缺少主观性的环节即机械性开始。这个新领域中后继的诸范畴构成了向主观性的逐步回复和融合。在机械性中被埋葬和失去了的主观性，在目的性中确定地再现，从这里客体就过渡到理念。自然中继空间之后的诸阶段的进展在一切方面都和这一过程相当。自然从最无心灵的、最无理性的空间开始。理念、理性在这里几乎完全丧失、被埋葬。在自然后来发展的各个阶段上，理性逐渐觉醒。在最后阶段即动物有机体中，自然获得意识并准备好进入精神即人类的有理性的精神。

433. 这样，空间是心灵、思想、理性的最大的空缺。在空间这一阶段上，自然处于和理念极端对立的地位。一般说来，空间是思想的极端的对立面。因为思想是绝对的内在性，而空间则是绝对的外在性。思想的各部分不像空间的各部分那样彼此外在并列。事实上，我们说思想的"部分"只是一种象征。空间中的事物和空间本身才有部分，这意味着外在性是空间的特征。空间的各部分只是部分，因为它们是相互外在、相互并列的。这种外在性就是空间的本质；空间事实上就是外在性。

另一方面，思想的真正本质是内在性。如果我们愿意，我们可以说理念是由许多部分所组成，即逻辑学中的各种范畴。但是，把范畴说成是理念的部分只是象征性的。它们实际并不是部分，因为它们根本上不是互相外在的。相反地，它们相互内在，逻辑演绎的真正目的就是要证明这一点。"无"在"有"中。正是因为"有"包含着"无"在其中，所以通过演绎才能从"有"中产生出"无"来。所有后继的范畴都包含在"有"中。所有以前的范畴都明显地包含在绝对理念中。一个中间的范畴，例如实体，明显地包含着所有以前的范畴，并暗含着所有后继的范畴。这样，每一个范畴都包含着所有其他的范畴于自身之内。这就是思想的绝对的内在性，它是空间的外在性的极端的对立面。

434. 自然哲学给我们提供了一个进化的理论，一个从较低级形式到较高级形式的过程。但要仔细地注意到，这里不包含任何时间的因素。一个阶段接着另一个阶段，不是按时间顺序，而是仅仅按逻辑的次序。黑格尔生活在前达尔文时代，他没有注意到进化事实上也在时间中发生，而不仅仅是逻辑思想的过程。事实上，黑格尔明确地否认历史发展的理论。他说道："自然必须看作是一种由各个阶段组成的体系，其中一个阶段是从另一个阶段必然产生的，是得出它的另一阶段的最切近的真理，但并非这一阶段好像会从另一阶段里自然地产生出来，……把一种自然形式和领域向一种更高的自然形式和领域的发展和转化看作外在事实的创造，是古代和现代自然哲学的一种笨拙的观念，……思维的考察必须放弃那类模糊不清的、根本上是感性的观念，例如，特别是动植物产生于水，尔后较发达的动物组织产生于较低级的动物组织等的观念。"[①]

　　毫无疑问，我们可以讥笑黑格尔把后来科学硕果累累的发现称之为"笨拙的观念"。但我们必须充分注意到他的错误没有以任何方式影响他的进化哲学的价值。首先，黑格尔的真正目的是通过把自然现象按逻辑次序演绎出来以解释它们。至于在时间中发生的事件是否与这一次序正好相当是与他的目的完全不相干的。不管在哪种情形下，对自然形式的解释即演绎是不变的。此外，黑格尔的观念的巨大价值在于它给自然界的某些形式高于其他形式的信念的合理的证明提供了一个线索。我们相信一匹马较之一个虫是更为高级的存在，而一个人又高于一匹马。可是仅仅靠达尔文和斯宾塞的科学理论并没有为这一点提供证明。他们没有给予我们一个关于各种存在物的价值的合理的尺度。从某种类人猿到人类的发展，生物学所能说明的，不是从较低形式到较高形式的变化，而只不过是从一个事物向另一个不同的事物的变化；正如同从人到类人猿的变化一样——如果有的话。

-----

　　① 《自然哲学》第 249 节。

只有从目的论的观点来看，联系到一个目的，变化才能成为真正意义上的发展。除非自然是向着一个目的前进，否则就没有发展，因此，也就没有高级和低级之分。说任何一个东西是较高级的，只能相对于某种理想的标准、某种世界向之前进的理想目标，否则就没有任何意义。现代科学并没有提供关于这样一个目的的任何观念。可是，对黑格尔来说，这个目的就是理性、理念在这个世界中的实现，这个目的在人类中达到了，至少是接近于达到，因为人是一个有理性的存在。自然的存在形式，哪一个更接近于达到这个目的，就是较高级的；较之较低级的形式，它是理性的更进一步的发展。自然哲学中的演绎的次序证明了较后的阶段是高于较前的阶段的。在较前阶段中是暗含的东西，在较后的阶段中成为明显的。较前的阶段是在较后的阶段中实现的东西的可能性。因此，较后者是较前者，它包含了较前者所包含的一切，但又更多一些。在后的是在前的一个更为丰满、完全、充分的版本。它是在前的阶段企图要成为的东西。逻辑学给予我们一系列价值逐渐增加的范畴。自然哲学给予我们一系列价值逐渐增加的自然形式。正如在逻辑学中在后的范畴把在前的范畴吸收在自身之中，所以没有丢掉什么，只是随着每一个三一体的实现而增加一些新的东西，在自然哲学中也是如此。所以黑格尔的体系为一个进化的哲学提供了一个真正的基础。他在物种的时间发展问题上偶尔出现的错误完全不影响他的体系的价值。

435.哲学学生没有必要去详细研究自然哲学中的演绎的细节。包括最热诚的黑格尔主义者在内，人们几乎一致承认，黑格尔的体系的这一部分，虽然是以物理科学为其依据的，但由于从黑格尔时代以来物理学的大步前进，它已经过时了。也没有任何人会怀疑，即使在黑格尔的时代，如果从自然哲学的演绎的细节上来考察，它基本上也是失败的。演绎出理性的形式，这是逻辑学所做的事，不是不可能的工作。可是要演绎出自然的形式，它是如此无穷多样、纷聚混杂，在这样一件工作面前，即使黑格尔的才华也不能不败下阵来。他在这个领域的演绎大部分是依靠牵强附会的。想象的类推，有时甚至是错误的科学传闻。[①]把这些东西在这里再重述一遍是毫无用处的。我也不打算不自量力地去详细解释这些东西。这些东西不能认作是哲学中依然有活力的东西，它们只能满足历史研究的兴趣。

然而，理解自然哲学的一般观念是非常重要的，因为它是黑格尔体系的一个有机组成部分。除非我们理解了自然哲学所执行的功能，它在整个体系中所占据的地位，否则逻辑学和精神哲学对于我们就是悬在半空的东西。它在整个体系中的一般功能和地位已如上述，下面就尽可能简要地把它的内容介绍一下。

436. 自然呈现为三个阶段构成的三一体，它们分别在（1）力学，（2）物理学，（3）有机物理学中得到阐述。

（1）力学。这是自然的第一阶段，正题。逻辑理念，思想的王国，是内在于其自身的。这种内在性走进它的对立面即绝对外在性，它是空间、时间和物质的系统。初看起来，这是一个绝对的自身外在性，各部分间毫不相干，一个缺少任何同一原则的、盲目而无目的的多样性。这里的自然为彻底的机械性所支配，这种机械性没有同一性、主观性、概念和理性。然而，

---

① 见克罗齐《黑格尔哲学中的活东西与死东西》第 185—191 页。

它并非完全如此。对作为理性和主观性的原则即同一性的追求和奋斗在万有引力的形式中出现了。万有引力寻求去把这种盲目的多样性结成一个系统和统一，所以即使在这里也显示了思想、内在性的原则的统治。

（2）物理学。然而，在力学中，物质是抽象地被考察的。它还没有成为这个或那个个别的东西，还没有其自己的质和性格。所以，在天文学中，它所研究的不是这个特定的行星、地球，任何物理物体都可以用来代替。它所研究的，不是这个地球、这个太阳、这个月亮，而只是物体之间的几何关系与力学关系。自然哲学在物理学中从这种抽象的观点上升到把物质客体当作个别的整体，具有质和性格的东西来加以研究。它上升到对非有机自然的形式和种类的研究。

（3）有机物理学。在这里我们从非有机自然进到有机自然。这个过渡是通过化学过程实现的。有机物质经过三个阶段：

（a）地质有机体，包括矿物世界。这里的地球不是真的当作一个活的东西，而是当作一种巨大的尸体来研究的。

（b）植物有机体。植物是一个活的有机体并且显示出自然的多样性部分地纳入一个系统化的统一。然而，在这种统一中，部分之间的联系还不紧密。它们相互间在很大程度上是互不相干的。植物的一个部分可以执行另一部分的功能。它还没有达到在最后阶段才达到的那种系统的分化与综合。

（c）动物有机体。在动物中，向主观性的回复在意识的形式中使自己确定下来。在人类中，主观性成为自由的自我。因此，动物有机体是自然的最后形式，并且构成向精神的过渡。

第四编

精神哲学

导　言

437. 这里的精神一词在德文中是 Geist。某些英文作家把它译为精神，另一些则译作心灵。在一般情况下，我们采用前一种译法；但有时用后一种译法更为贴切。但不管在什么情况下，对这两种译法都应铭记在心。我们已经看到，绝对理念是精神的范畴；但也可称之为心灵或思想的范畴。逻辑学描述的是绝对心灵，原初的、先于世界的神智，在显示其自身前的、在自身中的上帝。但逻辑学描述的这个心灵是一个完全抽象的心灵。它没有实存。它还没有显示其自身。在自然中，这个抽象的心灵走进它的对立面即自然的无心灵的、非理性的、粗糙的外在性。现在，在精神哲学中，我们看到心灵之回到自身。在我们面前的不再是无心灵的。它再一次明确地是心灵、精神，但它不再是抽象的，它是人的活生生的、具体的精神，它是心灵或理性之在其显示中，是实存于这个世界中的心灵。

438 精神，作为三一体的合题，是理念与自然的统一。一方面，人是自然的一个有机部分，是一个动物，是一个外在的物质存在，服从于自然规律的统治；另一方面，他是一个精神性的存在，理性和内在心灵的活的体现。理念是抽象的种，自然是种差。为种差所规定的理性，为自然所装点的理念，这就是类即人的精神。纯理念在自然中走进了它的对立面，成为和自身相疏远的、无心灵、无理念的。在精神中，它带着对立面所给予它的丰富内容回到自身。在自然中，理念被禁锢在无心灵性之中。在精神中，它从这种束缚中解放了它自己，作为自由精神而存在。自然哲学揭示了理念从绝对的无心灵性中解脱其自身的逐步前进的进化过程。这个从无机物质到动物有机体的进化是理念从它的绝对的自身对立化于粗糙的物质中到自身和合理性的逐步回复，精神是这一过程的完成。

439. 然而，正如在自然的王国中有许多等级一样，在精神的王国中也有许多等级。"绝对"在人那里回到它自身，但只是经过一个漫长而艰巨的辩证发展过程才达到这一点。精神并不立即实现其自身为绝对精神。它从自身的低级阶段开始，逐步地达到完全的自身完满。逐段地跟踪这个进化过程就是精神哲学的工作，而其工具则是黑格尔到处应用的辩证方法。

440. 因此，精神哲学分作三个大的领域，它们构成一个三一体。其自身进化过程的第一阶段题为主观精神。它的内容是被主观地考察的、作为个别主体的心灵的人类的心灵。所以，它的具体内容是对个人意识的逐步深远的研究，如知觉、欲望、理智、理性、想象、记忆等。这样来看待的精神就是在自身中的、潜在的精神。在精神哲学的第二部分即客观精神中，精神超出自身进入他者，主观精神的本质的内在性在这里过渡到它的对立面即外在的客观性。正如同一般理念过渡到外在性从而创造了一个客观的外在世界即自然一样，现在精神的主观性创造了一个外在于它自身的客观的世界，但这不是粗糙的物质的世界，而是精神的世界。它是精神制度的世界;这些制度是法律、道德、国家的制度。它们是客观的，是和一块石头或一颗星一样的外在客体。但它们和那个与它们如此相外在的"自我"也是同一的，它们不是别的，不过是我自己的客观化。当然,它们不是"小我"的客观化，不是带有我个人的怪癖和任性的特殊的个人的客观化。它们是"大我"，即我的理性、我和所有的人们所共有的东西和人的普遍理性的客观化。例如，国家的法律不是或不应该是任何个人或阶级的狂想、偏见或利益的实现。它们实现的是社会的合理的普遍的生活。这样，一方面，这些制度是客观的和外在的。另一方面，它们明显是精神性的，因为它们是心灵、理智、目的的显现。正由于这个缘故，它们在这里归属于精神哲学之下。黑格尔的体系的这一部分提出了他的道德哲学和政治哲学。

441. 精神哲学的第三大部分是绝对精神。它是人类精神之显现在艺术、宗教和哲学中。因此，黑格尔的著作的这一部分包括他的美学、他的宗教哲学，最后，用一个黑格尔所不曾用过的术语来说，他的哲学的哲学。绝对精神是主观精神和客观精神的统一。只有在这一阶段，精神才最后成为绝对自由的、无限的和完全具体的。在最后的阶段即哲学阶段，精神知道它自身是全部真实。因为哲学精神看到世界不过是思想亦即其自身的显现，世界不过是它自身，它的客体即世界是和它自身、和主体相同一的。因此，在哲学中主体和客体是同一的，或者换句话说，哲学是主观性和客观性的最终的统一。正是由于这个缘故，绝对精神才是主观精神和客观精神的合题。在哲学中，理念之回复到自身完成了，因为哲人是理性亦即理念在世界中的最高显现。这些说明的更为精确的含义只能留待以后详细探讨绝对精神时再说。

442. 理念应当回到它自身，这是世界进程的目的或目标。我们已经看到，一个进化的哲学必须判断高级和低级的价值，而只有相对于一个目的、只有以目的论的观点来看世界才能做到这一点（第434节）。在自然哲学中开始而在精神哲学中完成的整个进化过程都为这一目的所决定，"绝对"是逻辑理念，是理性之在自身。但逻辑理念是仅仅抽象的理性；它是还没有实存的理性，还没有宣示其自身。世界的目的是理性的自我显示；理性必须作为一个具体存在实存于世界中。"绝对"必须宣示它自身。这个目的在人身上达到了，因为人是有理性的存在。而哲人，至少从理论上说是完全理性的存在，是"绝对"的完满的显现。在进化的尺度上较高或较低意味着离这个目标更近或更远。

443. 我们当然必须看到，如同在逻辑学和自然哲学中一样，精神的进化的相继诸阶段并不构成一个时间的系列。这是一个纯粹逻辑的进程。而从一个阶段向下一个阶段的过渡也只是一个逻辑的演绎。正如同"无"这个范畴是从"有"这个范畴中演绎出来的一样，这里的客观精神从主观精神演绎出来，宗教从艺术演绎出来，哲学又从宗教演绎出来。至少，这是黑格尔的目标。至于这些演绎事实上是失败还是成功，当然是另外一个问题。由于这里至少在理论上有了一个理性演绎的环链，它无间断地从逻辑学的第一页延伸到精神哲学的最后一页，由于这个系统的发展包含了宇宙中的一切事物，不管是物质的还是精神的，所以，用这种方式，他就解释了整个宇宙；也就是说，宇宙被表现为它的第一理由的必然逻辑结论，而第一理由则是它自身的结论（自我决定）。

第一部分　主观精神

导　言

444. 主观精神的领域通常被认为是由现代的心理科学来研究的领域。它的主要内容包括人的个别的心灵的所有等级、功效和职能，从本能、感觉和知觉等最低级的形式到理性、理智和实践行为等最高形式。这样，它的主题就是尚未设置其自身为外在的制度的内在心灵或精神的全部范围。法律、习俗、道德、政治组织等制度，构成了一个外在的世界，它不像自然那样是无心灵的，相反地，它是心灵的实体之成为外在的，是理性和精神的客观现实。因此，这些制度组成客观精神。不过我们现在要谈的是主观精神，是作为个体的个人的心灵，我的心灵、你的心灵等。

445. 但是，我们必须注意避免错误地认为，这里的个别性是指仅仅属于个别心灵而不属于别的心灵的独特性或怪癖。无疑地，黑格尔在这里企图演绎的是你的心灵和我的心灵的结构，但这只是就我们的心灵的普遍的特征来看的。他所要演绎的是心灵的本质的东西，例如记忆、理性、自意识、欲望等心灵的普遍特征，而不是心灵的偶然的东西。至于我不喜欢黄的颜色或你对马有强烈的喜爱，一个人愿意吃牛肉而不喜欢羊肉而另一个人则相反，这些都不是作为心灵的普遍特征，而只是偶然的、无意义的、属于个别主体的怪癖或嗜好，在精神哲学中是没有它们的地位的。上面的解释不仅适用于主观精神，而且也适用于整个精神哲学。无论在什么地方，我们所研究的只是心灵本身、精神本身，人的精神中的普遍的、本质的东西。①

446. 这样，关于主观精神部分的主要问题也是心理学的主要问题，即从内在的角度来看的心灵。然而，这里并不是探讨一般意义上的心理学。心理学是一门经验科学，这里谈的是哲学。哲学的主要内容，一般说来，也是经验科学的主要内容，即我们生活于其中的宇宙。但哲学和地质学、植物学、化学、物理学等是不同的。同样地，这里研究的也不是关于支配着我们的心灵的经验科学，而是心灵的哲学。经验的心理学只是抓住它所发现的心灵的事实，把它们作为现成给予的东西，而不问其由来；哲学则要演绎这些事实。心理学只要说出心灵在事实上有记忆、理性、欲望等形式就满足了；哲学则企图通过从一种形式演绎出另一种形式，来表明心灵必然要具有这些形式。

447. 在以上三段中以及一般说来，心理学一词是用以表示整个主观心灵的经验科学。然而，黑格尔却在一个狭窄得多的含义上使用这个名词，他只把它用于主观精神的三个部分中的最后一部分。当这个名词这样地被限定，他就赋予它以一种特别的含义；我们将在适当的地方讲清楚这一点。不过，不论在这里还是在其他任何地方，我们记住黑格尔使用术语有很大的

———

① 关于这个问题，见本书第425—428节。

任意性将是有益的。在逻辑学中，他发现了如此多的范畴，所以给它们命名是十分困难的事，没有足够的名词供他驱使，所以有的时候他发明了一些新的名词，而有的时候他则被迫对一些常用词赋予特殊的含义。在精神哲学中也是如此。通常，如果要问为什么黑格尔用这么一个名词来表示这么一个涵义，是没有多大意思的。我们所要记住的是，他的语言的任意性是很大的，我们只要搞清楚他用词的含义就行了。只要我们看到黑格尔一贯地在同一个含义上使用他的名词，那么，从哲学的观点看，就没有什么可反对的（不管文学家们会怎么想）。他基本上是做到了这一点的。

448. 主观精神有三个阶段：（1）人类学——灵魂，（2）现象学——意识，（3）心理学——精神。这些名词中的每一个都是在与通常用法不同的任意的方式下来使用的。它们的精确含义只有在其辩证发展的过程中才能得到阐明。不过，作为一种预告，我们可以说，灵魂是用来指心灵的可想象的最低级的阶段。这是一个尚未达到感觉的原始的阶段，只是一种朦胧的、不完全的意识状态，它没有认识到任何东西，仍然处在自然和身体的束缚之下。它是勉强超出动物水平的、刚刚可以辨认的人类的状态。人类学这个名词意味着对这种意义下的灵魂的研究。

当我们谈到精神所经过的不同阶段如灵魂、意识、理智、欲望、理性等时，当然绝不应认为我们是在和许多相互分离的东西甚或是和许多功能打交道。灵魂不是与心灵不同的某种东西，理性也不是与理智不同的某种东西。精神是一个理想的统一体，而灵魂、意识、心灵等不过是贯串于它们之中的、统一的活的生命之不同阶段或方面。

第一章　人类学——灵魂

449. 作为人类学研究的主题的灵魂，经过三个阶段：（1）自然的灵魂，（2）感觉的灵魂，（3）真实的灵魂。

第一节　自然的灵魂

450. 精神首先设置其自身为**自然的灵魂**。它的特征可以从它是精神的绝对开始这一事实中演绎出来。因此，它是直接的；而由于它是直接的，它的唯一的特征就是*存在*。[①] 除了它存在以外，关于它再没有什么可说的了。因为，其中缺少任何中介意味着：（1）它还没有为其自身所中介，也就是说，它在其自身中没有任何区别，而是一个完全未规定的、空的一致；（2）它也没有为任何外在的东西，如一个与之相对立的客观世界所中介，因此也没有为任何他物关系所限定，所以，属于关系领域

---

① 见本书第328、329节。

的本质的诸范畴是不适用于它的，只有存在这个范畴才适用于它。正如逻辑的第一个范畴是"有"，是一个思想的连续的空无，自然的第一阶段是空间，一个外在的空一样，精神的第一阶段可以说只是精神领域中的一个连续的空白。

在这里即精神的开始，我们是站在自然发展的阶梯的最高一级上。我们可以问：自然的灵魂比自然高多少？上文所述已经包含了对这个问题的回答。由于自然的灵魂仅是毫无内容的精神性的存在，没有任何确定的精神的规定，它从自然前进的程度可以说是零。它几乎完全淹没在自然之中，受它的束缚。正因为如此，才把它称为自然的灵魂。

第一分节　物理特性

451. 这样，在这一阶段，灵魂的生活和自然的生活仍是同一的。它完全为其环境所限定。我们知道，这个环境就是我们周围的自然事物的世界。但是，虽然我们知道这一点，我们正在研究的原始的灵魂却并不知道。这些自然事物只是为我们而存在，却非为它而存在。它离意识到外部对象的阶段还有一段长距离。由于没有任何外在于它自身的、为它的东西，因此，对它来说，它自身就是全部存在。所以，存在的一切都在它之中。环境影响它的各种方式，对它来说，都不是外在事物的影响，而作为它自己的存在方式在它之中表现出来，也就是说，作为它所具有的诸种特性而存在。而由于它的整个生活仍是一般自然生活的一部分，这些特性就是自然特性或**物理特性**，这些特性既是它的肉体的成分也是灵魂的成分。这里用的名词也只是对我们才有意义，而对它却是无意义的，因为身体与灵魂的区别对它还是陌生的。

452. 黑格尔把这些自然素质排列如下。

（1）灵魂"参与地球上的一般活动，感触到气候的差别，四季生活的变化，昼夜的周期等。这种自然生活"——"在我们这样的完全发展了的人中"——"只是在一些具有特殊气质或精神生活受到干扰的情况下才表现出来。近来人们大量谈论人的宇宙的、行星的和地球上的生活。动物根本上就是生活在与自然这种一致之中"。[①]黑格尔继续写道，在文明化了的人类中，这些与自然相和谐一致的特征几乎完全为具有更高功能的思想、理性和心灵所组成的更高级的结构所淹没、所压制。"对四季和时辰的变化的反应只有在病态时才明显出现的心境的微弱变化中才能反映出来。"[②]但是这种与自然生活的一致在原始人中有时几乎是以一种非常强烈的方式表现出来。

（2）地球上的地理区域的区分造成了种族的区别及种族的或民族的心理的差别。

（3）人类之分化为不同类型的种族的心灵进一步发展为个体心灵的差异，表现在他们的特殊的气质、性格、才能等方面。

453. 不管黑格尔的推理是否是一个严格地合理的演绎，我们至少可以循着其逻辑思想的线索从自然灵魂的直接性的观念，通过包含在其中的环境对它的影响，而达到它具有这些物理特性的一般观念。但是，黑格尔所提供的细节和所举的例子，好

[①]《精神哲学》第 392 节。

[②]《精神哲学》第 392 节。

像完全是未经演绎的，只是从经验出发任意地信手拈来硬加进去的。黑格尔暗中引进精神哲学的经验材料的数量要比逻辑学中大得多。

454. 我们在这里和以后一段时间里所要打交道的是心灵的完全抽象的状态，记住这一点是极其重要的。它们是抽象物，正如前面所谓的"赤裸的感觉"是一个抽象物一样。作为一种纯粹的接受性，与一切智力的活动相分离的感觉是不存在的。即使在感性认识的最低级的形式中，范畴，如相似与不相似，仍出现于其中。自然的灵魂是一个甚至比赤裸的感觉更为空洞的抽象。至少在人身上它是不存在的。它或许可以说存在于原始的变形虫（阿米巴）之中，但即使在阿米巴的感觉（如果我们可以用这个词的话）中，范畴也必定是暗含地存在着的。当然，这一点不能作为批评黑格尔的出发点。他完全认识到这一点，他丝毫也不认为心灵的这些最原始的形式有其孤立的、自满自足的存在。但正如几何学可以正当地把形与物分离开来对它作抽象的考察，心理学可以正当地把感觉从智力抽象开来加以研究一样，哲学在这里行使了同样的权利。尽管每个人都能认知他自己的感觉的各种因素，但黑格尔的人类学所研究的心灵的诸阶段是如此抽象和原始，所以我们要在自身中发现它们是相当困难的，它们在很久以前就已经沉入下意识之中。然而，如黑格尔所指出的，它们在"心境的微弱变化"和"病态"中还是有所表现的。

455. 根据辩证方法的基本原则，精神的所有以后的阶段、甚至最高的阶段都暗含在它的最低级的阶段中，这也是黑格尔的立场的最本质的东西。如果不是这样，那就不可能从较低级的形式中演绎出较高级的形式，因为这里的演绎就是意味着揭示出高级的是包含在低级的之中（第 122、153 节）。事实上，当心理学家们和其他的人们指出"赤裸的感觉"是一个抽象物时，他们所断言的也是同样的原则。他们的意思也是说，甚至在感觉的可能的最粗糙的形式中也暗含着心灵的较高的形式，诸如范畴、理性、概念的思维等。

第二分节　物理变化

456. 现在，灵魂的物理特性成为**物理变化**，如包含在从童年到青年到成年的过渡中的种种变化。我在这里看不出任何真正的演绎。在黑格尔的著作中，这个过渡只是一句话："把灵魂看作一个个体，我们就发现它的多样性"——亦即它的自然素质——"作为它即一个永久的主体的变化，和它的发展的诸阶段"[1]。他使用"我们发现"这个说法暗示这些变化不是被演绎出来的，而是通过经验发现它们存在着。无疑地，他的观念是，我们现在所达到的采取各种各样的自然素质的形状的分化，包含着一个与另一个之间的区别和变化。可是，虽然变化必定暗含着差别，而差别则不一定必然地暗含着变化，黑格尔的演绎必须解决这个问题。

457. 这些自然变化的细节，除了一种情形外，也是未加演绎的。黑格尔指出，它们是：（1）童年，青年，成年与老年，他描绘了它们的本质特征，（2）性的关系，包含于个体在另一

---

①《精神哲学》第 396 节。

个个体中寻找和发现它自身中的变化，和（3）睡与醒的变化。黑格尔对最后一项的本质特点作了演绎。当自然的灵魂在其最初的表现中是完全的空与协调并因此而没有内在的差别时，那么现在它就有了暗含的、内在于它的差别；这种差别是：一方面，我们由以开始的空洞的和谐，与另一方面，作为自然素质与多样性出现于其中的环境的影响之间的差别。前者黑格尔称之为"直接的存在"，后者我们可以称之为它的内容，虽然黑格尔本人并没有使用这个词。当个体现在在其自身中把它的内容与其仅仅直接存在相区别时，这就是"醒"的状态。另一方面，"睡"是它再度沉沦于它的直接存在的状态。这个直接的存在是一个"未分化的普遍"，当它成为自身特殊化和自身分化了的时候，就产生出它的内容、它的自然素质和多样性。"睡"可以说是这种内容的遗失，是向统一的普遍的回复。在"睡"中，灵魂又回到它的第一阶段即仅仅是存在。它可以认作被剥夺了一切内容的知觉，即无所觉知的知觉或无知觉。

第三分节　感觉力

458. 灵魂的直接存在和它的内容之间的暗含的、内在的差别也产生出感觉或感觉力。因为现在灵魂把它的内容和特性从其自身区分开来，所以，它们不再是它的质，而是它的感觉。它们现在是与其自身相区别的某些东西，因此是一些被发现的东西，一些好像有其离开灵魂自身的独立存在的东西。所以它们不像灵魂的质那样是灵魂的诸部分，而是作为某些与灵魂自身不同但又存在于其中的诸特性，这就是感觉。具有这些感觉就是感觉力。

可是，我们必须小心地注意到，虽然感觉有这样一种半独立性，它们仍然存在于灵魂自身之中。灵魂对于其自身来说仍是全部存在，无物在它之外。这里尚没有与主体相对立的外在的客体。这种感觉不是不同于灵魂自身的某种东西；而只是它自己的一个方面，一个与其自身有区别的方面。这种区别仍是灵魂在自身之内的区别，而不是灵魂自身与别的某种东西之间的区别。我们不把它归之于任何外在的源泉，而只为我们所有的感觉，如饥饿、疲劳、内在的痛苦，或许就是表明黑格尔的意思的一些例子。这样的感觉是被我从我自己区别开来了的。我不是我的饥饿，然而它们却存在于我之中。它们不是客观的感觉，如看见一棵树或一所房子时那样的感觉，而是纯粹主观的感觉。对于灵魂来说，还没有作为外在客体的东西存在。

这恰恰就是这里的感觉与以现象学为题的下一章所演绎出来的感性的知觉的区别之所在。在黑格尔那里，感性的知觉意味着感觉给予我们的关于外在客体的知觉。这样的知觉现在还不存在。

第二节 感觉的灵魂

459. 我们已经达到灵魂发展的感觉的阶段。这些感觉可以从已经指出的两种观点来加以考虑。一方面，它们与灵魂自身相区别；另一方面，它们存在于灵魂中并因而是它的部分。作为与灵魂相区别的，它们被认为与灵魂并立，而且从这一观点来看，它们作用于灵魂，就是说，它们是主动的而灵魂是被动的。但是，另一方面，由于这些感觉存在于灵魂之中，是它自身的部分，那么，如此主动地作用于灵魂的不过是灵魂之自身。因此，灵魂是主动的，它的感觉是它自己的活动，在感觉着的是灵魂。这样来看的灵魂就是**感觉的灵魂**。

所以，作为上一分节的主题的感觉（sensation）与作为这一节的主题的感觉（feeling）之间的区别就在于：前者强调灵魂在其诸特性中的被动性，而后者则强调它的主动性。现在，灵魂自身在感觉着，或者说是有感觉的。

第一分节　在直接性中的感觉的灵魂

460. 虽然感觉着的灵魂是主动的，但在其直接性的第一阶段，它的主动性还没有实现出来，相反地，它表现为被动性。因为灵魂的主动性的充分发展的观念包含着它自己之实现为自我。它包含对自我的感觉，明确地感到是"**我**"在活动，这一点再次包含了行动着的"我"与为我所作用的某种东西之间的区别。由于灵魂把它的直接存在与它的感觉区分开来，所以这种区别已经实现。但黑格尔显然认为，由于感觉着的灵魂的第一阶段必须是直接性的阶段，所以包含在自我与其感觉之间的区别中的间接性必须认作是无效的。因此，它还不是那感觉着的"我"，而毋宁是这样一个灵魂，它在另一个灵魂中有一个外在于它自己的"我"，这个"我"为它而感觉着，而它则以一种被动的共鸣的方式从一个外在的源泉来接受这些感觉。这就是

在其直接性中的感觉着的灵魂。[①] 黑格尔提供的关于这种状态的最重要的例子是仍然在母亲的子宫中的胎儿的灵魂状态和在催眠中的灵魂状态。在子宫中的胎儿的感觉的确不是他自己的感觉，而是他的母亲的感觉。是她自己统治和管辖着胚胎的灵魂，所以实际上后者不过是她的灵魂的被动的接受者。胎儿还没有一个自己的灵魂，他的灵魂就是她的灵魂。在催眠状态中，病人的灵魂也同样地为催眠者的灵魂所决定、所吞没，只是后者的心灵状态的被动的接受者。并不是病人的灵魂自身主动地在感觉着。可以说，是催眠者的灵魂在病人的灵魂中在感觉着。[②]

第二分节　自我感觉

461. 自我感觉暗含在以前的状态中。现在，灵魂明白地把自己的感觉从自身区别开来。因此，这些感觉被认为是它自身的特殊的方面，它们是灵魂自身的感觉。根据自觉到这些感觉是我的感觉这一事实，我的自我觉醒了。这就是**自我感觉**。

462. 黑格尔进一步指出，不能使自我的特殊的方面保持在合理的从属地位中，而让其余的特殊的方面从属于一个方面，从而让它统治着整个生活的倾向是愚蠢的。然而，这些说明显

---

① 见本书第 239 节。

② 参看爱丁顿·布鲁斯：《人格之谜》第二版第 21 页："爱斯戴尔博士……证实了催眠者和他的对象之间感觉的沟通的可能性。他通过一个年青的印度人……在其通过催眠造成的昏睡状态中做到了这一点。爱斯戴尔博士依次把盐、一片酸橙、一片龙胆和一些白兰地放进他自己的口中，而这个年青的印度人……在每种情况下都感到同样的味道。"

得是附带插进来的，与整个辩证过程没有什么联系。

第三分节　习惯

463.现在，灵魂被区别为两个方面：一方面是它"自身"，它的直接的存在，一个未经分化的、统一的普遍；另一方面是它的内容，由感觉所构成，是区别开来的特殊性的多样性。可以说，这是灵魂的两半爿。前者就其自身来说，是一个完全空洞的普遍的*形式*。后者就其自身来说，是一个盲目的大杂凑。因此，此与彼是同样地本质的，此二者不能有分离的存在。这样，这个空洞的普遍，为了能够存在，必须在特殊中体现它自己，在它们中并通过它们而存在。在这样做的时候，它就把它自己的普遍性打印到这些特殊的感觉、印象等之上。在黑格尔看来，这种表现在特殊中的普遍仅是一个"反映的普遍"，也就是一个存在于同样的东西中、使自己一次又一次地重复的系列，所以仅是一个表现在数量中的普遍。当特殊的感觉、活动等如此地重复它们自己时，它们就构成**习惯**。因此，习惯是作为灵魂的一半爿的普遍性的形式之在另一半爿即特殊性中实现它自身。

464.这里的演绎是多少有点难以捉摸的。我们可能会争辩说，这种演绎是由于在两种含义上使用普遍这个词来完成的。首先是在种类这个意义上的普遍，它和一个概念或一个抽象品是一回事；其次是总体的意思，是一连串同样的东西的总和，累积在一起而被称为"全部"。我们作为开始的普遍是形式的普遍、灵魂的直接存在的普遍，它是通过抽掉灵魂的特殊内容而达到的种类意义上的普遍。从这里我们过渡到仅仅数量上的普遍，它在习惯中表现为同样的单位的连续的重复。人们可能说，这是两个十分不同的观念，所以我们没有权利把它们当作同样的观念而从一个过渡到另一个。

但是，我们可以回答说，种类意义上的普遍仅仅是一个抽象的观念，这样一种观念要在真实世界中宣示其自身，其唯一的道路就是通过包含在许多单位的不断重复中的数量的普遍。例如，"人"是一个抽象的观念，一个种类意义上的普遍。它只能通过这一个人、这一个人、这一个人的重复系列来在真实世界中显示其自身。也就是说，种类意义上的普遍是理想的。它在世界中的实现是数量中的或"反映的普遍"。因此，我们并没有两种不同的普遍，只有一个普遍，时而是理想的，时而是现实的亦即在显示中的。

黑格尔这里的演绎的主要之点是自我的形式的普遍必须在特殊中显示其自身。它只能作为一个数量上的普遍而显现出来，亦即作为感觉、活动等单位的不断重复而显现。这就是习惯。

第三节　现实的灵魂

465. 在上一分节中我们已经看到灵魂的两半引融于统一之中。普遍表现于特殊之中并只能在它们中存在。特殊也除非在与普遍的统一中就没有意义。这种融合的结果就是单纯的自我或主体，黑格尔称之为**现实的灵魂**。

在先前，灵魂把它自身从它的内容区别开来。现在则看到，离开了它的内容，它就是无，就仅仅是一个空，所以它的内容也就是它自身，是和它的普遍性一样地对它是本质的。普遍与内容相互塑造、同样是本质的，两者构成一个单一整体，这就是现实的灵魂。或者换一种说法，被称为"现实的灵魂"的这个精神阶段，是灵魂意识到它的内容不是某种与它格格不入的某种东西，它本身也不仅仅是一个半爿，而是两个半爿。

466. 为什么它被称为现实的灵魂呢？这里与黑格尔对"现实"一词的不同用法相一致。现实，如在《逻辑学》第 291 节中所规定的，意味着内与外的统一，本质与显现的统一。灵魂的一半爿，它的普遍性，在这里被认作它的"内"。另一半爿，即特殊的内容，被认作"外"。我们已经达到这样一种观点，即真的灵魂既不是单纯的内，也不是单纯的外，而是内与外的统一。"内"的一面并不隐藏或掩盖在"外"的后面；相反地，它表现在"外"中，是展现在其中的。灵魂的特殊的内容是它的普遍性的构成要素。它们是二而一的。因此，这是灵魂的"现实"。

467. 这是黑格尔使用灵魂这个概念的最后的阶段。现在我们就越过灵魂的阶段，过渡到黑格尔称之为"意识"的精神的更为发展了的形式。我们从人类学过渡到现象学。

第二章　现象学*——意识

468. 在"灵魂"的阶段，心灵仍然是一个单一的个体，它把它的宇宙，所有它的感觉、印象都包含在自己之中，是纯粹主观的。对于灵魂来说，不存在客体世界和外部宇宙。心灵达到的下一个阶段的一般特征是，它现在知道有一个客体外在于它，它自觉到了这一点。灵魂的纯粹的主观性现在分为主体与客体两方面。心灵的这一阶段被黑格尔称之为意识；对它的研究就是现象学。

469. 意识的演绎仅仅在于使在以前那一章中还是暗含的灵魂与其内容的区别明朗化。在那里，灵魂把由感觉和印象构成的自身的内容从自身区别开来。但同时这种他物关系也是一自身关系。它的内容和它自身是同一的。然而，现在单单是区别

---

* 在《哲学全书》中，这个名词是在较之《精神现象学》中狭窄得多的含义上来使用的。以下的叙述，如通常一样，是以《哲学全书》为据的，但是，我从《精神现象学》对这个问题的更为充分的解释出发对此作了补充。

这个因素被突出起来。灵魂封闭在自身之中，而把它的所有感觉和印象的总和留在自身之外作为一个外在的客体。这些感觉虽然是灵魂自己的活动的方式，但毕竟是和它自身有区别的某种东西，某种与它相外在的东西，站在它的面前而与之对立。它只要求心灵应当明白地认识到它的内容的这种外在性，使它的内容成为一个确定的客体的外在世界。当这一点发生的时候，我们就过渡到**意识**的阶段。

470. 从这些论述中产生了一个更进一步的结论，直到现在，灵魂的上升的诸等级都表现为它自己的运动，即在灵魂中的变化和发展。因为在人类学的领域中，灵魂在自身中包含着一切存在，所以任何变化都必定落在灵魂之内，因为在灵魂之外没有东西可以承担这种变化。这样，从感觉力到感觉或从自我感觉到习惯的过渡，都是灵魂自身在发展，在灵魂之外没有什么东西在发展。然而，现在某种与主体不同的东西即客体出现了。意识所经历的一系列的步骤对它来说就不是在自身中的变化，而好像是在客体中的变化。这是必定如此的。因为以前在灵魂之内的全部丰富而多样的内容，现在可以说都被赶出门外，跑出灵魂之外，以便在一个外部的世界中获得自己的独立的存在。这种丰富而多样的内容失去了，主体就成为一个毫无内容的东西，仅仅作为一个形式的普遍和抽象的同一留下来，它在自身之中没有任何内在的差别。所有的区别以及因此所有的变化——因为变化包含着区别——现在不是落入主体之中，而是落入客体之中。因此，意识的前进的诸阶段，思维着的主体自身好像总是作为同一的抽象的普遍而停止不动，变化着的好像是客体，这些阶段好像只是思维着的主体不断地觉察到各种客体或客体的种种阶段。一般说来，这就是通常无反思式的普遍意识的观点。在一个时候，我意识到一座房子，在下一个片刻，我意识到我自己是一个自我，然后又意识到另一个人也是一个自我，如此等等。在普通意识看来，好像不是我在变化，而是我的客体在变化。

哲学的心灵会知道，这种看起来好像是客体的变化，实际上是主体的变化。因为哲学的心灵知道外在的世界实际上不是一个独立的真实，而只是心灵自身的产物和投影，外界所发生的一切不过是它自身自发的活动的结果。不过这不是目前的意识阶段所要讨论的问题。对意识来说，遭受变化的好像是客体。

第一节　意识本身

471. 客体从主体的深处浮现出来并以一种独立的地位站在主体之前。客体的这种独立性首先得到承认。客体是非我，它是某种异己的东西，没有我参与其中。现在还没有认识到，客体在其真理中不过是我自己的一个投影，起初它被看作是完全外在的、独立的并且是与主体相异己的，与之相对立的一个绝对的他者。这就是**意识本身**。它包含三个阶段，（1）感性意识，（2）知觉，（3）知性。

第一分节　感性意识

472. 意识的第一阶段当然是直接的。这意味着（1）客体

自身是一个直接性，并且（2）主体对客体的关系是一种直接的
关系。客体的直接性使其成为一个单一的、个别的客体，一个
"这一个"或"那一个"。主体对客体的关系的直接性包含着客
体是直接呈现给意识的，也就是说，是立即被认识到存在于那里。
在思维者和他的客体之间没有中介或居间的环节，不像在客体
的存在是推论出来的时候那样。这里客体的存在对于意识来说
不是一个推论而是一种呈现。这种对于一个个别的客体的直接
的知晓就是**感性意识**。[①]

473. 感性意识对于它的客体所知道的全部就是客体存在
着。它归于客体的只是存在，再没有更多的了。因为如果它有
了对于客体的任何更进一步的知识，这里就必定包含有中介，
而这里还没有任何中介的迹象；而且，这样就违背了这种知晓
的直接性。它还不知道客体中的任何区别，也不知道客体之间
的任何关系。因为所有这样的区别和关系都包含中介。这样，
客体在绝对孤立、与任何东西都没有关系的状态中出现在感性
意识的面前。因此，这种类型的意识不过是"赤裸裸"的感觉
的抽象、与通过感官的知觉相区别的感觉。通过感官的知觉包
含有对关系和共相的认识。我"看见"这把椅子，但我是把它
作为一把椅子而看见它的，也就是说，是作为被称作椅子这一
类事物中的一个而看见的。这样的感性知识包含有比较和概念
的运用，椅子所具有的对其他事物的相似与不相似。现在在我
们面前的赤裸裸的感觉之中还没有这样更进一步的内容。客体
还没有由一个关系之网而与其他客体联系在一起。它作为一个

---

① 见本书第 239 节。

绝对的直接性、一个感觉的绝对的原子式的单位而存在于彻底孤立绝缘状态之中。它仅仅是一个在那里的存在。意识知道它存在着，此外一无所知。这样，它是粗糙的感觉，是知识的未经加工的原料，它还没有形状和形式。这样的心灵状态在人当中不是作为一种独立的状态而存在的，它只是一个抽象。我们所经验到的任何心灵状态都比这种状态为高，但每一心灵状态都以这种状态为其基础。对于黑格尔来说，知觉必须从这样一种抽象状态开始是不可避免的。心灵的更为具体的状态只有在后面才会出现。

第二分节　知觉

474. 从感性意识到知觉的过渡是借助于刚刚探讨的感性意识的抽象性格来完成的。由于它是抽象的，所以它是不充分、不真实的，而这就构成了它上升到知觉的辩证法。因为感性意识在其身中存在着这种内在矛盾，而它却企图去抓住并意识到"这一个"，于是它所企图认识的"这一个"就被证明原来是无意义的，不可知的，非实存的。它企图成为"这一个"——一个绝对地无关系的、未被中介的、孤立的感觉单元。但什么是"这一个"呢？不管在回答这个问题时我们所说的是什么，都使"这一个"具有一个普遍的品格，即它原来所期望成为的东西的反面。说它是"这里""这时"，就是对它运用了概念或普遍的东西；因为"这里"和"这时"两者都是普遍的东西。甚至，说它是"这一个"也会导致同样的结果；因为，"这一个"同样地也是一个普遍的东西。每个东西都是"这一个"，所以"这一个"这个词

是一个适用于一切东西的一般的词。每个东西都属于被称之为
“这一个”的客体的系列。因此，“这一个”是一个系列的名字
并意味着一个普遍的东西。感性意识企图去把握的绝对地孤立
的特殊的东西是不存在的。如果真的有这么一个东西，它甚至
不能是“这一个”，因为称它为“这一个”，就是把它和其他作
为许多“这一个”的客体列入同一系列；也就是说，把它作为
一个普遍的东西去知晓它。所以，完全孤立、未被中介的“这
一个”不存在，也没有任何意义。[①]

　　这样，感性意识就反对自己并瓦解了。现在它看到，单单
的感性所能够领会的是被普遍性所潜移默化了的客体。它把“这
一个”理解为它之所是，也就是说，把它看作许多“这一个”
的系列中的一个。它把椅子、桌子、人、星理解为它们之所是，
即它们所隶属的种种客体的系列。这就是说，它把它们从其系
列的本性、普遍的本性中去理解，把它们看作与其他客体相关联、
相中介的。这种为普遍性所潜移默化了的感性的理解就是**知觉**；
无疑地，这种普遍性是由心灵的自发活动所带来的。

　　475. 以上的论证和《精神现象学》中的论证是一样的。[②]
黑格尔在《哲学全书》中所作出的演绎好像有点不同。在那里
他说过：“感觉得到的某物变成了自身的他者：这个某物反映在
其自身中，即事物有许多特性……这样，感性个别就变成了一

---

　　① 这里的思想路线和以前第 6 节中已经充分说明的是一样的。这和
亚里士多德断言无形式的质料是非存在也是同一的。

　　②《精神现象学》第一卷，第一章。

第一部分　主观精神　第二章　现象学——意识

种广度——即多种多样的关系、反映的特征和普遍性。"①这意味着当感性意识寻求去理解作为一个单一的、未分化的"一"的客体时，这种观点就证明原来是不可能的，因为这个"一"发展出内在的区别和以它的许多性质的形式出现的内在多样性。这种内在的差别和多样性当然包含着中介，而感性意识却企图去把客体理解为绝对地未中介的。现在，中介代替了直接性，内在的关系代替了无关联性，因此，我们就得到了普遍性。这种普遍性被引入感觉，我们就有了知觉。这种论证，归根结底是和《精神现象学》中的论证一样的。和后一个论证一样，这个论证也依据这样一个原则，即完全未被中介的、无关联的、未分化的东西是不可思想的，而为了赋予任何东西以意义，我们必须有中介并因而有普遍的东西。但是，第一个论证主要强调的是客体的外在的关系，即它与同系列或不同系列中的其余客体的关系，而第二个论证则主要强调了包含在客体的表现为多样性质中的内在区别这样一种内在的关系。

　　简言之，追寻直接性是枉费心机，而且，在意识的刻度表上，不管我们下降多么低，我们绝不能发现赤裸裸的感觉、纯粹的直接性，中介总是在起作用。这个事实，和感性意识与知觉的区别一样，在穆勒的断言中得到很好的阐明。他断言，当一个人说"我看见了我的弟兄"时，这个陈述是不正确的。他真正看到的是"一个特定的有色的表面"，而"这是他的弟兄"的意识不是一个直接的观察（直接性），而是一个推论（间接性）。②

---

①《精神哲学》第419节。

② 穆勒：《逻辑学》卷四第一章第二节。

367

可是，如果我们以为通过下降到"一个特定的有色的表面"，我们就达到了直接性，那就大错特错了。"有色的"和"表面"二者都是普遍的东西。

对于"视觉"来说也是一样。"感觉"也是一个普遍的东西，纯粹的直接性是绝对地不可达到的，甚至最低级的感觉也包含间接性和普遍性。当我们认识到这一点时，我们就把握住了黑格尔的演绎。最低级的、可想象的感性意识也在其中具有间接性，因此包含有概念，这里的推演就在于：后件（概念）是暗含在前件（感性意识）中的。这是一切演绎的逻辑性。

第三分节　知性

476.感性知觉也依次表现出自身中的矛盾并因而被取代。它所发展出的矛盾是个别性与普遍性之间的矛盾。被看到的是或似乎是一个个别，一个"这一个"。但同时我们已经知道，它的真理和意义就在于它不是一个个别，而是一个普遍或许多普遍性的一个集合。我们所看到的同时是一个个别又不是一个个别。结果，知觉的对象原来是一个矛盾的东西。

知觉的对象的这种矛盾的性格特别在以下的状态中表现出来。对象不再是一个单纯的感觉或印象，而是一个"东西"。由于现在有了中介和分化，"东西"有着许多"性质"。如果我们对"东西"和它的"性质"分离开来抽象地加以考虑，我们可以说"东西"是孤立性，无关联性和直接性的因素，而"性质"则是对个别加以潜移默化的普遍性。因为性质恰恰就是我们用以把事物加以系列化的东西。例如，那是一把椅子，因为它与其他也被称作椅子的事物有共同的质，而与一所房子或一张桌子则不具有共同的质或性质。"用来坐的"，"有四条腿"等，就是我们借以认知这个事物如椅子的一些普遍性。它具有这样一些普遍的性质而不具有那样一些普遍的性质，如"是活的"，"是有意识的"，正是这样才使得它是一把椅子而不是一个动物。这样，普遍性、间接性、关联性这一面就存在于"性质"之中，而孤立性、特殊性的方面则存在于"东西"之中。因为"东西"离开了它的性质，就是我们对它无可言说的，达不到的那种直接性，因为，即使说它是"这一个"，也包含着"这个"这样一种性质或共相。

对象作为一个"东西"是一个"一"；作为有"性质"的，则是"多"。但既是一又是多是一个自身矛盾。如果说这里并没有矛盾，因为"从一种观点看来"，事物是"一"，而"从另一种观点看来"，它是"多"，那么，这只是一种很坏的遁词。这意味着对象并非在其自身中真的是多或一，它的多样性或统一性仅是我们看待它的主观方式，所以它们不在事物自身，而在于我们。我们首先把统一归于事物本身并相信事物本身是"一"，而它的多样性则不在事物本身中，不过仅是由于我们的观点而形成的显现。接着我们又把这个过程倒过来，说事物本身是多而它的统一性仅是我们看待它的一种方式，因此，存在于我们中。任何这样的过程都是不能成立的，我们应该认识到事物自身既是多又是一。

因此，事实上，它的统一性就包含着多样性，反之亦然。假设我们说事物是"一"而把它的特性的多样性置之不顾，从这里开始，我们将会看到我们不可能就这样把暗含于它是"一"

这一事实中的多样性排除掉的。因为，只是由于把许多他者排除在自己之外，它才是"一"。但是，它只有借其特征才能把他者排除在外。椅子排除桌子，亦即和桌子不同，只是由于它具有椅子的特征而不具桌子的特征。所以，它之所以是"一"只是因为有许多特征，也就是说，由于多它才成其为"一"。企图在考察事物的观点方面做文章来抹杀事物之自身的内在矛盾是不可能的。矛盾并非产生于看待事物的观点，而是存在于事物自身之中。当我们说，一方面一个事物有一种构成它之所是的基本的性质在它自身之内，另一方面，它与其他事物的关系只是一种外在的、非本质的东西，它们不是构成它的真实存在的因素；这样说，只不过是以另一种形式表达了上面讲到的矛盾。离开了所有其他的事物，我们说，它就是完全在自身的存在，而它的根本性格是没有受到它与其他事物的外在关系的影响的。但只要略加思索就会明白，它只是由于它的内在本性才使它与其他事物相区别又相关联。反过来，只是由于和其他事物相区别，它才是按其内在本性之所应该是的东西。它的自为之有与为他之有是同一的。它的外在性质是其内在性质的一部分，它的非本质的存在是和其本质的存在一样地是本质的。从根本上说，这个矛盾和"一"与"多"的矛盾是一回事。因为它的内在本性就是它的"统一性"的方面，而它的外在性质即作为"物"的方面则是由它的诸属性即它对其他事物的关系所构成。

　　这样，知觉的对象，撇开观点方面或我们观察它的方式方面的一切问题，是一连串的矛盾。而所有这些矛盾，归根到底，都是这个对象作为普遍者与单个的个体这一基本矛盾的演绎和发展。作为普遍者，它有其种种"属性"，处于和其他事物的关系之中，有为它的存在。作为单个的个体，它是这个"事物"，是"这一个"，和其他事物绝缘，封闭在它自己的自为之有中。所有的感性知觉都包含着这种存在于同一事物中但又绝对互不相容的普遍性与个别性之间的绝对矛盾。我看见这把椅子，但另一方面，它是一个普遍的东西，一把"椅子"；如果仅仅把它认为一个简单的个别，一个非普遍，那么，它就没有任何意义甚至失去其存在。

　　不管从观察的角度上作什么样的遁词，感性知觉都不能避免这个矛盾。因此，意识必定要超出感性知觉而达到一个新的精神的状态。这一点是以如下的方式达到的。感性意识以未中介的个别为其对象。这一点已被证明是不可能的，于是就进到感性知觉，它不再以单纯的个别为其对象，而是以个别与普遍的混合体为其对象。在这里我们看到，真理不是个别，而是普遍，它赋予"这一个"个别以意义。但作为知觉，它的对象不是纯粹的普遍，而是与个别相混杂的普遍。然而，现在又发现，这是一个互不相容的结合，是一个矛盾的对象。因此，真理既不是单纯的个别（感性意识），也不是个别与普遍的混合物（知觉）。所以，真理只能是完全排除个别的因素的纯粹的普遍。因此，意识现在以纯粹普遍为其对象，或换句话说，对象自身变化了，它停止其为个别的东西，而变成一个纯粹的普遍。

　　这里包含着被考虑到的普遍性的种类的变换。对于知觉来说，普遍意味着只是感性的普遍，诸如"椅子""房子""河流""星星""树木"，亦即感性事物或感官所接受的质的普遍概念。如果不然，我们当然就不应该谈到感性知觉了。可是，在超出知觉范围之外，精神必然地进到那不是被感知的普遍，亦即进到非感性的普遍。我们将要看到，这些是这样一种普遍，如"力量""重力""一""多""规律"等。这些概念属于区别于那些可以感知的普遍的另一类的普遍。我们可以用我们的眼睛看见一把"椅子"，用我们的手指触及一探"树木"。但我们不能看见、摸到或感性地接受"规律""重力""单一性"或"多样性"。这些是纯粹的普遍。当精神以这样的普遍为其对象时，它就成为**知性**。

477. 现在我们可以指出知性接纳其对象的一般态度了。它的观点是，真正的对象或一个对象的真谛是纯粹的普遍。也就是说，它把普遍认作真实。但是，它并不因此停止意识到感性的个别。不过,它把它们看作不是真正的对象;换句话说，它把它们认作表现。这样，感性世界的多样性被看作是一个帷幕，在它的后面是真实的世界，它是一个起感性的普遍的东西的世界。

现在，普遍与个别感性事物的对立作为统一性与多样性的对立而出现。甚至对于感性普遍来说也是如此。"椅子"的概念只有一个，而个别的椅子却有许多。这样，那真实的、超感性的世界就被知性看作一个统一性的世界，它宣示其自身于感性世界的多样性之中。知性的典型的观点是把普遍认作"规律"，而超感性的世界则是"规律的王国"。我们有重力这一单一的规律。它在感性世界中宣示其自身于单个的重力现象的无数的多样性之中。电力的规律也是一个普遍，它在感性世界中表现在无限多样的形式和特殊的电的现象之中，所有这些现象只是同一个规律的"例子"。

478. 知性是绝大多数经验科学所采取的精神态度。它设想它可以把现象归结为它们的"规律"的办法来"解释"现象。无疑，科学没有意识到，它们在这样做的时候，实际上是采纳了这样一种观点，即普遍或规律是真的、唯一的真实，而个别的现象仅仅是表现。因为科学把所有特殊的事物和事情的真理都归结为规律并认为这样就解释了这些事物。根据这一点，解释者被认作独立不依的存在即真实，而被解释者则被认作依赖于用来解释它们的、横亘在底部的本质的存在，亦即表现。例如，电力本身被认为是一个真实，而闪电只是电力的一种形式，亦即电力表现自身的一种形态。闪电仅仅是一种形式、形态或外观，真实则隐藏在它的后面。同一个真实表现在许多不同形态中，例如，表现为阳电和阴电，为电缆中的看不见的电流，为可见的闪电，为磁性等。这些只是许多外在的外观或表现。真正的真实是唯一的力，它在所有这些形形色色的形式中保持同一，常住于幕后。但这一个在其所有的形式中保持同一的力的本身不是任何一种单一的个别的东西或事件或现象，它是一个普遍的东西。这就是科学的观点。

479. 知性这个词在德文中是 Verstand，这个词在别处又被译为理智（understanding），以与理性（reason，Vernunft）相区别。在这里的知性一节中，黑格尔很少强调与理性相区别的理智的特点，它们的联系仍然是清楚的。知性把感性的多样性作为表现放在一边，而把普遍作为真实放在另一边。它把它们安放在两个不同的世界中。知性的这种分离与区别的特点在别处也被认作理智的特殊的标志。其次，知性的观点是本质的诸范畴的基本观点。根据那一观点我们发现本质与表现互相设置为对立面。对知性来说，"规律的王国"、普遍的东西的超感性的世界是本质，而感性世界则是表现。所以，作为这一分节的标题，我不能把知性（Verstand）误译为理智（understanding）。

第二节　自我意识

480. 包含了感性意识、感性知觉和知性的意识自身的特点是（第471节），对象被它看作独立于主体的、顽固的、异己的存在，可以最终看作是主体的否定，是非我。我们现在谈到的意识的新阶段的特点则是，它在对象中看到的不是一个异己的存在，而不过是它自己。对象就是它自身；当意识认识到这一点，它就是自我意识。我们已经看到（第470节），在现象学的范围内，意识的发展表现在对象的发展或对象中的一连串变迁的外观中。

这样，对象首先表现为一个孤立的感觉体，继而表现为普遍和个别的混合体，最后表现为在"规律的王国"的形式中的纯粹的普遍。现在又发生了一个进一步的变化。在知性中依然是非我的普遍的东西的超感性的世界，经受了变迁并变成主观性或自我。意识已经认识到感性世界的真理和真实是普遍的东西的超感性世界。它现在进一步认识到这个普遍的东西的超感性世界不是别的，而是它自己或它自己的主观性，而且在意识到一个外在世界中不过是意识到它的自身。对象仍然是一个外在的对象，但这个外在的对象不过是它自己。所以这个新的阶段被标明为自我意识。

从一般意识向自我意识的过渡实现如下。知性发现对象的真理为一纯粹的普遍，而一个普遍就是一个思想。因此，对象是思想，并且是主观思维自身的本性。但这并不是全部。知性，当它把感性世界的多样性认作表现，而把普遍的东西的统一性认作真实时，它是把真实置于"一"中而把表现置于"多"之中。它把它们分别归属于两个不同的世界。但这种分离现在证明是错误的。因为，"一"或普遍的东西，把它的全部特殊内容统统抽空，仅仅是一个空虚。它非但不像知性所认为的那样是具有丰富内容的真实，相反地，它倒仅仅是一个虚空，或至多是一个空的形式。而感性的"多"，这样地从普遍的东西分离开来，只是一盲目的和难以理解的杂烩。知性的阶段，不过是通过把"多"放到这个世界、把"一"放到另一个世界以回避对象作为一中之多那种矛盾的又一种企图而已。知性相信，如果多与一这样地禁锢在不同的世界中，它们就不会再发生冲突。但现在我们清楚地看到，离开了他者，"一"就不能存在。继之，对象最后必定被认作一个在自身中有着多的"一"或者作为一个在自身的运动中经受分化而成为差异的普遍性或统一性。但把自身分化为特殊性的普遍，把自身设置为自身的一个他者，而仍然在他者中与自身保持同一，所以造成一个不是差别的"一"——这样的一个普遍不多不少，正是概念（第307、314—318节）。然而概念根本上就是主观性（第321节）。因此，对象现在就是主观性。换言之，主体看到对象中真实的东西就是它自己。它看到了自己的纯净的形象和映现在对象之中的反照。它不再在对象中看到一个异己的非我，而只是其自身。这就是**自我意识**。

481. 从上一节到本节的推论，通过科学所提供的用它们的规律对现象的"解释"，就会看得更为清楚。很明显地，这样的"解释"完全是同义反复。用一个规律来解释一个现象不过是用现象之自身来解释它。因为一个事情表述在普遍形式中就是规律。当一件特殊事情被问到为什么会发生，这种解释不过是说它发生是因为它总在发生。用电来解释闪电不过是把它自己当作它的解释。因为闪电就是电。而电的所有其他表现或形式也都是电。如果电和它的各种形式不是同一的，那么，离开它表现于其中的各种形式来说明电是什么必定是可能的。可是，离开了这些形式，它就明显地什么也不是。这意味着"一"即电、力、规律或普遍，不是如知性所设想的那样与"多""多样性"或表现其自身的现象相分离，而是同一的。这样，我们就得到和前面相同的结果，亦即"一"是"多"，对象是一个自身分割为特殊的普遍，而这就是概念或主观性。所以对象的真理不是理智（知性）的空虚的抽象的普遍性，而是具体普遍性，与主观性同一的概念。

482. 在这里，要避免一种幼稚的但却可能的误解。当我们说精神现在认识到对象就是它自身，这当然不是说个别的精神把对象看作它自身的个别存在的复制品。约翰·斯密斯看着一所房子，他当然无权声称"那所房子就是约翰·斯密斯"。那是一般精神或从其普遍性方面来考察的精神（第445节），它在对象中看到了普遍的精神。只要普遍的精神保持在约翰·斯密斯心中，他就真的能够在房子中看到他自己。但他在房子中看到的不是他个人的特性，不是作为"这一个"精神的他个人的精神，而是作为精神的精神，即普遍精神。

483. 自我意识的发展分为三个阶段：（1）欲望或本能，（2）承认的自我意识，（3）普遍的自我意识。

第一分节　欲望或本能的欲望

484. 自我意识并不立即明显地表现出其庐山真面目。它首先取本能或欲望的形式。意识现在认识到对象就是它自身。然而，对象仍然保持其为一个外在的对象，外部世界的一部分，一个物理的东西。但意识感到这个物理的东西归根到底就是它自身。这种情形包含着一个矛盾和不协调，因为对象一方面是我，另一方面又是非我；一方面它与我相同一，另一方面它是不依赖我的某物，有其自己的独立存在。这样，在这个阶段的精神的态度由两个互不协调的因素所构成：（1）由于精神的对象就是精神自身，所以精神的态度是自我意识；但是（2），由于对象仍然是一个独立的外在的事物，亦即不是精神自身，所以它是仍然处于一般意识的地位的精神。因此，精神还没有完全摆脱一般意识这一较低的形式。自我意识还未充分发展，而处于半自我意识半一般意识的态度。

所以，自我意识必须更进一步充分地发展其自身；它必须变成纯粹的自我意识。这只有去掉一般意识的较低级的因素才能办到，可以说，这些因素正在拖住它的后腿。现在自我意识所要从自身中除去的一般意识的因素，是对象仍然是一个独立的非我。一方面，对象与思考它的自我相同一，但另一方面，它仍然保持它作为一个外部对象的独立性。因此，自我意识只有通过取消它的对象的这种独立不依的自存才能克服这个内在矛盾，才能使自己发展为充分的自我意识。这样产生的冲动，即取消对象的独立自存，就是**本能或欲望**。它通过毁灭和消耗对象来实现它的目的。拿最简单的欲望来说，如饥饿，其对象即食物首先作为一个独立不依的对象与我相对立。通过消耗掉它，我取消了它在世界中的独立存在，使它成为我的一部分，而它也就停止作为非我而与我相对。这一点虽然只是在饥饿中表现得最为明显，但在黑格尔看来，所有其他的欲望或本能都有同样的内在的本性。它表现在取消它的对象的独立自存，通过使对象成为我自己的一个纯粹的附属品，成为我和我的世界的一部分来毁掉它的独立自存的冲动之中。在其最简单的形式中，它采取真正地毁掉对象这种形态出现。

第二分节　承认的自我意识

485. 在欲望的阶段，对象仍然被认作一个无生命的物理的东西，如食物。个别的自我还没有达到认识世界中其余自我的存在。它的对象，通过精神的迄今为止的发展，只是事物，而不是人。它的立场，也可以说是唯我论的。除了它自己和以它为中心的、环绕着它的物理的对象之外，无物为它而存在。它所承认的存在着的对象，归根结底无非是它自己和在欲望中它想毁掉的一切好像独立不依的东西。

我们现在达到的精神的新的阶段，最后认识到世界中其余自我的存在。它的对象现在是另一个自我。它看到自己，现在不仅仅是一个物理对象，而是另一个相似的自我。由于另一个自我是它自身的加倍，由于它在另一个自我中看到的还是它自身，所以它是自我意识的标准样式。而由于它承认了前此没有承认的其余的自我的存在，所以叫作承认的自我意识。

486. 精神的这一阶段是如何演绎出来的呢？由于在现象学

领域中所有的变化都表现为对象中的变化，而不是主体的变化，所以这个过渡也是从欲望的对象到新的对象即其他的自我中实现的。我们将要看到，欲望的物理的对象将经受向自觉的自我的过渡。这一点可能是难以相信的，但如果我们抓住了黑格尔这里的推演的实质，那么就不是这样了。它之所以难于理解，是由于我们容易忘记我们这里所谈论的只是一个逻辑的过渡，而不是一个时间上的过渡。例如，这绝不意味着一片面包作为一个时间中的事实，会真的转换成一个人。这里所意味的只是另一个自我的观念是暗含在一个欲望的对象之中，所以能够从中逻辑地演绎出来。欲望的存在对每个人来说都是一个熟知的事实。黑格尔一直企图做的就是把欲望的普遍的性格，把对象的隐蔽的本质揭示出来。他现在打算做的也正是要证明当欲望的内在本性被理解了，就会看到它包含着作为欲望的个别主体之外的意识存在的进一步的观念。

487. 然而，真正实现这一演绎或过渡不是很容易的。关于这个过渡在《精神现象学》中阐述得更为清楚。本能在消耗它的对象中所抱有的目的是毁灭对象所表现出的为自己争取的那种独立性。自我意识在这一阶段所占据的地位是：对象就是它自身，对它来说没有独立性，因而它自身是世界中唯一独立不依的、自我实存的存在。因为对象顽强地坚持其自身也是一个独立不依的存在，所以自我就着手去摧毁它。在这样做的当中，自我寻求去使它的自我感，亦即只有它才真正是独立自存的感觉，得到完全的满足。可是，现在产生了一个新的困难。即自我只有通过摧毁它的对象才能满足自己的自我感这一点表明，它在自我满足这一点上是依赖于对象的。因为如果对象没有一个独立不依的存在，自我就不能摧毁它的独立性，因而也就得不到它自己的自我满足。因此，自我是依赖于对象的，而对象也就在这个范围内仍是一个独立不依的存在。就在对象的独立性被摧毁这一活动中，它的独立性又重新突然出现。自我否定了对象，但不能摆脱它，不能使自我觉得它是宇宙的唯一的独立不依的占有者那种自我感得到充分满足。因此，如果自我的自我意识要发展到它的最高度，由于自我不能否定掉对象，对象必须自己否定自己。但当对象自我否定时，它就成为一个自意识，另一个自我。"因为对象是在其自己的自我否定中，而在这样做时它就同时是独立不依的，这就是自我意识"。①

　　这是论证中的最后一步，而且是非常难于理解的。他的观点是：凡"否定自身"者就是自我意识。很明显地,他的观点是：自我意识是从自身设置其自身为一对象者，这样它就在自身中造成一个差别并产生了一个他者即对象。于是对象就在精神之外，存在于那里。但这个对象仍然有待于成为被认识的。通过认知对象的活动，主体再次把对象收回自己之中从而取消了它自己所造成的差别，在取消差别中，它否定了他者的异己性，它否定了他者，而由于他者也就是它自身，所以它否定了自身。当欲望的对象送到否定自身的地步，在这种方式下，它就是自我意识。这样，欲望的对象过渡到另一个自意识的自我，这就**是承认的自我意识**。然而，这个过渡是极其荒谬的。但《哲学全书》中的话似乎使我证实了这一解释（《哲学全书》第 429 节）。

　　488. 虽然现在自我被迫承认其余自我的存在，我们却不应

---

　　①《精神现象学》第一卷，第 71 页。

以为它立即会把它们接纳到自己的世界中来。现在，自我的目标是只把自己看作有独立自存性的存在并且要去摧毁任何表现出与它相抗衡的独立自足的东西。其余的自我，正由于它也是一自我，也对第一个自我保持同样的独立性。因此，每一个自我，为了保持它是全部真实的自我感，都寻求去摧毁其余的自我。这样，接踵而来的就是生命与死亡的斗争。但立刻就会清楚，一个自我用死亡来摧毁其余的自我也就消灭了它自己的对象并引致一个新的矛盾，因为自我意识只是由于这样一个事实即只有在其余的自我中它才能观照它自己，才成为自我意识。因此，完全摧毁其余的自我也就摧毁了它在他者中对自己的观照，而在这样做时，自我意识也就摧毁它自己并使它要成为唯一的自我意识这一目标遭到矛盾和挫折。所以，它不用死亡去完全摧毁其余的自我，而代之以寻求仅仅摧毁其余自我的独立不依的自我性并使之成为绝对依赖它的东西。这一结果在历史中表现为奴隶意识，在这里只有主人才保持独立性，而奴隶则被置于事物一样的地位。

十分清楚，为了达到这一结果，必需的条件是一个自我比其余的自我更有权威，才能得到主人的地位而使其余的自我处于奴隶的地位。在我看来，黑格尔并不打算把这种不平等演绎出来，而仅仅是经验地把它硬塞进来。再者，按照他自己的原则，他是不可能把这种不平等演绎出来的。因为这种不平等只是对抗的个别的特殊的结果，而不是精神哲学所探讨的作为精神的精神与普遍本质的一部分。

489. 黑格尔指出[①]，在这种主人与奴隶的制度中，开始出现人的社会生活。它依靠暴力。因此，社会制度始于暴力。然而，这并不意味着社会是建立在暴力的基础上并以暴力为其原则。一般地说，唯心主义的伟大教导之一就是，一个东西的起源并不能提供它的本质性格的线索。暴力仅仅是"国家的外在的开端，而不是它们的深刻的、本质的原则"。[②]

如果把这些评论看作是对历史的一个贡献，它们可能在种种不同的历史基础上受到批评。奴隶制社会制度的真正起源可能被发现不是真的。但这样一种批评会对黑格尔的方法及其意义造成混乱。为了澄清这种混乱，需要记住一个一贯的警告。黑格尔演绎的是精神现象的逻辑的次序。历史的次序可能是不同的。

第三分节　普遍的自我意识

490. 我们现在达到这样一个阶段，在这里，一个自我意识认为它自己是唯一独立不依的，并否定和取消其余的自我意识的独立性。奴隶由于他的独立性已被取消，不再是一个自我意识，而仍然停留在一般意识的阶段上。因为独立性存在于看到对于自己没有真正的他者，而假想的他者，归根结底，只是它自己。而意识到自己的自我在他者之中也是自我意识。因此，自我意识和独立性是同一个东西，奴隶在失去后者时也就失去了前者。

----

① 见《精神哲学》第 433 节。

② 见《精神哲学》第 433 节。

所以他的地位仅仅是一般意识的地位。随之而来的，他的对象不是另一个自我，而只是他对之处于欲望关系的无生命的事物。但由于那种理由，他并不摧毁对象，而对它进行加工并通过他的劳动来改变对象的形态以满足他的主人的需要。

由此产生两个结果。首先，主人的自我意识发现它的独立性是依赖于奴隶的。因为只有通过否定其余自我的独立性才能依持它的独立性。所以，这种独立性对立化其自身，并证明原来是一个依赖性。第二，奴隶通过工作和劳动，得到独立性和自我意识。因为在对对象的赋形中他通过把他自己实现在对象之中而改变了对象。它不再是一个独立的对象，而是他的意志的产物。对象现在是依赖于他的了。在取消对象的独立性中他达到自我意识，因为是对象的独立性构成一般意识，取消这种独立性造成了自我意识的发展。在把他自己实现于对象之中，他在那里看到了他自己，这种在他物中对他自己的自觉就是自我意识。

这样，主人发现他自己的独立性是依赖于奴隶的。这一事实证明了奴隶的独立性；而主人在被迫承认奴隶的独立性时也就承认了奴隶是自我意识。因为独立性和自我意识是一回事。奴隶也知道他自己是一个自我意识。因此，现在每一个都承认并接受他者为一个自我意识。所以，精神现在所达到的阶段，不再是自我只承认它自己是宇宙中唯一的自觉的独立的存在，而代之以承认其余的自我也是自觉的存在。所有的自我的这种相互接纳就是**普遍的自我意识**。

第三节 理性

491. 现在，自我承认其余的自我的独立性。但由于其余的自我对于我的自我意识来说是另一个自我意识，因此，它唯一地就是我自己。自我以自我为其对象。在观照他者中它只是观照其自身。因此，这里出现了两个环节。第一，对象是一个独立的他者。第二，对象只是我自己，亦即不是一个独立的他者。主体承认它自己和它的对象的区别，但也承认这种区别不是区别，它是自身中的区别。主体有一个在自身之外的对象，但又统摄并克服这个对象并把它保持在自身之中。这就是**理性**（Vernunft）的观点。因为理性是这样一种原则：当它承认区别时也看到横亘在底部的同一性。这就是对立同一的原则。现在对象既区别于又同一于主体。

我们看到，理性作为三一体——意识、自我意识、理性——的第三环节，是其余两者的统一。一般意识的观点是对象是独立的，是区别于主体的。自我意识的观点是对象是与主体同一的。理性在合题中把这两种抽象的观点结合起来。现在对象既与主体区别又与之相同一。这就是差别中的同一。

第三章　心理学——精神

492. 在人类学中谈到的灵魂是一个在它自己中包括一切存在、无物在它之外的单元。然而，这只是因为别的东西、对象还不存在。在现象学中，精神，作为一般意识，遭受了分化，一分为二，把自身的一部分设置为与自身相对的、作为自身条件的一个外在的对象。这样，灵魂是在一种潜在状态的、在尚未分化的原始统一中的主观精神。这是主观精神之"在自身中"。意识是主观精神之设置自身为其他者，为在一个对象中的自身的对立面，这是主观精神之"超出自身"。在心理学中探讨的精神是主观精神之回到自身，是其经由外化为意识而丰富了的复归。这是"在自身并为自身"的主观精神。

493. 我们在理性（第491节）中已经达到这样一个观点，即主体统摄着客体，把它吸收回到自身，取消了它的外在性和他在性。精神，当它这样地看到它的对象不是独立的真实，不是别的而只是它自己即精神，当它这样地知道它自己是全部真实时，这就是主观精神的最高阶段和真理。这就是**心灵**。自我的全部斗争，在意识的范围内，就是知道自己是唯一的真实。

但这一点起初只是通过否认、取消或摧毁被建立为与之相对立的真实的独立的对象来达到的。然而，最后，它被引导到通过知道这个对象不是一个独立的真实，而只是它的自身而接纳这个对象。这样，对象回到主体之中。差别变成在主体自身的范围之内的差别，所以主体真正地再一次成为主体。这就是精神。探讨它的学问，黑格尔称之为心理学。

494. 这里精神（Mind）一词在德文中是 Geist，把它翻译成 Spirit 也是同样合适的，这一个词也被用来描述整个精神哲学的主题。这样，在黑格尔那里，精神一词有两个含义，广义的和狭义的；这一点必须分清。第一，它一般地表示从人类学开始贯串整个精神哲学的精神存在。其次，它特殊地表示我们在这一章中将要讨论的主观精神的最高阶段。我们已经看到许多被黑格尔赋予双重意义的词——例如，理念（Idea）一般地意味着整个逻辑学的主题，它也意指概念的范畴系列中的最后一个范畴。标明范畴或精神状态的词并不总是够用的。因此，一个词有时被在两种甚至三种意义上使用。

495. 现在，精神不再与一个异己的对象相对立，因此，它不再是知觉或类似的状态，因为这些阶段都为一个外在的世界所羁绊。这一点对于知觉很明显是真的，对于那种有其他自我为其对象的自我意识也是真的。因为这些其余的自我是外在世界的一部分。然而，现在它是精神自身的自由活动，是超出外部世界之上并在我们即将看到的它自己的世界中翱翔的精神。这些活动是表象、思维和意志。在这个领域中，相当于知觉的作为精神的想象力的再创物的是表象，如此等等。这种想象中的精神的对象不是一个外在的对象，而是一个精神的图画或意象,它是在精神之内的,是精神自己的自由的活动。思维和意志,同样是超乎外部世界之上并在自己的领域中操作的精神的自由活动。

496. 作为心理学的主题的精神分为三个环节:(1)理论精神,即认识,(2)实践精神,即意志,(3)自由精神。从理论精神到实践精神的过渡将在适当的地方谈到。但在这领域中二者的必然发展在上面已经谈及的精神的概念中已经作了预示。因为,如上所述,精神现在不是和任何异己的对象打交道,而是与它自己打交道。这个内容即它自己,首先在那里现成地存在着。精神,也可以说,偶然碰到或发现这个在自身之内的内容。这样,它有着和一个已经现成地存在的东西打交道而偶然地发现它的方面,这个方面就是认识。但是第二,这个内容就是它自己;这样,它就不是简单地被发现的某种东西,相反地,它是被创造的某种东西。作为自己内容的这种创造和赋形就是精神的实践方面,作为意志的方面。

第一节　理论精神

497. 理论精神是在其直接性中的精神。因为虽然精神的内容就是它自己,但起初它并未认识到这一点。在这里,它的内容是直接地存在着的。它存在于那里,直接地存在在那里,被发现是存在着的。理解力对它发现是现成地存在于它的面前的东西所采取的态度只能是知道这个某物是它发现存在于那里的那样，这就是知识、认识或**理论精神**。^① 它发展的诸阶段是它的逐步提高到认识它的内容是它自己的内容。这些阶段是：（1）直观，（2）表象，（3）思维。

第一分节　直观

498. 第一个阶段当然是直接性^②的阶段。我们将发现在其中没有任何中介。但同时它本质上是认识、精神的一种自由活动；这样它必有某种判断或思维的因素，虽然它们还没有发展起来。这样的直接认识，这样一种不是判断的判断就是直观。它不可能是判断，因为判断包含有间接性。但它还是一种认识。因此它是一种无根据的感觉——因为有根据就是被中介了的——感知到一个事物是如此。它是本能的感觉，对一个事实的直观概念。我们都经验过本能的感觉，感到如此这般的一个事实是真的如此，虽然我们不能为它指出一个原因。这一点可以适用于道德、宗教、政治或其他的领域。这就是**直观**。

499. 直观常常被设想为某种崇高而伟大的东西，某种远比思想的工作更为神圣的东西。在当今也不乏持这种观点的人或哲学家。但在这里我们看到，黑格尔给予直观的是精神的自由活动中最低等的地位。而且他同时指出了直观的根本缺陷即它的主观性。一个直观可能包含有真理，但它以一种非真理的形式，一种属于直观的自我私有的、特殊的形式来表现它。它仅仅是

---

① 见本书第 239 节。

② 见本书第 239 节。

个体的一种主观的印象，缺少一切普遍性。

500. 在黑格尔看来，直观包含着两个对精神进一步发展有重要意义的因素。第一，它包含着注意，它是精神的定向性——自我把自己集中起来并在一种特殊的方式下全神贯注。注意在这里第一次明显表现出来，因为它是精神的一种自由活动，并因此在以前的灵魂和意识的阶段都没有把它包括在内。只有在现在，在心理学的领域中，在讨论精神（狭义的）的时候，这种精神的自由活动，诸如注意，才有其地位。第二，和所有纯粹的感觉一样，构成直观的感觉是某种主观的和仅仅内在的东西。但由于直观是认识的一种形式，一个如此这般的东西是如此的感觉不是纯粹主观的，而也包含着一种和客观性、外在性的关系。这样，它就包含着内在的感觉的外在化，它的在时间与空间中的投影，以作为某种存在物。这样，直观就不仅仅是感觉。只有当注意和外在化这两个因素都齐备时，它才是充分发展了的直观。

第二分节　表象

501. 这样，直观是某种既外在又内在的东西。但这种外在性是精神自身活动的结果，是精神自己把感觉外在化。这个外在的东西因而是它自己的，或换言之，它是一个内在的东西。这样地从外在影响下解脱出来并被造成为内在的，就是**表象**（*Vorstellung*）。① 表象经过回忆、想象和记忆三个发展阶段。

---

① 虽然这可能是含混和可疑的，但这是我从黑格尔作出这个过渡

A. 回忆

502. 外在的变成了内在的。因此，那在外在的时间与空间中的现在进入了一个内在的或主观的时间与空间之中。这就是一个意象或图景。真正的玫瑰是在外在的空间之中的。但我关于玫瑰的精神意象是被勾画为处于一种和玫瑰本身的表象一样的想象的和内在的空间之中。这样我们就有了**回忆**。

503. 意象是短暂的、消逝着的（黑格尔对这个事实只是加以断言而并未加以演绎）。但它并不因此而从精神中被抹去。它被贮存在潜意识中并准备好在任何时候再现。黑格尔通过暗含的和明显的、潜在的和实在的对比来说明这一点。在自身中的、在其潜在性中的自我是一个空白和空的普遍性，而由于其为概念（第321节），也是一个自我分化着的普遍性，并因而是其特殊内容的潜在的可能性。消失了的意象退隐到精神的潜在性的黑洞之中。因此，去谈论意象、观念等好像真正地"存在"于潜意识之中，是同设想橡树之存在于种子中，如果有一个足够倍数的显微镜就可以在种子中发现橡树的枝干一样愚蠢。

意象，作为一个和其余特殊事物脱离了关系和联系的东西的图画，失去了它的特点，而采取了一个普遍的形态。它变成一个一般化了的意象贮存在潜意识之中。当我们得到一个新的印象时，它就被归入以前的一般化了的意象之下，这种活动构成了回忆（或者我们可以简单地称之为认识）。

（《精神哲学》第450节）的极其晦涩的段落中所能够抽出来的唯一的含义。

B. 想象

504. 精神就这样地从潜意识中产生出这种意象与回忆之流。当它这样做时，我们就有了复制出来的**想象**。

然而，这些意象在性质上是典型化了的或普遍的，而当每一个新的印象进入自我时，就被归入这样一种普遍性之下。特殊意象就这样地代表着比自己更多的某种东西，即普遍的东西。这样，狮子的特殊的意象就变成一般的狮子的符号。于是就产生了一系列的符号，当它们充分发展了的时候，就变成语言。

C. 记忆

505. 在语言中，词作为有声的符号或声音，是一种存在于外部世界中的事物。它是一种外在物，但通过被接纳到意识中来，它变成了一个内在物，它本身变成一种意象。通过变成一个与它所代表的普遍的东西相融合的内在物，词或名字在理解中被独立地加以运用，它承担起以前由一连串意象所进行的工作。当我们这样地达到通过名字来思维时，**记忆**就充分地发展了。"给出了狮子这个名字，我们就既不需要真正看见这个动物，甚至也不需要它的意象；名字，如果我们理解了它的话，是无意象的最简单的表现。"① 这样，纯粹的记忆在某种意义上趋向于变为无意义的。"如所周知，一个作品，直到我们不赋予所有的字以任何意义时，才能完全机械地背诵过来。"②

---

① 《精神哲学》第 462 节。

② 《精神哲学》第 463 节。

第三分节　思想

506. 记忆构成从单纯的意象到一般思想的过渡。当意象作为一个意象被抑制了，剩下的就是一个**思想**。上段引文中所说的"名字，如果我们理解了它的话"，就足够说明这一点了。对它的这种理解，没有伴随着意象，就是思想。当然，这不是意味着作为一个心理学上的事实，思想从来不伴随着意象，否则就会和明显的事实相悖了。虽然思想可能并通常是由意象所伴随着，但它是被伴随着这一事实就意味着它本身不是意象，也就是说，它本身是无意象的。

507. 向记忆和思维过渡的过程发生于词所代表的普遍和被归入这一普遍之下的特殊表现之间的融合。在这一融合中，表象作为一个表象亦即一个意象而消失了。然而，它的直接性或特殊性仍然保持在产品即思想之中，因此这个产品是普遍与直接的东西的统一。由于这样的直接性是存在，是存在于那里的，是这个东西，因此一个思想是普遍性和存在的统一。存在是客观性的方面。因此，思想的特征是它克服了它自身与存在、主观性与客观性之间的区别。"被思维到的东西〔才〕存在，而存在着的东西只是就它是一种思想来说才存在。"[①]思想自身是思维与存在、它自身与它的他者的统一。所以，这再一次表明，思想在它的对象中看到的只是它自己。黑格尔指出，这个在意识的领域的末尾已经发生的观点必定不断地再现，因为它是哲学的基本的真理。

---

① 《精神哲学》第 465 节。

508. 思想有其内容，这是直接性或存在的方面。思想，脱离了这种内容来抽象地考察，亦即作为纯粹的普遍性，它就是形式的同一性，也就是说，它是：（a）理智，它把它的材料加工整理为种、类、规律等。但由于这个内容本质上就是它自身，因此它是思想自身分裂为二，并设置这个内容。作为这种分割（Urtheil），思想是（b）判断。最后，作为差别的取消和废除，作为把对象吸收到与自身的统一之中，它是（c）理性。

第二节　实践精神

509. 现在思想知道它的内容是它自己，它决定自己的内容。所以，世界不再被认为是一个坚硬的、格格不入的东西的聚集、不是思想的异己者，而相反地，它本质上是由思想所铸造、加工、决定的。这样地以自己的活动给世界赋形的主体就是**意志**或**实践精神**。这里的过渡归根结底和逻辑学中的一般认识到意志的过渡（第 402 节）是一样的，只是这里没有必然性因素的影响。

510. 意志的发展经过三个阶段：（1）实践感，（2）本能与随意，（3）幸福。

第一分节　实践感

511. 虽然作为意志的理解力知道它的对象是它自身并且完全为其自身所决定，虽然这样它是自由的和无限的，但起初它并没有达到这个地步。它首先表现为实践感。

　　在意识的领域中，自我与一个对象相对峙。在当前的领域即精神（心理学）中，对象一般地说被吸收到自我之中，作为内容在自我中表现出来。意志辩证地从认识或理论精神中产生。意志从认识把后者的内容接受过来。意志和认识之间的区别在于认识的内容不是由它决定的，而理解力作为意志则决定着自己的内容。然而，在第一阶段，意志是直接的。因此，它发现它的内容是作为某种现成的给予的东西。① 无疑地，现在这个内容是被它决定的，因而适合于它，和它相和谐一致。但这种一致性不是它自己的*行动*，而只是被发现是一致的。因此，这里的意志表现为对于存在的事实即内容是与它相一致或与它不相一致的感觉。这就是*快感*和*不快感*。

　　这样，它当然就是对于行动的一种直觉。但它仅仅是一种直觉。它还没有真正地开始行动。此外，由于它是直接的，它还不受任何普遍的规则或原则的支配，因为这种普遍性包含着中介，它还不是实现某一原则的决定，而作为一个绝对的特殊性和直接性，仅仅是一种指向这个或那个直接的客体的感觉或直觉。这就是**实践感**。

　　这样的感觉可能在道德、宗教或政治的领域中出现，但在这种情形下，它是本能的或无理由的（未被中介的），直觉的，只是感到主体应当如此这般地行动。

　　512. 黑格尔在这里抨击了那些仅仅诉之于感觉、"心"、心窝、灵感、直觉等，而反对理性话语和理性控制的意志和智慧的实际要求的人。这种在"心"或感觉和理性之间的争执至少

────────────

　　① 见本书第 239 节。

包含两个错觉。首先，它抽象地把精神分解成许多"功能"。一旦认识到感觉和理性不是两个东西，而是一个东西的不同发展阶段时，感觉就不会这样地被树立为理性的对立物。心灵或精神不是感觉、意志、理性等"功能"机械地联系在一起的堆积。"我们绝不应该设想人一方面是思维而另一方面是意志，好像他在一个口袋里装着意志，另一个口袋里装着思想似的。"① 心灵是一个表现在意志、思想、感觉等的一系列的发展阶段中的单一的存在。所以，要问感觉是正确的还是思想是正确的，那是愚蠢的；因为感觉和思想不过是同一个东西在不同的形式中。第二，如果我们必须扬此抑彼的话，肯定地应该选择合理的认识，而不是感觉。因为理性之于感觉是精神发展的更高阶段之于其低级阶段。因为感觉是直接的，它缺少普遍性，而另一方面，思想则本质上是普遍的东西。缺少普遍性的东西不可能是一个规律，因为普遍性是规律的特征。因此，我的感觉只对我自己是一个规律。它们仅仅是私人的、主观的，而我的理性则也是所有的人和理性的存在的普遍理性。所以，如果企图把伦理、政治制度等建立在感觉的基础上，是注定要失败的。比如说伦理，它不仅是我个人的私事，而本质上是一种规律，对一切人的规律，它怎么能够建立在超过我个人的意识的认可之外就没有效力的感觉的基础之上呢？

513. 不过，在某一特殊情况下，一个人的感觉可能是对的，而他的理性的结论却会把他引入歧途，这当然是可能的。我们会记得一个有经验的官员给一个新手的忠告："按照你认为是正

---

① 《法哲学原理》第 4 节。

确的去做，但不要说明理由。因为你的直觉可能是对的，而你的理由则可能是错的。"然而，这样的社会现象是由于感觉潜在地就是思想，并因此受到尚未认识到的理性的指引。在这里，和在逻辑学中一样，较低的阶段总是潜在地包含着较高的阶段。感觉潜在地是普遍并包含着思想作为它们的内在的实质。但这里的普遍性是隐藏在特殊性和直接性的外观之下的。所以，未开化的人，受他的直觉和感觉的驱使，常常会合理地行动，因为直觉是他所达到的理性的最高阶段。而如果他企图逼近合理的认识的较高水平，他不可避免地要犯错误，就因为这样的认识是一个较高的水平，而他还没有学会在这样高的水平上去活动。这样，告诉一个特定类型的人要相信他的直觉或他的"心"，而不是他的"头脑"，这虽然可能常常是一个有益的关于行为的忠告，但这无论对一般地把伦理或政治建立在感觉的基础上的企图或把感觉地位提高到超出理性之上，都没有提供一个正当的理由。理性即共相，事实上是世界的基础，而且是精神的一切形式包括感觉本身的基础。

第二分节　冲动与选择

514. 实践的感觉包含一个矛盾，这就是它的辩证法。因为，一方面，它仅仅发现它的内容和它自己相适应或不相适应；但另一方面，作为意志的一种形式，这种一致性本质上应当是它自己的行动，仅仅发现世界是如何并听之任之，是与意志的本性不相容的。它的本质就是去铸造这世界使之与自己相一致，就是去行动并在行动中对它的对象加以改变和赋形。因此，它发展出这样的行动的倾向，而这些倾向就是所谓的**冲动**。智力发展的这一阶段有许多不同的名字：冲动、倾向、兴趣。如果智力完全投身于一种本能的满足之中而排除其余的本能，这种本能就叫作激情。

515. 黑格尔在这里作了一个重要的评论，即不应像康德那样把本能从伦理生活中排除出去。康德认为应该为责任而责任，不能出于对法律的尊敬，更不能出自倾向性。甚至于一个行动本身是善的，而如果它是出于倾向性而不是出于责任感，在康德看来，它就失去其所有的道德价值。"但是"，黑格尔说，"冲动和激情是一切行动的生命线。""没有激情，任何一个伟大的事业都不曾完成，也不能完成。"[①]康德的错误和抽象的观点是建立在把心灵分解为许多独立的"功能"基础之上的。这里，"实践理性""绝对命令"在一边，本能与倾向在另一边，与它们相对峙，不断地和实践理性进行斗争；但不管怎样，它们是相互独立不依的。但一旦我们看到这些本能中暗含着"实践理性"，它们本身不过是实践理性的最初的、不发达的形式，这种抽象的观点就站不住脚了。

516. 有多种多样的本能。每一个都是一特殊的本能。但意志是唯一并且是普遍的。因此，它从其多样化的内容中区别出它自身作为"一"和普遍，它的冲动作为多样性和特殊性。所以，它现在站在这些之上，并在它们中进行选择。这是意志的生活中的**选择**的因素。为了充分理解这一点，有必要再一次强调指出：精神生活是统一的，把它分裂为许多功能是错误的。对于"随

①《精神哲学》第 475、474 节。

意"的这种演绎可能遭到反对,人们会说:意志就是本能,而且,站在各种本能之上并协调它们的不是意志,而是"我"、纯粹的自我——它是认识性的,而不是意志性的。对这一论难的回答是:意志就是"我"、纯粹的自我。思维着的"我"是认识。行动着的"我"是意志。同一个"我"既是认识又是意志。

第三分节　幸福

517.意志是共相,因为它是"我",而"我"是一个纯粹的同一性或普遍性,表现在"我是我"这一公式中。意志的满足和它的工作的完成在于使它的内容与它自身相一致。因此,由于意志是普遍的,只有使它的内容也是普遍的才能使它得到满足。然而,每一个本能只是一特殊的本能,它的对象是一特殊的对象。因此,智力作为意志,并没有在这些特殊的本能和爱好的满足中得到餍足。意志由于没有从一种本能的满足得到餍足,它立即投身于下一个本能去寻求餍足,但却得到同样的结果。这是一个无穷进展,因此,意志就被引导到去寻求一个普遍的满足,它是不能在任何一个特殊的本能中得到的。它所寻求的这个普遍的满足就是**幸福**。

第三节　自由精神

518.现在,意志发现它的对象必须是普遍的。但在幸福中发现不了真正的普遍性。因为虽然意志现在不再相信它能在任何特殊的本能中得到满足，但它只能通过并借助于特殊的本能才能追求它在幸福中所寻找的普遍的满足。因为意志别无其他内容。不管它如何为了得到幸福而在许多本能中挑来挑去，把爱好与兴趣进行分类排队，到头来仍不过是追逐着这一或那一特殊的本能，而它是不能使意志得到满足的。

　　意志只能通过把一个完全彻底的共相作为它的对象才能补救这种不满足。但这只能是它自身这个共相。因此，它现在的出路就在于使自己成为自己的对象。它必须设置其自身于世界中并在那里、在客观性中协调它自己。这个过程只有在客观精神中才能完成。这个过渡阶段，黑格尔称之为**自由精神**。对自由精神来说，本质的东西是意志以自己为自己的对象。这就是自由意志。因为自由包含在不受任何一个外物的限制之中。在本能中意志是不自由的，因为它的本能和决定这一本能的对象是它自身之外的别物。但自由精神知道它的他者，它的对象是它自身，所以，它知道它自己是自我决定和自我限制的，是自由的。同时，因为它是自我决定的，所以也是无限的。

第二部分　客观精神

导　言

519. 主观精神意味着被认作内在的精神。客观精神意味着从其内在性和主观性中走出来并在一个外在的外部世界中形体化了自身的精神。这个外部世界不是已被精神发现存在于那里的自然界。它是精神为了在真实世界中成为客观的、实存的和有效的而为自身创造出来的一个世界。一般地说，这是制度的世界。它不仅意味着法律、社会和国家等实在的制度，还包含习惯和风俗，个人的权利和责任，道德和伦理的规范。在下面我们将会看到这些不同的种种外在制度自身发展的次序和道路。这里的述评仅是绪论性的。这些制度本质上是在世界中实在化了的理智即精神，因此，它们是客观精神。

520. 客观精神的演绎，即主观精神现在必定要过渡到客观性的证明，已经暗含在作为主观精神的结束的观念之中。意志是共相，因为它不过是自我之在其行动的阶段，正如同认识是自我之在思维的阶段一样。然而，自我是"我是我"，自身的单纯同一，一个抽象的自我同一性。作为这样一种自我同一性，它在自身中不包含差别或特殊性。由于尚未沉入特殊性，所以它只是一简单的普遍性。因为意志即行动着的"我"不能在任何特殊的本能中得到满足（第517节），它必然继续保持其为普遍。但尽管它是普遍性，它自身还是一个个别。作为主观性，它是一个单纯的"这个我"。因此，在希冀着普遍性中，它是希冀着那个能够克服它的纯粹的主观性的东西；它希冀着客观性。因为普遍的东西是和对我作为一个个人来说是私有的东西相对立的。这样的普遍性与客观性是相等的。（任何人如果愿意去研究一下智者派和苏格拉底那个时代的哲学，对这一点就会理解得十分清楚。智者派的原则是，我在我的特殊性中所想的是什么，就是对于我来说的真理。他们否认真理的任何普遍的尺度。由于真理不从属于任何普遍的标准，所以它仅仅是我的主观性的个别的、私有的事情。苏格拉底认为，否认普遍性也就意味着否认客观性。真理只有被当作是普遍的时候，它才能是客观的。仅仅对于我是真的东西是主观的。但被一个普遍的标准所认可的真理是不依赖于我的个人的观点和印象的，因而它是客观的。）

521. 这样的客观精神是建立在意志的活动的基础之上的。制度是意志把自身设置在这个世界中，把世界的原始的材料加以铸造使之成为一个新的精神世界的工作。在这种活动中，意志有两个方面。首先，在希冀着普遍的东西中，它希冀着自身，因为普遍性是它的本质。正是由于这个缘故，它所创造的新世界不仅仅是客观的，而且是精神性的（客观精神）。精神设置在世界中的就是它自身。这种精神性，或者说理智所建立的制度的普遍性，在这些制度的本质都应该是普遍的这一事实中可以看出来。道德不是我私人的事情，它是一个规律即一个普遍性。国家也有其与个人的特殊的和私人的目的相对立的普遍的目的和利益为其本质。一个制度的真正意义就在于它是某种普遍的东西。但普遍性是心灵或精神的标志。因此，道德规范、国家等本质上是精神的显现。

522. 如果意志的活动的第一方面在目前这个领域中是它意欲着它本身，它的第二方面就是它意欲着那超出它自身的东西。因此，它意欲着的不仅是主观的，而且是客观的东西。意志一方面是普遍的，它是"我是我"。另一方面它又是个别的，它是这一个"我"在意欲着普遍的东西中，它作为普遍的，意欲着它自己；而在意欲着普遍的东西中，它作为一个个体，意欲着超出它自己的东西即客观的东西，因为它作为个体的方面是它的主观性的方面。因此，在把这两个方面结合起来中，意志通过它的活动所产生的是：（1）精神的，（2）客观的。这样，它就是**客观精神**。

523. 由于它意欲着它自身，它根本上是自由意志。因此，客观精神是建立在自由意志的概念的基础上的。制度是自由的体现。法律是自由的条件。在被法律所管辖中，我受制于普遍性，受制于我自己投射到世界中的那种普遍性，因此，我受制于自己，所以是自由的。当然，在真实的历史中有并曾经有许多坏的、不公正的法律。然而，这样的法律不是普遍性的体现，而是不自由的表现。这种仅仅为了一个特定的阶级甚至一个特定的个人的利益而制订的法律（例如，处于不发达的原始的专制主义下的国王，可能只为他个人的利益而制订一些法律），不是出自作为精神的精神的普遍本质，相反地，它们体现了与普遍性相对立的个人私有的特殊目的。因此，在服从这种法律时我不是受制于我自己，而是在枷锁之下。但作为真正的法律的那种法律的内在本质是要体现普遍性，亦即体现我自己。

524. 这样，黑格尔关于客观精神的论述包括了哲学中通常称为伦理学与政治学的那些部分。它还包括法哲学。但他的伦理的和政治的学说与大多数其他哲学家的理论不同，它们不被认作哲学中孤立的部分，而是从全体系的有机系统中、在其应有的位置上生发出来的。别的哲学家可能先提出一个本体论，然后是伦理学，然后或许是美学；好像所有这些都是各自孤立的问题，至多也只是由类比或程序上的相似这种松散的纽带联结起来。用这种经验的方式去研究事情，对宇宙中的种种现象东抓一个西抓一个，就个别孤立的问题进行思考并得出孤立的结论，当然是和黑格尔的系统方法相反的。对他来说，一切东西都必须被推演出来从而也就揭示了它的必然性。每个东西都必须不是凭空地，而是在宇宙这个有机全体中的正当地位上出现。因此，关于客观精神的哲学不是把制度、法律、道德、准则等当作偶然出现的东西来杂乱无章地对待它们。它在它们的固有顺序中一个从一个地推演出来。

525. 演绎出一个制度就是去揭示它的必然性，去揭示一种逻辑的必然性，一个合理的必然性，就是去揭示它在它产生的地方和方式下应当产生出来。因此，我们在客观精神中所研究的制度都被黑格尔认作理性体现它自身的必然的形式。从这一观点来看，所有那些把法律、道德、社会制度等看作为了方便或权宜之计的缘故而涉及的机械的、毫无内在联系的主题的理论，是浅薄的、毫无价值的。财产制度、契约、法律、政府、家庭等应当存在，这是合理的必然性。这些东西中没有一个是为了体现某种外来目的而硬塞进来的。它们的全部和每一个都是精神在世界中体现自己的本质的必要形式。它们是理性的显现，是理念的必然的自身发展的不同阶段。它们是"绝对"在世界进程中意识到自己和其真面目的发展中的不同阶梯。它们自身是"绝对"的显现，因而有着绝对的有效性。它们不仅仅是人类的为了达到非本质性的目的和满足在世界进程中无意义的主观需要的发明。对这样一种观点，即认为人类偶然地产生并以如此这般的方式组织起来，有如此这般的需要，为了保障它，人们"发明"了道德、法律、社会等，而所有这些是与世界的本质目的——如果它有任何目的的话——无关紧要的，黑格尔认为是错误的和无价值的。制度不是"被发明"出来的。它们必然出现，它们产生自事物的本性并表现宇宙的内在意义。那种认为国家是一切人彼此间为了保护生命与财产的安全而达成的契约，惩罚之所以是正当的仅仅因为它是一个威慑因素，道德是建立在权宜之计和实用的基础上的看法，从上述观点来看，是根本无价值的。

526. 把这里所发挥的伦理学的一般观点和康德的伦理学加以比较是有所裨益的。康德看到，道德作为一个普遍的东西和规律，不能建立在不是普遍的东西的基础上，不能建立在感觉、个人的直观、实用的经验标准等基础之上，它必须建立在人的普遍的因素即理性的基础之上。但在康德那里，理性意味着抽象的理智，它的准则是空的同一。因此，他的道德的原则是个人必须按照普遍的准则和规范行动。他必须如此行动，才能不自相矛盾地使他依此而行动的准则成为普遍的。一个人不应该背弃诺言，因为如果毁约被建立为一个普遍的规律，允诺本身就不能存在，而这样，我们也就陷入了一个矛盾。然而，所有这一切就等于说，正确的行动是首尾一贯的行动，它不自相矛盾。因此，如果一个人能够设法做到不致自相矛盾地陷于罪恶，他就应当遵从康德的准则。仅仅是首尾一贯、遵从同一和矛盾的形式法则，绝不能提供一个道德准则；任何比仅仅逻辑上首尾一贯更多的东西都能够提供一个有实用性的真理。从这种抽象的普遍性中不能抽引出任何内容。例如，如果允诺作为一个制度存在于世界中的话，毁约无疑是自相矛盾。但是，为什么这个制度会存在呢？康德的原则没有提供任何回答。

和康德一样，黑格尔也发现道德是建立在理性、普遍性的基础上。但他的普遍性不是那种理智的空洞而抽象的普遍性。它是具体的普遍性，是概念。具体的普遍性产生了它的内容，即从其自身产生出种和类。因此，它能够提供不仅仅是同一和一贯这样空洞的原则，而是形成道德和国家的内容的具体的制度。它不仅告诉我们，如果作了允诺就必须加以遵守，而且告诉我们为什么以及如何会有允诺。契约（允诺）的制度是被推演出来的。对财产、婚姻、刑法制度等也是如此。这样，黑格尔的伦理学包含了所有康德伦理学中的真的、善的和高贵的东西，而没有它那种缺点。康德的伟大之处在于，他否定了那种把道德规则归结为环境条件，使之成为仅仅是人类的一种发明，在宇宙的实质中没有基础，在这个或任何合理的宇宙中没有一个绝对的、无条件的实质性存在的观点。他的缺点是，在他那里道德的观念仍是空洞的抽象，没有实体性的存在。黑格尔同样是主张道德的高贵和绝对的实体性的战士。但在他那里，道德不再是一个空名，而是充满了内容的。康德关于责任的完成必须摒弃热情或倾向的荒谬观点，也是由于抽象性这同一缺点所致，而这一点在黑格尔那里也同样是不会发生的。

527. 意志自由也同样地为黑格尔所证明是正确的。但是，和康德一样，自由不是被解释为无目的的任性，而是自律、自我决定。如果意志意欲着普遍，在这个范围内它就是自由的。这就是说，如果它的行动是和正义、规范（道德的或法律的）相一致，它就是自由的。因为正义的法律是它自己的法律。它必得从自身中产出并赋予客观性的是它自己的普遍性。自我的普遍性，主观地来看，仅是自我同一，我是我。当它被变成客观的，它只能表现为一个客观的普遍即一个规则。在遵从这个规则时，我只是服从我的本质的、真实的自我。但如果意志的行动与正义相反，如果它违背普遍性，仅仅依照它的个人的、特殊的和自私的利益而进行，那它就是不自由的。因为这些自私的利益不是以普遍性为本质的那个真实的自我的实现。它们属于一个人的肉体的一部分而不是精神的一部分。在这种情况下，意志仍应该被看作是受制于自然。这是真正的束缚、不自由，因为受制于自然也就是受制于外在世界、受制于非我。

528. 如果要问有什么理由去区分"真实的"自我和自我的任何其他部分，为什么它的普遍性的方面而不是特殊性的方面，应当被认为是"真的"回答是很简单的。感觉、欲望、本能在前面已经在适当的地方被推演出来。在主观精神的辩证发展中可以看到，精神的这些特殊的和直接的方面出现得较早，而作为认识与意志的精神的普遍的方面最后才出现。在辩证发展中，较后的阶段总是较前的阶段的"真理"。因此，真实的自我是普遍的自我，不管是在意识中或思想中。

529. 在客观精神中，人的自由在外部世界中客观化其自身。

为了使它能够做到这一点，必须有一个外部世界给它提供工作和自我赋形的材料。这种外在的材料的存在在主观精神的领域中已经被演绎出来。精神作为灵魂（人类学），有其私有的、个人的需要，物理的质和条件，这些当然依然存在。精神作为意识（现象学），它从自身发展出一个特定的外在对象。精神作为心灵（心理学），它有其自己的内容，这种内容虽然是内在的，但对它也是外在的。所有这些外在性的形式构成意志逐步建立起一个客观理智的世界的质料，在这个世界中意志实现它自身。

530. 客观精神被黑格尔认作正义或法的领域。正义或法是一般意志的客观普遍性。因此，这个名词包含法的正义、道德的正义和国家的正义。

客观精神自身的发展分为三个阶段:（1）抽象法权,（2）道德,（3）社会伦理。

第一章　抽象法权

531. 意志最初表现为仅仅潜在的，"在自身的"，还没有走进外在性中去，是抽象的自我，我是我。这是一个纯粹的自身同一；它与自身之外的任何东西无关，而只是自我相关。这样，它从自身排除了所有的他者。它只与自身相关并作用于自身。作为排除了所有的他者，它是一个自我封闭的单位，一个"一"。作为一个"一"，它是一个个体，一个单一的自我。但是，由于在自我相关中，它把自己与自己相区别（第 208 节），因此，它以自己为对象。它是自我意识。它不仅仅是"我"，它是"我是我"。它不仅仅是意识或一个赤裸裸的自我，除此之外，它知道它自己是自我。作为一个不仅意识到外部世界而且意识到自己是一个自我的单一的个体，就是一个人。

并不是每一个有意识者都是一个人。不言而喻，动物虽然有意识，但不是人。在罗马法中，奴隶也不被当作人而被当作东西。一个人是有权利的，而东西则无权利。罗马的奴隶没有权利，动物也可被认作没有权利。[①] 直到现在为止，所有这一

---

　　① 人们可能说动物也有被善待的权利。然而，虽然善待动物无疑是

切仅仅是一种断言，它将以如下方式被演绎出来。

532. 自我意识、"我是我"是一个自我封闭的单位。它只是自身相关并因而是无限的。作为无限的，它是一个绝对目的，而不能被用作一种手段。因此，一个人不能把另一个人仅仅当作实现自己的目的的工具，而必须把别人当作一个目的来对待，如同对自己一样。这给了我以作为一个人的权利和对别人的责任。因此，法权的一般原则是："成为一个人并把别人当人看待。"①

这样，构成一个人并给予他以权利的不是单纯的意识，而是自我意识。因为意识是为其对象所限制的并因而是有限的。而限制自我意识的对象只是它自身；而成为自我限制的或自我决定的也就是成为无限的。正是在自我的这种无限性上建立起他的人格和权利。也正是由于这个缘故，"事物"没有违抗人的权利并因而是人的意志的对象。这样，人就有一个统治物的绝对权利。

533. 抽象法权的领域是那些属于抽象地来考察的人类，即只是作为人而不是某一国家的公民来看待的人的权利和责任的领域。抛开我作为一个公民的所有权利，我作为人类的一员，作为一个人，有我的权利。这里研究的就是这些权利。人们可能反驳说，黑格尔在这里推演出来的制度即财产、契约和罪的惩罚都暗含着一个既定的国家，没有这样一个国家，它们就不可能存在。这样说是对的，但却是言不及义。如果说离开思想，感觉就不存在，也同样是对的，但感觉远在思想出现以前很早

人的责任，但能否被认为是动物的权利，却是值得考虑的。

① 《法哲学》第 36 节。

就在主观精神的领域中被演绎出来。黑格尔的方法就是首先演绎出抽象的东西，而后是作为较早的抽象阶段之真实的具体的东西。财产、契约、惩罚只能在一个有组织的社会中以一种确定的、可理解的方式存在，这可能是真的。但这一点并不改变这样一个事实，即这些权利不是建立在国家的基础上，而是建立在个人的基础上的。占有财产的权利是人生来就有的，是仅仅由于他的人格而存在的。直到国家发展出来他才能有效地实践这些权利这样一个事实并不影响上述的真理。[①]抽象法权自身的发展经过三个阶段：（1）财产，（2）契约，（3）不法。

第一节　财产

534. 主观意志与一个外在世界相对立（第529节）。它的工作，如我们已经看到的，就是在这个外部世界中实现自己，按照它的面貌去铸造这种材料。然而，现在这个意志是一个人，外在的世界相应地是一个物。人有统治物的权利（第532节）。这就是**财产**的制度。

一个人是一个绝对目的，他不能被当作一个手段。但这个物，正由于它不是一个人，所以不是一个目的，可以被人占用

---

① 在《精神现象学》中，"人"也是被推演出来的。但那里的"人"似乎与《哲学全书》及《法哲学》中的"人"有不同的含义。在《精神现象学》中"人"是在国家与市民社会之后才被演绎出来，这同时意味着"人"是由明确的法律所合法授予权利的（《精神现象学》第478—485页）。

作为满足他的需要的手段。这就是财产的合理的基础。"每一个人都有权把它的意志变成物，或者把物作为他的意志的对象，换句话说，他有权把物扬弃而改变为自己的东西。……唯有意志是无限的和绝对的，至于其他东西就其本身说只是相对的。所以据为己有，归根到底无非是表示我的意志对物的优越性，并显示出物不是自在自为地存在着的，不是自身目的。"[①]

535. 它不是单纯的财产，而且是私有财产。在这里它被显示为一个理性的必然。因为财产的权利是从单一的个别的人发生的并本质上是属于他的。因此，黑格尔反对取消私有财产的方案。但值得注意的是，他的教导实际上并不是与现代的社会主义观念相抵触的。社会主义的真正实质，如果它理解它自己的话，并不是私有财产的绝对的对立面，它反对的是私有财产的不公正的分配。没有一个共产主义的方案能够真正地摆脱私有财产的必然性。因为即使财富在名义上成为国家的财产，它最后还必得在个人中进行分配并被他们所占有和消费。食物只能被个人所食用而不管政府的形式如何，而在食用这些食物时他们就把它变成他们的绝对的私有财产。甚至一个公共的公园也只能为个人所享用，而国家在对它实行国有化的行动中并没有真正取消它的私有财产性质。它只是把它从仅供这个或那个人独自占用变成归大家享用。对事物的占有这个意义上的私有财产的必然性事实上是从黑格尔的演绎中必然得出的全部结论，虽然他可能想象他曾演绎出更多的东西。他说道，如果一定要

取消私有财产的法则，国家是唯一的受害者。^①

536. 所谓"一切人的平等"的问题应该在这里考察一下，因为它有时候被解释为意味着财产应当在所有的人中平等地进行分配。的确，所有的人作为人，都是绝对目的，是平等的。而正因为这个缘故，一个人不能被降低到作为另一个人的工具的次要地位。由于每一个人都是一个人，从这里可以演绎出每一个人都有拥有财产的权利。但每一个人能够拥有财产的量却不是由此而定的。必须记住，每一个人都不仅仅就是一个人，除此之外，他还有一定的、特殊的智能、能力、品格等。个体在这些方面是不同的，所以每个人能够拥有的财产的量也就相应地不同。每个个人都是一个自我，一个"我是我"，在这一点上他们是平等的。在其他方面他们则是不同一的，即不平等的。

537. 财产包含三种不同的种类的就意志而言的权利，即：（a）占有的行动，（b）对对象的使用，（c）转让的权利。我们在这里简要地讨论一下。

（a）如果我的意志要在一个外在对象中实现自己，那么，我仅仅内在地、主观地意欲着这个对象是属于我的是不够的。这样一个纯粹的意图仍然是主观的，而这里意志的任务是客观化它自身。因此，必须有一个积极的占有的行动。这样一种行动既可能是简单地把对象拿过来，也可能是对它进行加工并把它改造成我所要求的形态，或者仅仅对它加上某种标志。占有的行动进一步对他人表明这个对象是我的，不是他们的，我已

———————————
①《法哲学》第 46 节，附释。

把我的意志注入其中，因此它已经被占有了。由于财产权是内在于单个的自我的一种权利，它同样地包含有排斥其他自我的权利。它也包含着他们尊重我的财产的责任。因为我的财产现在是我的意志的一种客观化，对它不尊重也就是对我作为一个人的不尊重。

（b）财产的使用权来自这样一个概念，即它仅仅作为一个"东西"，没有权利去违抗它的作为一个人的所有者。因此，它是合理地被当作一个手段来对待即使用的。

（c）由于一个人有把他的意志加于一个对象并使之成为自己所有的这样一种绝对的权利，他就同样地有把他的意志从对象中撤回来的权利。因此，他有权转让他的财产。

538. 因为财产由于意志的行使才成其为财产，所以，如果意志停止履行向着对象的活动，对象就因而变成无所有者的了。这就是基于长期使用的权利的法律的理性基础。所以基于长期使用的权利是从概念中演绎出来的并应被认为是理性的必然，而不仅仅是社会的权宜手段。

539. 我的生命也可以被认为是我的财产。但转让权不适用于生命，所以自杀是不合正义的。因为，所有的财产权都是建立在意志客观化和实现其自身的权利与必然性的基础之上的；转让权的存在是因为它是意志在世界中的一种表现。然而，自杀是对意志的否定和取消，与意志的实现和显示大相径庭，所以不存在自杀的权利。

第二节　契约

540. 契约被黑格尔表达为财产的转让。无疑地，一切契约归根到底本质上都属于这种性质。因为在黑格尔的术语中，财产不仅包括物质的东西，还包括劳动、服务等。我有支配我的劳动的权利。因此，甚至一个个人服务的契约也是财产的交换。

541. 从财产向契约的过渡是基于转让的权利。两个有财产的人中的每个人都有权在对方的赞同下转让他的财产。这就是**契约**。

542. 人们可能争辩说，这只证明人能够转让他的财产，而不必然如此，而辩证法所必须表明的不是契约的偶然的可能性，而是它的绝对的必然性。这个反驳是没有经过深思熟虑的。现在我们研究的是权利的领域。辩证进展所必须表明的是人必然地有订立契约的权利，不是被迫去这样做的。这一点已被证明。这是一个真正的演绎。我们已经证明，人的概念（Begriff）必然地包含他的财产权的概念，而后者又必然地包含他的财产的转让权，财产转让权又包含着契约。可见，已经证明的是财产的概念包括暗含于其中的契约的概念；这样，后者就是从前者中演绎出来的。这正是一切演绎的真谛。

543. 正如一个主观意图在财产阶段不是意志的充分表现，而需要通过占有活动被客观化一样，这里，在契约中除双方的内在意图之外，一个外在的行动也是必需的。这种外在行动就是契约的履行。

544. 我们将会看到，婚姻不是在这里，而是在客观精神的

第三部分即社会伦理中被演绎出来。接着黑格尔特别指出，[①] 把婚姻看作简单的公民间的契约（在那些希望削弱婚姻关系的人中是十分流行的）的观点是错误的、不适当的。当然，在这一阶段还不能证明这一点，只是预先提示一下。它的证明只包含在演绎出婚姻的适当阶段中。

545. 由于同样的理由，把国家看作一种"社会契约"也应被看作是错误的。[②] 国家也是在后面社会伦理的领域出现的。"契约是从人的任性出发，在这一出发点上婚姻与契约相同。但就国家而论，情形却完全不同，因为人生来就已是国家的公民，任何人不得任意脱离国家。生活于国家中，乃为人的理性所规定，纵使国家尚未存在，然而建立国家的理性要求却已经存在。"[③]

第三节　不法

546. 权利是普遍意志的客观化。这里的普遍意志并不意味

---

① 《法哲学》第 75 节，附注。

② 当然，这不仅仅意味着在历史上从没有一个国家是作为社会契约的结果这样一种事实，这是不言而喻的。这里认为是错误的观点是，不管国家的历史起源如何，国家在本质上是一种契约。无疑，把契约的范畴用到国家上有的时候是有用的和正当的（请比较柏克的名言），正如同用上帝是存在或实质来代替上帝是绝对观念的说法对我们来说更易于接受一样。但上帝比存在和实质更多，而国家也更多于一个契约。这种观点并非完全错误，而是不完全恰当，不符合完全的真理。

③ 《法哲学》第 75 节，附注。

着所有的人的意志或大多数人的意志或诸如此类的意志。① 甚至一个个人的意志可能体现了普遍意志，而其他的意志却与普遍意志相悖。作为权利的源泉的不是一个共同意志的外在的普遍性，而是意志的内在的普遍性，意欲着内在普遍性即合理的普遍性的意志。合理的意志才是普遍的意志。现在契约在财产的转让、交换和获得中表明了自愿的行动的充分的可能性。个体内在地就是普遍。他是"我是我"。但除此之外，如已经推演出来的，他是一个有其本能、私人的利益、特殊的欲望等的存在。因此，就有这样一种可能，即他所能够作出的自愿的行动可能是为这些私人的目的所支配，从而是与普遍意志或权利的法则相悖的。这就是**不法**。

547. 当然，这不是说一个人只要顺从他的私人利益就一定陷于不法。因为他从私人利益出发所意欲的可能是和普遍意志相一致的；例如，有时一个人会仅仅因为老老实实是一个好的策略而采取诚实的态度。但如果一个人追求他的私利，做出了一个与普遍意志不一致的行动，那么他的行动就是不法。

548. 不法有三个种类或程度。当然，在这里我们并不是从道德的恶的意义上来研究不法。道德还没有被演绎出来。我们正在研究的权利不是道德权利，而是法的权利，亦即财产和契约的权利。所以，这里演绎出来的不法也是法的不法，它破坏了法的权利。不法的第一等级是（1）非预谋的不法。这形成了

---

① "卢梭……相信意志仅仅是特定形式的单个人的意志，他所理解的普遍意志也不是意志中绝对合乎理性的东西，而只是共同的东西。"（《法哲学》第 258 节，附释）

民事纠纷的主题。这样一些不法是由于一些个人各自都声称自己对财产和契约的权利而造成的。因此产生了利益的冲突。这里的不法的主要之点，是行为者相信他自己是按照权利的法律行事的。他不像犯罪那样否定整个的法权。相反地，他肯定法权并向它呼吁。他所否定的只是他人的特殊的权利。他的行动是对一般法权的肯定或至少在意图上是如此。

（2）不法的第二等级是诈欺。这里的个人声称要按照权利的法则来行动，但事实上是自觉地违背权利的法则而行动。他人则被欺骗，认为他已得到了他的权利。但这种允诺给他的权利只是一种不真实的假象。

（3）不法的最高等级是犯罪。这里的个人完全不承认权利的法则，他甚至也不打算按照这种法则来行动。他公然地否定这种法则。他否定的不是个人的特殊权利而是权利的普遍法则。

549. 在不法中，权利受到践踏，被否定。然而，权利是肯定的实存，而不法则仅是一否定和非真实。因此，权利必须通过对否定的再否定以恢复它自己。在民事纠纷中它通过赔偿、归还等手段来实现这一点。但对普遍权利的否定即犯罪，只有通过惩罚来加以再否定。在惩罚中，权利恢复了它自身并得到再肯定和加强。

犯罪，由于一个自我矛盾，而是非真实的实存。它当然是存在着的。但它是一个非真实、一个纯粹的假象，一个无价值的东西。它是自我矛盾，因为它是一个与意志的本质的概念和人类行为的真实概念相违背的行为。意志的本质的概念是它的普遍性，而犯罪所否定的正是这一点。因此，它是一个意志反对意志的行为；它不是任何意义上积极的东西，而是一种无价值的、无意义的行为。当惩罚之日来临时，它的无价值的实质就暴露无遗。

550. 因此，惩罚是正义的绝对行动。把它看作仅仅是一种威慑，或者甚至只是从根本上说来对罪犯的改造，那是对于惩罚的一种肤浅的观点，因为这样就是把它看作服务于更进一步的目的的手段。然而，正义是在自身中的绝对目的。如果惩罚阻止人们犯罪，或者有助于罪犯的改造，那无疑是一件好事，而且考虑到这样一些高尚的目的也是无可厚非的。但把惩罚的本质和正义性归结到这些目的则是不对的。除了这些惩罚所附带地实现的实用的目的之外，它是权利的绝对法则：犯罪必然带来惩罚与痛苦。它不是人类为了财产与生命的安全的一种发明，毋宁说，它是宇宙的法则，理性的必然，是从一切事物的内在核心中发生的。

551. 把惩罚认作个人复仇感的安全阀或对复仇的调节和合理化的理论同样是值得商榷的。私人复仇，就其内容而言，可能是对犯罪实现了正义。但真正的正义是普遍意志的行动，也就是说，是法权的行动。另一方面，复仇是从特殊意志的特殊动机中产生的。因此，它是一个新的不法。正义取消了罪恶并且恢复了法权。而复仇仅仅是在第一个不法上又加上第二个不法。这新的不法又导致报复，于是就陷入一个无限过程——族间血仇。而正义，由于它不是一个新的不法，而是法权的恢复，所以不再引起新的不法的行动；它使事情归于结束。

552. 为了阻止一个动物的令人不愉快的行动，它常常挨打或受到其他处罚，如一个人在训练他的爱犬时被迫去打它们那样。然而，这不能被认为是正义的行动，而是一种威慑。把惩罚看作威慑的理论事实上是把人降低到动物的水平。这里的区别在于：罪犯是一个有理性的存在，他的本质是普遍性，动物则否。因此，被看作一个有理性的普遍的存在是罪犯的内在的权利。所以，犯罪不能被看成只是一种令人不愉快的行动，像一条狗的过失那样，而必须被看作是罪犯所意欲使之成为普遍的法则的证实。暴力行为必须用暴力来惩罚。因为罪犯用自己的行动证实了暴力的法则。罪犯的行动应当被认为意味着一种普遍性，它把暴力建立为一种法则，这是他作为一个有理性的存在的权利。因此，罪犯是自己惩罚自己。这是他自己的意志。他自己证明了暴力是他的法则，所以把这个法则用到他身上是正义的。另一方面，在打一个动物时，这里没有法权或正义的因素。这只是一种应付的行动。把正义看作威慑的理论把人当作非理性的存在来对待，而忘记了他的高贵和尊严。罪犯也享有这种高贵和尊严，所以惩罚是他的不可分割的权利。在这一方面，黑格尔评论道："贝卡利亚要求，对人处刑必须得到他的同意，这是完全正确的。但是犯人早已通过他的行为给予了这种同意。"① 当然，这并不是说他在行动时就知道正义的要求并自愿地去冒这个风险，而是说他的行为实质上是诉诸暴力、把暴力看成法则和权利。正是在这个意义上，我们说他已经对把暴力加于他自身表示同意。

553. 正是这个贝卡利亚，他主张死刑是非正义的，因为不能设想社会契约会包含个人对他自己的死亡的同意。对此，黑格尔回答说，国家不是一个契约，个人的安全与保护也不是国

---

① 《法哲学》第 100 节，补充。

家的无条件的目的。相反地，国家比起个人是一个更高的目的，而个人的生命有时可能为了国家的目的而牺牲，这是正当的。因此，黑格尔赞同死刑；但他同意限制死刑。他认为贝卡利亚对死刑的攻击会导致节制，使人能够看到什么样的罪应受死刑，什么样的罪不应受死刑，并且使作为法律上的极刑的死刑大大减少。

554.通过惩罚及法权的维护和恢复结束了抽象的法权的领域，下面就进入道德。然而，在转入道德之前应该指出，在这一节中黑格尔在多大程度上偏离了最严格意义上的辩证方法。我们经历了三个阶段：（1）财产，（2）契约，（3）不法。我们不可能在任何意义上说契约是财产的反题，也同样不可能把不法看作财产与契约的合题。的确，在《哲学全书》中演绎出来的好像不是不法本身，而是法权与不法之间的斗争。正因如此，在那里相应的一节[1]的标题是"法权反对不法"，而《法哲学》中相应的一节的标题则是"不法"[2]。但这完全于事无补。把法权反对不法的斗争看成财产与契约的合题和把不法看成合题同样是很困难的。

---

① 《精神哲学》第496节。

② 《法哲学》第82节。

第二章　道德

555.抽象法权是自由的外在的客观化。自由在一个"事物"即财产中实现它自身。在抽象法权的领域中，我们完全没有涉及意志的内在状态或个人的主观意识。例如，我们没有考虑动机、目的、意图等问题。然而，道德不像财产那样是一个外在的事物，它本质上是关乎灵魂的状态的，它是个人内在意识的事情。黑格尔是在他自己的特定含义上使用道德这个词的，它的含义下面即将加以解释。现在所要抓住的主要之点是，抽象法权与道德之间的区别在于，前者在外部世界中有其存在与表现，而后者则是内在意识的事情。

556.从抽象法权到道德的过渡是通过对犯罪和惩罚的探讨而实现的。不法，特别是犯罪，第一次显示出个体的特殊意志和普遍意志之间所产生的区别和对立这一事实。在犯罪中，个别的意志使自己和普遍的意志相对立。但意志的概念却是普遍的，它的根本性质、它的真实的自我，就是它的普遍性。因此，在犯罪中，与普遍意志相对立的个别意志把自己放到自己的真实的自我的对立面的地位。这样一种意志是与意志的概念不符

合的。在意志之所是与它所应是之间就存在着一条鸿沟和不协
调。①这种"应当"一般地说是道德中的义务的因素，它属于
主体的内在的存在。他应当和他之所是相区别。所以我们在这
里就有了这样一种内在性，它是道德之区别于抽象法权的主要
特征。但这还不是对道德的全部演绎。我们已经演绎出意志和
它的概念之间的不一致。然而，这种不一致仅仅是一否定。特
殊的意志在使自己和普遍意志的对立中否定了后者，而这样做

---

① 除非读者已经清楚地领会了黑格尔所使用的概念（Begriff）一词
的含义，否则他对这段话是难于理解的。对于初学者来说，黑格尔对这
个词的三种用法是容易把他搞糊涂的。第一，概念，作为代替本质的纯
逻辑学的范畴，已在相应的地方作了充分的讨论。第二，逻辑学的任何
一个范畴也被称为"概念"。"有"、变易、现象等都是概念。这些都是纯
思；而它们之所以与柏拉图的理念不同，就因为它们是非感性的、普遍
的、必然的，因为它们不是抽象普遍，而是自我分化、自己产生自己的
种的自生发的普遍性。第三，黑格尔也谈到特殊的东西的概念：人的概念、
自由的概念、植物的概念、动物的概念，或者，如这里谈到的，意志的
概念等等。这种概念是与第二种概念即纯范畴不同的，这些概念也是思想、
普遍的东西，但它们不像范畴那样可以适用于宇宙间的一切事物，而只
适用于特定的东西，如人、动物等等。这些东西的概念（Notion）就是
它们的概念（Concept），它们的一般观念，和柏拉图的人的理念、植物
的理念等是一样的。但它们在以下方面又与柏拉图的理念不同。柏拉图
的理念是仅仅通过经验的归纳得到的，所以不具必然性。黑格尔的概念
是被演绎出来的，因此是必然的概念。柏拉图的理念是抽象的，因而是
不结果实的、不能运动的。黑格尔的概念从它自身中产生它自己的对立面、
它自己的分化和种。但是，和柏拉图的理念一样，概念是界限，它给予
事物以它们之所应是的那样一种根本性质。因此我们在这里看到，意志
的概念是意志之所应是的东西。

也就否定了法权。惩罚是对这个否定的否定。正是这个否定的否定给予我们以道德的确定的观念。因为意志和它的概念之间的分裂是否定，它是个别意志对普遍意志或法权的否定，所以，否定之否定是对这种分裂的否定；这就是与意志的概念相和谐的个别意志的观念。个别的意志这样地与它的概念相一致，成为它之所应是，就是**道德**。

557. 这一过程被黑格尔描述为意志之回到自身。在抽象法权中，意志走出它自身而进入外在性，它在外在的事物中实现它自身，这些事物就成为财产。财产是自由或意志变为外在的。在道德中意志回到它自己的主观性。实现我的意志的不再是事物。现在是"我"、内在的自我，在自身中、在内在的状态中，作为一个道德的我实现它自己的自由。

558. 由于黑格尔仅仅在意志的内在状态的意义上使用道德这个词，所以它在这种范围内比之在通常用法中受到大得多的限制。对于黑格尔来说，道德是某种纯粹主观的东西。因此，它排除一切关联到家庭、社会和国家的积极的责任，所有这些都是客观的制度。甚至在一般用语中特别属于道德领域的贞洁，在黑格尔那里，也完全在道德的范围之外。因为性的关系是关系到家庭的事情。家庭、社会和国家还没有出现，它们还未被演绎出来。它们将稍后在社会伦理这一题目下出现。黑格尔不应由此而受到非难。我们将会看到，黑格尔并没有由于未把它们包括在道德之内而贬低个人在家庭和国家中的责任，而是恰恰相反。这只是个名词问题。他选择了道德这个词的远比通常用法为窄的含义。只要我们理解了他使用这个词的含义，就不会产生什么疑难。

559. 道德像抽象法权一样，是片面的。抽象法权是纯客观的，集中在一个外在的东西中，而主体的内在状态、他的动机和目的是与之无关的。道德是另一个片面。它是纯主观的。它从不使自己以客观制度的形式在世界中实现；或者，当它这样做的时候，它就停止其为道德而进入社会伦理的领域。社会伦理是主观与客观在客观精神领域中的具体统一。甚至也可以在某种意义上说，在它还没有超出自身而进入社会伦理的领域时，道德是没有实存的。因为，如果道德被规定为实存着的意志和它的概念即普遍意志的一致，那么我们就会发现只有当我们达到社会伦理的阶段时，这种和谐一致才真正地实现。只有在那时意志才完全与其概念相一致。当前这个领域的发展，即道德的发展，就是克服产生于意志和它的概念之间的分裂从而达到这种一致的过程。正是出于这个缘故，道德是"应该是但还不是"的领域。

560. 道德是意志之回到自身，是它从事物的外在世界引退到它自己的自我集中的内在性。由于这个原因，这里的意志是无限的、自我决定的。从道德中我们有了否定之否定这一论断（第556节）中也会产生同样的结论。否定一般地说是有限性的领域，否定之否定是把自己的对立面吸收到自己中的无限性（第204节）。因此，在道德中，作为自我决定的意志是一条对自己的法则。在抽象法权中，它被外在的东西即财产所决定，它以外在的东西为其对象。然而现在，回到自身的意志以它自己为对象。在道德中意志是一个对自身的法则这一事实一般地给我们的主体的权利。从法或抽象法权产生了由一个外在的源泉即事物所引起的需要和禁止。在道德中意志所处的地位是它认识到不再有外在的约束它的权威,而只是受它自己的理性(意识)的支配。我,作为一个有理性的存在,不能受我没有认识到其正确性与合理性的需要的强制。只有那被我自己的良知证实的,对我才能是一条法规。这就是主体的权利,这就是民主的观念的源泉,也是那常常被视为耶稣教的指导原则的"个人判断的权利"的观念的源泉。

由于道德是一片面的抽象,它必定被社会伦理所纠正,所以,如果把它抽象地和具有同等重要性的客体的权利分离开来的话,主体的权利自身也只是片面的真理。客体的权利在社会伦理中出现,在那里,家庭、社会、国家的客观制度表现为有权去统治个别主体。人,作为有理性的和无限的,必须是自我决定的,不能忍受来自一个外在源泉的决定。家庭和国家的支配的确是外在于个人的。它们是伦理领域中客观性的方面。但在适当的地方将会表明,这种客观性不过是主观性从自身发出的投影,客体不过是把自己设置为客观性的主体;所以,主体在被这个客观性所统治的时候不过只是被它自己所统治。我在服从国家的有权威的命令时,只是服从我的真实的自我即作为普遍者的我之自身。但是,如果主体的权利这个片面的真理被从客体的权利分离开来并被当作好像是全部的最后的真理,那么它就变成根本上的错误。这样,个别的主体就声称他是他自己的唯一的、绝对的立法者,他是不受任何约束的主体,他可以为所欲为,可以把他的怪癖、幻想或任性的个人意志作为他的唯一的权威。在政治领域中,这就是无政府主义的根本原则,它赋予主体的权利以独一无二的地位,并否认对国家的任何责任。

561. 道德的发展经过三个阶段:(1)有意,(2)意图与福利,

（3）善的东西和恶的东西。只有在最后一个阶段上道德才可以真正说得上有了实存，前两者仅仅是第三者的环节。

第一节 有意

562. 意志本质地是*行动着*的"我"并由此而与作为思维着的"我"的认识相区别。由于道德是意志的事情,所以也是"行动"的事情。意志必须设置自身于行动中。现在意志只能作用于外部世界中的外在对象，而它的行动就在于造成这个外在的材料的变化。但由于没有什么外在的对象是孤立的，每一个对象都由因果性与必然性与其余对象联结起来，所以我的行动必然是立足于一连串的事情的链条之上的。而由于这个外部世界是偶然性与无理性的领域，我不能预见我的行动的深远后果。可以说，行动着的我把我自己的一部分设置于外在事件的无限之流中，这可能把它带到生疏的、奇特的领域中去。但是，在道德的领域中，我作为自我决定的，不允许任何不是发自我自己的东西来束缚我。只有意志所意欲着的东西束缚着意志。因为被没有意欲着的东西所束缚就是被非我所决定。因此，我不能把所有我的行为的预见不到的后果归罪于我自己。承担一个事件的责任就是允许它束缚我，可是我不能允许任何一个当我行动时没有意识到并因此不是发自我自己的事件来束缚我。否则就是对自我决定的违反，就是对主体的权利的侵害。这样，作为道德的基础的主体的权利（与社会伦理相区别），就是主体只对那些是他**有意**的东西负责任。

第二节 意图与福利

563. 有意（purpose）和意图（intention）这两个词通常是作为同义词来使用的。然而，黑格尔决定在一种特殊的含义上来使用意图（intention）这个词。

主体拒绝对那些他不能预见的行为后果负责的权利的基础包含在这样一个事实之中，即那些后果不是他的意志的结果，而是那把他的意志行为带到预料不到的事件的系列中去的外在力量的结果。这些不可预见的后果，就其对主体的关系而言，是偶然的、突发的、随机的，它们可能是任何东西。可以设想，我吃一个牡蛎会对一个王朝的覆灭产生影响。任何一个机灵的人都不难找出事件之链的中间环节。这是由于这些事件是偶然的，不是必然的，而我对于这些不可预见的后果是不负责任的。但这里包含这样一个结果，即对于我的行为的必然后果我是负责任的，并且必须认为是把这些后果考虑在内的，甚至于由于我的愚蠢和无知而并没有预见到它们，不在我的意图之中，也是如此。这对于一切人都是适用的，除了精神病患者和儿童，因为他们间或是有理性的，实际上是无理性的，所以不能这样要求他们。一个行为的必然后果应被认作是行为本身的一部分。因为它们是我的行动，所以我对它们是有责任的。它们是行为的普遍的、本质的内在实质。如果我拿着一支手枪对一个人的头并扣动扳机——撇开不可预见的反常的原因不谈——其必然结果是这个人一定要被杀死。仅仅把扳机扣动一下，这就是我所做的一切，它本身是一件小事。然而，我这个行为的本质却是谋杀；这一点不在行为本身之中，而在于它的后果。我应该知道我的行为的必然后果。我应该知道它们的实质意味着什么。
这种行为的实质，当它为我所意欲着的时候，就是黑格尔所谓
的**意图**。有意包括行为的所有可预见的后果，而意图则只包括
那样一些可预见的后果即它们是必然与我的行为相联系并构成
行为的特殊品格的后果。

564. 个体，除了普遍的存在以外，也是这一个特殊的个体；
这样，他有其特殊的欲望、目的和需要等。通过他的行动来满
足这些欲求是他的权利，只要这些行动的内容不是和普遍意志
相违背的。因此，在有意和意图之外，每一个行动都有它的特
殊的目的。如果我用手枪射穿一个人的头，我的"有意"包含
着这一行为的所有可预见的和被意志所接受的后果。其"意图"
是行为的普遍品格及必然后果，即那个人的死亡、谋杀。但我
不是为了谋杀而谋杀。我这样做是为了某种特殊的目的，它对
我这个个别主体显得有价值，比如，为了除去一个情敌。我的
目的既可能是善的，也可能是恶的。但现在还不能谈到善与恶
的区别，它们在下一节中才会出现。

这些主观目的可以被协调一致，或者一个目的可以从属于
另一个目的从而成为另一目的的手段。当它们被包括在一个单
一的、总的目标之下时，它们就构成了**福利**。福利和幸福是同
一个东西，后者在实践精神那一节（第 517 节）中已经被演绎
出来。福利，如它在道德领域中所表现的那样，包含有一种道
德的因素，而幸福则不包含这种因素。主体有权去寻求他的福利，
这种权利是福利的道德方面。那种诋毁伟大人物的伟大业绩和
作品，总是把它们归结为出于渺小而自私的动机和虚荣心等的
观点，根本上是愚蠢的、无价值的。因为第一，个人在他的工

作中的主观上的满足,他的需要与目的的满足,他的福利的满足,都是他的权利,因而是完全合法的。第二,这些特殊的目的并没有改变个人在完成一个伟大的工作的同时也是在追求一个普遍的目的这一事实。当我们完全承认诗人可能想到他的个人名誉甚至金钱时,如果认为这就是他的唯一动机,而他的诗对他来说不是自身的绝对目的、不是一个普遍目的、没有绝对价值,那完全是一种心理上的错觉。

565. 那种认为道德必须坚持同个人的自我满足进行斗争,一个人应当"带着对责任感的厌恶的心情去创作"的观点,[①] 是产生于同样的对事情的抽象态度。

第三节　善和恶

566. 我们已经在道德行为中揭示出意志的诸因素,即有意、意图和福利。但道德本身仍然是空泛的。在这一章中,我们是从表现在犯罪中的意志与其概念、个别意志与普遍意志之间的矛盾开始的。现在我们看到,个体必须行动,而他的行动必须有意向、意图和目的。如果我们把这些考虑综合起来,就会得到这样一个结果,即目的、目标和个别意志的意图必须和普遍意志的目的相一致。这就是道德。意志和它的概念的一致就是善。与其概念即普遍性相一致的意志,就是处于一种善的

---

① 这句话是席勒对康德的观点的戏仿;康德认为一个善的行为如果不是出自责任,而是出于激情,就会失去它的道德价值。

状态。使自己与普遍意志相对立的意志就是处于一种**恶的状态**。它把它的任性、奇思异想、个人意志建立为与理性和普遍性相反的法则。这些任性与奇思异想在本质上是特殊的，而不具有普遍性。它们唯一地、纯粹地是我的目的，我的任性，我的意志。因此，它们没有作为法规的效力。我的意志中的普遍的东西不是这些特殊的目的，而是理性的因素。理性，作为一种普遍，能够被规定为一个法则。我的合理的意志是普遍的，是与普遍意志相同一的。我的任性和不合理的意志则只是我自己私人的事情。因此，那合理地意欲着的、意欲着理性在这个世界中实现的意志是善的意志。事实上，"普遍意志"这个名词就是意味着合理的意志，不多也不少。在我的意志是合理的范围内，它就不仅仅是我的意志，而是普遍的意志，因为理性是普遍的东西；它对一切有理性的存在都是共同的，而我个人的意志和我的奇思异想则仅仅是我自己的。因此，当我合理地意欲着的时候，我的意志就和普遍意志相一致；它和它的概念相协调并因而是善的。当它仅仅意欲着个人的不合理的目的时，它是恶的。如我们已经看到的，仅仅意欲着我的个人目的本身并不就是恶的。因为那些目的可能根本上是合理的因而是普遍的，尽管我追求它们是为了我个人的福利。只有当我的目的仅仅是我的目的，当它们本质上内在地与普遍性相对立，我才是作恶。

567. 所以，道德存在于意欲和实践普遍性即合理性之中。善的行为是合理的行为。但直到现在为止，这些论述只给了我们一个空洞而抽象的公式。对于什么行为、什么目的才是合理的和普遍的，它没有提供任何答案。事实上，我们所已达到的立场和康德的立场是一样的。对康德来说，道德的本质的东西也是它的普遍性，对他来说，一个行为必须能够被普遍化为一个律令是它是否合乎道德的检验。但如我们已经看到的，这意味着对善的检验仅仅是行为中的逻辑上的一致性。逻辑的一致性，对同一律和矛盾律的遵守，就是康德所能够赋予理性的最高观念。因为他的哲学仍然为理智所统治，他所谓的理性不过是作为知性规律的没有矛盾的同一。因此，对他来说，无矛盾地行动就是合理的行动，也就是合乎道德的行动。所以，直到现在为止，黑格尔的道德的规则还是和康德的一样：合理地行动，按照普遍性行动。但康德从未超出这一点。从纯粹的一贯性产生不出任何新的东西。因此，对他来说，从他的原则中是演绎不出任何积极的义务来的，也不能说明什么行为是合理的和道德的。

568. 黑格尔的理性的原则不是单纯的逻辑一致性，而是自我分化的普遍。因此，对黑格尔说来，从"合理地行动"这一准则是可以演绎出积极的义务来的。但直到现在还没有进行这种演绎。我们只得按照普遍性的空洞的命令行动。从这一要求产生的积极的义务在道德的领域中还完全没有出现。它们只是在社会伦理中才出现。

所以，在这一章中，我们一定不要希望得到对于积极的义务的任何推演。我们不要希望超出"合理地按照普遍性行动"的一般规则之外。什么行动才是普遍的和合理的，为什么是如此，将在社会伦理的领域中加以讨论。

569. 同时，这里还应该提醒一点，道德的立场作为与社会伦理相区别，是主体的权利的立场。这里的主体声称是绝对地自我决定的，是一个对自己的准则。这意味着在回答什么行为是普遍的、合理的和善的这一问题时，我将仅仅诉之于我自己，我将在我自己的心中寻找答案。由于我是一个有理性的存在，我宣称我绝对地确信，仅仅从我自己的意识的内在的源泉中，我知道什么是合理的、普遍的和善的。这种态度是良心的态度，它相应地在道德中出现。

570. 我们把以上的讨论总结一下。善被定义为意志与其概念的一致。意志的概念是作为普遍性的意志。唯一普遍的是理性。所以，善存在于合理的行为中。当意志合理地意欲着的时候，根据这一事实，它就不仅仅是个人的意志。它在其自身中就是普遍的意志。这种特殊的意志与普遍的意志即意志的概念的同一，就构成了善。邪恶或恶是意志决定要遵从它自己的与理性即普遍意志相对立的、不合理的任性和私欲。由于意志的本性是它的普遍性，意欲着的恶的意志是与它的真实的自我不一致的，因而是一个自相矛盾的存在。良心是作为一个有理性的存在的个体宣称要自我决定，要在他自己的理性中去发现那普遍的理性、善的法则。

第三章　社会伦理

571. 黑格尔作出的从道德到伦理的演绎是极其晦涩的。[①]
如果我的理解是正确的话，它的大意如下。我们现在一方面有
了良心，另一方面有了善。但善还是极其空洞而抽象的，还没
有什么内容。它仅是普遍性的空洞的形式。行为中的普遍性是
它的限定。但现在还不可能说出是什么行为具有这种普遍性。
这样，在自身中的善还不是任何具体的行为或事物。它只是一
个一般观念，一个抽象。它是一个等于无的普遍性，因为它没
有任何内容。另一方面，良心也同样是一个空的普遍性。它同
样不知道它的义务是什么。它只是一般地知道如果有什么义务
的话，它们必定是产生于它的自身，而也只有它自己才能判定
它们是什么。但这些义务究竟是什么，它仍然说不出来。因此，
良心与善一样，没有内容，是一个空，一个纯粹的抽象。它不
仅仅是一个空，而是一个空的普遍。因为它是自我，是"我是我"，
而自我本质上是一个普遍性。这样，除了它是一个空的普遍性、

---

① 见《精神哲学》第 512 节；《法哲学》第 141 节。

一个纯粹的空白而外，对善什么也说不出来。同样地，对于良心，除了它是一个空洞的普遍而外，也没有什么可说的。由于它们每一个都没有更进一步的规定，所以不可能确定它们之间的任何区别，因为确定一个区别就是去陈述一种其一所有而其他则没有的规定。因此，我们所有的是良心与善的绝对同一。

现在，在道德的领域中，良心是主观性的方面，善是客观性的方面。良心是纯主观的，这一点是很明显的。善是客观的，因为它是意志的对象，是主体通过行动去实现、去外化在客观世界之中的。因此，我们所达到的良心与善的同一是在道德的领域中的主观性与客观性的同一。这种道德的主观性与道德的客观性的同一是**伦理体系**，包括家庭、市民社会和国家，这就是**社会伦理**的主题。当然，伦理体系之特殊化为家庭、市民社会和国家还没有发生。只有经过进一步的详细的推演才能达到，这里只是预示一下。现在我们所要牢牢记住的是，这里演绎出来的主观性与客观性的同一的观念一般地属于伦理体系的领域，因为伦理体系包含的各种制度是确定地被建立起来并存在于外部世界中因而是客观的。但同时，这些客观的制度并不构成与主体绝对对立的、异己的他者。它们本质上是主体自身的产物，是它自己与自己的理性在外部世界中的投影。它们是主体之设置其自身于客观性中。因此，它们既是客观的又是主观的，这种主观性与客观性的统一已由我们推演出来。然而，这个演绎仅仅给我们以整个领域的一般观念，还不是那尚待推演的特殊的制度。

572. 伦理体系，作为三一体的合题，是抽象法权与道德的统一。抽象法权是纯客观的，道德是纯主观的。伦理体系是主观性与客观性在这一领域中的统一。

573. 伦理体系是意志与其概念的同一，这种同一在道德中不是当下存在的，而只是一种理想。在那里，特殊意志和它的概念即普遍意志的同一仅仅是一种义务，是应当是而还不是的东西。在这里它真正地实现了。它存在在那里，以制度的形式积极地存在于世界之中。这些制度是普遍意志之成为现实，它们是客观化的合理性。因此，这些制度实现了个体的真实的自我。因为个体的真实的自我是他的普遍性与合理性。所以，家庭和国家是高于与它们相分离的个人的，即他的意志背离了普遍意志的个人的。个人的本质的真理是国家。只有个人的非本质方面才能处于和国家对立的地位。国家是自由的一种真正的体现，而不像某些时候在真实的历史中发生的那样，仅是某些特殊的阶级或个人的自私的利益的体现。国家是比个人更高的目的，因此，在待定的情况下，它可以合理地要求个人为它的目的而作出牺牲。

574. 这个观点有时被引用来证明黑格尔是一个反动派，他总是准备着压制个人以有利于国家。如果我们坚持认为个人利益必然和国家利益相对立，这将是一个正确的推论。但对黑格尔来说，国家是个人的真实的自我，他的真正的个体性只有在国家中才能找到它的完满表现。因为国家就是他的真实的自我即他的普遍性的客观化。因此，国家的利益是个人的根本利益，个人对国家作出的牺牲不过是他对自己的更高的自我的牺牲，而不是对某种外在的、异己的权威的牺牲。

575. 同样，由于他作为家庭、社会或国家的一个成员而加给个人的责任，不应该被认为对他的自由的限制，恰恰相反，应该被认为是他的自由的体现。自由并不在于不受任何法规的限制，也不在于没有任何约束，它在于自我规定，受制于自己的法规。国家的法律，家庭的准则，恰恰就是个人的真实的自我之建立在客观性中。服从它们，就是服从他自己，并在其中发现他的自由。只有对于自然意志、对于任性、自私的妄想和个人的非普遍性的冲动来说才是一种限制，而这些正是他们本性的不真实的方面。例如，认为婚姻包含着失去自由，就是一种错误观点。相反地，个人在婚姻中发现了他的自由。

576. 上一章说过，人的确定的义务在主观的道德的空洞的普遍性中还没有，但将在社会伦理中出现。然而，黑格尔在他的体系的这一部分中所真正演绎出来的并不是这些义务本身，而是制度。但个人在他和制度的关系中可以发现他自己，这些关系就是他的义务。这样，当家庭被演绎出来时，它就包含了双亲和孩子间的相互关系，而他们各自的义务也就当然地明确起来。没有必要在每一场合都提到个人对制度的正当关系的遵守构成这样或那样的众所周知的义务，或者对这种关系的自觉的遵从是这样或那样的一种美德，对制度的演绎也就是对特殊的义务和与之相联系的德行的演绎。

社会伦理的发展经过三个阶段:（1）家庭,（2）市民社会,（3）国家。

第一节　家庭

577. 我们已经达到的道德的主观性与客观性的统一被黑格

尔称之为伦理的实体。对实体这个词的这种用法可能引起困惑，但不需要为此而伤脑筋。在道德的领域中，善或意志与其概念的统一仅仅是一个未实现的理想。它现在实现了。它确定地存在于制度这种形式之中，因而被认为是实质性的存在。把它叫作伦理的实体就是表达这个意思的一种方式，现在即将推演出来的各种制度，在同样的意义上，被作为伦理的实体的不同阶段或形式而论及。

578. 伦理的实体首先存在于其直接性的阶段中。[①] 这当然是与黑格尔的辩证法的一般原则相一致的。合理性与普遍性应当存在于直接性的阶段意味着这里的理性只能存在于感觉的外观之中。因为在直接性阶段的认识是感觉（第 498 节）。当然，伦理的实体的第一个实存将是这样一种制度，即它是由于我们现在是处于社会伦理的领域并且已经一般地演绎出制度的观念这一事实而产生的。它的确是随着伦理的实体是伦理的实体这一纯粹的事实而产生的。因为伦理实体正是意味着伦理观念现在已经变成实体化了的，即在客观制度中实现出来。因此，这个实体的第一个存在方式将是：（1）一个制度，（2）它建立在感觉的基础上。这就是**家庭**。作为它建立的基础是*爱*。

579. 这是黑格尔对于家庭作出的唯一推演。[②] 这个推演不能认为是充分的。因为，在这里，除去在第 239 节中强调地论

---

① 见本书第 238 节。

②《法哲学》第 158 节。在《哲学全书》《精神哲学》第 518 节中，也提到个人在他的"自然的普遍性"或"种"中发现他的实体性存在。这好像是通过与"种"的联系来更精确地推演出家庭的观念的一个提示。但它还是太晦涩，所以很难加以清楚地理解或阐述。

述过的一般的演绎方式外，实际上推演出来的不过是一个建立在感觉的基础上的制度的观念。至于说这个感觉是爱，这个制度家庭，这些更进一步的规定并不是被推演出来的，而只是轻率的断言。我们可以设想出上千种与家庭同样地建立在感觉基础上的其他制度来。一个暗杀组织也可能建立在仇恨的感觉的基础之上。

　　黑格尔在"家庭"这个标题下所作出的其余的细节的推演好像也很不严密，虽然他关于婚姻的一般观念是严格地符合他的原则的。家庭包含三个阶段：

　　580.（1）婚姻。"爱，一般地说，就是意识到我和另一个人的统一"[1]。在婚姻中，两个人放弃他们的独立的人格而成为一个人。事实上，整个家庭被认作一个整体，它的成员，只要还没有与它相分离，还没有通过婚姻再建立新的家庭，就不是一个独立不依的人。正由于这个原因，血缘婚姻是不道德的。因为婚姻的本质就是两个独立的人相互把独立性放弃给对方。同一个家庭的成员相互间不认为是独立的个人，所以不可能放弃他们的独立性，因而婚姻的观念在这里就不能实现。

　　581. 由于婚姻是理性和普遍意志的必然的客观化，如像这里的演绎所证明的那样，所以，它本质上是一个伦理的契约，一个绝对的在自身中的目的。它不应该被认为仅仅是为了个人的快感的一种发明或为了方便的缘故或为了其他的目的。它的根本性质是伦理的结合，性的满足是从属的、次要的。婚姻包含着快感，但它首先的和主要的是一种责任。它是一个高于个

---

　　[1]《法哲学》第 158 节，补充。

体的快感的伦理的目的。因此，虽然必须允许在特定情况下离婚，但应当使它越不能轻易实现越好。不能仅仅因为个人的快感的缘故就允许离婚。婚姻作为一种伦理制度，是普遍性的一种体现，所以它比起个人的特殊的爱好、奇思异想和任性来有更高的权利。国家有责任去支持伦理的权利反对个人的任性。如果婚姻只是为了结婚的个人的好处而订立的契约，那么不管什么时候，只要个人愿意就可以离婚。或者，如果婚姻仅仅是一种社会契约，那么，像其他契约一样，它也可以经过当事人的同意而取消。这些关于婚姻的观点都是错误的，是对伦理因素的忽视。

582. 由于同样的理由，黑格尔鄙弃那种认为婚姻的本质的东西是爱情的现代浪漫观点。无疑地，个人的爱好，当事人之间的爱慕，相互的同情等是重要的，不应被忽视。但仅仅强调这些东西就是把婚姻建立在主观的感觉的基础之上。婚姻无疑是建立在感觉基础上的，但只有以理性为其核心的感觉才能作为婚姻的基础。理性在这里表现在感觉的外观之中。所以，从根本上说，婚姻和其他伦理制度一样是建立在理性的基础上的。突出地强调感觉的方面、爱情的方面，就是把婚姻从一个合理的客观制度的地位降低到一个仅仅为了个人的特殊的爱好的满足的一种安排的地位。这样一种观点是把仅仅主观的和特殊的东西抬高到客观的和普遍的东西之上。一个被双亲和家庭所接受的婚姻的明智的安排，是建立在理性的考虑的基础之上的，是比纯粹建立在浪漫爱情基础上的婚姻更为合乎伦理的。假如丈夫或妻子是很明智地选择的话，相互间的爱慕、信任、爱好以及一般地说主观感觉的方面，是会在适当的时候产生的。

583. 婚姻的公开庆祝仪式并不像某些作者表明的那样是一种空洞的、无意义的形式，是可以免除的，相反地，它是婚姻中的伦理的因素的标志，是社会和国家权力之所在的标志；这些权力之所以存在，是因为婚姻不仅仅是关乎个人的私事，而是一个伦理的和普遍的目的。

584.（2）家庭财富。正如在抽象法权的领域内单个的个人必然地在财产这一外在形式中实现他的自由一样，家庭看作一个个人也必须有它的家庭财产。由于家庭是一个人，而不是许多人，这种财产是整个家庭的所有物，虽然它可能是受作为一家之主的丈夫所支配。他被委托来掌管家庭财富，而家庭的成员则有权用这些财富来受到供养、教育等。这不应该看作是什么恩惠、赏赐，而是建立在理性基础上的权利。当然，与这些权利相应地也有其责任或义务。

585.（3）家庭的解体。婚姻的结合，两个人之结合为一个单一的人，在双亲中仍然是一个仅仅主观的感觉。在孩子身上，它成为一个客观的事实。在孩子身上，双亲的爱、他们的婚姻的结合，在他们眼前作为一个独立的对象存在着。孩子们有利用家庭财富而受到教育的权利。教育的主旨在于把普遍精神逐渐灌输到孩子的头脑中，以把他们潜在地就具有的自由发展成为现实。当这个过程完成了，孩子们自己成为自由的独立的人，有权占有他们自己的财产和通过婚姻形成新的家庭。这一过程构成旧的家庭的解体。

第二节　市民社会

586. 市民社会的概念逻辑地随着家庭的解体而产生。当家庭还作为一个家庭存在着的时候，它的成员相互间不具有独立的个人那种关系。随着家庭的解体，他们获得了那种地位。由此产生了一种独立的人们的多样性，他们作为独立的社会原子而相互间处于外在的关系之中。只要他们仍然留在家庭里，他们不是自身目的，家庭才是他们的目的，一个比个人更高的目的。然而，现在每一个独立的原子式的个人成为一个自身目的，除自身外没有其他目的。每个人都致力于把自己当作目的而把别人当作他的目的的手段。可是，在这种情形下，每个人都变得完全依赖于所有其余的人。因为没有他们作为他的目的的手段，他就不能达到他的目的。因此，就产生了一切人对一切人的绝对的相互依存，每个人都用所有其余的人作为手段来满足他的需要。这种独立的人的相互依赖的状态就是**市民社会**。

587. 至于市民社会是否这样地在历史上产生，当然是无关紧要的。事实上，它很可能是通过一个统治的力量把分散的家庭集中起来而形成的，或是通过任何其他的方式形成的。我们这里所涉及的问题不是它的历史的起源，而是它的逻辑的起源。在黑格尔看来，上面所说的就是市民社会的合理的和逻辑的基础，它的根本性质与意义，这也就是对市民社会的演绎。

588. 当个人还留在家庭中，家庭成了他的目的。这个目的对于他来说是一个普遍目的。他不仅是为了自己或个人的自私的利益去斗争、战斗，而是本质上为了那普遍的目的、为了家庭。然而，现在他变成一个社会原子并只把自己当作一个目的，于是他的目的的普遍性消失了，而为特殊性即个人目的的自我追求所代替。但高度的普遍性才是它的伦理的或合理的因素。因此，市民社会表现为伦理的丧失。由于这个原因，社会常常在分析到最后好像是建立在"聪明的自我追求"的基础之上。如果我们把市民社会看作发展的最后阶段，那的确是如此。但当我们继续前进时，就将发现普遍的东西只是暂时地被淹没，它将再度显露出来，产生越来越多的伦理因素，并在作为伦理观念的最后表现的国家中达到顶峰。市民社会只是一个抽象，一个片面的环节，它将在国家中被取代。

589. 作为与国家相区别的市民社会，在黑格尔那里意味着什么，不久将更为充分地加以解释。现在我们要记住的是，它的本质的概念是：它是一个每个人都追求他自己的目的的人的体系。这里所强调的是特殊性的环节。在家庭中体现了它自身的普遍性消失了。特殊性取代了它，并使自己感到事实上现在只有特殊的个人，而这些人追求的不是普遍的幸福，而只是他们自己的特殊的福利。这样，从家庭到市民社会的运动与概念的运动相一致并实际上被它所统治。概念的第一环节是普遍性，这里表现为家庭。概念的第二环节是特殊性，它包含着普遍性的消失。这里表现为市民社会和伴随着它的伦理的消失。但正如在纯概念中，特殊性仅是一个环节，而且如果仅就它来看，是一个不可能的抽象物，这里的市民社会的特殊性也是如此。特殊的东西抽象地来看，意味着某种依靠自己而不依赖于普遍性的东西。但事实上它从普遍性产生，是普遍性的表现并将回到普遍性。在这里就是如此。在市民社会中表现出来的非伦理的自我追求是一个仅仅抽象的因素，然而，它是建立在普遍性和伦理的基础上的，虽然目光短浅的人把它看作是社会的基础。

590. 如果我们在心中铭记着市民社会仅是国家的一个抽象因素，它不曾也不能离开国家单凭自己而存在的话，那么，初学者对于在这一节里所谈的黑格尔的市民社会与下一节才会出现的国家之间的区别的理解上的困难就会消失。察看一下社会伦理领域所有分节的小标题，就会看到它们包括了这样一些制度如法庭、警察和公司；我们很自然会问道：这样一些制度怎能离开国家而存在？黑格尔设想它们先于国家而产生怎么会是正当合理的？法庭和警察难道不是国家的本质部分？为什么它们应当归入某种不是国家的市民社会的项下？答案是，黑格尔片刻也没有设想这些制度能够离开国家而存在。市民社会不能离开国家而存在，它仅是国家的一个因素，如果离开国家来考察它，它就仅仅是一个抽象。然而，正因为它是这样一个抽象，它必然在逻辑次序上先于更为具体的国家制度，虽然从时间上看它可能产生于国家之后。同样，法庭、警察等的确也是国家的主要部分，但在黑格尔看来，它们属于他称之为市民社会这一国家的抽象方面。

591. 因此，市民社会虽然不能离开国家而存在，但它还是可以逻辑地与充分发展的国家区别开来。仅只在国家的这个抽象的方面中，社会才被看作是独立的人们的集合，他们追求自己的目的，并且不是互相独立地，而是彼此都借助于他人来达到自己的目的，这就是说，通过整个社会机器的活动来达到目的。市民社会和国家之间的本质区别在于，在前者中，个人对他自己来说是唯一的目的，所以他的目的是特殊的,而在后者中，国家是一个更高的目的，个人为此目的而存在，所以他的目的是普遍的。

592. 有的理论认为国家是建立在明智的个人利益的基础之上的；还有种种个人主义的学说，如赫伯特·斯宾塞的理论，它认为国家是一部机器，被发明来满足每个个人的最大福利；还有所谓不干涉主义等；所有这些理论都是半真理，因为它们没有超出市民社会的观点，没有上升到国家的真实概念。他们所谓的国家不过是黑格尔所说的市民社会。这些观点都是抽象的。那种认为国家与个人是对立的观点，它树立起这样一种对立面，即一方面是绝对个人主义或无政府主义，另一方面是绝对社会主义，而在真实的社会中只看到这些对立原则的折中，也是建立在同样的抽象的观点的基础上的。它把特殊即个别的人看作一种抽象的特殊，而把普遍即国家看作一种抽象的普遍，并且认为特殊和普遍是绝对对立、敌对的原则，它们只能被某种机械的力量捏合在一起。但真理在于，特殊和普遍都仅仅是具体概念的环节，它们是对立的，又是绝对同一的。孤立地把个人的目的和利益放在一边，把国家目的和利益放在另一边，使它们处于势不两立的对立之中，这是错误的。真理在于个人目的和国家目的是在其区别中相同一的，当我们进到国家理论时这一点就会显露出来。这里讨论的错误观点把它的信念建立在特殊与普遍的绝对对立上，也就是说，它们是抽象理智的观点，而国家的真正性质只有通过领悟到区别中的同一的思辨理性才能认识到。

593. 特殊性的环节对于市民社会是本质的。但普遍性的环节从一开始也就表现出来。个人现在追寻的只是他个人的特殊的目的。但在这样做的时候，他实际上是为普遍服务，虽然他既没有希望这样做，甚至也没有认识到这一点。社会的组织是这样的，即每个人都依赖所有别的人，因此，每一个人在追求自己的幸福中实现了整个社会的福利。我进行工作是为了不饿肚子，但我的工作使整个社会受益。这样，在市民社会中，特殊性与普遍性这两个原则都在起作用，但它们的统一还不是一个真正的有机的统一。它们分裂为对立的原则，它们只是折中地捏合在一起。只有达到国家的阶段才能发现它们的真正的统一。

594. 特殊性的原则在另一个地方（第560节）曾被称为主体的权利。它是个人对主体的自由的权利。所以，主体的权利是国家的一个必要的因素。柏拉图在他的《理想国》中忽略了这一点，所以把国家即普遍、"绝对"看作是反对个别主体的。因此，柏拉图的国家是建立在抽象普遍即排斥特殊的普遍的基础上，而不是建立在它所应是的具体概念的基础上的。

595. 市民社会有三个阶段:（1）需要的体系,（2）司法,（3）警察与同业公会。

第一分节　需要的体系

596. 独立的个人认为他自己是唯一的目的，追求达到的唯一是他私人的目的。由于这些仅仅是个人的而非普遍的目的，它们是他的需要——他的饮食穿住等需要。他们需要的并不一定是物质的需要，这里的主要之点是这些需要仅仅是个人的和自私的，缺少普遍性。由于个人把别人当作达到他目的的手段，而他也在同样意义上被别人利用，这样就产生了社会组织中的相互依赖的体系。我为我自己的目的而工作。但其余的人依赖我的工作去满足他们的需要，而我也依赖他们的工作。这就是**需要的体系**。

597. 它有三个因素：

（a）第一个因素是上面所说的相互依赖。人的精神的本质的普遍性在这里表现出来，甚至当他工作的目的仅仅是为了他自己，人也不可避免地为了普遍的东西而工作。在促进他自己的目的中，他也促进了普遍的目的。在这里，人由于是有理性的而与动物不同，动物的冲动从始至终都只在特殊性中。

（b）第二个因素是劳动。劳动是一种手段，人借助于它去铸造大自然给予他的粗糙的物质，使之采取适于他的需要的形式。理智把每种需要分析、分解成不同的组成部分。每一部分本身也是一个需要。这种划分可以不断地进行下去，需要也就越来越多样和纯粹化。由于劳动随着理智造成的需要的划分而划分，同时它又使自己向着满足这些特殊化的需要而特殊化它自己，于是我们就得到劳动分工的原则。

（c）第三个因素是财富。个人在为他自己而生产的同时，实际上是为所有人生产。因此就出现了财富的贮存，它可以认为是整个社会的财产。

598. 正是在这个需要的体系的领域中产生了社会的阶级或等级的划分；这种划分，在黑格尔看来，是建立在概念的基础上的，是逻辑的必然。各种需要把自己分类成为小的需要体系，那些致力于满足每一类需要的东西的生产的人，就组成一个等级。有三个主要的等级：

（a）农业等级。这相当于思想的第一阶段即直接性，它是暗含着区别和特殊性，但它们还未出现的那样一种普遍性。因为这个等级生活在与大自然的朴素的、直接的关系之中，享受着她的赐予，处于一种依赖和信任的精神之中；在这里还没有作为区别的环节的反思。

（b）工业和商业等级，这个等级较少依赖自然而较多依赖它自己的工作。它用理智去分析需要并把自然物质铸造为满足需要的形式。这样，这是理智和反思的原则在起作用的等级。它是特殊性的环节。

（c）普遍的等级。这个等级以社会和国家的普遍利益为自己的工作目的。这是管理的等级。它依存于理性的环节。

599.然而，一件非常重要的事情是要注意到，黑格尔并不把出身、血统等作为决定一个人属于哪个等级的主要依据。他说道，职位、出身和其他偶然情况起一定的作用，但是最后的决定还是靠个人的自由选择和履行他所追求的那个等级的职责的能力。他指责柏拉图把个人对等级的分离作为统治者的一种职责，这样就和通常一样，否定了个人对自由的主观权利。他还谴责印度的种姓等级制度把出身作为唯一决定的依据。

第二分节　司法

600.市民社会由人们组成。由于他们是人，他们有权利（第532节）。这些权利的存在并非在这里第一次产生。它们在客观精神的领域一升头就被演绎出来。但在辩证发展的当前阶段上所发生的是，那些在整个客观精神中存在的纯粹权利现在转变为法律。这是通过人们的相互依赖、为了他们的满足而相互交换需要和劳动而发生的。因为现在已经产生了社会的一种客观组织，这种组织在某种被建立、被制度化的意义上说是客观的东西。它确定地存在着，而不仅是一种观念。所以，随之而来的是，这种组织的各部分之间的关系也是被建立的和客观的。但社会组织的部分是人们，而人们所承担的相互间的外在关系本质上是他们相互间的权利与责任。因此，前此作为纯粹权利仅在人中以一种主观的方式而存在的，现在前进到客观性变成确定地建立起来的，制度化了的，并被认为在社会组织中具有普遍的有效性和权威性。当抽象法权这样地被建立为在社会中有权威性的，它就不再是抽象的，而是绝对的权利即法。因此就产生了**司法**。

601.（a）这样，司法的第一个方面是对权利的约束力的承认，这种权利，借助于这种约束力，获得了法律的性格。法律的普遍性是它的本质的特征，而这种普遍性只是由于它在客观性中的确定的建立而得到保证。还未达到变为法律的水平的习惯，缺少这种普遍性，就是因为它们没有被确定地制度化。习惯与法律的不同就在于它受偶然性的影响。它们的运用是主观的、部分的。当它们获得普遍的应用并被确定地制度化了的时候，它们就变为法律。因此，早期法律的起源有待于到习惯中去寻找。

法律的主题是已经演绎出来的，包括法权、不法、犯罪、财产、契约、婚姻等的人们之间的关系。但只有人们彼此之间的外在的关系才会成为法律的题材，因为只有这些关系才被客观化于社会组织之中。内在的、主观的、仅属于意志的东西，一般道德的领域，是不受法律的制约的。正由于这个原因，法律不去干涉例如家庭的内部关系，丈夫、妻子和孩子的私人关系。

因为这些关系不是作为独立的人们相互间的外在关系。家庭只是一个单一的人，它的成员间的关系是内在的和主观的。

理性决定法律。它们的解析、在特殊情形下的运用，它的内容的分条分款、区别和精确化等，是理智的工作。这些分化和精确化可以无限地进行下去。它们在事实的世界的特殊经验的多样性中的运用，理性或概念并不总是表现出来。因为在这里我们下降到有限的领域，这是偶然和任意的领域。一个人应罚款十元或十元半或诸如此类的问题，是不能在纯粹理性的基础上决定的，也不能从概念中演绎出来。

602.（b）这一领域中的第二个要点是，法律必须加以颁布并为众所周知。这一点的证明或演绎不是建立在权宜之计的基础上，而是建立在概念本身之上的。因为法律不过是建立起来的权利。人的权利，由于他们的自觉意识的无限性，在不断地自然增长（第532节）。法律是我的自由和人格的实体化。只有这样来认识它，它才是对我有约束力的。知道并承认法律是我自己的，这是我的权利。只接受那种我的理性承认为合理的之约束力是主体的权利的一部分。秘密制订的法律，被要求遵守它们的人还不知道的法律，只能作为异己的和外在的命令而强加给人们。它们的强制性是对主体自由权利的一种侵害。所以法律应该尽可能地为众所周知。它们应当载入法典以供人们普遍阅读。把它们埋藏在法院判决的难以接触到的记录之中，把它们用一种晦涩的方式写下来，把它们认作一定等级的秘密知识 所有这些做法都是对自由的观念的侵害。由于同样的理由，体现法律的法院的活动都应该公之于众。

法律系诸外在的形式和仪式的重要性往往受到非难。然而，合法的形式，和合法的行为应当被建立、制订和颁布一样，都是建立在必然性的基础上的。所以，一桩土地的买卖，如果不经过任何形式，就仍然是有关方面的意志的主观的行动。契约在一种形式中被实体化给予意志以客观性。这样，权利的转让就是被建立的和为大家所知道的。"我的意志是一种合理的意志，它是有效的，而这种效力应得到别人的承认。"[①]这就是形式的必然性。为了同样的理由，在土地买卖中我们立下界石并保存抵押证明。

603.（c）现今被建立为法律的权利是在世界中存在的事实。因此，它就要保持自己在世界中的存在，就要反对特殊的意志的非普遍的或任意的行动来维护它自己。它不得不从一般原则具体化为个别的情形去使自己在日常生活中真正得到落实。为了履行这些职责，一个有组织的权力机构即法庭就是必然的。由个人在他们的私人冲动和利益的支配下来进行的对不法的惩罚亦即复仇，并没有维护权利，而仅仅制造了一个新的不法（第551节）。但法庭所代表的不是被伤害者的个人利益，而毋宁说是被伤害的普遍性和被侵害的法律，它的判决维护了权利。

法庭不一定只由一名法官组成。一个陪审团和一位法官一样可以对事实的争端作出很好的裁决。

第三分节　警察和同业公会

604.（a）市民社会的组织是建立在需要的体系基础上的。

---

① 《法哲学》第 217 节，补充。

在需要的体系中每个人都追求他自己的目的，这些目的之总和就是他的福利。对他的福利的追求不是一种单纯的本能，而是他的权利（第564节）。个人对福利的权利必得在一个偶然的经验事实的世界中实现，而这些偶然事实趋向于不断地侵犯这种权利。保护个人的人身、财产和福利，反对偶然的、意外的事件的侵害，是警察的职责。除了犯罪以外，在财产权利和其他的合法的行动的实现中会产生专横独断和任意行动的情况。一个个人的这些行动可能影响、干扰其他个人的福利。调节这些事情，保护个人使免受伤害，也在警察的领域之内，也是证明警察管理和监督为正当的理由。

个人对福利的权利，就否定方面说，包含了对这些权利的偶然的障碍的排除。这样就产生了**警察**。从积极方面说，它包含了个人的福利应当实现并建立在世界中这样一种权利。这样就产生了：

（b）**同业公会**。这里所讨论的不是社会的普遍利益，而是个人的福利，这种福利由于是一种权利，需要在一种制度中被建立和客观化。因此，其福利建立在相似的利益的基础上的个人的集团，形成一种联合，它被建立和承认为同业公会。它大多发生在商业阶层中。

虽然一个同业公会首先追求的是它自己的特殊的利益，然而它的活动也促进了社会的普遍目的，正如个人的自我追求的活动一样。由于同业公会的目的在任何情况下都比单独的个人的目的相对地更广阔、更普遍，所以它们的效果是引导个别成员超出他的纯粹的自我追求的活动而向着普遍。"在现代国家的条件下，公民参加国家普遍事务的机会是有限度的。但是人作为有理性的实体，除了他私人目的之外，有必要让其参加普遍活动，这种普遍物不是现代国家能常提供他的，但他可以在同业公会中找到。我们前面已经看到，在市民社会中个人在照顾自身的时候，也在为别人工作。但是这种不自觉的必然性是不够的，只有在同业公会中，这种必然性才达到了自觉的和能思考的伦理。"① 这是一个深刻的评论，从经验和观察就会看到，一个曾一度沉溺在自私的目的中的人，通过参加一个商会或其他此类协会的活动，会多么深地被公众精神所鼓舞。

第三节　国家

605. 在我看来，黑格尔对国家并没有作出真正的演绎。一个真正的演绎可以说包括三部分。它开始于（1）第一个概念——在这里是市民社会（或同业公会这一更为特殊化的概念）的概念。它通过（2）一个逻辑的运动而进到（3）第二个或被推演出来的概念——在这里是国家的概念，接着对它以及它和以前的概念的关系加以详细阐明（被规定），如果这是一个合题，就是前两者的统一，如果这是一个反题，就是与前者相对立。在这里，黑格尔所做的一切就是提出对国家的概念的说明，并表明它是与以前的概念有关系的，亦即作为家庭与市民社会的统一。这里从一个概念到另一个概念没有严格的逻辑运动。

606. 在《法哲学》中，这个过渡包含在如下一段话中："同

---

①《法哲学》第 255 节，补充。

业公会的局限的和有限的目的，在自在自为的普遍目的及其绝对实现中，具有它的真理性。在警察的外部秩序中存在着的分立及其相对的同一，也是这样。因此，市民社会的领域就过渡到国家。"① 之后，就展开了新的国家的概念的特征的阐述。《哲学全书》干脆就没有过渡，而是立即开始国家的概念的定义。②

上引的那段话可以展开如下：家庭描述的是概念的未分化的普遍性的第一阶段，在这一阶段中，特殊性的环节是暗含的，还未从中浮现出来。家庭是一，是一个统一，它的成员不是独立的人，仍被吸收在其中。只有当家庭解体的时候，当它的成员变成独立的人的时候，特殊性的环节才表现出来。在市民社会中普遍性与特殊性的环节彼此分离（第593节）。特殊的东西即个人的私人目的与普遍的东西即社会的普遍目的相对立，这样就产生了私人利益和公众利益之间、无政府主义和社会主义之间的对抗。

当我们循着市民社会的诸阶段前进时，我们就发现这两个对立的方面向着统一相互接近。在需要的体系中它们彻底对立，但仍然是相互依赖的。在司法中它们接近到这样一种程度，即特殊的东西和普遍的东西得到协调，但不是通过社会，而是在个别的特殊的场合中。在法律形式中的普遍意志使自己确定地实现在这个或那个特殊的场合中，这是诉讼的主题。在同业公会中又前进了一步。一个相对地普遍的目的现在和一个人们的实体的特殊利益相同一，这种普遍性与特殊性的统一还没有覆

---

①《法哲学》第256节。
②《精神哲学》第535节。

盖整个社会，但至少在同业公会中包含了社会的相当一部分。这一过程的完成是国家。在国家中普遍的东西和特殊的东西得到了完全的调解。一个人和每一个人的目的现在都是与国家的普遍目的相同一（第592节）。这就是国家的定义或概念，即它是家庭的普遍原则和市民社会的特殊原则的差别中的统一。这就是应该作为三一体的合题的那种东西。

607. 不能说这是一个真正的演绎。它只是伦理观念的不同阶段的比较的描述。我们看到，如果我们从市民社会的观念进到国家的观念，可以发现普遍的东西与特殊的东西的协调。但我们看不到我们为什么必须前进的必然性。在《逻辑学》中变易范畴的演绎建立在这样一个事实上，即思考存在迫使我们去思考它向无的过渡，反之亦然；这一过渡的思想就是变易的思想。于是我们看到变易是有与无的统一。但如果黑格尔不是这样做，而仅仅指出，作为一个事实，有与无是相反的，同样作为一个事实，变易包含了两者因而是二者的统一，所以如果我们愿意向变易的范畴过渡，我们就发现了我们所需要的统一——如果黑格尔不去证明向变易的过渡是由于思想的必然，而是由于我们任意的选择——那么，他的演绎就是不充分的。他在这里恰恰就是这样做的。他仅仅指出家庭是普遍，而市民社会则是特殊，它们相互对立，国家是二者的统一，所以如果我们愿意向国家过渡，我们就找到了所需要的调解。

608. 概念的头两个环节即普遍性与特殊性的结合产生了第三个环节即个别性。因此国家是一个真正的个别性。它是一个人格，一个有机体，它是如此地自我分化，以致整体的生命表现在一切部分中。这意味着各部分的真实生活即个人与全体即国家相同一并存在于其中。这样，国家只不过是个人自己由于把他的偶然的和暂时的特点去掉而保留其中的普遍的东西而得到客观化和永恒化。个体潜在地就是普遍的东西。普遍性是他的本质。国家是真正的普遍的东西因而是个人之被真实化与客观化。这样，国家就不是外在地把自己强加于个人并压制他的个体性的异己的权威。相反地，国家是个人之自身。而且只有在国家中一个人的个体性才得到真正的实现。由于这个原因，国家是自由的最高体现，在被国家所决定时个人才完全地被他的本质自身所决定，被他自身的普遍性和真实自我所决定。

609. 这就是国家的概念。无疑地，现存的国家不完全符合概念，是畸形的，体现了不真实的原则。但这是不可避免的。"根据某些原则，每个国家都可被指出是不好的，都可被找到有这种或那种缺陷。但是国家尤其是现代发达的国家，在自身中总含有它存在的本质的环节。……它立足于地上，从而立足在任性、偶然事件和错误等领域中，恶劣的行为可以在许多方面损害国家的形象。但是最丑恶的人，如罪犯、病人、残废者，毕竟是个活人。"①

当有人指责黑格尔，说他相信"不管国家是怎样的它都是对的"，说他反对一切改革，说他是一个反动派、自由的敌人，说他支持国家对个人的一切伤害等时，我们应该记住诸如上引的那些话。他肯定是国家的支持者，因为他在其中看到的不是自由的敌人，而是自由的真正体现。他正当地指责那些人由于虚荣心和自高自大而想象他们的理性、他们的特殊观念是普遍

---

① 《法哲学》第 258 节，补充。

真理，它应当推翻国家，因而使许多世纪的劳作毁于一旦。这些人没有看到现存的国家，纵有许多过失，仍是世界理性通过许多世纪的劳作，向着它的目标前进的业绩。并且不是这个或那个个人的任意的产物，而是普遍的人类精神的产物。但这并不意味着否认现存的国家有许多缺点有待克服。

610. 国家是合理的，因为它是普遍的，是一并非抽象而是具体的普遍性，由于它已经把它的对立面即特殊的东西吸收到自己中来。因此，它是伦理观念的绝对的、最后的和真实的体现和现实。理念现在达到了在客观精神的领域中可能达到的最高发展。更进一步的发展就使它走出伦理的领域而进入绝对精神的领域。

由于伦理的领域是意志的客观性的领域，所以国家是普遍意志之实现于现实性中。它是意志和它的概念的同一。

611. 国家不仅是在其最高阶段的伦理实体，而且是自觉的伦理实体。家庭也具有合理性即普遍性，但仅在感觉、爱的形式中。这样，家庭的内容是普遍的，但它的形式却不是。因为普遍性本质地就是思想，它不是思想，而是感觉，它彻头彻尾不是普遍。在内容上它是普遍的，因为它的目的和目标是与普遍相一致的。但它自己却不觉知这一点。它不知道，它只是在感觉着。绝对地普遍的东西必须是在内容与形式两方面都是普遍的；也就是说，它的普遍的目的必须不是在模糊不清的感觉中去摸索，而必须以思想的形式明确地呈现在意识之前。在国家中达到了这种绝对普遍性。它自觉地追求普遍目的并意识到它所追求的目的。它知道它所做的事情的理由，而家庭虽然可能合理地行动，但却仅凭直觉。

612. 国家是合理的意味着它不是自然界的偶然力量的随机的产物，也不是人的任意行动的产物，而是世界理性的一个绝对必然的发展，是"绝对"的一种体现。它不是保障个人幸福的工具。它不是任何东西的手段。它本身是一目的。而因为它比起个人是一更高的目的，它为这一更高的目的可以要求后者作出牺牲。当然，只有为了国家的真实、普遍、正确和合理的目的，才能要求作出这一牺牲。因此，这一学说绝不能加以歪曲来为统治者企图实现他个人的目的而不是实现国家的真实目的的任意行动作辩护。这也不意味着个人的个别性与自由、他的权利会被否认。相反地，个人的真实生活，他的个体性，自由和权利仅是由于他是国家的一员并发现国家和他自己是同一的才得到实现。

这样，那些把国家认作仅仅是个人为了相互的保护的一种结合，或者是为了增进它的成员的财富与力量的存在，或者是在所有的人都共同行动的条件下人们自愿限制他们的自由的妥协或契约——所有这些理论都应该受到责难，因为它们把国家当作仅仅是实现个人目的的手段。与此相反，国家是比个人目的更高的目的。

613. 这里所阐明的国家的概念，即国家在其内在本性中之所是，国家的意义与重要性，当然是和有关国家的历史起源的任何问题无关。国家的产生可能由于欺骗、暴力或其他任何一种方式。这和国家的合理的基础与本性是无关的。

614. 国家发展的三个阶段是：（1）国家法，国家自身对它的成员的内部关系以及它的成员相互之间的关系；（2）国际法，一个国家对其他国家的关系，从这里它过渡到（3）世界历史。

第一分节　宪法，或内部政治组织

615. "在国家中，一切系于普遍性与特殊性的统一。"[1] 普遍性是由抽象地离开个体来考虑的国家所代表，而特殊性则是由个人的私人目的和利益来代表的。真正的国家的本质是这两方面的完全相互贯通，它们之在一个具体的同一中的联合。两个极端，一方面是国家权利，另一方面是个人自由，必须完全地发展到它们的极限而仍然留在国家的统一之中。它们的每一个发展得越远，它们间的对立越深，则它们所达到的统一也就越加丰富和具体，国家也就更为坚固和真实。

在柏拉图的《理想国》中得到如实的反映的古代国家的缺点，就是它们唯一地发展了普遍性的一面，而失于发展个人自由和主体权利的原则。由于它排斥特殊性，所以它们的普遍性是抽象普遍，现代国家的典型特征就是它发展了个人自由的原则，所以它的普遍性包含了特殊，并且是具体普遍。古代国家的这种谬误，现代国家的优越性和把个人自由原则发展到极致的根本的重要性，由黑格尔在一段又一段话中加以强调和申述。所以，当施韦格勒评论说，"黑格尔明显地倾向于把个人和主体的权利完全降到从属于国家意志的地位的古代政治观点"[2] 时，他是不公正的。

616. 因而，普遍性与特殊性的这种统一，给我们提供了国家与它的公民的内部关系，提供了**宪法**或**内部政治组织**的主要

---

① 《法哲学》第 261 节，补充。

② 施韦格勒：《哲学史手册》斯图林第 14 版，第 340 页。

特征。普遍与特殊、国家的要求与个人的要求的统一建立在这样一个事实的基础上，即个人潜在地就是普遍，而作为真实的普遍的国家不过是个人的真实自我的客观化。这种同一性在真实的世界中以两种方式实现。第一，个人的行动，甚至仅仅为了追寻私人的目的，却不顾他们而造成了普遍的结果。我们在需要的体系中看到了这一点。其次，处于有较高文化修养状态的个人倾向于越来越有意识地、自觉地去理解国家的普遍目的并使自己与之相一致。国家，虽然它逻辑地取消了家庭和市民社会连同它的同业公会，然而它也把它们作为环节保留在自身之内，"扬弃"了它们。因此，国家抚育了市民社会的制度、家庭和个人。它发展了它们的福利，把它们的利益推进到极致。所以，公民们知道了国家是他们最好的朋友，它保留了他们的自由和权利，抚育和发展了他们的利益，保障了他们的财产与人身的安全。这样，政治情操与爱国主义油然而生并通过教育传授下去。爱国主义并不像通常所描述的那样是一种狂暴的、夸张的思想感情，而不过是公民们的一种根深蒂固的、坚定的信念，即国家是他们的实体化的基础与目的，是他们自身与他们的自由的体现。

617. 国家本质上是一种组织，它从自己的统一中发展出它的内部的差别，并给予它们以作为独立实体的生命，但仍然把它们保持在它自己的统一之中（第608节）。从它自身中发展出来的差别是国家的公共事务的不同职能与分支。由于国家是理性亦即概念的休现，它的自我分化是与概念同步进行的。它的诸方面也是普遍、特殊和个别。国家的普遍的方面是作为法律的源泉的职能，从而产生了立法。它的特殊的方面是法律在特殊情况下的运用，这样就产生了行政部门（黑格尔把法院系统也包括在内）。个别性的环节体现为君主个人。

如果它追随着概念发展的逻辑次序，那么，个别性的环节将在最后才谈到。然而黑格尔却首先和它打交道，并开始讨论君主政体的建立问题。对这种逻辑次序的颠倒他没有说明任何理由。显然这是对君主制表示崇敬的一种奇特的方式！

618. 在讨论国家这三个主要分支之前，对它们相互间的关系必须说两句。关于立法、行政与司法的三权分立是常常被提出的一个重要的观点。根据流行的观点，它们每一个都是对其他两者的限制，而这种分立也被看作是保卫自由。黑格尔认为，只有概念才能给这个问题带来光明，因为国家不过是概念之存在于其客观性中。现在概念的三个环节完全分离，彻底相区别，但它们也是同样地同一的，每个环节都包含其他两个环节在自身之内，所以每一环节自身都是概念之全体（第 318 节）。所以，任何谈论国家的三个要素的相互的绝对分离和独立都是十分愚蠢的。君主制、立法和行政，一方面必须在其职能上分开并清楚地划分出来，就像概念的三个环节那样。但它们应当作为相互对立和制约着的独立实体而存在，只是事情的一种抽象状态，这种情况只有在这种状态的融合中才能结束。相反地，它们必须全都融合到国家这个有机整体的一个生命之中。为了这个理由，黑格尔赞成英国宪法的规定，按照这一规定，政府的各行政部门的首脑同时也是立法机关的成员。

现在我们可以按黑格尔的次序来谈谈国家的三种职能了。

A. 君主

619. 充分发展的国家，即完全地体现了概念和唯一合理的国家是立宪君主制。按黑格尔的意见，必须有一个君主，而其他的政府形式，如共和制，都是不完善的。

黑格尔对这一点的证明，即他对君主制的演绎，可以分作两个阶段，第一阶段是有效的，第二阶段是无效的。第一，概念中的个别性的环节必须表现在国家中。现在，个别性，作为概念的第三个环节，包含着其他两个环节并因此是概念之全体。然而，概念是主观性（第321节）。当然，逻辑与概念本身仅仅是一个范畴或抽象思想即主观性的抽象思想，但国家是逻辑概念变成真实的实存，所以个别性的环节必须在国家中创立一种制度，它本质上是一真实的和实存的主观性。然而，主观性只有在一个个别的主体、一个人身上才能是真实的、实存的。一群人的主观性，一个群体，或一个民族，只是一抽象。个别性这个逻辑的环节当实现在客观性中并成为实存只能是一个个体——一个人，而不是许多人。

现在，个别性是整个概念。它自身是三个环节的总体。这给予我们一个概念，即国家是一个单一的生命，一个单一全体或有机体。这个单一的生命在它的所有分化出来的职能和活动方面管辖并指导整个有机体。因此，国家的这种单一的生命，这个最后的管理和指导中心，这个把所有的部分都纳入自身的理想的统一，只能在一个个别的实存的个人身上成为真实和实存。这个个人体现并代表了整体的生命。

直到现在为止，他的演绎只是达到这样一个结果，即在国家的顶峰必须有一个个人,他协调国家所有的职能,在他那里,国家的一切活动都汇拢到一起。到此为止,这种演绎可以认作是有效的。但从这一演绎丝毫得不出结论说这个个人必定是一个君主。一个共和国的总统,甚至一个军事专制制度的独裁者,也同样是高踞于国家顶峰的个人。无疑地,这一点是根本的,即在国家的顶峰总是只能有一个个人,甚至他仅仅是一个委员会的主席也罢。而且,如黑格尔自己也指出的,即使在一些不完善的国家中也总是如此。总是一个人,一个政治家、一个总司令、一个国王、一个主席站在顶峰。

在演绎的第二步中黑格尔打算进一步推演出这个个人必然是一个世袭的君主。在《法哲学》中,这个演绎是这样的:"国家意志的这种最后的自我,抽象地说来是简单的,所以它是直接的单一性;因此,其概念本身就包含着自然性的规定,因此,君主……被注定为君主,是通过直接的自然的方式,是由于肉体的出生。"[1] 在《哲学全书》中他说道:"那个主观性……是单纯的自身关系,所以它附属有直接性的特点,因而也就有自然界的特点——个人为了王位的尊严的目的靠遗传而得到巩固。"[2] 这两段话的意思简单地说就是:统治者作为一个实存的个人已被演绎出来;由于他是实存,所以他在那里,呈现在感觉之前,在这个意义上是直接的。这样给予的一个直接的事实,不是精神的产物,而是属于自然。因此,**君主**是单纯地通过自然、自然的手段即出生所造成的。这样一种演绎无非是对直接

---

① 《法哲学》第 280 节。
② 《精神哲学》第 542 节。

性、自然、出生的含糊的联想，只能被认为是无稽的幻想。在同一个基础上，我们也可以论争说，立法者，行政官员，甚至选举人也应当按照世袭权来选择，因为所有这些人都同样是直接实存着的。

620. 事实是，黑格尔在这里把他个人的意见、他对君主制上主观的爱好私自添加到辩证法的客观运动中来。他打算把君主演绎出来，他也无疑地相信他已经这样做到了。但他真正演绎出来的只是一个个人作为国家首脑这种必然性；这一点无论对君主制还是对共和制都是一样的。

621. 个别性的环节包含着普遍与特殊在自身之内。因此，君主，作为普遍性，给予法律以最后的认可，法律被认为是从他而出的（在英国宪法中，国王甚至在形式上也是立法的一部分）。作为特殊的东西的体现，君主又是行政活动的最后源泉，他有最后决定权，最后的"朕意"给予他的大臣们以行动的合法性。这样，君主的职能在自身中包含了整体的三个环节。

622. 然而，黑格尔认为，所有这些并不意味着君主有专制暴君的绝对权力。如果君主只靠个人独断专行地行动、管理、立法和作出决定，这样一种状态是与概念的彻底的自我分化相矛盾的。这种分化包含一个独特的立法的存在，它最大限度地独立于作为一个有机体的国家和谐。它进一步还包含一个同样地独立的行政的存在。君主根据他的枢密院的建议而行动，君主的职能只是形式上的批准行动，说一句"朕意"。"因为君主只用说一声'是'，并在纸上御笔一点。"[1] "这不等于说君主可

---

[1] 《法哲学》第 280 节，补充。

以为所欲为，毋宁说他是受谘议的具体内容的束缚的。当国家制度巩固的时候，他除了签署以外，更没有别的事可做。可是这个签署是重要的，这是不可逾越的顶峰。"① 这样，完全合理的国家，不是单纯的君主制，而是立宪君主制。

B. 行政机关

623. 国家的**行政机关**的职能相当于逻辑概念的特殊性的环节。这种职能在于，将普遍的东西，即法律和宪法，运用于个别情况和个人利益。"他们的职责"，即行政官员的职责，"是关心市民社会中的每一件特殊的事情，并通过这些特殊目的来实现普遍利益"。②

黑格尔有一些关于行政官员的选拔、他们的责任、行政机构的划分等方面的贴切的评论，但这些评论在多大程度上可以看作从概念中引申出来是值得怀疑的。

C. 立法机关

624. 法律并不关注这个或那个个别情况，它是国家活动的一般原则。因此，它们代表普遍性的环节并需要得到支持、扩大其影响并产生出一个国家的独立的分支即**立法机关**。然而，没有什么立法机关是第一次制订法律或从虚无中创造出法律条文。法律已经存在，而且和法规一同成长起来。立法机关的职能毋宁说是发展和扩张已经存在的法律条文并当新的需要产生

---

① 《法哲学》第 279 节，补充。
② 《法哲学》第 287 节。

时与它相适应。

625. 至于立法机关的程序和选举权问题，黑格尔不太赞同那种认为所有的个人在代表的选举中有权公开发表他们的言论。因为国家不是共同意志或大多数人的意志，而是普遍的合理的意志的体现（第546节）。对于大多数人的意志，没有什么保证它就是普遍的合理的意志。自由的原则并不存在于服从大多数人的意志之中，而在于服从普遍意志，它才是个人的真正自我的客观化。

黑格尔认为，个人参加公共事务的权力毋宁应当采取别的形式。如果"人民"这个词只是意味着原子式的个人的集合，仅是一个松散的、不可言喻的、无形式的群众，被这种无形式的群众所统治是没有什么可羡慕的。但这个集合在国家中以制度的形式被组织起来并合理化，这就是等级（第598节）和同业公会（第604节）。毋宁说正是这些才是立法机关所应代表的。

其次，个人可以在公众意见的形成中表达他的意见和声音，这种公众意见是和报刊这个强有力的武器相联系的。国家将受到公众意见的引导和帮助，但不受它的指导。公众意见、个人的无形式的集合体的观点，不适于把握国家的舵柄。通常意见认为，人民自己最知道他们的利益之所在，"当事者清"；黑格尔回答说，与此相反，人民"就是不知道自己需要什么的那一部分人。知道别人需要什么，尤其是知道自在自为的意志即理性需要什么，则是深刻的认识和判断的结果，这恰巧不是人民的事情"。更进一步，"公共舆论中有一切种类的错误与真理，找出其中的真理乃是伟大人物的事。谁道出了他那个时代的意志，把它告诉那个时代并使之实现，他就是那个时代的伟大人物"。①

在黑格尔看来，真理在于公众意见总是在实质上包含着正确而合理的东西。因为，个别性在普遍性中有其基础，这种普遍性绝对地统治着它，即使它是盲目地、不自觉知地服从于普遍性。由于这个原因，公众意见是值得欢迎的。但另一方面，"人民"没有发现差别并使模糊的直觉提高到确定的知识的水平的手段，因此，他对于普遍的东西的直觉仅取不连贯的、混乱的形式。由于这个原因，公众意见是应该加以藐视的。"谁在这里和那里听到了公共舆论而不懂得去藐视它，这种人绝做不出伟大的事业来"。②

这样，"人民"，这些芸芸众生、一堆个人的集合，无论在立法或行政方面都不应该实行统治。统治活动只有由普遍等级来实行（第598节）。但必须很好地记住，这个等级的身份不是通过特权、血统、出身或财富可以得到的。任何出身不同的个人，如果他能够的话，都有权由于自己的能力、性格、优点而跻身于普遍等级的行列（第599节）。

第二分节　国际法

626. 国家作为一个有机体是一个自身封闭的统一体，它在自身中发展出它自己的区别和生命。它不是许多部分的聚集、

①《法哲学》第301节，附释。
②《法哲学》第318节，补充。

堆砌，而是一个单一的存在，一个有机统一体。因此，它是一个"一"，它排斥其他的"一"。这样，它有其内在的方面，已如上述；它还有其外在的方面，存在于它和其他与己同类的个别即其他国家的关系之中。这些关系，在其得到承认和普遍化的范围内，构成**国际法**。

627. 由于每个国家都是一个个别，所以它与其他国家的关系是与市民社会中个人之间的关系相近似的（第586节）。这些人本质上是独立的人。同样地，每个国家对其他国家的关系的主要特征也是它的独立性。随之而来的是，国家在国际法中的主要权利是它应当被看作一个独立的主权国家受到尊重。甚至当两个国家发生战争时，它们继续相互承认是独立国家。

628. 国家与国家的关系不同于市民社会中个人对个人的关系的地方在于，个人有国家在他之上，而国家则没有什么权威在它之上。因此，在个人之间有着普遍权利的客观领域，而在国家之间则没有。因此，国家的行动是被它们的任意所支配的，它们之间可能存在的权利的最高形式，必须建立在它们意志的协议的基础之上，这就是契约的权利，这样就产生了条约。条约的具体内容不是国际法的一部分。国际法一般地只能使这些协议受到尊重。但由于没有什么权威在国家之上，它们之间的关系由偶然性而非普遍性所支配，所以这些关系是不断地变化的，而条约，即使它们订立为永久性的，但当产生它们的条件变化的时候，它们事实上也就过时了。

629. 由于没有一个国际权威，国家之间的争议最后只能通过战争加以解决。永久和平的幻想，对于黑格尔来说只是一个梦。他也不相信有建立一个有效的国际权威的可能性。

630. 不管在战争时期或和平时期，国家都是就其作为独立的个体这一方面与他国发生关系。因此，外事的管理，战争与和平的决定，是体现个别性环节的国家即君主的职能的一部分。

631. 国家的最高需要是保持它的独立统治。因为没有这一点它就停止其为国家。因此，由于国家的生命与目的高于个人的生命与目的，所以个人必须准备着为了维护国家的独立而牺牲自己的生命和财产。

632. 由于国家即使在战争时也承认它的对方是个主权国家即一个单个的个体，所以它必须对这样一个个体即国家进行战争，而不是对个人、他们的财产、家庭等进行战争。

第三分节　世界历史

633. 国家间的关系如像市民社会中个人之间的关系一样。在市民社会中，个人代表了特殊性的环节，并追求他们的特殊目的、需要等。因此，同样地，国家在其相互关系中也是特殊的，每一个都追求它的特殊利益。特殊本质上是种的种差。因此，每个国家都有其自己的特别的特征和外貌。每个国家都代表并体现一个观念，或更精确地说，每个国家都体现了普遍观念的一个特殊阶段。在历史中，绝对理念展现它的各个阶段于时间之中，而在任何一个时代占优势地位的阶段都在一个占优势地位的民族那里得到体现。这些阶段的继续构成了**世界历史**，而这个历史不是被偶然或盲目的命运所支配，而是为内在的理性即理念自己所支配。所以历史不是盲目的偶然事件的堆积，而是一个合理的发展。理念，当它这样地体现在世界历史中，就是世界精神。它是精神，因为精神就是意味着理念的具体体现。这个世界精神是一切国家的最后的法庭与审判官。没有什么世界国家或法庭来审判民族，一个也不可能有。对国家的审判只能在世界历史的进程中等待它们的命运那里找到。

第三部分　绝对精神

导　言

634. 主观精神的缺点在于它仅仅是内在的，因而是片面的。另一方面，客观精神则表现出相反的片面性。它仅仅是外在的和客观的，并且失去了精神的概念的本质的东西即自觉性或主观性。精神作为灵魂、感觉、知性、欲望和理智，是自觉的、个人的、主观的。但精神作为家庭、道德法则、国家，是非个人的、不自觉的和纯粹客观的。例如，国家在客观世界中存在着，但它不是一个自觉的存在、一个人、一个自我，它不是一个主体。

主观精神与客观精神，相继地作为对立的两极，每一个都限制着对方。因此，每一个都是有限的。但成为无限是精神的真实本性。因此产生了精神应当克服它的有限的主观性与有限的客观性，并成为无限的和绝对的精神的必然性。为了成为绝对的，精神必须超越在它自身之内造成的主观性与客观性的差别，并必须把这两个方面结合在一个具体统一之中。绝对精神必须同时既是主体又是客体。

作为主观的存在，绝对精神必然将是人类和个人意识的一种方式。它不能是一个纯粹的、非人身的存在，诸如国家。它必须是对于某种客体的真实的意识而存在于个别的人的心灵中。只有这样，绝对精神才能满足它必须是彻底主观的这一条件。

因此，它是某种客体的意识。但是，这是什么样的客体呢？现在，由于在绝对精神中，主体与客体之间的鸿沟是泯灭了的，由于二者都结合在一个统一中，这只能意味着这里的主体与客体是同一的。所以，在这个领域中，精神不是以别物而是以精神自身为其客体。因此，绝对精神是精神对自己的沉思。

但还有更进一步的必要的条件。甚至经验的心理学也以精神或心灵为其研究的对象。但心理学不是绝对精神的一个阶段。因为心理学家注意的对象只是有限心灵，也就是说，是与客体相对立并受其限制的主观的心灵。心理学家研究感觉、知性、情绪等，而所有心灵的这些功能都在自身之外有其对象；例如，感觉以物质的世界为其对象。但绝对精神只以自己为对象，因此是无限的。在绝对精神中主体与客体间的对立当然也就完全得到克服。这一点只有在心灵最终认识到它的对象——不管什么对象——不过是它自身时才有可能。所以，在绝对精神的阶段，只有当心灵认识到不管什么与它相对的东西，如太阳、月亮、星星、整个的物理的与非物理的宇宙，不是别的，而不过是精神之自身，当它认识到它自身是一切存在与真实时，它才实际上成为"绝对"。绝对精神是这样一种最后的阶段，在这里精神知道在注视它自己的时候就是在注视着"绝对"。但由于绝对精神仅作为主观的人类意识而存在，我们可以更进一步说，绝对精神是人类对于"绝对"的知识。人类能够意识到"绝对"的一切方式，不管在艺术、宗教还是哲学中，都是**绝对精神**的诸阶段。

精神和"绝对"是同等的词。因此，绝对精神一方面是精神对精神的知识，另一方面，它是"绝对"对"绝对"的知识。只有在绝对精神中"绝对"才来到自身中，知道它为什么真正是它自身。只有这样它才真正是"绝对"，因为只有这样它才是自知的精神。

635. 从客观精神到绝对精神的上升也可以用自由的概念来说明。人类心灵的本质内容是自由，这种自由在国家中接近于被认识到，因为人被国家所统治，不过是为他自身所统治（第575节）。然而，国家作为纯粹客观的，是和他的主观性相异己的，是他自身以外的某种东西。所以他这里的自由还是未完成的。[①]绝对自由的精神只能是那样的精神，它最后并永远地消除了任何种类的他者。因此，只有知道自己是全部真实，它没有对立面，它在自身中看到全部存在的精神，才是完全自由的。而由于自由、自身决定和无限不过是同一个观念的三个名词，精神作为绝对精神第一次达到彻头彻尾的无限。直到现在为止，我们都是和有限心灵打交道。但在艺术、宗教和哲学中，人类的心灵是无限的。

636. 绝对精神以对"绝对"的理解为它的内容。而由于"绝对"和上帝是同义语，这个领域一般地也就是宗教的领域，也就是对上帝的知识，对神圣性与内在性的理解。对"绝对"的理解采取三种方式出现，这给予我们以绝对精神的三个阶段，即（1）艺术，（2）宗教（这个词在这里是在其严格受限制的意义上来使用的）和（3）哲学。

---

① 黑格尔:《美学》,奥斯玛斯通译,伦敦1920年版,第135页及以下。

637. 由于如上所述，只有绝对精神是完全自由和无限的，上述三个阶段可以认作它从所有有限的条件下解放出来的进程的诸等级。在艺术和宗教中，有限的痕迹仍然纠缠着精神。只有在哲学中，精神才是绝对地自由的和无限的。

638. 至于经常发生争论的艺术、宗教和哲学的相互关系的问题，这是从上面所说它们三者在实质上同一只是形式不同的说法所引起的。所有这三者的实质或内容是同样的，即内在性、无限性和神圣性，一句话，即"绝对"。所有这三者的目标或目的都是对绝对真理的理解。然而，由于绝对真理呈现于意识的形式不同，所以它在每种情况下也是不同的。这些形式是什么，我们将在下面看到。现在，我们可以从已经说过的东西里演绎出一个更进一步的结论，即艺术，作为第一阶段，是理解内在性的最不充分的形式，接着而来的宗教则接近于最高形式，但只有哲学才是对"绝对"的理解的绝对充分的形式。再者，由于所有这三者的实质是同样的，所以它们相对的高下就系于形式。这样，宗教包含了和哲学一样的基本真理，但是表现在较低级的形式中。这些论点只有在以后各章中才能作详细阐述。

第一章　艺术

第一节　美之一般

639. 与一般原则相一致，心灵理解"绝对"的第一方式是在直接性中。由于对"绝对"的理解的所有方式的内容是同一的，即"绝对"本身，所以这种直接性必然属于理解"绝对"的形式。因此，起初"绝对"将被显示在直接性的外观中，也就是说，显示在外在的感官事物的外观中。"绝对"或理念的这种通过感性世界的面纱的光辉闪耀，就是美。[①] 对于美的观念的本质的东西，是它的对象应当是感性的——一个呈现在感官之前的真实的事物，如一座雕像、一个建筑物，或是音乐的美妙的声音，或至少应当是像诗中的感性对象的精神意象。它必须是个别的和具体的。它不能是一个抽象品。这样，美的对象向感觉展耀它自己。但它也诉诸心灵和精神。因为一个仅仅感性的存在是不美的。只有当心灵领悟到通过它而闪耀光辉的理念时，它才

---

① 见本书第 239 节。

是美的。

640. 由于理念是绝对真理，所以真理与美是同一的。因为二者都是理念，然而又相互区别。美是理念的感性显现，被感觉在艺术或自然中所理解。真理是理念在自身中的显现，即表现为纯思。它被如此理解不是通过感觉，而是通过纯思即哲学。

641. 精神的每一个阶段，如家庭、道德、国家，都是理念的一个阶段。在目前这个领域中理念被称为理想。理想是被感性地理解的理念的特殊形式。它不是理念之在自身中，而是理念之宣示在感性世界中。

642. 现在产生了一个问题：理念或"绝对"如何能在一个感性的对象中宣示它自身呢？我们在这里应该回忆起在逻辑学中对理念的叙述。概念作为概念还不是理念。概念是主观性（第321节）。理念是概念和客体的具体统一，即主观性与客观性的统一（第382节）。当我们有一个对象或对象的集合，我们看出它是由多数性包含在一个统一体中所构成；在这种情况下统一的因素是主观性或概念的方面，而多数性的方面则是客观性的方面（第383节）。因此，这样一个对象，由于它在客观的和感性的形式中显示了理念，就是美的。然而，这里需要的不是一个仅仅机械的统一，而是一个有机的统一。对象的各个部分是如此相互关联，所以它们不仅仅是凑合在一起，像一堆石头那样。在这样一种聚积中，各部分是相互独立的。如果把它们从统一中、从聚积中分离，它们并不由此遭到任何损失，而仍然完好如初。相反地，在一个有机的统一中，各部分除非作为全体的一分子就没有意义。另一方面，这个统一离开了它宣示于其中的各部分，也没有任何意义，甚至不能存在。美的客体即艺术作品本质上是一个有机体。

643. 理念宣示其自身于其中的第一个感性形式即美的第一形式是自然。自然是理念之在它的他者中。而由于这里的理念不是纯粹理念，不是在自身中的理念，而是理念之沉陷在一个外在的和感性的介质中，因此，自然是美的。自然中的美有不同的程度。如果我们看一看自然的最低阶段即粗糙的物质，我们就会发现，理念是如此沉陷、埋葬在外在性中，以至事实上是难于发现的。一堆铁的各部分是相互有区别的。如果把它们分开来，它们仍然是原来的样子。因此，这样一种对象很难说是美的。在自然发展的较高的阶段，我们有这样一种对象如太阳系。这里我们有了各部分的相互依存，还进一步有一个统一体的中心即太阳。但这样一个系统的组成部分之间的关系仍然只是为机械法则所支配的。而且，这里的统一不是那种弥漫于它的一切部分并与它们不可分的那种理想的统一，而相反地，其本身仅是一个可分离的物质的客体即太阳。这里的统一本身仅是许多部分中的一部分。只有当我们进到有机自然的现象即生命时，我们才发现真正的美。因为在活的有机体中所有的部分都在一个作为有机体的弥漫一切的灵魂的理想的统一中有机地结合起来了。一只砍下来的手已不是手。作为一只手没有离开整体的统一性的孤立的存在。因此，植物和动物是美的，动物的生命比植物更美，因为它展现理念即差别中的统一更为完全。

644. 然而，自然的美表现出重大的缺点。对于真正的美的展现最为重要的是无限和自由。作为理念的理念是绝对地无限的。理念由三个环节构成，即（1）概念的统一，它设置其自身为（2）差别、多数性、客观性，它又再次回到（3）以上两个环节的具体统一。这里本质的东西是：理念自身设置其自身为差别，并超越这个由它本身创造出来的自身之内的差别。它的完满的发展是从自身源泉出发的发展。这样，它就是完全自身决定的、无限的和自由的。因此，美的对象，如果它真的显现理念，它自身必须是无限的和自由的。它作为一个有机体，必须从自身中引申出它的一切差别。它们必须被看出是从作为它的灵魂的理想的统一中产生出来的。

作为自然的一部分的活的有机体的确在某种意义上是决定自身的。然而，仅仅作为自然界的必然的无限之网的的一个环节，它是不自由的。例如，动物就是全然为其自己的环境所决定的。甚至作为自然的一部分的人类也是这样外在地被决定的。他在很大程度上在他的各种肉体的和物质的需要的强制之下行动。他被包括在宇宙这个普遍的必然之网中。因此，自然美，由于自然事物的有限性，是本质上有缺陷的。所以，如果人的心灵要能够充分地在感性的形式中理解"绝对"——这是精神在现阶段的要求——的话，它必须高于自然。它必须为自己创造出美的对象。由此产生了**艺术**的需要。只有艺术才是真正地美的。精神比自然高多少，艺术美也就比自然美高多少。因为艺术是精神的创造。

黑格尔美学的批评家们一般都强烈批评他草率地把自然美推到一旁并给予它一个太低的地位。这个批评可能是正确的。

645. 这样，我们就进到了美学的真正的主题，即艺术美。每件艺术品都表现出两个相互区别的方面，它们又结成一个统一体。这两方面是（1）统一的方面。统一是尚未进入多数性与客观性的概念。这个概念是主观性。因此，艺术品的这一方面本质上是属于主观的性质。这是艺术品的精神意义、内在实质和灵魂（主观性）。它一般地可称之为艺术品的精神内容或简称为内容。然而，这个统一并不是停留在封闭于自身之内的抽象统一。它显示其自身于（2）差别的多样性中。这就是艺术品的客观的、感性的、物质的方面，可以一般地称作物质的体现或形式。在建筑中，理念显现其自身于其中的物质体现是石头，在绘画中是色或光，在音乐中是声音，在诗中是精神的意象。这两方面并不相互分离，而是结合为一个完全的统一。当理念这样完全地体现在一个物质的形式中时，我们就有了一个完满的理想。

646. 由于艺术品应是无限的、自由的和自身决定的，它要从其物质的方面排除掉那种纯然外在性与偶然性，亦即那些不是由其内在的统一或精神的内容所决定，不能表现为完全出于这种内容的东西。这样，在肖像画中，诸如此类的外在性如皮肤上的疵、伤疤、毛孔、脓包等，都将被舍去。因为这些并不表现内在灵魂或内在性所必须要显现出来的任何东西。艺术不是奴隶般地模仿自然。相反地，它所要去掉的正是自然的这种纯然外在性和无意义的偶然的东西。就艺术之把自然事物作为它的主题而言，它的职责就是要把它们的非本质的、无灵性的和包围着它们并掩盖了它们的意义的一系列粗糙的和外在的偶然性去掉，从而仅仅表现那些显现内在灵魂或统一的特征。

647. 如果艺术的职能不是对自然的模仿，那么，它的职能也不在于道德说教。把艺术用作一种说教的工具，就是戕害无限性，而这正是艺术的本质的东西。因为只有自身目的才是无限的。被当作一个更远的、自身以外的目的的手段的东西，是

被自身以外的东西所决定的，是从属于它的。而作为自身决定
的艺术必须是一个自身目的。

648. 由于同样的理由，即艺术的自由和无限性，所以艺术
家们才如此经常地从一个过去的时代选取主题，更多地是取自
所谓英雄时代。一个较为发展的时代并不最适宜于作为艺术的
主题。例如，在史诗和戏剧诗中，它的角色必须表现出本质上
是自由的、自我决定的。他们必须是独立的存在。他们的全部
行动都发自他们自身，而不是从外面强加给他们的。但在一个
较高度地组织起来的状态中，人类的行动是被习惯、法律以及
一般地有组织的社会的压力所决定的。在这里人表现为不自由，
所谓英雄时代意味着在那个时代，伟大的独立的性格仍是可能
的。他们所做的只是出自他们自己的本性所要做的。一种联结
松散的社会状态，那里每个人都是他自己的主人，还没有一个
人成为文明社会这部机器的一个螺丝钉，最适宜于表现这种自
我决定的自由和独立。《伊利亚特》的英雄们，阿喀琉斯、阿贾
克斯和其余的人，只在很小的程度上隶属于阿伽门农的领导之
下。事实上，所有这些英雄都是他们自己的绝对独立的主人。
他们任意地来去，参加或不参加战斗。阿喀琉斯认为自己受了
侮辱，在争吵中一怒之下撤离了战斗，拒绝帮助希腊人。阿伽
门农从未想到命令他回来，最多不过企图去劝说他。相似的社
会状态也出现在现代欧洲的中世纪，那时的骑士很少隶属于国
王，事实上完全是自己的主人。

相反地，从当代提取出来的人物，从头到脚都被各种社会
习惯、制度、习俗与法律所束缚。因此，由于表现为不自由，
所以他们作为艺术的主题就不那么适合。当然，黑格尔并没有

把这种观点推进得太远。他并没有极而言之说艺术家不能用现代主题，如果那样说就与事实不符了；他只是说这样的主题给艺术家的技巧带来更大的困难。艺术也显示出只表现君主阶层的偏好。这并非出于媚上，而是因为君主们是独立的和自由的。他们除了自己的意志之外不受其他意志的管束。

649. 由于同样的理由，古代史诗中的英雄们所使用的手边的一切东西如家具、武器、工具、甚至食物和饮料，都在艺术中表现为由他们自己锻造或制造的，在某种意义上说，是出自他们自己的自由和行动的。英雄们自己宰杀牲畜、烹调肉食。他们的食物和饮料都是他们自己可以采集或制作的东西，如蜂蜜、牛奶、黄油、奶酪。这样一些饮料如啤酒、茶、咖啡、白兰地，是无诗意的，因为它们使我们想起在饮用它们之前的一系列的动因和效果的链锁，也就是说，它们使我们想起了造成不自由的许多条件。

650. 在艺术描绘它的主人翁受难和痛苦的主题的地方，也绝不把他们表现为从此被压倒。他们的本质的自由必须不因此而消失。在一切苦难中他们仍将保持为自己的主人并维护自己的自由。在世界的矛盾冲突中被分裂了和支离破碎的精神一次又一次地把自己从这种不统一中恢复过来，回到它自身，回到它自身本质中的统一与宁静。黑格尔举了缪洛里的一幅画为例。这幅画描绘的是一队丐儿。一个嚼着一片面包的孩子正受到他母亲的责骂。其余两个在近旁的孩子，褴褛而贫困，正在吃西瓜。但在这种极端贫困和凄惨中闪耀出这幅画的精神是那种无忧无虑和自在安详，是这种乞丐生活的内在的自由。在悲剧中，冲突与苦难可能以人物的肉体生命的毁灭而告终，但却不是以他们的精神自由的毁灭而结束。他们仍然忠实于他们自己，忠实于他们的本质。他们把他们的命运作为他们自己的行动，因而是出自他们的自由意志的必然后果而承受下来。

651. 一件艺术品的灵魂或精神内容无一例外地是"绝对"，也就是思想或普遍。那种绝对地特殊、偶然或任意的东西在这里无一席之地。因此，哪里描绘了人类的生活，那么，形成它的实质核心和运动着的精神的力量的，必将是人性中的本质的、普遍的、合理的权利。这些普遍的、合理的权利事实上就是在辩证发展过程中必然产生的东西，例如，家庭、爱、国家、社会、道德等的权利。然而，这些在艺术中不是以抽象普遍性的形式而出现。因为艺术不和抽象的东西打交道，而总是在具体和个别的领域中活动。所以，它们将表现在直接性的形式中，作为本质上合理的激情，诸如亲子之爱、忠诚、荣誉感等。仅仅个别的癖好和任性是难于打动我们的。只有我们共同人性的普遍的激情才能成为艺术的永恒的主题。正由于它们是普遍的，它们才是"绝对"的显现，因为"绝对"是合理性、思想和普遍性。同样地，纯粹的奸诈与邪恶不能成为艺术的内容。因为邪恶只是不合理的、非普遍的。弥尔顿的史诗中的撒旦之所以可能，只是因为他保持了高贵的品格，被本质上合理的冲动所驱使，虽然这些品质可能使用不当。它显示给我们的是这个人物的高贵和崇高，而不仅仅是邪恶。

652. 由于它们是合理的和普遍的，这些人类的动力是本质上正当的。然而它们可能发生冲突。在悲剧中，有两个这样的永恒的原则的冲突，它们中的每一个就其自己来说，都是合理而正当的。在索福克勒斯的《安提戈涅》中，国王克里翁命令不准给俄狄浦斯的儿子收尸，因为他自己的行动证明他是祖国的叛徒。然而，安提戈涅却不能听任她的哥哥暴尸荒野并因而触犯了克里翁的命令。从不同的伦理力量的冲突中产生了悲剧。克里翁的命令是正确的、合乎伦理的，因为它体现了对整个城邦的幸福的关怀。但安提戈涅的激情，对她哥哥的爱，也是本质上合理的和正确的，因为它产生自一个合理的制度即家庭。

653. 在这种情况下，这些普遍的力量的每一个都体现在戏剧中的一个人物身上。力量的冲突作为人的冲突而对峙着。然而，人物绝不能仅仅是抽象力量和无生命的抽象品的人格化，如像在通常的寓言中那样。在哲学中，普遍的东西表现在它的赤裸的普遍性中。但艺术却要求它完全穿上具体形式的服装，它应当完全体现在一个真实而完全的个别之中。因此，虽然戏剧中一个人物可能以某一种永恒的力量的体现为其主要的品格，但他同时也应是一个完整的、活生生的、带有个性的全部丰富性的个人。《罗密欧与朱丽叶》的主要内容是爱情。但此外，他们的每一个都是多种性格特征的具体的整体。这些特征由他们在戏剧描写的种种不同情境中表现出来。

第二节　艺术的类型

654. 与美的基本概念相一致，每一件艺术品都有两个方面：

（1）精神的内容；

（2）物质的体现或形式。

美是通过一个感性的介质而闪耀着的"绝对"之显现。如此闪耀出来的"绝对"是精神的内容，"绝对"的闪耀所通过的感性介质是物质的体现。"绝对"的本性可以作种种描述：它是主体，是精神，是理性，是思想，是普遍。因此，精神的内容可以有许多种类。它可能存在在盛行于任何时代或任何民族之中的关于绝对存在的概念之中，即一个种族的基本的宗教观念。它可能由一种精神的任何一般观念所构成。它也可能是那些普遍的力量即支配着人心的爱、荣誉感、责任感等的活动。它也可能是除了仅仅一种癖好或任性之外的任何思想或任何东西，也就是说，是本质的并形成人的内在主观性和精神生活的一部分的东西。主要的是它应当能够成为显现自身并渗透在物质形式的每一部分中的统一性的中心点。因为，艺术品的所有部分之统辖于一个单一的有中心的统一性之下，以致整体上形成一个有机的存在，在这里，统一性是它的灵魂，而物质体现的多样性是它的躯壳——这就是我们已经看到的理念之在感性介质中显现的必然性。

655. 在理想的艺术品中，这两个方面即内容与体现，处于完全一致与统一之中，所以体现构成了内容的圆满而完全的表现，而内容，就它来说，除了这个体现以外再也找不到它的更适当的表现了。但这种完全的一致与统一并不总是能够达到的。内容与体现相互之间的种种不同的可能的关系给予我们以艺术的基本分类。这种分类有三。

（1）物质（体现）对精神（内容）占优势。这里的精神内容奋斗着去寻找它的适当的表现，但却失败了。它不能清楚地把自己闪耀出来。它还没有能够支配它的介质，而被物质所统治。这样就产生了象征艺术。

（2）精神与物质的完全平衡和统一。这样产生了古典艺术。

（3）精神对物质占优势。这样产生了浪漫艺术。

656. 艺术这种通过三阶段的发展根本上是一种概念的或逻辑的发展而与时间无关。历史表明，世界上艺术的真正的进展在很大程度上是追随着它的逻辑发展的。整个说来，最早的艺术是象征的，现代艺术是浪漫的，而在中间时代的艺术则是古典的。但这一点不能说得太过分。所有的艺术类型在所有的时代都存在着。而且，不同的艺术类型特别是与不同的民族相联系。东方民族的艺术，主要是埃及与印度的艺术，象征类型占主导地位。古希腊人的艺术则是古典的。现代欧洲的艺术是浪漫的。但是，所有的类型不同程度上在所有的民族中都存在。最后，这三种类型与各种特殊的艺术相联系。建筑是典型的象征艺术，雕塑是古典的，绘画、音乐和诗是浪漫的。然而，古典的和浪漫的建筑也颇为重要并广传于世，也有浪漫的雕塑，在绘画和诗中象征主义的痕迹也到处可见。

第一分节 象征艺术

657. 在**象征艺术**中，人的心灵奋斗着去表现它的精神观念，但不能找到一个合适的体现。所以它采取象征作为它的工具。象征的本质是它暗示一种意义却不表现它。一头狮子可以作为力量的象征，一个三角象征着三位一体的上帝。象征本身总是一个存在于我们面前的物质的东西。它所象征的是某种思想或精神意义。这样，在象征艺术中，象征构成物质的体现，而它的意义则是内容。象征为了成为象征，必须有与其意义相类似的某种特征，例如三角形的三条边与神性的三个人身。但它也必须是与意义不同的，否则它就停止其为纯粹的象征而变成表现的适当的形式了。上帝有许多属性为三角形所不具。而三角形也有或可能有上帝所不具的属性。由于这种区别，象征总是含义不明确的。三角形可以作为上帝的象征。但它也可以作为尼罗河三角洲的象征或繁殖力的象征。这种不明确性可以解释渗透在所有的象征艺术特别是埃及艺术中的神秘感。那是一个充满了谜和疑问的世界。这个事实使得象征主义适合于还不能解决精神的问题的、尚未发展的人类的早年时代；对这时的人类来说，世界一般地还是一个谜。

658. 由于艺术品包含两个方面：（1）"绝对"或内容，（2）体现的现象的和物质的形式。所以，很明显地，如果人的心灵不能以任何方式认识到它们的区别和它们彼此的分离，就不可能有艺术。艺术所需要的是把这两方面结合在一个统一之中。这样的要求预先就假定了它们的分离。在原始人类那里，还没有这种区别，因而也就没有艺术。所以，古代的波斯人把光尊崇为神，却不把光仅仅作为神的象征。相反地，他们把在其直接的物理性质中的光的本身认作神。对他们来说，神就是物理的存在——光。但光本身是一种物理现象。所以，这些原始的人类不能区别"绝对"或精神性的东西和现象或物质。因此他们也没有艺术。

659. 然而，对于艺术来说的本质的东西即认识到"绝对"与现象世界的分离，可能是自觉的，也可能是不自觉的。它可能只被朦胧地感觉到而没有被清楚地意识到。它也可能被清楚地理解并被有意识地表述出来。在很自然地首先产生的头一种情况下，产生了印度人的不自觉的象征主义，在后一种情况下产生了埃及人和希伯来人的自觉的象征主义。

660. 在古印度人中，这种分离只是朦胧地被感觉到，这两方面没有在分离中的联系。一个时候它们被看作是分离的，另一个时候又合而为一。在一些时候，分离被如此绝对化，以至以婆罗门为名的神被认为是在一种极端抽象的状态中，作为一种无形式的"一"或空的存在，它没有什么可指谓的，它和世界完全分离因而完全为感觉甚至思想所不可企及。在另一些时候，这两方面又被极度混淆，在毫无出路的东闯西荡与混乱中相互合而为一。从这后一种观点出发，不管什么感性事物都与神圣性相混淆。母牛、猿猴、蛇都被尊崇为名副其实的神。

这种从一个极端到另一个极端的来回往复，这种把神圣性与感性相混淆，导致无休止的和骚动不宁的幻想与狂热，幻梦的放纵和诸多奇特歪曲的形状，这就是印度艺术的特征。

这种动荡不宁清楚地表明这样一个事实，即流行着这种观念的人们至少下意识地意识到存在于他们的观念中的矛盾。这种矛盾在于，当一方面直接的感性事物、猿猴、母牛、石头等被宣布为自身神圣的神，另一方面这些感性事物又与神圣的东西如此极端不一致，所以神圣的东西又相反地被设想为完全超越感性世界，是一个无形式的"一"，是空的存在的完全的空白。因此，印度人的想象被迫使在其艺术中去寻求达到"绝对"和感性事物这两方面的矛盾的和解。它寻求去迫使感性与"绝对"达到统一。然而，它要做到这一点，只能通过把感性事物无限地扩大，徒劳而无功地把它们在比例上加以极度的、歪曲的夸张，以使它们适合于神圣性。因此，怪诞和歪曲就形成了印度艺术的特点。这也是所有那些不仅在空间的度量上，而且在时间的连续上的极端夸大、无休止的"劫"（根据印度教的理论，世界自创造至毁灭的周期约为四十三亿两千万年。——译者注），令人眩晕和困倦的时间追溯——这是我们在印度人的观念中到处可以碰到的——的原因。这也可以解释印度人的神的雕像的器官的加倍、多头、多臂和多腿的现象。

这样，印度艺术的主要特征是在内容与体现之间表现出来的完全的不协调。精神力争得到表现，但得不到。而这种奋斗的激动只能导致歪曲的和幻想的形状。在这里，大量的物质压倒了精神。

661. 稍高一些的阶段表现在埃及艺术中。在这里，神圣性和它的感性体现之间的分离已经更为清楚，虽然它还没有被完全把握住。因此，我们有了一个更为适当的象征主义。埃及人的世界观念在凤凰的传说、金字塔、巨大的梅农雕塑、方尖塔和寺庙中得到清晰的象征。方尖塔象征阳光。迷宫中的曲折迂回的廊道象征着天体的错综复杂的运动。在这里，我们也发现特殊的数被作为象征，特别是 7 和 12 这两个数。7 是行星的数目，12 是月亮公转的天数或为了灌溉土地尼罗河必须上涨的尺数。这样，埃及的庙宇有 12 级阶梯或 7 根柱子。凤凰本身则是宇宙之谜的象征，是神秘的象征，是象征主义的象征。

在这里我们可以更清楚地看到上述两个方面的明显的分离和把确定的象征赋予确定的意义。

662. 但是，这两方面的完全自觉的区分只有在印度人和波斯人的泛神论的艺术和由希伯来的诗人和先知们所发展了的庄严的艺术中才能找到。在这两种情况下，"绝对"都被明确地放在一边，而感性现象的世界则在另一边。"绝对"被认为是世界的神圣本质，是作为偶性的一切事物的实体、宇宙的唯一的根本的真实，对它来说，其余的一切都不过是它的影子似的表现和显示。这里可能有两种关系。或者，神圣的东西被看作创造世界的力量、内在并展现于所有现象之中。在这种情况下，现象在艺术中被抬高到内在神圣性的展现的地位。这就产生了由印度人和波斯人或在较小程度上由欧洲的基督教的神秘主义者精心创造的神秘的泛神主义艺术。它的主要特征是它看到神圣性居住、栖息在所有的自然或精神的现象中。或者，另一方面，神圣性被看作是世界的否定，是一切有限事物都在它面前消失、毁灭并等于无的最高真实。所有的现象，由于它们自己本质上的虚无性，都被用来证明上帝的伟大和荣耀。希伯来人的宗教诗就属于这种类型。关于人，《诗篇》的作者大卫王说道："祢使他们受痛苦像溪水一样逝去；他们像一只羊，甚或是草，不久就凋萎，并在夜晚被割倒而干枯。祢的轻蔑使我们易逝；祢发怒我们就毁灭"。①

663. 在这样一些表现中，我们就有了区别于严格意义上的美的**崇高**。崇高企图表现无限，但又不能找到任何适合于表现它的感性介质，所以无限最后仍然停留在不可言说、难以形容的状况中。真的崇高打破、撕碎我们企图去包罗它的每一个形式。相反地，严格意义上的美恰恰就在于"绝对"在一个感性的体现中发现了它的完全的、适合的表现，这样，这两个方面就处于完满的和谐一致之中。

___

① 《诗篇》第九十。

664. 黑格尔在艺术品的较低级的形式如寓言的、讽喻的和说教的诗中发现了象征艺术的完全解体。黑格尔详细地但却漫不经心地叙述了这些艺术和类似的艺术之间的异同。由于篇幅的限制，我们在这里不能介绍他的评论的细节。所有这些艺术形式的共同之点是，一件艺术品所必需的两个方面的分离——这种分离是象征艺术的特点——达到这样一种程度，以致它们之间的联系破裂了，或者只有一种纯然外在的关系。例如，在寓言中，体现的方面是一个特殊的事件或故事，精神的内容在于这个寓言打算表现的某些道德的或抽象的真理之中。这里的内容与体现仅仅是以一种纯然外在的方式相互附加到对方身上去的，它们之间没有一种自然的密切关系，而是被机械地捏合在一起的。可是一件艺术品的概念要求这两个方面的有机的统一。因此，这样一些形式完全不是真正的艺术。在这些形式中，象征艺术解体了。它的贯串在一切阶段中的主要缺点是内容与体现的不协调，在那里，内容从未得到真正的表现，而只是通过象征被暗示出来。正是这个缺点迫使艺术前进到另一种类型即古典艺术。

第二分节　古典艺术

665. 在象征艺术中，精神的内容不是内在地属于体现，它仍然外在于形式。然而，这一缺点本身还由于一个更为深刻的原因，即象征艺术中的内容不是具体的，而是抽象的。我们已经看到，艺术是对"绝对"的理解，而"绝对"是精神。所以在艺术中精神理解它自身。但精神本质上是具体的。单纯的意识还不是真正的精神，真正的精神是自我意识。只有当作为主体的精神从自身设置其自身、使自己成为自身的对象，并在此之后又取消这种区别、克服这个差异，并把这两方面包括在一个统一之中——只有这时它才是自知着的精神的具体统一。或者换句话说，精神是普遍，但不是抽象的普遍。作为普遍它必须把自己沉入特殊并在具体的个别中把普遍性与特殊性统一起来。如果艺术要使得人类的精神能够抓住精神的根本性质的话——而这正是艺术的功能——这只有在它把精神表现为具体的时候才有完全的可能。但是在象征艺术中，精神作为内容表现为只是抽象的。象征艺术的精神内容局限在抽象之中。这一点在印度艺术中看得最为清楚，在那里，"绝对"被想象为无形式的、纯粹的"一"。这个"一"是所有可能的抽象中最高、最空洞的抽象，它就是纯有。在它从感性世界的极端抽象中，在它无限地超越自然的特殊性中，它表明其自身为空的普遍，在这里，无论是特殊性还是个别性都没有任何地位。

　　象征艺术在结合内容与形式于一个真实的统一中的失败，产生于内容方面的这种抽象性。这种抽象的普遍的意义就在于它不过渡到特殊与个别，它事实上不在个别的形式中体现其自身。因此，象征艺术体现其抽象的观念于对艺术的概念来说是必要的个别表现中的企图是注定要失败的。一个抽象的东西恰恰就是不能和一个感性的个别体现结合的东西。例如，印度人的无形式的"一"就是如此，它的根本性质就是排斥感性、拒绝与它的任何结合。

　　因此，如果艺术要达到理想，即达到内容与形式的平衡与和谐一致，只有在内容是具体的情况下才有可能。具体普遍，正由于它是具体的，实现其自身与特殊的一致，并把自己构成一个个别。因此，这样一个内容对于感性体现有着一种内在的适应性。它毫无困难地和它的外在形式相结合。但为了使艺术能够达到这一水平，创造艺术的人必须不把"绝对"看作一个纯粹抽象并学会把它当作一个具体的东西来把握。

古希腊人达到了这一步。对他们来说，神圣的东西不再是空的存在，空的普遍性，而是精神的个体性。希腊诸神是有人身的和个别的存在，就像我们自己一样。艺术给自己规定的任务就是把握"绝对"的真理，这只能意味着把它当作精神来认识。现在，当精神把"绝对"不是当作空的存在。而是当作精神来认识，它也就认识到"绝对"就是它自身。因此，拟人主义成了占支配地位的倾向，而"绝对"也被认为处于一种人类的个人的活动方式中。拟人主义是古典艺术的主要特征。

由于精神内容不再是一个无形式的、抽象的东西，而是一个有形式的个别性，它与其感性体现就毫无困难地结合起来。因此，**古典艺术**的本质的概念就是它的内容与形式处于完全的一致与平衡中。内容不再像象征艺术中那样与形式相外在，而是进入形式并作为它的灵魂内在于形式中。外在的形式完全体现了内在的内容。没有什么东西遗留在表现之外。而由于理念在感性形式中的完全体现一般说来就是艺术的理想，所以在古典艺术中艺术达到完成。我们将看到，浪漫艺术是比古典艺术更高的精神阶段，但正因为如此，它趋向于超越整个艺术而进入一个更高的领域。

666.希腊人的心灵把神圣的东西描绘成和人相似的诸神的万神殿。由于有形式的个别性这一原则对于艺术来说是本质的，这些神不再是仅仅抽象的人格，而是被描写成富有亲切特征的真正个体。然而，由于包含在她们中的作为神圣的东西的普遍性必须加以强调，所以她们的普遍性必须不过分地沉没于有限世界的特殊性之中。她们虽然在这个世界中，却不属于这个世界。她们并不沦于经验的个体的无限的混乱之中。她们仍超然世外，保持着幸福的宁静和内在的安详、超出于一切暂时的和偶然的东西之上。这种宁静和永恒的幸福的气氛是在希腊雕塑中得到描绘的诸神的突出特征。在这些作品中，神圣的东西的普遍性被强调出来。这种普遍性是还没有区分、差别和冲突的统一。

667. 由于古典艺术本质上是拟人的，它所选择的最适于体现其内容的感性形式是人类的形式。因为"绝对"现在被认作具体精神，人首先在他自身中看到了"绝对"。在感性世界的所有形式中，唯有人完全适合于作为精神的体现与栖息之所。事实上，人体是精神之在它自己的物质状态中。因此，雕塑是典型的古典艺术，这种艺术完全表达了古典理想。因为雕塑虽然不完全局限于人的造型，但它把人的造型作为它的根本主题。在所有艺术中，雕塑也最适于表现作为古典艺术的特征的无限的幸福的宁静。它特别适宜于表现静态而非动态。

668. 古典艺术特别和希腊人相联系，正如象征艺术特别和埃及人及印度人相联系一样。但这种联系并不是严格的限制。不管在什么地方，不管在任何艺术中，只要内容和形式完全平衡，它就属于古典艺术。其他艺术类型对希腊人也不是完全陌生的。在他们的艺术中到处可以发现象征艺术的痕迹。而在他们的诗特别是戏剧中，他们的艺术本质上是浪漫的。诗是一种浪漫艺术。然而，即使他们的诗，也打上这里所描述的古典艺术的特征的烙印。

669. 古典艺术，通过逐步认识到这样一个事实即它所体现的神圣的观念是有缺陷的，而解体了。神圣的东西应当是自由的和无限的精神。但希腊诸神既不自由又非无限。作为一个多数，他们相互限制。她们不是世界的最高主宰，甚至也不是她们自己的命运的主人。在她们之上有一个深不可测的、神秘的"命运"。她们毕竟是有限的存在，不自由，和人一样地从属于事件的必然进程。

第三分节　浪漫艺术

670. 当精神认识到古典艺术中神圣的东西仍是有限的和不自由的，它也就发现没有一个个别的感性形式是真正适合于表现它的本性的。因为个体，仅仅作为许多个体中的一个，是有限的和不自由的。而由于没有一种感性的形态是适合于精神的，所以精神就退出它的感性的体现而回到它自己及其主观性中。这样就产生了一种新的艺术类型，在这一类型中，精神愈来愈趋向于漫步在自己的领域中，撤回到自身，扯去感性的面纱、从自身剥去物质的体现。这样，物质体现的方面削弱了；精神对物质占了支配地位。这就是**浪漫艺术**。

671. 浪漫艺术的基本特点由此而必然产生。在象征艺术中内容外在于形式，因为它还没有进入形式。在那里，物质统治着精神。在古典艺术中，内容完全进入并内在于形式，得到完全的表现。精神和物质完全融入一种和谐统一之中。在浪漫艺术中，内容不仅没有进入，而且超越出它的物质形式。精神占支配地位,成为一种独立存在,把它的感性体现抛在后面。因此,这里内容与形式再次成为相互外在的,就像在象征艺术中那样,不过是以一种相反的方式:二者的完全统一成为过去。

672. 在一种意义上,浪漫艺术是艺术的最高类型,而在另一种意义上,古典艺术是最高的。艺术的概念所包含的就是内容与体现的完全统一,古典艺术由于达到了这个目的,所以是艺术唯一完善的类型。但是,另一方面,由于浪漫艺术更加清楚地把握住了它自己的真实本性,所以它比起古典艺术来是精神发展的更高阶段。然而,由于浪漫艺术离开并超越艺术的完善的类型到如此程度,它也就完全超越了艺术的界限。事实上,它是一个过渡的阶段,在这里精神已经准备好开始脱离艺术的领域而进入更高的宗教的领域。

673. 现在精神发现没有什么感性体现是真正适合于它的。唯一能够配得上精神的庄严的,是它自己的内在的、不受物质形式限制的精神生活。灵魂的内在生活,它的绝对的主观性——这就是浪漫艺术的根本主题。浪漫艺术,从其全部含义与目的上看,都是现代欧洲的艺术,基督教世界的艺术。

674. 我们看到,精神如果要真正把握住它自己的本性,就必须把它认作本质上是具体精神,它不停留在它的安逸与宁静的普遍性之中,而把自己沉入自身的区分与冲突之中,并再次达到自身调谐,使区别和解,回到一种不是由于停滞不动而得到的,却是从冲突的内在深处赢得的庄严和幸福。表现精神的这种过程是浪漫艺术的一个主要的职能。精神必须克服它的他者。在古典艺术中,这个他者是自然,或一般地说是感性世界。在那里,精神的内容把自己和自己的他者即它发现与它完全一致的感性中介相协调。但由于在浪漫艺术中精神已经从感性世界中撤回到它自己的王国，所以它不得不加以协调的差别必定是在它自身中。它的他者不是一个感性的他者，而毋宁说是一个精神的他者。精神自身内在的冲突，它的自身离异和最终的自我协调，成为浪漫艺术的内容。

正是由于这个原因，古典艺术作品总是描绘一种永恒的、幸福的、无干扰的、不朽的安详和宁静，而相反地，浪漫艺术则趋向于描写冲突、行动和运动。而且，在古典艺术中，痛苦、受难和邪恶，或者是作为不美的东西而被完全排除在外，或者是至少被贬抑到背景中去；但在浪漫艺术中，它们却进入了根本的结构。古典艺术家不描写这些东西；但苦难和邪恶、甚至丑恶，在浪漫艺术中却有着地位。因为在这里，艺术的主题是分裂的灵魂，在自身冲突中的灵魂。精神只有当它自身分裂为二，并再次结合与协调这种差别，只有当它进入这个世界的特殊性中——邪恶与丑分别在道德领域及艺术领域中只是特殊性的环节——并克服它们，回到自己并胜利地高踞于它们之上时，才是真正的精神。只有这样，它才是一个具体的统一。

精神的这种冲突与胜利在基督教意识中特别地被想象为耶稣的生活、死亡和复活；它也在较小程度上反映在使徒、圣者和殉教者们的类似的经验中。因此，这些主题特别适合于浪漫艺术；中世纪绘画的伟大世纪几乎全是有关他们的。耶稣的故事把视"绝对"为具体精神的新概念的深刻真理清楚地呈现在想象面前。神圣的东西不再仅仅是普遍性，高踞于所有世俗的事务之上，徜徉于幸福的宁静之中。它作为普遍的东西，把自己沉入特殊性，进入真实的世界，成为有血有肉的。上帝是这个个别的、真实的人，耶稣。神圣的东西，在耶稣身上，在他的生活、死亡、痛苦中，在他受难的地方，进入有限世界的所有冲突之中。这是普遍的东西把自身沉入特殊的东西。但在耶稣复活与升天中，我们有了概念的第三个环节即精神之回复自身，进入具体统一，克服并调和了它在自身之内所造成的区别。

675. 由于精神在浪漫艺术中退回到自身之中，所以它现在认为是有无限价值的只是它自己。外在的物质的世界的意义降到零。因此，人格的无限价值成为这种艺术类型的根本特征。这一点在骑士文学和艺术中特别被强调出来。骑士有三个本质特征——荣誉、爱情和忠诚。这些特征中的每一个的原则都是人格或自我的无限性。荣誉的原则是"我"，这个纯粹的自我，是一个人，具有无限的价值（第532节）。为了荣誉的斗争，不是为普遍的幸福，也不是为了任何伦理的或实体的目的，而只是因为认识到"我"作为一个人的不可违背性。浪漫的爱包含有同样的原则，在这里，它认识到另一个人的无限价值并发现我自己的真实自我是在那另一个人中。最后，忠诚或忠实于所服务的主人，与主人是否促进有伦理价值的目标没有关系，而只是为了主人这个人，不管他可能从事的是好的还是坏的冒险事业。对自我作为自身目的，因而作为无限的认识，构成了荣誉、爱情和忠诚的根本原则。在希腊艺术中看不到任何一个这样的理想。阿喀琉斯的愤怒并非起于他作为一个人受到什么伤害，而相反地，是起于失去了他认为应该属于他的那一份战利品。只有真实的、外在的东西，如这里的战利品，被认为是有价值的。只要把战利品还给他，就万事全休。个人的荣誉没有什么干系。同样，作为现代艺术的典型特征的浪漫爱情，在古典艺术中也毫无地位。在古典艺术中，不是精神的爱，而只是肉体的爱才被看作唯一可理解的两性之间的关系。

676. 浪漫艺术对主观性方面即精神内容的方面的强调和对客观的方面即物质体现的方面的忽视带来了如下更进一步的后果。当古代文学艺术中的角色倾向于每一个都体现某种普遍的伦理原则，诸如对家庭的爱或对国家的关心，而现代文学中的角色则主要地代表他们自己。他们的行动的出发点不是伦理原则，而纯粹是他们个人性格的个别特点。他们追求的不是普遍目的，而是他们自己的私人目的。这些目的可能是好的，也可能是坏的。但如果它们是好的，即是内在地普遍的，他们也不是为了这个原则的缘故才去追求那些目的，而仅仅是因为这是他们个人选择它作为自己的目的。这样，在古代戏剧中，行动的源泉是普遍伦理力量的冲突，在现代戏剧中，行动的源泉只是如此这般的个别角色的冲突，每个角色都不是站在任何伦理的基础之上，而只是站在他自己的人格的基础上。这就是莎士比亚的人物的真正的精神。每一个人物的行动都完全来自他自己的性格的内在源泉，不顾艰难险阻奔赴他个人的目的，保持首尾一贯直到结局。这里描绘的不是国家、家庭、市民社会的客观生活，而是个人的内在精神生活和主观性。

677. 绘画、音乐和诗是三种辉煌的浪漫艺术（虽然哥特式建筑本质上也是浪漫的）。之所以如此，有两个原因。第一，浪漫艺术关乎行动和冲突，而不是宁静。建筑完全不能表现行动，雕塑只能表现少许。绘画、音乐，尤其是诗，由于它们的本性，适合于表现行为和动作。而且，雕塑描绘外在的空间形式，而不是内在的精神生活。所以，作为我们窥探精神生活深处的窗户的眼睛，在最好的雕塑中，通常也是盲的。眼睛除了是个空洞或一个盲的球体之外，得不到任何表现。然而绘画却能够体现眼睛的光辉和表情。由于浪漫艺术所要表现的是主观的精神生活，所以雕塑对于它的目的是不合适的。雕塑，由于强调精神所寄居的物质形式并表现处于幸福宁静中的精神，本质上是古典的艺术。第二，绘画、音乐和诗的物质手段是更为理想的，比起建筑和雕塑的手段来是更为远离纯粹物质的。前者以固体的物质和三维空间作为它们的手段。绘画只用二维空间并且只表现事物的外形。音乐完全抽象掉空间，只存在于时间中；它的手段是音调。最后，诗以感性意象的完全主观的、内在的形式作为它的手段。

678. 浪漫艺术在自身中包含有其解体的萌芽。根据艺术的概念，它是精神内容与外在的形式统一。由于浪漫艺术打破了在古典艺术中达到的这两方面的和谐一致，所以在某种程度上已停止其为艺术。浪漫艺术暗含着这两方面的事实上的不一致，因为精神现在发现没有什么感性形式是适合于它的。这个原则的逻辑发展只能导致这两方面的完全分离，而一旦这种情况发生，艺术也就完全解体。那时精神就发现艺术不是它的真实的、完全的中介。精神的自我实现需要一个新的领域，这个新的领域就是宗教。

第三节　特殊的艺术部门

679. 由于感性体现的方面是艺术的概念中的一个本质的环

节，艺术不能停留在仅仅是一个观念的地步，而必须进入真实的感性的存在，作为感官的对象。而由于艺术的内容在一切情况下都是同一的即理念，艺术之间的区别必须在于服务于内容的感性手段。因此，艺术将根据理念使自己成为可感知的所用的不同物质手段来进行分类。

680. 恰如艺术在一般类型中表现出一种由低级到高级、从象征的到浪漫的逻辑过程一样，特殊的艺术也把自己安排在类似的必然次序中，并表现出由低级形式到高级形式的发展。构成艺术的一般类型的前进性质的是精神性的逐步增长。在象征艺术中，精神被物质所压倒。在古典艺术中，物质和精神平起平坐。在浪漫艺术中，精神占优势地位。同样的原则也支配着特殊艺术的发展。最初的也是最低级的建筑是物质占优势。它以三维的，固体物质为其手段。在另一极是诗，作为最后的和最高级的艺术。在这里物质的方面被削弱到几乎等于无，只是一些词，即用作符号的声音和纯然主观与内在的感性意象。换句话说，这个过程的前进性就在于艺术的主观性的逐步增长。

由于这个原因，特殊的艺术的前进发展与一般艺术类型的前进发展是一致的。最低级的艺术，建筑，根本上是象征的，虽然它也有其古典的和浪漫的方面。雕塑是古典艺术。绘画、音乐和诗是浪漫的即精神生活的主观的艺术。

第一分节　建筑的象征艺术

681. 在**建筑**中，理念以大量粗糙的、三维的固体物质为其表现手段。它所用的形式主要是无机自然的形式。它不像雕塑，还没有以有机的人的体形为其基础。它的手段不是受生命法则所支配的物质，而是受重力的机械法则所支配的物质。由于这个原因，直线、矩形和其他抽象图形构成了它安排物质的主要形式。理念的表现即差别中的统一主要是对称、平衡、与规则一致等抽象的形式。

建筑经过三个阶段：（1）象征的或东方的，（2）古典的或希腊的，（3）浪漫的或基督教的。

682.（1）象征建筑。象征建筑的占支配地位的特征是它作为一个自为的独立目的而存在。它除了象征某种抽象观念外没有其他目的。相反地，古典的寺庙，不是为自身而存在，而是为了装点神像的神圣性。由于艺术本质上是在自身中的目的，所以在古典时期，建筑就停止其为一种纯粹的独立的艺术。它变成从属于雕塑的艺术。因此，建筑作为一种美的艺术，它的基本类型是独立的或象征的类型。

独立的建筑艺术作品所象征的内容永远是一些抽象的一般观念，或自然的某些被加以一般化和神圣化的方面。最早的神秘的例子是《圣经》中的没有建成的通天塔。这座塔不从属于任何目的，因此完全是一个独立的艺术品。它象征着建造它的人们的统一的观念。伊克巴坦纳城封闭在七层同心的城墙中，在它的中央是皇家的城堡和它的财富，象征着封闭太阳这个堡垒的天轮。

埃及的方尖塔除了表现太阳的光线外，没有任何其他目的。在埃及我们也发现了被圆柱群、门侬巨像、狮身人面像、墙和通道所覆盖的广阔的地域。这些既不是庙宇，也不是居住的地方，而只是被建造来象征种种抽象的概念。迷宫的弯弯曲曲的通道并不是为了给漫游者找出口制造困难这一幼稚的目的而建造的，而是为了表现天体的运动轨道。金字塔这些陵墓内部的甬道，是为了死后的灵魂的漫游和移居而建造的。

683.（2）古典建筑。古典建筑不是独立的，而是依赖的。因为它服务于为神像创造一种神圣的气氛和为做礼拜的团体的聚会提供场所这样一些目的。这种依赖性的特征进一步在建筑物的一切细节中表现出来，柱子不是为了自己的缘故才矗立起来，像方尖塔那样，而是服务于作为屋檐的支撑物这一实用的目的。这是它们的主要职能，一个不支撑任何东西的柱子只是一种摆设或装潢。随着希腊的庙宇通过多利克式、伊奥尼克式和柯林茨式的发展，精神性的逐步增长也表现出来。因为多利克式建筑是最巨大而粗壮的，而柯林茨式建筑则是最纤弱的。

这些庙宇根本不是任何东西的象征。它们完全为一个中心观念所决定，这就是为神像提供一个环绕着它的、适合的环境。但它们不仅是有用的，而且也是美的。象征建筑不能正当地说成是美的。它的巨大体积和物质占统治地位，最多也只能说是崇高的。但希腊庙宇相对来说是小的和纤巧的。在这里看不到理念与庞大的物质在作无用的斗争，它与外在形式处于和谐统一之中。

684.（3）浪漫建筑。这种建筑的主要例子是现代欧洲的哥特式教堂。由于我们仍然在建筑的领域中，而建筑主要是象征艺术，所以在哥特式建筑中象征主义也十分流行。十字形、尖顶、建筑物向高而大发展的一般趋向，所有这些都是象征的。然而，这种象征手法的精神是彻头彻尾浪漫的。林立的尖顶与尖状物一个高似一个，尖顶的弓形门和窗户，建筑物的巨大高度，表现了从外部世界撤回到自己的自我封闭中的灵魂的那种向上的精神。我们已经看到，浪漫艺术的本质特征正是灵魂从外部感性世界中撤回到它自己的内在精神生活的主观性中。一般地说，这就是基督教堂所要表现的。希腊庙宇和它的平台、廊柱是向世界开放的，欢迎熙熙攘攘，它是欢乐而愉快的。它是平的、低而宽的，不像基督教堂那样狭而高。这种扁平和向水平方向延伸表现了向外进入外部世界的伸张。所有这些特征在哥特式教堂中都翻转过来。圆柱不是在外面而是在里面。整体的完全封闭的，形成了从外部世界脱离、关在自我幽禁中的灵魂的住所。微弱的阳光通过彩色玻璃射入室内。人们来来往往，跪在地上祈祷，然后离去。所有的宗教活动都在同时进行。但所有变化着的活动的多样性不能填满它，不能干扰那巨大的空虚的空间和头上高耸的弓尖形屋顶的深远的阴影所造成的浓郁的宁静。它把所有的活动都淹没在无限静默的空间中，以感性的方式表现了精神的无限性。这样，这里所强调的是内在的精神生活，脱离现世和作为浪漫艺术的根本原则的主观性。

第二分节　雕塑的古典艺术

685. 无疑地，**雕塑**的媒介仍是固体物质。但是，在建筑中它只是粗糙的物质，即无机的并因而未被精神化的、为重力的机械的和物理的定律所支配的物质，而雕塑的手段则是为精神所贯注了的物质，为生命的法则和它自己的内在主观性所支配的物质，尤其是在人类的形态中的物质。此外，雕塑至少还在一个方面即颜色方面摆脱了物质。的确，许多雕像被涂上了色彩，希腊人也是这样做的。但典型的雕塑是没有色彩的；或者至少它的颜色是无关紧要的和无显著差别的（它要成为可见的，必须有某种颜色）。它们有相同的古铜色或大理石色。由于颜色是无关轻重的，所以全部本质的东西就是形状即抽象的空间形式。

人的形体构成雕塑的中心——动物和其他的形体只是次要的——因为人体是适合于表现精神的典型的物质形式。前面说过，精神发现没有什么感性的形式是适合于它的，所以，我们说人体是精神的合适的表现形式，意思只是说，在纯粹感性形式所可能达到的最大限度内它是适合于精神的。由于这里精神融合于形式中，内容与体现达到完全的平衡与统一，所以雕塑是典型的古典艺术。

686. 雕塑的媒介不是那种质地粗糙生硬的物质。物质的质地，主要是它的颜色，被抽象掉了。我们主要是和它的量的方面即纯粹的伸张性、空间形式与轮廓打交道。从精神方面来说，它的普遍的、本质的性格恰恰与这种抽象的因而是普遍的感性物质相对应。所以，精神的这些品格是雕塑的适当的主题。这意味着雕塑所要描绘的是未被干扰的普遍性与宁静中的精神，并将排除那种陷入现实世界的特殊活动的旋涡中的精神的猛烈的动荡不宁。希腊的神像都打上了这种柔和的和超然世外的平静和永恒的安详的烙印。但这并不意味着雕塑应当描绘空洞的抽象的东西和人格，诸如命运、爱、正义等。相反地，它的作品本质上是具体的个别的活生生的人物。不过它应当描绘出人物的永恒的、不朽的特征，它的普遍品格，如善良、忠诚、勇敢、睿智等；而性格和感情的暂时的表现如愤怒、惊愕等则应当排除。绘画可以描绘这些，而雕塑则不能。对普遍性和恬静的需要并不意味着任何种类的运动都要排除在外。许多有名的雕塑如《掷铁饼者》就表现运动。但它必须把行动表现在一个单纯的形式中，它必须不干扰或歪曲人物的主要特征。在暴怒中，一个人的全部人格都埋藏在那一种感情之中，他的普遍的性格消失在里面。灵魂的这种状态是不适合雕塑艺术的。形象必须在它的永恒的普遍性的基础上保持平衡。仅仅表现怪癖、行动的任性和所有更主观及纯属个人的精神状态都必须排除。由于这个原因，在最高级的雕塑中是不描绘眼神的，虽然在绘画中要表现它。因为只有在浪漫艺术中，灵魂生活的主观深度才能被描绘出来。

黑格尔也简要地谈到象征的和浪漫的雕塑，但在这里没有多大必要来谈它们。最好的雕塑根本上都是古典的。

第三分节　绘画、音乐和诗的浪漫艺术

687. 浪漫艺术以精神从外部感性世界中撤出为其原则。然而，正出于这个原因，现在外部世界第一次在艺术中得到作为在自身基础上的存在的独立权利。在古典艺术中，感性表现为仅仅与精神联结在一起并因而依赖于精神。然而，现在每一方面都从对方松脱开来，每一方面都凭自己的权利独立存在而与对方对峙着——虽然它们的联系并没有完全割断，因为那样就意味着艺术的完全解体。主观性与客观性成为分立的；艺术肯定地以主观性为其原则并越来越大地排斥客观性。可是，主观性一词有两重含义。一方面，它意味着作为与物质世界对立的自我的意识生活。另一方面，它意味着属于这个特殊的自我而非他人的东西，即个人的怪癖、任性以及和普遍的、永恒的人

类生活的特征相反的特殊的东西；从这个观点看，人类生活的普遍的、永恒的特征则是客观的。

浪漫艺术在这两重意义上都是主观的。一方面，它把自己集中于灵魂的内在生活并逐渐消除感性体现的方面。另一方面，它倾向于更自由地描绘特殊个人的特点和任性的特征。

A. 绘画

688. 在浪漫艺术中对感性体现的削弱起初采取对空间的否定的方式。然而，这不是立即完成的。**绘画**，第一种浪漫艺术，只抽象掉空间的一维而保留了其他两维即平面作为它的手段。这样，它不再以真实存在着的、沉重的固体事物为其基础，而仅仅是固体事物的显现。这种幻觉和主体的显现是由艺术来创造出来的。建筑物或雕塑品的感性存在是一个真实的物质的东西，而绘画的感性方面只是部分地物质的。其余的部分是精神的。在这种方式下，主观性的方面甚至在感性体现的物质方面也显露出来。绘画仅仅是一种幻觉，并不像有人设想的那样是一个缺点，而是它超过雕塑的主要标志。除此之外，绘画的物质手段是光和色。幻觉就是通过颜色的分化创造出来的。

689. 如已经阐明的，主观性的增长也意味着，绘画作为一种浪漫艺术与雕塑不同，它不限制在人物性格的普遍的和永恒的特性范围内。个别的特点、任性和特性以及事实上精神生活的全部内容都在它的描绘之中。惊奇、愤怒、一掠而过的微笑和所有类似的灵魂的片刻的表现，都能成为它的主题。由于这个原因，眼神现在成为重要的了。而由于同样的原因，人物不再需要被描绘为安详宁静的状态，而可以表现在运动和行动的一切兴奋状态之中。但在这一方面绘画仍是受限制的，因为它只能描绘时间的一刹那。它不像音乐和诗那样，它自身不是一个能生发出行动的步骤的时间过程。

690. 由于一幅绘画中的人物不需要固定在他们的普遍性与宁静之中，而能沉入特殊性，因此，它可以表现痛苦与受难。然而，对这一点绝不要加以夸大。艺术的基本条件就是它应当在精神与自身的一致中来表现精神。这一事实形成了中世纪基督教绘画的伟大时代的动机。甚至蒙多娜失去她的儿子的极大痛苦也是通过它可以看到精神的胜利以及它与自己和解的痛苦。

691. 浪漫艺术在精神与外部世界之间造成的分离的一个后果，是后者与其自己的基础上的独立存在（第 687 节）。因此，这样的外部世界能够成为绘画的主题，于是就产生了风景画。这种绘画样式所描绘的，初看起来似乎是简单的、无灵魂的和非神圣的东西即自然。然而，形成这样的图画的主题的根本上仍然是主观的心灵生活。艺术家在自然的各种基调中发现了与他自己的心境的一种亲近关系。自然是安宁和平静的，愤怒和凶猛的或阴暗和忧郁的。艺术家所描绘的实际上是他自己的心灵的情调，而不是自然的仅仅外在的事物。

B. 音乐

692. **音乐**完全否定了空间而只存在于时间中。由于被眼睛看到的一切必须存在于空间中，所以这种艺术停止诉诸视觉而只对听觉表现。因此，它的物质手段是声音或音调在时间中的持续。

693. 对空间的完全否定使音乐成为纯粹主观的艺术。雕像有其自己的在空间中的独立存在，它是一个独立的东西。这种客观性在绘画中被部分地取消了，图画仅是一种表现。然而，甚至图画也有作为一个东西的外在存在。可是音乐的音调却没有这样的永恒性或持久性。就在它发生的一刹那它也就消失、停止存在。这样，它就没有真正的客观性。因此，在音乐中，表现在其他艺术中的主体与客体的分离没有产生。观众凝视着作为某种在他之外的东西的雕像或图画。在这种情况下，自我与它的对象是分离的。但由于这种外在的客观性在音乐中消失了，艺术品和它的欣赏者的分离也消失了。所以，音乐作品渗透到灵魂的核心并与它的主观性合一。

694. 由于同样的理由，音乐是艺术中最激起感情的。在感觉、思想和概念中，主体站在客体的对面注视着它；在感情中这种分离消失了。灵魂被吸引到它的客体之中，在一种彻底的同一性中与客体紧密地结合在一起；这里的同一性意味着灵魂不是处于觉察到它和客体之间的区别的状态之中，因为这种自觉性不是一种感情状态而是一种认识状态。因此，音乐是直接呈现给感情的。

695. 甚至在自然中，叫喊也被认为是内在感情生活的直接表现。但仅仅一种杂乱的声音或喊叫本身还不是艺术。只有当心灵把有秩序的关系构成的结构引入其中，它才成为艺术。这种有秩序的关系把统一带进有差别的声音之中。一种单纯的多样性是不美的。但一种完全为统一原则所统辖和支配的多样性揭示了理念并因而是美的。在这里，对称、与规则一致和在音调长度的不等同中的时间节拍的相同性是重要的。和声与旋律是把统一引入音调的量与质两方面的差别中去的两种方式。

696. 和在诗中一样，韵律和节拍也形成音乐中的一种特殊的职能。节拍的哲学基础和它对于心灵的特殊的吸引力的解释在于这样一个事实，即自我在其中发现了它自己的绝对的副本。时间本身是均匀的、未分化的、连续的流。这种抽象的连续性相当于自我的赤裸的普遍性，它是空无内容的。但自我的真实本性却不是这种抽象的普遍性，只有当自我把自身分裂为二，使自己成为自己的对象，并再次取消这种区别从而回到自身，它的真实本性才被揭示出来。现在节拍在时间的抽象连续性中引进了相等的间歇划分。每一片刻，尽管这样与邻近的片刻不同，然而却又与它是同一的。因为时间的一个片刻与其他一个片刻是难以区分的。每一个片刻都是一个"现在"。因此，节拍把区别引入时间的纯粹连续，这种划分又在这些片刻的绝对同一中被取消了。自我在这一过程中发现了自己；因为它在那里发现了一个纯粹统一性，它自身区别，又回到自己的统一与同一之中。因此，音乐中的节拍引起我们极大的满足。

C. 诗

697. 在诗中，精神从其感性外表中回撤得到完成。因为诗的手段是完全内在的和主观的精神意象或表现。然而，它和音乐一样，也保留了声音，不过不是作为它的真实体现，而只是作为心灵与心灵相交往的手段。它和音乐不同的是，声音作为声音现在不再是根本的目的。现在声音变为词，它本身没有什么意义，而只是一个观念或表现的任意的符号。在诗中，真正的形式或体现是观念或表现本身。然而，这种精神意象或想象同时就是内容。它在自身中具有内容和形式两方面的特征。由于它属于精神和内在主观性的方面，它是内容。但由于它绝不仅仅是一抽象的普遍性，而总是沉浸在个别性中，穿上感性意象的外衣，从这一观点看，它又属于感性体现方面。

698. 石头、颜色、音调和其他艺术手段，如我们已经看到的，是以种种不同的方式局限在它们所能表现的内容的范围之内的。然而，语言却能够表现可以形成人类意识的内容的任何东西。因此，诗与其他艺术不同，它不局限于表现精神的某个特定的方面，精神的全部财富都是它的领域。因此，它是普遍的艺术，是其余一切艺术的综合。它能够像建筑那样是象征的和崇高的；跟雕塑一样，它能表现普遍的和真实的东西，表现神圣的东西的宁静安详；跟绘画一样，它能够清楚地表达个人的怪癖和性情的转瞬即逝的方面；和音乐一样，它能激起最深刻的感情。它与绘画不同，它不局限于时间的一个瞬刻。它能从行为和运动的整个发展过程的每一个连续的方面来描绘它们。它是如此普遍，所以它既不仅仅是象征的，古典的，也不仅仅是浪漫的；它是一切。它存在于一切时代与一切国度之中。

699. 不管什么内容都可以成为诗的内容。只要是人的心灵能够想到的，都能够成为诗的主题。诗和散文之间的区别不在于内容的性质，因为任何内容都能够成为诗的内容。它们的区别产生于诗人处理他的材料的特殊方式。在诗中，普遍没有和特殊分离，这两者结合在生动的统一之中。诗不像散文那样，它没有把规律和现象、目的和手段对立起来，或使一个从属于另一个。科学本质上是散文式的，因为它把普遍从它的体现分离开来并使之成为抽象品；它把规律从表现它的现象中抽象出来。然而，诗却在抽象的东西与感性的东西的生动的统一中把

握它们。因此，真正把诗和散文区别开来的是——它也是所有
艺术的普遍条件——诗是一个有机的统一，一个无限的有机体，
完全自由和自决定。它为一个单一的观念所渗透和支配。特殊
的部分、意象、观念等都完全从这个作为焦点的中心得到它们
的生命并仅仅作为它的显现而存在。因此，诗是在概念的无限
的范畴即生命、有机性等之下构想出它的主题的。另一方面，
散文在知性的有限的范畴即意味着有依赖和不自由的那些范畴
如原因和结果的支配下构想它的对象。历史，虽然它可能是在
一个单一的、统一的概念支配之下写出来的，但它不是诗，因
为它是在事件的互为条件的依赖的联系、原因和结果等中描述
它们的。雄辩术虽然充满了激情，但不是诗，因为讲演绝不是
自身目的，而是服务于某种更为隐蔽的目的，如劝说、政治、
开导或教诲等。

700. 我们举一个例子，或许可以使诗如何把抽象的东西寓
于感性形式之中，并在普遍与特殊两方面不可分割的统一中把
握它们的情形更为清楚明白。这样一些词，如"太阳""早晨"
等给心灵传达一种含义，但当这样一些词或短语出现在日常谈
话中，它表现给心灵的不是一个意象，而仅仅是一个概念；它
可能染上一层淡淡的色彩，但这是苍白的、依稀模糊的。这样
一种精神内容是一个思想，一个普遍，一个抽象品。但如果在
一首诗中说，"破晓时曙光女神伸开玫瑰色的手指飞向天空"，
毫无疑问，在这里，以前的那种抽象概念被感性化和具体化为
一个清楚的意象摆在心灵面前、历历在目。前者，其内容在抽
象性中，是散文的；后者，其内容在感性的具体性中，是诗的。

701. 韵律对诗是重要的，其原因同节拍和旋律对音乐是重

要的差不多。一连串不规则、无秩序的词，如在散文中那样，借助于一定的规则，归纳为确定的定律；这些定律把统一性和联系引入不确定的多样性之中。格律的哲学基础和音乐的节拍的哲学基础(第696节)是一样的。韵脚和头韵使我们感到满足，因为同样的声音在不同的声音中的有规则的重复里，自我发现了和他自己的差别中的统一这种本质性相类似的东西。

虽然有许多从属的和中间的类型，但诗主要地分为三类，即：史诗、抒情诗和戏剧诗。

702.（1）史诗。史诗的原则是客观性，诗人退居幕后并把一个人物、事物和事件的客观世界展现在我们面前。他仅仅是一个叙述者。他自己的评论，他自己的观点和人格的渗入在这里是不适合的。无疑，他是诗的创造者。但必须表现的是创造品，而不是诗人自己。在这一方面，史诗是抒情诗的对立面。因为在抒情诗中，从根本上说，诗人的人格是重要的。

703.史诗必须描写为特殊的人物作出的特殊的行为。但这种行为应当展现在一个民族或一个时代的整个生活的背景之上。在《伊里亚特》和《奥德赛》中，希腊人的全部生活都反映出来。因此，人物虽然必须是带着他们个人特征的全部丰富性的活生生的个人，然而他们却应当在某种程度上是普遍的性格。一个民族的全部精神应当被渗透在一部史诗的主角中。他应当是他们时代和国家的典型。社会的一种起初的状态，一方面它既不仅仅是野蛮的，另一方面又还没有被发展了的家庭和国家生活所过度文明化和羁绊，一句话，即英雄时代，最为适合于成为一部史诗的背景。因为在这样的条件下，人物是自由和独立的。

704.由于史诗的占优势的客观性，行动的发展受到来自外部环境和人物的性格同样的限制。在戏剧中，不管发生了什么，只能以戏剧中的角色为其源泉。仅仅外部的事件和偶然的情况不应当成为行动发生的凭借。但由于史诗不仅仅是人物的图画，而且是人物行动于其中的客观世界的图画，所以事件在外部世界和主角的心灵中有其同样合法的源泉。在《奥德赛》中，主角在他的漫游中巧遇了许多险情，它们纯粹由外在环境而起，丝毫不是由于他们的特殊性格。

705. 一部史诗的各部分可以联系得松散，可以允许纯粹孤立的事件的存在。但整体必须被某种统一的观念融合在一起，这种观念就是主角的个别的精神或整个行动一齐指向的目的之统一性。在《伊里亚特》中，阿喀琉斯的愤怒就是形成全体的统一的焦点。

706.（2）抒情诗。抒情诗的原则是主观性。诗人在这里力争表现的不是事件的外在形式，而是个人的内在的心灵生活。抒情诗本质上是他的特殊的人格，他个人的感受、心情，如欢乐、悲伤、希望或恐惧的表达。因此，抒情诗没有可能去把它的主题的疆域扩展到描写整个民族的生活。它所表现的总是某些感受或观念的特殊状态。最精微的思想、稍纵即逝的心境都可满足抒情诗。但是，虽然抒情诗中表现的是诗人的特殊人格，它赖以建立的一切感受或心境却应当本质上是普遍的，以至能够一般地诉之于人心。诗人的人格，他对世界的特殊见解，他个人的观点，把诗的各部分融为一个有机的整体。

707.（3）戏剧诗是抒情诗和史诗的统一，它在自身中把在这两者中分离了的主观性原则和客规性原则结合起来。它是客观的，因为它在我们面前呈现出在外部世界中发生的、确定的一连串事件;它是主观的,因为外在的行动是通过角色的内在的、表达在语言中的心灵生活而发展的。而且,戏剧中人物的内在心灵生活是所发生的一切的原因。事件仅仅是他们的意志实现在客观性中。整个行动都必须从性格中发展出来。因此,应当仅仅被外部偶然性和事件所决定,虽然是适合于史诗的一个条件,但却与戏剧的概念相抵触。

708.每一部戏剧中的行动必然是一个冲突。它可能是体现在戏剧中斗争着的人物身上的不同伦理力量的冲突,或者它可能更为特殊地只是不同的个别意志的冲突。但不管在哪种情况下,我们所有的,在或大或小的程度上,本质上都是那神圣的东西即精神,它走出自己的普遍性的宁静状态而进入差别和特殊性的领域,并因而进入和自己的矛盾之中。但作为艺术存在的理由的理念的显现,只有当理念超出差别回到自身才得到完成。因此,在戏剧的结束中的表现为不同力量的冲突的矛盾必须得到解决,必须达到和解。戏剧不能以未和解的矛盾来结束。所以,结局必须表现出神圣的东西是自己证明为合理的。不管在悲剧或喜剧中,我们总是在某种方式下看到统治着世界的内在正义最后平息了它自身的矛盾,并超出差别和冲突而回复到它自身实质内在宁静之中。

戏剧的类型如下。

709.(a)悲剧。悲剧的本质在于它包含一个不同力量的矛盾,它们的每一个自身都是合乎伦理地正义的。因此,悲剧的内容是那些普遍的、本质的权利和合理的冲动,它们构成人类生活的本质核心。这些是:夫妻、亲子、血族之爱,社团的生活,公民的爱国主义,最高掌权者的意志等。真正的悲剧人物是一个人，虽然他是一个性格丰满的真正的个人，但本质上却体现了某些如此这般的伦理力量，把自己全身心地投入它，以毫不妥协的坚持到底的精神把它推行到底。因此，他和其他特殊的伦理力量陷入冲突。矛盾的每一方面，就它们自身来说，都是正当的，正确的。但每一个，由于它是片面的，由于它否定、否认其他同等合理的权威到那样的程度，因而成为被谴责的理由。在悲剧的结局中被取消的不是伦理原则本身，而仅仅是它的假象和片面的特殊性。绝对真理、理念、内在正义回复到它自己；由于干扰了它的平静的个别性的垮台而回复到它的伦理的实质和统一。

现代悲剧在它的增加了的主观性方面区别于古代悲剧。内在的力量的冲突仍然可以看到。但个别意志和性格的冲突被更加强调。古代悲剧的英雄完全站在某些实质性的力量如国家利益或对家庭的关注的基础上。现代悲剧的英雄则站在他自己的个别性、他的个人目的、野心和欲望的基础之上。但是，虽然他可能是邪恶的，如麦克白那样，他还必须是一个本质的和真正有价值的性格和伦理力量，并在同样的程度上是合理的和普遍的东西的体现。他可能是一个无价值的人，一个懦夫。这个主观性的加强是和从古典艺术到浪漫艺术的进展相一致的。对于浪漫艺术来说，主观性是根本的原则。

710.（b）喜剧。在喜剧中，普遍的和主观的东西再次被证明是合理的，不过是以另一种方式。喜剧通过揭露无价值的东西的空洞和贫乏来证明伦理的价值。通常，我们居于二者之一：或者喜剧人物追求某种没有真实内容的目标，它是空虚的、徒劳的，并且，由于它本质上的空洞性，崩溃瓦解；或者他追求某种真正的、真实的目的，但他自己的个别性对于用作达到这样目的的工具是太渺小而轻微，所以他的意图化为泡影。在每一种情况下，喜剧人物都失败了；在第一种情况下是由于他的目的是无价值的，在第二种情况下是由于他的手段不充分。但真正的喜剧人物必须不在失败中被征服。他必须能够以一种不被痛苦和不幸所感染的无限的天真来超乎这种失败之上。他自觉到他所努力追求的确实没有多大的重要性，或者他要达到这一目的的意图不被认真地看待，所以他能够以一种怡然自得的愉快心情来超出他自己的失败之上。

711.（c）重要性较小的是第三种戏剧类型，即"现代剧"或"社会剧"，它企图融合悲剧和喜剧的原则。悲剧冲突中的两方面中反面的一方被如此削弱，所以它变得适合于不同利益的和解与不同目的与个人的一致。

712. 在戏剧中，艺术的全部发展结束了。诗是艺术的最高阶段，而戏剧则是诗的最高形式。但正由于这个原因，诗同时是一切艺术的解体和向精神的一个更高的领域即宗教的过渡。因为在诗中，精神的方面已经完全把自己从感性表现的方面中撤出来。这样，这两方面就分离开来。但艺术的根本概念就是精神的内容和感性的形式的有机统一和融合。而当在艺术中这个统一完全分离的时候，整个艺术因此就取消了其自身并且瓦解了。精神过渡到一个更高的领域。

第二章　宗教

第一节　一般宗教

713. 读者或许已经注意到，保持在这一体系的前几部分中的辩证推论的逻辑严密性，在论艺术的领域中已经相当地放松了。在《关于美的艺术哲学的讲演》中，黑格尔一再重申，艺术的三种类型和五种形式的发展是概念之必然；换句话说，是逻辑必然地演绎出来的。然而，我们却看不出这种断言是公正的。一个名副其实的演绎包含两个因素。第一，摆在我们面前的一个特殊的概念，比如说象征艺术的概念，必须在它自身之中孕育着矛盾。第二，这种矛盾必须在一个新的概念中得到解决。确切地说，这些矛盾不是被解决了，而是它们自身取得和解，不是我们，无论作为个人或人类，发现了概念中的矛盾，因而被迫去找到一个可以解决这种矛盾的新概念。这个新概念必须是从旧概念自身中必然产生，而不是被我们所发明出来的。换言之，这种过渡必须是客观的，而不仅是我们的主观行动。象征艺术的概念诚然在自身中孕育着一种矛盾，这个矛盾就在于：

它既是艺术，就必定是内容与形式的统一，但另一方面，由于它仅仅是象征的，所以同时又不是内容与形式的统一，相反地，内容和形式处于一种外在关系中，它们根本上是相互分离的。

到此为止，黑格尔的演绎进行得是很顺利的。但接着他就告诉我们，人类的精神如何以一种新的艺术概念克服了这一矛盾。我们看到，新的概念即古典艺术的概念的确解决了旧概念中的矛盾，但对于逻辑演绎来说，这里却造成了缝隙。展现在我们眼前的不是旧的概念如何必然产生出新的概念，不是概念的自身发展，而是我们甚至是古希腊人的代庖。这种过渡因此不是一种客观的必然，而是人类精神作为一种需要来满足的主观必然，它由于主观精神创造出一种新型艺术而得到实现。

这种演绎中的疏漏不仅在艺术部分可以见到，而且存在于整个绝对精神的领域中。我们看到，每一种宗教都含有矛盾，并且在新的、更高的宗教中得到解决。但这种过渡是主观的、而非客观的。同样地，他也没有给出从艺术到宗教的真正过渡。无论在《哲学全书》中，还是在美的艺术的讲演的末尾或是在宗教哲学的讲演的开头，都找不到一种真正的、客观的演绎。

714. 黑格尔所提供的从艺术到宗教的过渡有如下述。

绝对精神，一般说来，是人类心灵对"绝对"的领悟（第634节）。它的内容，在任何情况下，都是"绝对"。不同的地方在于对这个绝对内容认知的形式。在第一种形式即艺术中，"绝对"以感性事物的形式出现。我们已经看到，艺术自身中包含着矛盾；这种矛盾在艺术的开始是暗含的，只是到了浪漫艺术它才变得清楚明白。浪漫艺术的原则是，由于"绝对"是精神，它只能作为精神而被认识，一切感性的形式对它都是不适当的；

但另一方面，艺术这个概念本身就包含着把"绝对"作为一种感性事物而不是作为精神来领悟、理解。

艺术是如此不适于"绝对"并自相矛盾，于是作为对"绝对"的领悟与理解的一种新的形式就成为必需的了。"绝对"必须不再被作为感性事物来理解，而必须按其本来面目即精神来理解。但精神的本质既不是感觉，也不是感情，也不是知觉，甚至也不是知性，而是理性，换言之，是概念或理念。它的本质是作为思想的思想即共相。所以，任何对"绝对"的真正的理解必须不把它看作感性事物，而把它看作纯思、理性、共相。这种对于"绝对"的知识只能是哲学。但精神不能立即从把"绝对"理解为感性事物（艺术）上升到把"绝对"理解为纯思（哲学）。这里有一个中间阶段：既不以纯感性方式，也不以纯理性方式去认识"绝对"，这就是**宗教**。

绝对精神的内容是"绝对"，它即是思想。在艺术中，这个绝对思想即理念取感性事物的形式。它在哲学中取纯思的形式，所以在哲学中内容与形式相同一，因为二者都是思想。在宗教中，内容是相同的，即绝对思想；但形式是中间性的：它部分是感性的、部分是理性的。这就是黑格尔所谓的表象（Vorstellung），我们也可以把它译为图画式的思想或形象的思想。

715. 我们应该把一个表象（Vorstellung）和一个单纯的意象或精神图像区别开来。我可以凭想象勾画出一幅我母亲的面庞的形象，这样一种意象纯粹是感性的；它只是关于单个特殊感性事物的印象。它不包含任何关于它的普遍性的因素、思想的因素。但一个表象，虽然它是图像式的、却总是具有一种普遍的意义。它是一个包藏在感性意象的外衣之中的纯思或共相，是某种理性的真理的形体化的象征。因此，上帝创造世界的流行观念乃是一个表象。它所表示的哲学真理是：理念投身于它的外在性和他物之中从而成为世界。确切地讲，这不是一个时间中的行动或事件，而是理念之永存的、无时间性的过程，它在哲学中表现为从逻辑到自然的过渡。但普通意识总是把这个真理设想为在时间中发生的事件。理念在这里被称为上帝，而上帝在不可查考的远古以前的某一天里创造了这个世界。这是一个表象，因为它把一个普遍的思想表现在感性的形式之中。创造是从人类的机械的和技术的操作活动中借用来的一个意象，它表示世界在时间上有一个起始，也就是说，把世界表现在感性事物所显现的那种外在的形式中。

此外，上帝的"位"被表示为父亲和儿子。父亲与儿子的关系明显是纯感性的关系，所以在这里对它不能从严格的字面意义上来理解。然而，它是最接近于真理的确定的关系。它所代表的真理是：理念之在自身中的诸环节的区别。普遍性即父亲，从自身中产生出他的儿子即特殊性。化身，即神－人观念，是一个表象，它表示一切宗教的核心真理，即神与人的统一，表示这样一个事实，即"绝对"是精神（如我们在第634节中所看到的）。把上帝人格化的流行观念之自身是一个表象，它代表了一个真理，即"绝对"是精神，而最高的范畴，如在《逻辑学》中所揭示的，不是原因或机械性，甚至不是生命，而是人格，是自我意识，或者如黑格尔所称呼的，是绝对理念。

716. 艺术的缺点就在于它仅用这个感性事物来表示"绝对"。在浪漫艺术中，这个缺点是部分地被克服了，因为这种类型的艺术包含着精神之完全隐退到它自身的领域之中。但是，在最高的浪漫艺术，诗，即精神意象中所采用的形式，虽然它是内向的和主观的，而不再是外在实存的感性事物，还是缺少精神的真正本质即普遍性。它仍是单纯的这一个精神图像。这种表象、精神图像是纯内在的，但它此外仍不过是走向思想的普遍性的一个阶梯。正是在这一方面宗教胜过了艺术，它解决了至少是接近于解决了艺术的内在的矛盾。

717. 包含在世界上各种宗教中的那种象征式的思想是大多数普通的人们所可能达到的最高的思想。纯粹抽象的思想是他们所不能及的。因此，对于大多数芸芸众生来说，真理只能表现为宗教的形式以代替哲学这种真理的纯粹形式。这样，任何宗教的真理性问题就取决于当它的象征的、感性的形式被剥去后，它的内在思想内容是否为真。例如，正是在这个意义上，黑格尔称基督教是绝对真实的宗教；这不是因为它的象征性表现形式诸如照前面意义理解的圣父与圣子，创世，天堂，堕落等，而是由于这些形式的内在意义和思想内容是和那真实的哲学即黑格尔自己的哲学的原则相一致。

718. 因此，宗教的一般规定或概念就是：宗教是"绝对"之在图画式思想的形式中的宣示。这样，每一种宗教本质上都包含着三个与概念的诸环节相当的环节，它们是：

（a）普遍性的环节。

这就是上帝，普遍的精神。

（b）特殊性的环节。

上帝的普遍精神把自己分化为特殊性。处于这一阶段的思想是诸个别人的有限的精神。在这种情况下，那普遍的精神与特殊的精神处于分离的状态中。上帝与人类精神作为对立面而相互对峙着。因此，人类的精神意识到上帝之作为它的对象，并且也意识到它自己与上帝疏远化。这种疏远化，这种人对神的乖离，表现为罪孽与痛苦。

（c）个别性的环节。

这个环节引起崇拜这一要素，它是每一种宗教的一个本质的方面。因为个别性是特殊性之回到普遍性，是此二者的分离之和解。这意味着，在宗教的领域中，人类的精神在寻求弥合它从上帝的疏远化和分离，并且力求使自己与上帝相结合、成为与衪同一、与衪相调谐，这种努力就是崇拜。

这样，所有的宗教的本质的东西就是人与神的结合。它以一种与上帝相隔绝分离的感觉为前提，这种感觉产生了与上帝相调和的必要性。这和谐包含在孤立的、有限的精神重新回到与上帝的同一之中。

我们将会看到，宗教的内容即神人同一，恰就是绝对精神本身的内容。精神，当它知道它的对象就是它自身时，就成为绝对的。在艺术、宗教和哲学的领域中，人类的精神知道它自身是全部真实，就是"绝对"。这也就是上帝与人的结合、调谐。

719. 黑格尔在这里对把他的哲学看作泛神论的观点进行了强烈的抗议。泛神论断言，每个个别的事物如这块石头、这棵树、这个动物、这个人等，就是上帝，这里的含义就是说，这些事物在它们的直接性与特殊性中，就已经与神同一。但黑格尔的主张却正好与此相反。这个个别的人的精神，在其直接性、特殊性与有限性中，并不是上帝，恰恰由于他的直接性、特殊性和有限性，它感到并认知他自己是与上帝相分离、疏远化了。只有放弃他的特殊性，它才能进入与上帝的结合。我作为一个特殊的自我，由于我所有的自私和冲动、愚蠢的幻想和任性，本质地并不是那普遍的精神，不过是一个特殊的精神，虽然那个普遍的精神在我之中并构成我的内在核心和实质。在道德与国家的领域中，我们已经看到，个别的精神是如何必须放弃它个别的目的而采取普遍的目的，这样才能发展那包含在它之中的普遍性。普遍精神不是别的，就是上帝的精神；因此，它是我的内在核心和本质，我才能够放弃我的特殊性而上升到普遍性的高度。说上帝是在善良的人们的心中，这既不能认为是泛神论，也不能认为是亵渎神灵的言论，而这正是黑格尔的主张。

第二节　特定的宗教

720. 在上一节中，我们探讨了宗教的主观的概念。然而，宗教却不能仅仅停留在这样一种观念之中。它必须把自己实现为客观的，而当它这样做时，它就以世界上许多**特定的宗教**的形式成为实存。唯一完全符合于宗教的概念的宗教，如上节已经约略地指出的，就是基督教。因为在基督教中上帝与人的和谐是完全地实现了。基督教把宗教的概念的所有的本质的环节都结合在一个完全发展了的整体之中，而这些环节在世界的其他宗教中则是处于分散的状态中。这些孤立的环节在这些不同的宗教中表现出来，因而，它们都是宗教的理念的诸本质阶段。这些阶段不是偶然的产物，而是宗教的理念之由低级到高级的辩证发展，直到最后它在基督教中得到完全的实现。因此，这些其余的宗教乃是真理之诸片面，它们在基督教中结合成一个具体的整体。它们是真实的，因为它们是真理的诸方面。它们是虚妄的，因为它们是片断的、抽象的、片面的。它们所包含的一切真理都积聚、包含在基督教之中。

721. 当然，不同的宗教的发展是一个逻辑的、而非时间上的进程。然而，如同艺术的情形一样，一种时间上发展的因素也可在这里发现；最低级阶段的宗教总的说来时间上也是最早的。

722. 由于宗教总的说来是精神的辩证发展的一个必要的阶段，所以它的存在当然不是偶然的。它不只是人类的人为的发明，而是世界理性的必然劳作。它是"绝对"的一种真正的、真实的、必然的表现。在较早的阶段（第525节）我们已经看到，国家不仅是人类为了满足功利的目的的发明，而是"绝对"自我实现的一个逻辑地必然的阶段，并且植根于事物的根本性质之中。我们在那里关于国家所说的以同等的程度适应于这里，不仅对宗教一般，而且对宗教发展的不同阶段即所有世界上的各种宗教，都是适用的。一切都同样地是那唯一的理性、精神的劳作，它的成就构成"对世界的神圣统治"。正是理念自身、那唯一而又同一的理性，它展示其自身于这些宗教中，尽管它们可能在时间与地点上相隔是多么辽远。

723. 宗教的三大阶段是：（1）自然宗教，（2）精神的个体的宗教，（3）绝对宗教，即基督教。

724. 虽然黑格尔对伊斯兰教有大量的分散的论述，他却没有在他的宗教系统中给予它一个地位，这对于黑格尔来说是一个难以理解的疏忽。

第一分节　自然宗教

725. "自然宗教"这个词组，通常是用来指谓那种被设想为无须启示的帮助而直接引导人们去信仰的宗教。黑格尔对这一词组的用法却与此毫不相干。他把所有那些精神还没有能够控制自然，精神还没有被认识到是至高无上的和绝对的宗教统统归入自然宗教的名目之下。一旦"绝对"被认为是精神，我们就越过了自然宗教的阶段。无论在什么地方，上帝或"绝对"还没有被认为是精神，例如，作为物质或力量，在所有这种情形下，精神原则一般地还没有被认作自然的创造者、统治者和主人，所以这些宗教也把人类的精神看作仍然处于自然的力量之内。这些都是**自然宗教**。自然宗教首先表现为：

A. 直接宗教，或巫术

726. 自觉地意识到普遍精神即上帝与特殊精神即人之间的分离，是发展了的宗教观念的必要前提。所有的宗教的目的正在于弥合这种鸿沟，使人与上帝重新结合。在这种分离尚未使自己被觉察到的地方，正常的宗教是不会存在的，或只能以巫术这种原始而粗糙的形式出现；这种巫术，由于它是建立在普遍的与个别的直接联合亦即先于二者的区别与中介的联合的基础之上的，所以被称作直接宗教。[①] 上帝与人的区别也就是普遍的与特殊的区别。因此，在上述的分离还不存在

---

① 见本书第 239 节。

的地方，普遍性也就还未被认识到。每个东西都是个别的、特殊的；只有这棵树、这条河、这个动物、这个人，等等，除此以外，再没有别的什么了。在这种情形下，人还没有把他自己与自然区分开来，像其他个体一样，他也仅只是一个个体，混迹于纷然杂陈的诸个体之中。然而，由于那至高无上的精神在一切精神性的发展的背后的推动，必然使它自己从朦胧进入自觉。在这里，这种自觉表现为自我观念的觉醒，意识到我，这个个别的自我，是优越于石头、山岩、云彩等的，有力量来统治它们。仅靠发挥我的意志，就可以命令云雨、风暴、洪水，它们将会服从。这就是**巫术**。

对于宗教发展的这一阶段，注意下面一点是极为重要的。由于在这里普遍精神与特殊精神之间的区别尚未引出，所以"我"不是作为一合理的、普遍的存在而具有统治自然事物的威力，更不是作为一个伦理的存在而具有这种力量。这个"自我"仅以其特殊性与直接性来行使其威力。因此在这里，力量的发挥不是为了任何普遍的目的，而纯粹是代表了我的特殊的激情、欲望、需要和任性。我的激情自身的力量和我的极端自私的意欲，为了我自己的目的去控制自然。所以从一定意义说，在这里精神对自然的主导性是真的被认识到了；但是这种控制着事物的精神并没有真正作为精神，亦即不是作为合理的、普遍的东西，而只是作为一大堆特殊的冲动与激情。这些冲动与激情，由于它们只是直接的和特殊的，而非普遍的，所以只属于人的自然方面，而不属于人的精神方面。它们是属于人的，但不是作为精神，而只作为一个自然的部分。因此在这里，精神终究没有被表现出优于自然，而仍然是自然的一部分并为自然所奴役。

B. 意识在自身中的分化。实体宗教

727. 当普遍性与特殊性的区别被认识到的时候，真正的宗教第一次成为可能。人感到他自己只是这一个特殊的、以经验为依据的意识，并把普遍性设置在自身之外而与自己相对立，这样，普遍性对于他来说就成为对象性的东西。这就是在一切宗教中作为前提的分离或分化。但人们现在认作客观真实的普遍性，起初不过是一个纯粹抽象的普遍性，它只是一单纯的普遍性，缺少任何特殊性和内容。换句话说，它只是一纯有。然而，这种普遍性在这里被加上一种意义，即所有的特殊性都被吞没在这个纯有之中，特殊的、以经验为依据的意识连同自然和有限世界中的一切特殊事物在这个普遍性之前都等于无。这个普遍性因此是一个绝对的存在，一切其他的存在都依赖于它，自它而生又复归于它。这样一种本质的存在，它产生出一切有限的、暂时的、作为它自身的无关紧要的变体的实存，又重新使它们消失在它自身之中，这就是实体（第 300 节），而这些暂时的变体则是它的偶性。因此，在这个发展阶段，宗教的本质特征是：上帝被表示为实体。这样的宗教就是泛神论。^①**实体宗教有三**

---

① 黑格尔在两种不同的含义上使用泛神论这个名词。（1）用来指谓这样一种学说，即认为所有以其原始而粗糙的特殊性和直接性形式出现的特殊事物都是神。这是本章第一节（见第 719 节）中所用的含义。（2）泛神论，在第二种含义上，意味着这样一种观点，即上帝是吞噬一切有限的特殊性于其中的实体。这就是斯宾诺莎的泛神论，也是这里将要谈到的东方诸宗教的泛神论。当然，黑格尔自己的学说是和后面这种泛神论不同的，他把上帝、"绝对"规定为不仅仅是实体，而且是精神。

个发展阶段，即中国宗教，印度教与佛教。

728. 从这些宗教把上帝作为实体这一规定中产生了它们的一些根本的特点。首先，由于实体的活动是力量（第 303 节），所以上帝是绝对力量。但实体的力量不是由目的决定的。目的的概念属于概念论，而实体则属于本质论范围。因此，在这些宗教中，上帝不是一个自觉的上帝，而是一盲目的力量；而且作为一个自觉的上帝这种精神性的观念将指引祂的活动向着善的目标，这一点在这里也是完全没有的。其次，这里的有限精神，由于只是偶然的存在，完全淹没在实体之中，没有真实性，而是空无，没有不依赖于实体的独立实存的权利，因此，它是不自由的。在这里人类的精神仍然处于被奴役的状态中，而缺少自由的概念。

第三，由于同样的原因，这些宗教在政治领域中与专制制度携手并进。一个民族的政治制度总是和他们的宗教观念相适应的。只有伴随着一个升华了的精神性的上帝概念，才会有好的法律和一个好的政府。自由的政府只为那些具有自由的宗教的人民所有，这样的人民在他们的心灵深处就是自由的，他们知道上帝就是自由的精神。

实体宗教的不同等级有如下述：

729.（a）中国宗教。在这里，上帝起初是完全未分化的普遍性，是毫无内容的、空洞的存在。在物质的宇宙中相当于这种纯存在的是"天"，完全的空无。因此，"天"在这里被表示为绝对力量。但是，如同在巫术宗教中一样，精神的优越性的概念在这里也要为自己开辟道路进入人的意识，尽管是原始的、粗糙的。但这里精神的优越性仍然表现为一个特殊的，以经验为基础的意识，而不是普遍精神。这种特殊的精神就是皇帝，皇帝代表上天，他就是"天"。宗教在这里就在于服从皇帝的敕令。皇帝是神圣的并握有地上的绝对权力。不仅是他的臣民，而且自然的因素和死者的灵魂都从属于他的权力。

730.（b）印度教。在印度教中，实体的概念得到更加明确的发展。由于实体是完全抽象的，因此它是未规定的，在自身中没有任何区别。因此，只有一个实体；如果有许多实体，那就包含区别了。同样的理由，这个唯一的实体是无形式的，因为未被规定就是无形式。因此，上帝是无形式的"一""婆罗门"。婆罗门是抽象的统一。与这个"一"相对立的其他实存是不真实的，仅仅是偶然的。没有任何东西有自己独立实存的权利。它们从"一"产生又消失于"一"之中。这是充分发展了的实体与偶性的概念（第 300 节）。虽然这个"一"经常以似乎包含着人格的名词谈到，但它的真实内容不是精神而是实体。这样的术语只是暗含着表面上的人格化。这个"一"本质上是中性的。

731. 所有的存在，所有的世界、人乃至所有的神，都作为其偶性而自这一实体产生。但由于这个"一"本身不是具体的，而是完全的空无和抽象，所以所有的特殊事物，包括诸神在内，都落在它之外。它并没有真正地从自身把它们产生出来并把它们吸收回去以重建自己的统一。它没有产生它们，所以它们是直接的存在，也就是说，虽然这些事物被断言是自"一"而生，并因而是依赖之物，但由于"一"是抽象的并且没有从它自身产生出它们，所以它们是实际上独立不依的东西。由于这个"一统""太一"并不包含多样性在它的怀抱之中，却完全外在地站在多样性的对立面，因此，这些独立的事物的多样性乃是一种没有统一性的、毫无有机联系的、杂乱无章的堆积。联系的因素，"一统""太一"让这些独立自存之物自行其是。这样，它们就是一大群无统领，不被管辖，没有秩序、联系和理由的东西，从而落入任性的意象之中。从这里就可以解释印度教徒们的意象所提供给我们的荒诞不经的混沌世界。这同样也可以解释这样一个事实，即印度教一方面说是纯粹的一神教，而同时又是狂热的多神教。这个"太一"，由于它是全无内容和抽象的，不包含任何具体化分在自身之内，于是就只好让它们落在它之外，让它们逃脱它的一统而陷入无管制的混乱之中。由于它没有把它们保持在自己的把握之中，因此它们就独立于它之外并在这种状态下放纵胡闹。

732. 只有一种肤浅的哲学才会认为印度教的三神是基督教的三位一体说的预兆。确实无疑地，那在世界中活动着的理性、概念在印度教的三神中是朦胧可见的，但这种观念是完全没有发展的。如果把它等同于基督教的三位一体——概念在宗教领域中的完全自觉——那么，第三神即湿婆就应该是其他两神的结合。相当于概念的三个环节，三神中的大自在天就应是普遍性，毗湿奴应是特殊性，湿婆应是个别性。湿婆作为个别性就应该是普遍性与特殊性的统一，就应该是特殊性之回到普遍性，是普遍性自身造成的分离的重新结合。但湿婆却不是如此，他代表生成、纯粹的变化的范畴。"生成"的两个从属的范畴是发生和停止（第179节），因此，湿婆立即有其两重的存在：创造者与毁灭者。但概念的第三环节，虽然它确定地是变，却不仅仅是变，不是那种无穷进展、从某物到另一物的无意义的变换，它是包含在从特殊性返回到普遍性过程中的变。再者，三神的三重性并不如它所应当的那样进入到实体之中。因此，实体在其自身之中不是三重的。它仅仅是"一"。这三神仅仅是三种形式，实体的三种表现，它们展现在实体之外而不影响它的内在性质。这就是说，三神不像概念那样，它不是一个具体的统一。三神不是具体的统一，而仅是神的三种不同表现形式。

733. 印度教的崇拜形式和它对于上帝的概念是相应的。这里的上帝是未规定的、抽象的、无内容的虚空和无。而崇拜就意味着取消人与上帝的分离，使人神重归于调谐和统一。因此，在印度教中，人为了成为与上帝同一，他必须做的就是祛除自己的一切内容，成为上帝那样的完全的空无。其目的就是要达到一种无感情、无意志、无活动的精神的纯粹抽象的状态，在这种状态中，一切意识的积极内容都被取缔了。这里的上帝是一个纯粹的抽象，而人，由于成为同样的抽象，达到了与上帝同一，"与大自在天相契合"。这种崇拜的目的在于意识的完全的沉寂。

关于这个问题，有两点需要注意。首先，上帝真正讲来是精神；而精神是具体的，不是抽象的。任何宗教中，崇拜的本质特征处处总是和它关于上帝的概念相当的。因此，在自由的宗教中，世界的拯救不是通过这种精神的抽象而得到的，相反地，是通过精神的具体工作，通过它在伦理、国家和宗教领域中追随着普遍的宇宙目的的奋斗而得到的。

其次，当印度教徒为了达到与"太一"合一的境界而抛弃这个世界，放弃所有有限的和尘世的目的，牺牲所有个人的目的时，不能认为这就是基督教的自我牺牲的观念，也不能认为这种舍弃包含有犯罪与赎罪的意识。这些观念属于完全不同的领域，因为印度教的上帝是抽象的。只有具体的理念才能从自身中产生出具体的伦理和法律。印度教的"一"听任多样性的世界自在地存在，因此，统一、理性、秩序的因素就不可能在这个世界中发现。而由于伦理本质上是理性和统一的产物，所以在这里也是缺乏的。无疑地，印度教徒也有他们的道德准则，但伦理和正义在这一领域都不是崇拜的主要部分。

734.（c）佛教。在黑格尔的时代印度教正在欧洲引起极大的兴趣并被广泛地研究着。它的许多典籍都被翻译过来。[①] 另一方面，关于佛教人们还知道得很少。所以，黑格尔对于印度教的知识是惊人地精博，对于他的目的来说绰绰有余，但他掌握的关于佛教的资料却显然是贫乏的。他对小乘佛教全无所知，而对大乘佛教也只得到一些多少被歪曲了的描述。因此，他对佛教的论述是不能令人满意的。其主要观点如下。

佛教是实体宗教的最后一个阶段。但这个实体现在是被认作虚空、无、非存在。上帝是无、非存在。如我们先前看到的（第727节），在这些宗教中，"绝对"是唯一的纯有；或者仅仅由于它包含了实体的规定即力量而从"有"上升为实体。因此，佛教的地位也可以说是达到了见出纯有即纯无的阶段。"绝对"即空无，万物自"无"出，又复归于"无"。

相应地，这里的崇拜的目的在于通过压抑一切欲望，与一切特殊事物与生活活动绝缘，以达到虚无和沉寂的境界。这就是"涅槃"，从它就能达到再生的目的。

---

① 这是一个事实，可以解释叔本华何以着迷于东方的思想方式。

在佛教中，如同在中国宗教中一样，实体在一个特殊的以经验为依据的意识中得到形体化，即佛陀或达赖喇嘛，他们被当作绝对权力[①]来加以崇拜。

C.向精神个体性宗教的过渡

735. 从我们已经达到的阶段直到基督教这个宗教发展的顶点，我们必须明白记录下来的发展过程，主要地就是上帝观念的精神性的不断提高。我们现在正处于上帝只是一实体的阶段。在下一分节将要谈到的精神个体性诸宗教中，上帝毫无疑问已经成了精神，但还不是充分发展了的、完全具体的精神。只有在基督教中上帝才是彻头彻尾的具体的精神。现在我们所要谈的宗教表现着从实体向精神的过渡。这些宗教的共同点是，虽然上帝还不确定地是精神，但精神性的观念的痕迹开始明显地逐步增加。这种精神性观念的痕迹以断断续续的方式，作为精神的个别的、孤立的环节在这里出现。当这些因素出现在我们面前时，为了使我们能够认识它们的意义，有必要在这里再重申一下什么是实体与精神的本质区别。精神是普遍性，实体同样地也是普遍性。但实体是一个空洞而抽象的普遍性，它不分化其自身、在其自身中没有任何规定，所以一切规定和特殊性均落在它之外。相反地，精神是具体的普遍性。这就是说，它不再是未规定的，而是规定了的，尤为重要的，它又是自我规定的。它是这样一种普遍性：由于自己的行动而由自身中产生

[①]　小乘佛教明显是佛教创始人的纯粹的原始的学说，所以在小乘佛教中，是不崇拜佛陀的，也没有达赖或其他任何喇嘛的地位。

出特殊性（这是规定的要素），又把这些特殊性重新吸收到自己中来，因而又包含个别性。它起初把自身分解为普遍性与特殊性因而在自身中造成一个区别，接着，在个体性这一环节中弥合这种区别重新使自己回复到统一。精神从自身中产生的特殊性是它自己的对立面、它的他者。个体性即统一之回复，包含了精神之把他者回收到自身，发现这个他者并非他者，而不过是其自身。

上述观念的诸片断环节表现为如下的宗教：

736.（a）祆教（即拜火教）。这里的上帝不再是全然未规定的，祂有了一个规定，祂是善。婆罗门，由于是完全的空、全然无规定，所以既非善亦非恶。一个全无形式、毫无特点的东西，也不可能有为善之特点。正是由于这个理由，伦理并不构成印度教的主要部分。现在，上帝是善。但因为现在距实体的概念较之精神的概念为近，而且力量是实体的一个环节，所以这里的善就是力量。善作为绝对力量，这就是"奥麦兹"。这里的上帝不是全然未规定的，而是被规定为善，这是从实体向精神前进的第一个迹象。然而，这个"善"仍是完全抽象和片面的。因此，那相反的一片面和抽象性就与之相对立。这就是恶即"艾里曼"。恶是"奥麦兹"的他者。善是抽象的这一事实意味着它不是从自身中产生出自己的他者。因此，这个"他者"即恶不是自奥麦兹而生，它是自身独立的存在，独立于奥麦兹的一个绝对的对立面。这是善恶二元论。在这两个对立面即善与恶之间，进行着一场无休止的斗争。这里就有了精神的第二个迹象。普遍性、上帝，现在有了一个他者，这就是区分、对立和斗争。但是，对于精神的概念来说是本质的东西即自身之内的区别和斗争，还是欠缺的。

这里的善是在同一个完全外在的原则进行斗争。

737. 虽然奥麦兹和艾里曼从某种意义上说是人格化的存在，但绝不能认为它们是真正的精神个体。它们不过是善与恶的抽象原则的表面上的人格化。它们不具有特定性格与人身；如希腊诸神那样。如果我们可以对神人用这种术语的话，我们可以说它们不是有血有肉的。它们是无血肉之躯的抽象。奥麦兹与光明同一，艾里曼与黑暗同一，这更加加深了它们不是真正的精神，而我们还处于自然宗教之中这一事实。这些不仅仅是符号。光明不是善的符号正如善不是光明的符号。光明就是善；这两者是同一的。

738.（b）叙利亚宗教。祆教发展到了一定程度，即普遍性有了一个"他者"并与之作斗争。这表现了普遍性与特殊性的区别。但在祆教中，这个"他者"是一个外在的原则，而这种区别和斗争也就落在普遍性之外。叙利亚宗教所造成的进步就包含在对这一缺点的纠正之中。它的根本原则是上帝在自身中包含有自身的他者、是自身分裂的，所以对立与斗争是内在的、是在上帝自身的实质中进行的。我们已经看到，这是精神的概念的一个本质的因素。

然而，内在区分的概念在这里是以象征的方式出现的。叙利亚宗教的中心是两个神话——关于火凤凰和阿多尼斯神的神话。凤凰是一只鸟，它不断地自焚并不断地在自焚的灰烬中再生。阿多尼斯神不断地死去，但却不断地在第三天苏醒。阿多尼斯节包含对他的死的三天的哀悼和对他在第三天复活的热烈庆祝活动。这里我们第一次有了神的死亡的深刻概念。死亡是自然事件，就其把精神作为自然的一部分而言，这是对精神的否定。

这些神话意味着否定的因素并且不是作为一个外在的对立面在神之外，而就在神的实质自身之中。否定就是"他者"。神在自身中有自己的他者，她否定自身。区别、斗争，都在神之中。这些就是神的概念的发展。袄教的上帝有一个在它之外的他者，而这里的他者、对立面、否定，是在普遍性自身之中。

739.（c）埃及宗教。叙利亚宗教的特点在埃及宗教中得到保存和进一步的发展。在许多混乱的神话中，哲学应该找出那本质的、最清楚地表现包含在某种宗教的核心思想中的东西。这一阶段的主神是奥赛里斯（地狱判官、古埃及主神之一）。奥赛里斯，和阿多尼斯一样，在自身中包含着自身的否定的因素：他死去。确实，这种否定和他者，起初是外在于奥赛里斯的存在，恰如艾里曼外在于奥麦兹一样。奥赛里斯的他者是泰风（百头怪物），恶的原则。但尽管如此，否定仍然进入神的实质之内，因为，奥赛里斯虽然是被泰风杀死的，但他又站立起来，并在这种再生之后，不仅成为活人的统治者，而且管辖着死者的生灵。在后一地位上他是一个判官，给恶以惩罚，最后战胜了泰风。

这里最重要之点是对再生观念的强调。如果死亡是对精神的否定，那么再生就是否定之否定。死亡被杀死了。这里出现了概念的第三环节。首先，神死去，这是普遍性之否定自身、忍受分化而进入特殊性。其次，死亡本身被克服，即特殊自身又被否定而回复到普遍性，区别被弥合，神性中的矛盾得到了调和。精神是普遍性，它首先特殊化其自身、否定其自身，从自身中产生出它的对立面；然后否定这个否定，恢复其对立面与自身的同一。神之死亡是这种运动的第一步，袘的再生是第二步。

740.这些就是埃及宗教的一些要点。黑格尔最后还讨论了种种其余的特征，我们在这里只谈一点。虽然由于上面提到的规定，我们确定地达到了精神的概念，所以我们能够进入个体性宗教，但仍必须记住，我们还处于自然宗教的领域之中。所以纯粹自然的或感性的方面被强调了。正由于这种原因，埃及宗教的特点是全符号式的。它在一切地方都致力于给精神内容找到一个感性的符号。它的崇拜主要包含在那些象征着它的神秘的巨大的建筑物中。与精神纠缠在感性中这一事实相联系，埃及教徒中动物崇拜盛行，猿、猴子、猫都是崇拜对象。因为动物一方面是一个有生命之物，这是它与精神共通之处。但另一方面，它又完全是感性自然的一部分。动物崇拜在这里出现，是因为这种宗教是在从自然到精神的中途并包含两者的原则。

第二分节　精神个体性的宗教

741. 在前述三种过渡性宗教中我们已经看到精神、理念的诸环节以一种片断的和分散的方式出现。它们在那里仍被想象为处于一种感性符号状态之中，并因而仍纠缠于自然之中。下一步的发展将是这些片断的诸环节集合成单一的确定的精神理念和精神之摆脱感性事物的纠缠而得以高高扬起。因此，在我们现在即将谈到的诸宗教中，上帝或诸神不再仅仅是实体，而成为主体或精神。或者，如我们用现代措辞所应当说的，我们达到了一个人格化的上帝的观念的阶段。以前各阶段的诸神，湿婆、奥麦兹、阿多尼斯，无疑地具有人身的外形，但事实上却非如此，它们仅仅是一些抽象原则的表面上的人格化。奥麦兹是"善"。湿婆是变、创造和毁灭。奥麦兹的本质存在并非人格。他从根本上说不过是"善"的抽象观念,他的实质就是"善"。对这个原则的人格化,打个比喻说,不过是一种诗意的点缀,想象的多余的附加物。但是,在后面这些宗教中,神的本质就是人格。这样我们就从实体前进到精神。上帝现在确定地成为精神,然而其意义在这里并未展露出来。只有达到基督教,精神的本性才完全被理解。

742.因为实体是空洞和抽象的,排除一切有限的和特殊的东西在它自身之外,所以它是和世界隔绝的、并不进入世界。无限的实体在一边,有限的世界在另一边,一条鸿沟把它们分开了。但由于精神本质上是具体普遍性,它前进到特殊性,所以我们现在即将研究的发展阶段的诸神便进入了世界,并参与它的一切活动。这就是作为国家的创建者,道德、婚姻、农业等的说教者的诸神。实体仅仅是力量,它不依据目的而行动,缺少智慧,而另一方面精神则给自己提出一个目的。现在的上帝是智慧。

743.最后,尽管犹太教中包含有奴隶状态的一定成分,这些宗教总的说来是自由的宗教。只要上帝被设想为实体,人的精神就仅仅是偶性,它没有与实体相对立的独立实存的权利。然而,现在上帝是精神,精确地说来,精神是那样一种普遍性,它允许特殊性从自身中分化出来并享有其独立的实存。特殊性并不像偶性之消失在实体之中那样地仅仅消失于普遍性之中。概念即精神真的产生出特殊性并又取消它,把它吸收回到自身之中。但在这种取消中它仍然保持(aufgehen)了特殊性的独立性。因此,在这些宗教中,有限和特殊的心灵有其以自身为依据的存在的权利,并因此是自由的。与此相一致,宗教生活不再被设想为远离红尘,禁欲主义,寂灭于"太一"之中,而是活生生的伦理生活，政治生活等。因为伦理与国家的法律是自由的律令，是自由精神的产物。

744.（a）犹太教，或崇高的宗教。犹太教在许多方面与实体宗教非常类似，所以要把以上的论述中的有些原则用于它的主要特征是困难的。而且值得注意的是，虽然黑格尔在宗教哲学中把犹太教放在这里来介绍，但在艺术哲学中，他却把犹太概念与印度、埃及艺术列入东方的象征主义阶段之中（第662节）。象征艺术大致相当于自然宗教，而精神个体性的宗教却大致相当于古典艺术。因此，这里有一定的前后不一致的地方，可能是出于犹太教的某种混杂的特征的缘故。然而，毫无疑问，黑格尔是把犹太教列入精神个体性宗教的范围，因为它的基本原则是：上帝是一人格。①

上帝是人格化了，但这里的人格、精神还没有被理解为在自身中自我分化并包含特殊化于自身之内的具体精神。这种抽象性、缺少分化，暗示着这个人格还是尚未分化的"一"。因此，上帝现在是"一"，但不是印度教的那种非人格化的"一"，而是人格化的"一"——耶和华。只有耶和华是独立不依的真实。由于特殊的东西不是耶和华的一部分，所以它是不真实的，没有其独立的实存（这里就存在着与实体宗教相类似之处）。有限的世界、所有的特殊的东西，都是无价值的并从她的面前消逝。然而，由于普遍性必须以某种形式从自身产生出特殊性，这种

---

① 关于信仰祆教的古波斯人的文化也有类似的前后矛盾。在艺术哲学中，它出现于前艺术领域，也就是说，它甚至比象征艺术还要低级（第658节）。在宗教哲学中，拜火教出现于从实体到精神的过渡的领域。

特殊的产物在这里就被设想为耶和华所创造出来的世界。但这样创造出来的世界是无足轻重的，没有实存的权利。它们的存在是上帝的仁慈的行动，这就是上帝的善和怜悯。而所有有限的东西之被"一"所否定，终于消亡，从而表现出它们本质上的有限性和虚无性，这就是上帝的正义和权力。上帝是神圣的，又是可敬畏的。

745. 作为精神的上帝必须依据目的而行动，这是上帝的智慧。但只有耶和华自身是唯一的真实，所以有限的目的是得不到承认的。上帝的目的就是它自身，只有这样一个唯一的目的。一切事物都是为了上帝的光荣。这里就包含着一种崇拜，即人应当承认上帝的光荣并且应当知道自己的无价值和虚无性。而由于有限意识在上帝面前无立足之地，它的存在并非基于权利而是出于上帝的仁慈，它们不过是被"太一"所否定的一切有限事物中的一个；由于这些理由，人对上帝的态度本质上应是一种畏惧的态度。上帝是主，而主是应当被敬畏的。人由于没有实存的权利，只是上帝的奴隶，他是不自由的。上帝的选民是以对上帝的敬畏和服从为条件的契约保证而被选中的人民。

746. 最后，由于上帝作为精神已经摆脱了一切感性的纠缠，因此祂不以任何感性形式而存在，而仅仅作为精神，作为思想而存在。这里没有上帝的形影、雕像；对上帝的自然的感性的表现、任何形象或偶像的制作都被认为是令人厌恶的。

747.（b）希腊宗教或美的宗教。有限世界是上帝的他者。在犹太教中，上帝否定了这个他者。然而，一旦看到是上帝自己把这个他者排除在自己之外，那么随之而来的必定是承认这个他者本身也是上帝的一部分，是神圣的。上帝在自然之中。

根据这一观点，自然、感性世界不是上帝的对立面，不是毫无神性的无价值的东西，上帝恰恰是在感性世界中宣示祂自身，祂显现在感性形式中，在美的艺术的作品中。这就是希腊宗教的观点。由于感性世界从根本上就不是单一性而是多样性，所以神圣的东西在这里必须显现为神圣的多样性的造型。希伯来的唯一的上帝分裂为希腊的诸神。这些神是精神性的；他们是真正的人，而不是抽象原则的人格化。诚然，宙斯是大气，阿波罗是太阳，波塞冬是大海，但他们不仅仅是这些元素的人格化，他们无限地多于大气、太阳、海洋，他们中的每一个都是一个活生生的、具有多方面性格的个体，而不是某单一属性的人格化。他们是人，而这种宗教则是人性的宗教。

人由于不再仅仅被上帝所否定，而是上帝的本质表现，所以具有独立实存的权利，他是自己决定的，是自由的。这是自由人的宗教。而神圣的东西，由于它不再仅仅是有限感性世界的否定，而是寓于其中，与它保持着友好的联系。在犹太教中有限的东西在上帝的面前消逝，而希腊诸神则是友好的存在，有限的东西不再因逃避神谴而逃离它们。它们给予万物的不是天谴，而毋宁说是无限的亲切和宽恕。人不再是胆战心惊的了，他是自由的。他是一个精神，而众神也是精神，他们与人相似，他们是人而且是通情达理的。一切都是美好的，人可以纵情地欣喜。这是享受幸福的宗教。崇拜包含在竞技、庆祝、游行、唱歌、舞蹈和艺术作品之中。众神是城邦的创立者，法律的卫士。宙斯是一个政治、法律和君权的神灵。

748. 但在众神的多样性的后面必然有某种横亘在底层的统一性。众神是由于统一中的区别而产生的。这种藏在底层的统一性只是朦胧地被感觉到，依稀可见。但由于所有的内容全在于诸神，没有什么东西剩下来赋予这个统一性，因此这个统一性是空洞的、抽象的，一个诸神自之而生，而最后又归它统辖与管制的黑暗的子宫。这个甚至统治着诸神的力量仅仅是一空虚，一黑暗；它是不可理解的、盲目的、不合理的，因为一个完全的空虚是不能被认知的。这里没有任何可以为知识所把握的东西。凡最抽象之物就是不可理解的，而凡不可理解的就是不合理的。这种停留在背后的一种盲目而不合理的方式进行统治的力量就是必然性、"命运"。

749.（c）罗马宗教，或功利的宗教。罗马人的宗教常常被与希腊宗教相混同，但是，除去它的诸神和希腊诸神是相同的这一事实而外，它的基本特征是与希腊宗教完全不同的。我们已经看到，在现阶段，上帝必须被设想为依据目的而行动的。希伯来的上帝只有一个目的，只是无限与普遍的特征，即祂之自身。另一方面，希腊诸神却把自身与多样的、特殊的、有限的目的相同一。这是由他们的多样性与具有人的性格所必然决定的，他们事实上是具有有限目的的有限存在。这样，雅典娜把自己和雅典的生活和昌盛相同一，巴克斯神与底比斯城邦相同一，其他诸神则与各种特殊的地方和目的相同一。罗马宗教是从犹太教与希腊宗教的特征的结合中产生的。在这一方面，它是它们的统一和合题。与耶和华相同，罗马教的上帝也是有一个单一的、普遍的目的。但与希腊概念相同，这个目的是一个有限的、特殊的目的，一个人类的目的，一个属于这个世界的目的。这个单一的、有限的、尘世的然而却扩大到普遍性的范围的目的，只能是国家；当然，这不是作为一个合理的结合起来的组织的国家，而是作为一个把所有人们都聚拢在它的统治权之下的普遍力量的国家。朱比特就是这一概念的实体。他以对罗马人的普遍管辖与统治为自己的目的。

但是，这里仍然有许多神灵服务于特殊目的。要把这些特殊目的与那普遍统治的单一目的调和起来，只能意味着这些目的是从属于那单一目的的，诸神是从属于朱比特的。希腊诸神是自由的、独立的、愉快的。但现在诸神却被贬抑到工具的地位。他们不是美丽的，而是有用的。它们服务于无数的目的，而这些目的都以国家这一统一目的为归宿。因此，功利在这里是主要的注意中心。希腊宗教是诗意的。罗马宗教是散文式的。希腊诸神是和蔼的、愉快的。罗马诸神，受其所从属的目的之牵制，是严肃的、苍白的、焦躁的。他们失去了精神性和生活气息，甚至在像维吉尔这样的诗人的手里也成为灰色的、无生气的存在。

由于这是一种功利性的宗教，每一种有用的东西都被敬为神明。焙制技术被列为神明。福纳克斯，即烘干谷物的灶神，是一个女神。维斯他神是用来烘面包的炉灶。

但普遍的目的是国家、力量和统治。所以，当那个作为这一目的之实体的现实的力量即皇帝被崇拜为一个神时，这是不足为怪的。

第三节　绝对宗教：基督教

750. 基督教是绝对宗教，因为它以绝对真理为其内容。照黑格尔看来，它的内容是与黑格尔哲学同一的。黑格尔主义是深奥的基督教，因为其内容虽然同一，而形式却不同。哲学把绝对内容表现于绝对形式即纯思形式中，基督教表现这同一内容于感性形式和图画式思维形式即表象（Vorstellung）中。基督教包含绝对真理这个事实也必然包含着它是天启宗教。它是这样一种宗教：上帝在这种宗教中完全地、最终地如实展露祂自身，作为一个具体的精神，它的全部本性在这里得到了宣示。由于黑格尔发现了真理是表现在表象的形式中和基督教教堂的教义中：三位一体说，创世说，堕落说，化身说，赎罪说，耶稣复活和耶稣升天，如此等等，所以他对那些企图把这些教义解释得适应知性和肤浅的启蒙思想需要的神学家们简直不能容忍。这些教义包含着基督教的本质。它们是真，因为它们包含着真理的实质，尽管是在表象的形式之中。

751. 至于对基督教的真理性的证明，不应当建立在奇迹或其他外在的证据上。一个奇迹是某种偶然地为意识所理解、领悟的东西。它是一个外在的事件。精神性的真理是内在的并建立在自己的基础之上，它不是建立在外在感性的东西或这个那个偶然发生的事件的基础之上。使精神的真理依赖于奇迹和其他感性证据，就是贬低精神。水是否在伽南这个地方被变成了酒，是否有这个或那个人被治愈，这些都是绝对无关紧要和引不起兴趣的。精神的真理是绝对的、内在的并不依赖于感性的。如果这里应该有证明，它必须是精神的证明。精神的唯一证明是精神自身的证明。至于这个精神的证明是什么，它可能表现在多种形式之中。在芸芸众生那里，它只能表现自身于感觉的形式，即精神的本能的反应以为可贵和真实的形式之中。另一方面，在充分磨砺过的意识中，精神的证明将是思想、哲学本身。整个黑格尔主义的体系无非是真理的证明，整个关于奇迹的争论都是肤浅的。那种企图把基督教教义归结为外来品，说什么它们采用异教仪式，什么化身说和三位一体说是从早期的外来的宗教中听得来的，什么阿多尼斯和耶稣一样，都在三日后复活等，所有这些在某些方面来贬低基督教义的企图也同样是肤浅的。因为首先，一个思想的来源问题与它的真理性和真正价值的问题毫无关系。其次，由于那同一的概念，它到处寻求在世界中表现它自身，所以，真理应当使它自身在早期宗教中呈现于片断的、片面的、抽象的形式中，这是绝对的本质的东西。

752. 基督教的根本规定是上帝是具体精神。我们已经看到，这一点已经预示在早期宗教中。现在它已经完全展示出来。依照概念的诸环节，具体的精神是（1）普遍性，它蒙受分化而进入（2）特殊性，它回到与普遍性的同一在（3）个别性之中。在最一般的意义上，普遍性是逻辑理念。在基督教的表象中，这一点表现在创世前的上帝之自身的形式中。第二个运动是普遍性成为特殊性，即上帝创造世界、自然，包括作为自然的一部分的有限的人。最后，特殊性又回到普遍性，照黑格尔看来，这就是教堂。

他在圣父的王国、圣子的王国、圣灵的王国的标题下谈到了这三个领域即上帝之在自身、世界、教堂。

753.（a）圣父的王国。这是关于创世前的在自身中的上帝本性的学说。这样的上帝是理念、概念。概念是三重性的，上帝在自身中也是三重性的。作为普遍性他是圣父。普遍性从自身中产生出特殊性，即圣父生出圣子。特殊性回到普遍性是个别性，即作为圣灵的上帝。概念的三个因素并非它的三个部分，每个因素都是概念之全体。这样，普遍性不仅仅是普遍性，它也是特殊性和个别性。特殊性也同样是普遍性和个别性。为什么会这样，在逻辑学中已有证明（第318节）。概念虽然包含了三个环节，但还是未分化的概念，因为每个环节都是整个概念。这一点在基督教中表现为三位一体说。上帝是未分化的"一"，它又是三"位"的。但是这里圣子、圣灵还没有与圣父区别开来。因为它们每一个都不是上帝的一部分，而是整个的上帝。这样，上帝是三位一体的上帝必然地包含在上帝是精神这一断言中。因为这种三个环节的具体统一或同一正是精神的特性。

无论何人，只要他理解了在逻辑学中详述过的概念的学说，都能懂得三位一体的教义。因此，一些"理性主义者"断言三位一体说是反理性的，和一些宗教界人士断言三位一体说是超越理性的神秘主义，都同样是完全离谱的。对于建立在同一原则基础上的有限知性来说，它当然是不可理解的和自相矛盾的。然而，对于以对立同一为原则的理性来说，它不仅是可以理解的，而且是理性自身的绝对本质。

754.（b）圣子的王国。逻辑的理念进入了自然。当然，这不是一个时间中的事件，而是一个内在的逻辑的发展。但基督教却用一种图画式的方式来把它表现为发生在时间中的事件，即上帝创世说。这就使得它似乎是上帝的偶然的任意的行动，好像上帝既可以创造一个世界，也可以不创造它。然而，事实上，理念必须走出自身而进入自身的他者，这是逻辑的必然。创造世界是蕴藏在上帝的本性中的必然。这个世界应该表现为首先与上帝相乖离，然后又和他相调解，也同样蕴藏在概念的本性之中，不过在这里表现为一个神的历史，一个发生在世界的事件中的神意。世界是上帝的他者，或者换一种说法，普遍性允许特殊性从它出来而享有自由的独立性。这样就产生了普遍性与特殊性的分离，在这里表现为世界与神的乖离。这种乖离，在它涉及作为自然的一部分的人的时候，就被表现为"堕落"的教义。人，作为特殊的精神，在其根本性质上就与普遍精神即上帝相区别，相背离。我的特殊性和有限性恰正是使我缺少与上帝同一的因素。这就是人性恶的学说的意义，它远比人性善的近代的肤浅观念深刻得多。因为恶就是特殊性。当我坚持我的特殊性，顺从我的私欲去代替使自己与普遍的、合理的目的相同一时，我就在作恶。人是恶的，与上帝相乖离的，就是因为他是一个特殊的，有限的精神。因此，这种乖离事实上是包含在人的概念之中的。这是一个内在的真理。但是，关于堕落的故事，和创世的故事一样，都把它表现为在时间中发生的事件。

这种乖离使再和解成为必需。人必须回到上帝去。在概念中，这种再和解由于特殊性在个别性中回到普遍性而实现。这同样地不是发生在时间中的一个事件，而是一个内在真理。换言之，人的精神，在它与上帝相分离的同时，就又是和它相同一的。因为我不仅是特殊的、有限的精神，我也是普遍的、无限的精神；普遍作为我的本质与核心而在我之中。这种再和解，这种人与神的本质的统一，在基督教中表现为化身、耶稣之死、他的复活与升天诸教义。上帝不是抽象的普遍性，它特殊化其自身，进入有限世界，成为肉身。在耶稣其人中，普通的意识发现上帝与人的同一作为绝对直接的、感性的事实摆在他的面前。上帝不仅成为有限的，而且达到它的有限性的尽头:他死去。否定、他者和有限性是上帝的本质的不可少的部分，是作为精神的上帝的观念中的必然的因素。但他死而复生并升天到圣父那里去，这就是那变成特殊性的普遍性现在又回到自身。在这一行动中，被从普遍性割裂开来的特殊性又与普遍性成为同一。和解完成了，人与上帝的乖离被克服了。

755.（c）圣灵的王国。人与上帝本是一体。它们的统一现在表现为这样的形式：圣灵是在人中，但不是在个别的、特殊的人中，而是在人们的结合体中，这就是教堂。圣灵在祂的教堂中真的实现了。如果圣父的王国是逻辑理念，创世前的上帝；圣子是理念的他在，自然；那么，圣灵的王国，这第三环节，个别性的环节，就是前两环节之合。因为教堂一方面是上帝的纯粹的精神，但另一方面，它也是在世界中，真实地存在着。这就是尘世中的上帝的王国。

附注　关于灵魂不朽的学说的解释

虽然这个学说很自然地要被提出来，但我没有能在这一章里对它作任何解释。黑格尔从未在任何地方彻底地或清楚地谈论过它。在《宗教哲学讲演录》中有一段关于这一问题的最充分、最清楚的阐述，黑格尔是否从字面意义上相信灵魂不朽是一个有争论的问题。我在这里只能不加分析地把我的看法申述一下。我认为，他不从字面意义上去理解并相信灵魂不朽，而只是把它看作精神无限性和精神个体性的绝对价值的一种表象。不朽是精神的当下的性质，而不是一个未来的事实或事件。诗人布莱克表达过同样的观念：

> 你在掌心中把握着无限，
>
> 在一小时中把握着永恒。

第三章 哲学

756. 绝对宗教以绝对真理为其内容。但它的缺点是它在偶然性的形式中来表达这一真理。例如，创世就是作为一个偶然发生的事件来表现的。上帝可能创造也可能不创造出世界来。再如，它把上帝和人的乖离——这事实上是事物的本性中的一种本质的必然——也作为一种可能是另外一种情况的偶然事实来描述。它同样也把上帝与人的融合以一种故事式的偶然事件的形式来加以表现。这种缺点只有以必然的形式代替偶然的形式才能消除。表示一个东西是必然的，就意味着它是逻辑地合理的，即给它以纯粹合理的思想的形式。在这一过程中表象的因素消失了，因为正是这种表象把逻辑关系显现为外在的事件并给它们加上偶然形式的外衣。当这种表象被剥去而只剩下纯思时，就是**哲学**，它给予绝对的内容以绝对的形式。

757. 但这种绝对的哲学在一开始没有以完满的形式出现。黑格尔认为，它的完满的形式就是表现在他的体系中的概念。它没有立刻达到这个地步，同在艺术和宗教中一样，它的孤立的环节首先出现。完成了的哲学把"绝对"看作理念，理念这一最高范畴的最抽象的环节是"纯有"这个范畴。最早的真正的哲学即爱利亚派哲学，认"绝对"为"有"。在它之后有赫拉克利特的较高的"变易"的范畴，如此等等。显然，黑格尔所谓"在绝对形式中的绝对真理"是指他自己的哲学的。在这里以往一切哲学的真理都被集中起来加以吸收，正如同一切较低级的宗教的真理都包括在基督教之中一样。

758. 这样，这种绝对的哲学构成绝对精神的最后阶段。这样来看待的哲学是"绝对"的知识，在这里，"绝对"不是被看作艺术中的感性客体，也不是宗教中的表象，而是它本质之所是那样，即作为思想，或更精确地说，作为理念。这是理念对自己的知识。因为被认知的是理念，而认知即哲学的心灵，现在把自己从感性中解脱出来，是纯思即理念。这样，现在理念既是主体又是客体。精神从最初阶段起的发展的全过程都是被这样一种冲动即沟通主体与客体所推动，而这一点现在完成了，从而精神的发展也就完成。现在主体和客体是同一的，绝对的和解达成了。

理念现在以自身为客体，它被按其本来面目来看待，是自我意识、是绝对理念。这和我们在逻辑学的末尾达到的结果是一样的。但是，在逻辑学的末尾出现的绝对理念仍是抽象的，它仅仅是一个范畴。绝对精神是同样的东西，现在给予自身以真实性，从纯思和范畴的领域进入了真实的存在。哲学是理念的实存，既然理念应当在这里认识到它自己有了完全的存在，从而达到了它的目的，所以哲学精神相应地也应被看作达到了世界进程的目的。

759. 这个结论使黑格尔受到了大量的嘲讽，因为它含有这样的意思：即整个宇宙的唯一目的以及它的所有的无限的星球体系都在黑格尔哲学中完成了。但是，如果我们用最后的、绝对真实的哲学（这将是无限知识，而且无疑是一个不可能的理想）来代替黑格尔哲学，这个结论将稍微合理一些。应当达到无限知识的哲学心灵只能是上帝的心灵。如果说宇宙的目的是上帝的心灵的完全实现，这是没有什么可嘲讽的。黑格尔把他自己的体系看作最后的、绝对的知识，无疑含有荒唐之处。但另一方面，每个体系的创造者都必然有把自己的体系看作真理的需要。无疑地，在任何明白事理的人的心中，即使他对真理有深刻的信念，也会对包围着我们的知识的微光的无边的黑暗有深刻的感受。我只能相信黑格尔也感到这一点，而他没有能够在他的著作中对这一点给予足够的估计，这更多地与他个人的独特风格有关，而较少地由于他的观点的根本缺陷。无论如何，我们没有义务去严格地按字面意义来看待黑格尔的结论。而如果我们把这个结论理解为完全的哲学精神是宇宙计划的完成，我相信这不是什么不合理的结论。不管怎样，这也是亚里士多德的观点。

760. 绝对精神的领域结束了黑格尔的体系，它是一切发展的最后结果。然而，按照黑格尔的原则，它也是绝对的基础和开始。这样，哲学的结束也是开端，这也就是黑格尔所说哲学是自回归的圆圈的含义。在这里，在哲学体系的终点我们达到了哲学。如果我们问：我们达到的哲学是什么哲学，唯一可能的答案是再从逻辑学的开端开始。在这样达到终点之后，为了解释它，我们必须再从开端开始。这就是哲学的圆圈。我们由此开始的逻辑学是研究理念的。现在的理念是真实的、存在于哲学心灵中的。正是在这里，世界进程达到完满的地步。"永恒的理念在它的本质的全部丰富性中，永恒地在自身活动着，把自己作为绝对心灵（精神）来享用并再生产出来。"①

---

①《精神哲学》第577节。

西方哲学经典影印

01. 第尔斯（Diels）、克兰茨（Kranz）：前苏格拉底哲学家残篇（希德）

02. 弗里曼（Freeman）英译：前苏格拉底哲学家残篇

03. 柏奈特（Burnet）：早期希腊哲学（英文）

04. 策勒（Zeller）：古希腊哲学史纲（德文）

05. 柏拉图：游叙弗伦 申辩 克力同 斐多（希英），福勒（Fowler）英译

06. 柏拉图：理想国（希英），肖里（Shorey）英译

07. 亚里士多德：形而上学，罗斯（Ross）英译

08. 亚里士多德：尼各马可伦理学，罗斯（Ross）英译

09. 笛卡尔：第一哲学沉思集（法文），Adam et Tannery 编

10. 康德：纯粹理性批判（德文迈纳版），Schmidt 编

11. 康德：实践理性批判（德文迈纳版），Vorländer 编

12. 康德：判断力批判（德文迈纳版），Vorländer 编

13. 黑格尔：精神现象学（德文迈纳版），Hoffmeister 编

14. 黑格尔：哲学全书纲要（德文迈纳版），Lasson 编

15. 康德：纯粹理性批判，斯密（Smith）英译

16. 弗雷格：算术基础（德英），奥斯汀（Austin）英译

17. 罗素：数理哲学导论（英文）

18. 维特根斯坦：逻辑哲学论（德英），奥格登（Ogden）英译

19. 胡塞尔：纯粹现象学通论（德文1922年版）

20. 罗素：西方哲学史（英文）

21. 休谟：人性论（英文），Selby-Bigge 编

22. 康德：纯粹理性批判（德文科学院版）

23. 康德：实践理性批判 判断力批判（德文科学院版）

24. 梅洛－庞蒂：知觉现象学（法文）

西方科学经典影印

1. 欧几里得：几何原本，希思（Heath）英译

2. 阿基米德全集，希思（Heath）英译

3. 阿波罗尼奥斯：圆锥曲线论，希思（Heath）英译

4. 牛顿：自然哲学的数学原理，莫特（Motte）、卡加里（Cajori）英译

5. 爱因斯坦：狭义与广义相对论浅说（德英），罗森（Lawson）英译

6. 希尔伯特：几何基础 数学问题（德英），汤森德（Townsend）、纽苏（Newson）英译

7. 克莱因（Klein）：高观点下的初等数学：算术 代数 分析 几何，赫德里克（Hedrick）、诺布尔（Noble）英译

西方人文经典影印

01. 拉尔修：名哲言行录（希英对照）[待出]

02. 弗里曼（Freeman）英译：前苏格拉底哲学家残篇

03. 卢克莱修：物性论，芒罗（Munro）英译
　　爱比克泰德论说集，马可·奥勒留沉思录，乔治·朗（George Long）英译

04. 西塞罗：论老年 论友谊（拉英对照）[待出]

05. 塞涅卡：道德文集（拉英对照）[待出]

06. 波爱修：哲学的慰藉（拉英对照）[待出]

07. 蒙田随笔全集，科顿（Cotton）英译

08. 培根论说文集（英文）

09. 弥尔顿散文作品（英文）

10. 帕斯卡尔：思想录，特罗特（Trotter）英译

11. 斯宾诺莎：知性改进论 伦理学，埃尔维斯（Elwes）英译

12. 贝克莱：人类知识原理 三篇对话（英文）

13. 马基亚维利：君主论，马里奥特（Marriott）英译

14. 卢梭：社会契约论（法英），柯尔（Cole）英译

15. 洛克：政府论（下篇） 论宽容（英文）

16. 密尔：论自由 功利主义（英文）

17. 潘恩：常识 人的权利（英文）

18. 汉密尔顿、杰伊、麦迪逊：联邦论（英文）[待出]

19. 亚当·斯密：道德情操论（英文）[待出]

20. 亚当·斯密：国富论（英文）

21. 荷马：伊利亚特，蒲柏（Pope）英译

22. 荷马：奥德赛，蒲柏（Pope）英译

23. 古希腊神话（英文）[待出]

24. 古希腊戏剧九种（英文）

25. 维吉尔：埃涅阿斯纪，德莱顿（Dryden）英译

26. 但丁：神曲（英文）

27. 歌德：浮士德（德文）

28. 歌德：浮士德，拉撒姆（Latham）英译

29. 尼采：查拉图斯特拉如是说（德文）

30. 尼采：查拉图斯特拉如是说，康芒（Thomas Common）英译

31. 里尔克：给青年诗人的十封信 杜伊诺哀歌 致俄耳甫斯的十四行诗（德文）

32. 加缪：西西弗神话（法英），贾斯汀·奥布莱恩（Justin O'Brien）英译

33. 荷尔德林诗集（德文）

34. 普鲁塔克：希腊罗马名人传，德莱顿（Dryden）英译

唯识学丛书

01. 周叔迦：唯识研究

02. 唐大圆：唯识方便谈

03. 慈　航：成唯识论讲话

04. 法　舫：唯识史观及其哲学

05. 吕澂唯识论著集

06. 王恩洋唯识论著集

07. 梅光羲唯识论著集

08. 韩清净唯识论著集

09. 王恩洋：摄论疏

10. 王恩洋、周叔迦：唯识二十论注疏（二种）

11. 王恩洋、周叔迦：因明入正理论释（二种）

12. 无著、世亲等：唯识基本论典合集

13. 太虚、欧阳竟无等：唯识义理论争集

14. 王夫之、废名等：诸家论唯识

15. 熊十力等：新唯识论（批评本）

16. 太虚唯识论著精选集

17. 唯识所依经三种合刊（藏要本影印）

18. 唯识十支论·无著卷（藏要本影印）

19. 唯识十支论·世亲卷（藏要本影印）

20. 成唯识论（藏要本影印）

21. 田光烈唯识论著集

22. 欧阳竟无：唯识讲义

23. 罗时宪：唯识方隅

24. 倪梁康：八识规矩颂注译（二种）

25. 杨廷福：玄奘年谱

26. 金陵刻经处大事记长编（1864—1952）

27. 成唯识论（金陵本影印）

禅解儒道丛书

1—2. 憨山：老子道德经解　庄子内篇注

3—4. 蕅益：四书蕅益解　周易禅解

5. 杨仁山：经典发隐　　欧阳竟无：孔学杂著 [待重印]

6. 马一浮：老子注　　章太炎：齐物论释 [待重印]

7. 张纯一：老子通释　阴符经真解

中国近现代哲学

01. 熊十力：新唯识论（批评本）
02. 胡　适：说儒
03. 马一浮：泰和宜山会语　法数钩玄
04. 汤用彤讲西方哲学
05. 国学到底是什么
06. 阳明心学得失论
07. 熊十力：心书　尊闻录
08. 王恩洋：新理学评论　儒学中兴论
09. 太虚讲国学哲学
10. 王国维哲学论著集
11. 章太炎文选
12. 梁启超：新民说
13. 谭嗣同：仁学
14. 鲁　迅：坟　热风

徐梵澄著译选集

1. 尼采自传（德译汉）　　2. 薄伽梵歌（梵译汉）
3. 玄理参同（英译汉）　　4. 陆王学述
5. 老子臆解　　　｜　　6. 孙波：徐梵澄传

中国古代哲学典籍丛刊

1.〔明〕王肯堂 证义，倪梁康、许伟 校证：成唯识论证义
2.〔唐〕杨倞 注，〔日〕久保爱 增注，张觉 校证：荀子增注
3.〔清〕郭庆藩 撰，黄钊 著：清本《庄子》校训析
4. 张纯一 著：墨子集解

西方汉学经典影印

1.〔英〕修中诚（Hughes）译：古典时代的中国哲学（英文）

印度经典影印

1.〔英〕策纳（Zaehner）译：印度圣典（英文）

崇文学术译丛·西方哲学

01. 〔英〕斯退士 著，鲍训吾 译：黑格尔哲学
02. 〔英〕斯退士 著，庆泽彭 译：批判的希腊哲学史 [待出]
03. 〔法〕笛卡尔 著，关文运 译：哲学原理 方法论
04. 〔德〕康德 著，关文运 译：实践理性批判
05. 〔英〕休谟 著，周晓亮 译：人类理智研究
06. 〔英〕休谟 著，周晓亮 译：道德原理研究
07. 〔美〕迈克尔·哥文 著，周建漳 译：于思之际，何所发生
08. 〔美〕迈克尔·哥文 著，周建漳 译：真理与存在
09. 〔法〕梅洛-庞蒂 著，张尧均 译：可见者与不可见者 [待出]
10. 〔日〕慎改康之 著，叶晨阳 译：米歇尔·福柯：一种挣脱自我的哲学尝试

语言与文字

01. 〔法〕梅耶 著，岑麒祥 译：历史语言学中的比较方法
02. 〔美〕萨克斯 著，康慨 译：伟大的字母
03. 〔法〕托里 著，曹莉 译：字母的科学与艺术
04. 〔英〕麦克唐奈（Macdonell）：学生梵语语法
05. 〔法〕迪罗塞乐（Duroiselle）：实用巴利语语法
06. 〔美〕艾伦（Allen）、格里诺（Greenough）：拉丁语语法新编
07. 〔英〕威廉斯（Williams）：梵英大词典
08. 〔美〕刘易斯（Lewis）、肖特（Short）：拉英大词典
09. 〔丹麦〕叶斯柏森（Jespersen）著：语法哲学
10. 〔瑞士〕索绪尔（Saussure）著，〔美〕巴斯金（Baskin）译：普通语言学教程

武内义雄文集

1.中国思想史　　2.论语之研究
3.老子原始　　　4.中国学研究法

生命文化丛书

1.谢　观：中国医学源流论

出品：崇文书局人文学术编辑部

联系：027-87679738, mwh902@163.com

我
思 ®

敢于运用你的理智